国家社科基金
后期资助项目

圣贤德业归方寸：
杨慈湖思想研究

VIRTUES AND ACHIEVEMENTS OF SAGES ATTRIBUTABLE TO THEIR MINDS:
Research on Thoughts of Yang Cihu

李丕洋　著

中国社会科学出版社

图书在版编目（CIP）数据

圣贤德业归方寸：杨慈湖思想研究/李丕洋著. —北京：中国社会科学出版社，2020.5
ISBN 978-7-5203-5784-5

Ⅰ.①圣… Ⅱ.①李… Ⅲ.①杨简（1141-1226）—心学—思想评论 Ⅳ.①B244.85

中国版本图书馆 CIP 数据核字（2019）第 286343 号

出 版 人	赵剑英
责任编辑	孙　萍
责任校对	周　昊
责任印制	王　超

出　　版	中国社会科学出版社
社　　址	北京鼓楼西大街甲 158 号
邮　　编	100720
网　　址	http://www.csspw.cn
发 行 部	010-84083685
门 市 部	010-84029450
经　　销	新华书店及其他书店
印　　刷	北京君升印刷有限公司
装　　订	廊坊市广阳区广增装订厂
版　　次	2020 年 5 月第 1 版
印　　次	2020 年 5 月第 1 次印刷
开　　本	710×1000　1/16
印　　张	28.5
插　　页	2
字　　数	511 千字
定　　价	136.00 元

凡购买中国社会科学出版社图书，如有质量问题请与本社营销中心联系调换
电话：010-84083683
版权所有　侵权必究

国家社科基金后期资助项目
出版说明

后期资助项目是国家社科基金设立的一类重要项目，旨在鼓励广大社科研究者潜心治学，支持基础研究多出优秀成果。它是经过严格评审，从接近完成的科研成果中遴选立项的。为扩大后期资助项目的影响，更好地推动学术发展，促进成果转化，全国哲学社会科学工作办公室按照"统一设计、统一标识、统一版式、形成系列"的总体要求，组织出版国家社科基金后期资助项目成果。

全国哲学社会科学工作办公室

目 录

第一章 杨简的生平历程和历史背景 …………………………… (1)
  第一节 南宋的历史背景与心学的勃兴 ………………………… (2)
    一 宋金对峙的政治局面 ……………………………………… (2)
    二 宽松的文化环境与思想学术的繁荣 ……………………… (4)
  第二节 杨简的生平历程（上） ………………………………… (7)
    一 杨简的家世简述 …………………………………………… (7)
    二 士子求学的时期 …………………………………………… (8)
    三 幕僚佐政的时期 …………………………………………… (10)
    四 初为知县 …………………………………………………… (13)
    五 庆元党禁与奉祠生涯 ……………………………………… (14)
  第三节 杨简的生平历程（下） ………………………………… (16)
    一 再为朝官 …………………………………………………… (16)
    二 年迈的知州 ………………………………………………… (19)
    三 垂暮之年，直心不改 ……………………………………… (23)
    四 杨简著述考 ………………………………………………… (26)
  第四节 杨简的师承与学侣 ……………………………………… (29)
    一 严父与家学 ………………………………………………… (29)
    二 心学宗祖陆九渊 …………………………………………… (34)
    三 "甬上四先生"的交游 …………………………………… (41)

第二章 杨简的心学本体论 ……………………………………… (51)
  第一节 中国古代哲学不是纯思辨的哲学形态 ………………… (51)
    一 践履和觉悟是中国古代哲学的基本要求 ………………… (51)
    二 语言分析是研究古代哲学的辅助手段 …………………… (56)
    三 "慈湖通禅"的理论辨析 ………………………………… (64)
  第二节 杨简的悟道与进学历程 ………………………………… (72)

一　所谓"七次大觉"的辨伪 …………………………………… (73)
　　二　杨简进学与悟道的历程 …………………………………… (81)
第三节　人心即道——杨简的本体论 …………………………… (95)
　　一　"心"与"意"的语言辨析 …………………………………… (95)
　　二　"天人一道"的宇宙本体论 ……………………………… (104)
　　三　人心即大道——杨简本体论的核心内涵 ……………… (106)
　　四　日用平常之心即道 ………………………………………… (114)
　　五　仁与知即道 ………………………………………………… (120)
　　六　自得本心之乐 ……………………………………………… (126)
第四节　杨简的"己易"本体观 …………………………………… (133)
　　一　"易者，己也，非有他也" ………………………………… (133)
　　二　"善学《易》者求诸己，不求诸书" ……………………… (135)

第三章　杨简的心学工夫论 ………………………………………… (138)
第一节　"不起意"之辨 …………………………………………… (138)
　　一　"不起意"的真实内涵 ……………………………………… (138)
　　二　直心而行谓之德 …………………………………………… (146)
　　三　静者，不动乎意而已 ……………………………………… (149)
第二节　保任本心的诸项工夫 …………………………………… (154)
　　一　过即改止，无复他求 ……………………………………… (154)
　　二　渐消习气 …………………………………………………… (158)
　　三　格物"心"解 ………………………………………………… (162)
第三节　思与不思之辩 …………………………………………… (168)
　　一　"道非心思、言论之所及" ………………………………… (169)
　　二　思非劣，无思非优 ………………………………………… (173)
第四节　杨简的工夫层次论 ……………………………………… (176)
　　一　日至、月至与三月不违 …………………………………… (176)
　　二　圣人进德之阶次 …………………………………………… (181)

第四章　杨简的心学教育理论与实践 ……………………………… (188)
第一节　心之精神是谓圣 ………………………………………… (188)
　　一　"心之精神是谓圣"的由来 ………………………………… (188)
　　二　"心之精神是谓圣"的内涵 ………………………………… (192)
第二节　以忠信为主本 …………………………………………… (198)

一　忠信为大道 …………………………………………（198）
　　二　杨简"忠信之道"的经典探源 ……………………（202）
　第三节　再论心性修养工夫 ……………………………………（206）
　　一　以"不起意"为修习要旨 …………………………（207）
　　二　学道之极，终于改过 ………………………………（209）
　第四节　杨简教化弟子的事迹与成效 …………………………（211）
　　一　杨简的生平教育活动概述 …………………………（211）
　　二　杨简点化弟子的事迹考证 …………………………（217）
　第五节　杨简教学艺术的思想特色 ……………………………（225）
　　一　直指人心　简易直截 ………………………………（225）
　　二　耐心平和　诲人不倦 ………………………………（227）
　　三　随缘点化，因人施教 ………………………………（228）

第五章　杨简的政治哲学思想 …………………………………（232）
　第一节　复古的理想主义 ………………………………………（232）
　　一　向往三代之治 ………………………………………（233）
　　二　德治为本的执政理念 ………………………………（238）
　　三　重视农耕立国 ………………………………………（244）
　第二节　论帝王之道 ……………………………………………（247）
　　一　代天治民的君道观 …………………………………（247）
　　二　克艰与"三事" ……………………………………（251）
　　三　谨择左右大臣近臣小臣 ……………………………（253）
　第三节　务实的治世思想 ………………………………………（255）
　　一　直面现实问题 ………………………………………（256）
　　二　主张择贤久任 ………………………………………（260）
　　三　罢科举而行乡举里选 ………………………………（266）
　　四　革除扰民之苛捐杂税 ………………………………（274）
　　五　重视教育及思想统一 ………………………………（278）
　　六　端正社会风气 ………………………………………（281）
　　七　重视武备的思想 ……………………………………（287）

第六章　杨简的经学思想 …………………………………………（293）
　第一节　以心解经 ………………………………………………（293）
　　一　"通乎一，万事毕" ………………………………（293）

二　精研"六经"及其学术成果……………………………（298）
　第二节　对"五经"的重新诠释………………………………（303）
　　一　慈湖论《诗经》………………………………………（304）
　　二　慈湖论《礼经》………………………………………（310）
　　三　慈湖论《尚书》………………………………………（313）
　　四　慈湖论《春秋》………………………………………（315）
　第三节　对"四书"的评价与诠释……………………………（317）
　　一　慈湖论《论语》………………………………………（317）
　　二　慈湖论《大学》………………………………………（322）
　　三　慈湖论《中庸》………………………………………（326）
　　四　慈湖论《孟子》………………………………………（332）
　第四节　对先儒的点评…………………………………………（335）
　　一　评品先秦儒者子夏……………………………………（335）
　　二　对汉儒的评价…………………………………………（338）
　　三　对北宋"五子"的评价………………………………（342）

第七章　杨简思想的其他向度………………………………（352）
　第一节　杨简的美学思想………………………………………（352）
　　一　论书法之美……………………………………………（352）
　　二　论作文之道……………………………………………（356）
　　三　生活适意之美…………………………………………（359）
　第二节　慈湖心学与佛道思想的关联…………………………（362）
　　一　杨简与佛教人士的交往及思想异同…………………（362）
　　二　杨简对道家（教）思想的领悟与点评………………（367）
　第三节　杨简的生命观与生死智慧……………………………（375）
　　一　"人之所以为人者，以其神也"……………………（376）
　　二　杨简及其学侣、门人的临终表现……………………（378）

第八章　慈湖心学的历史评价和时代意义…………………（382）
　第一节　宋代诸儒对于慈湖心学的评价………………………（382）
　　一　杨简门人的评价………………………………………（382）
　　二　朱子学派对于慈湖心学的评价………………………（384）
　　三　南宋晚期其他儒者对杨简的评价……………………（386）
　第二节　明代中叶慈湖心学的复兴与社会评价………………（390）

  一 明代中后期对慈湖心学的批评思想 ………………………（390）
  二 明代中后期对慈湖心学的肯定思想 ………………………（396）
 第三节 慈湖心学与象山、阳明心学之比较 ……………………（405）
  一 慈湖心学与象山心学之比较 ………………………………（405）
  二 慈湖心学与阳明心学之比较 ………………………………（412）
 第四节 慈湖心学的历史与现实意义 ……………………………（424）
  一 心学思潮发扬光大的中间环节 ……………………………（424）
  二 古今"清官循吏"的人格楷模 ……………………………（428）
  三 洞彻人心的性命之学 ………………………………………（431）
  四 道德人文主义和民族文化精神的传承 ……………………（434）

附录 年谱简述 ………………………………………………………（438）

参考文献 …………………………………………………………………（440）

后记 ………………………………………………………………………（446）

第一章 杨简的生平历程和历史背景

"象山之后不能无慈湖,阳明之后不能无龙溪"①,这句话是明清之际的大儒黄宗羲对于陆王心学发展史的一个总结性评述。虽然黄宗羲本人对于慈湖之学颇有微词,但是,这一评述道出了历史上慈湖心学的重要地位及其与象山心学之间的密切关联。这样一来,就令后代学人不能不产生一个疑问:杨慈湖的心学思想究竟有什么样的内涵和特色,使之能够与陆象山这样的杰出人物交相辉映,成为心学发展史上的重要一环?针对这一问题,本书所要做的,正是将杨慈湖的生平和思想做一番比较全面的梳理,揭示慈湖心学的深邃内涵和思想特色,澄清后人对于慈湖心学素有的误会和曲解,在此基础上,展现中国古代思想家自觉传承中国文化的精神慧命的良苦用心和历史功绩。

近年来,研究杨简和慈湖心学的学术成果呈现出论文多而专著少的现象,论文传递的信息含量有限,难以使人窥得慈湖心学的全貌,而在寥寥的几部专著中,内容亦相对单薄甚至不乏舛误,令人感到遗憾。笔者斟酌几回,乃下决心去做一番"不随人脚跟转"②的独立研究,不仅深入研读经典原著,详尽考证文献史料,更重在"反身实践"③和"躬修默悟"④,真切地体会慈湖心学的内在精蕴,如此方敢着笔。历数年而终于成稿,积三十余万字,其中是否有创见或独到之处,自家不敢妄言,谨以虚心态度,留待方家点评。

杨简(1141—1226 年),字敬仲,别号慈湖。南宋中期浙江慈溪(今

---

① (清)黄宗羲:《明儒学案》,沈芝盈点校,卷12《浙中王门学案二》,中华书局1985年版,第240页。
② (宋)黎靖德编:《朱子语类》,杨绳其、周娴君点校,卷121《朱子十八》,岳麓书社1997年版,第2650页。
③ (明)王守仁:《王阳明全集》,吴光等编校,卷1《语录一》,上海古籍出版社2011年版,第12页。按:这是王阳明的高徒徐爱的话,体现了心学思想的特征。
④ 《王阳明全集》卷3,《语录三》,第143页。按:这是王阳明的门人钱德洪的话,也是心学一系的常用语。

宁波市江北区慈城镇）人。二十九岁中进士，出仕五十余年，是南宋时期著名的思想家、教育家和政治活动家，也是继陆九渊之后的南宋心学一脉最重要的代表人物。在象山心学之后，杨简所创立的心学体系被后人称为慈湖心学，以体现其"扩前圣所未发"[①]的思想贡献。一般来说，要想准确地理解一位思想家的真实思想和内心世界，必须首先清楚地了解他所处的时代环境和历史背景，同时还要了解他自身的成长历程，由此才能正确地把握他的各种思想理论产生的真实原因和确切内涵。因此，在开始介绍杨慈湖的思想理论之前，我们不妨首先纵览一下他所身处的那个宋金对峙、战和交替的特殊时代的历史面貌。

第一节 南宋的历史背景与心学的勃兴

一 宋金对峙的政治局面

北宋靖康元年闰十一月二十五日（时在公元1127年初），金军攻入汴梁，次年二月，金军俘获宋钦宗和已是太上皇的宋徽宗。由于占领区的宋朝百姓和军队自发而起的激烈抵抗，金军一时难以立足，遂于靖康二年四月初撤兵北去。占领期间，金军四处大肆搜刮劫掠，临走时携带着巨额的金帛财物和数千名身份特殊的俘虏，包括徽、钦二帝在内的宗室、后妃和朝官等人。至此，由宋太祖赵匡胤创立的北宋王朝，享国167年，屈辱地宣告结束。

二帝被俘后，原是宋徽宗第九子的康王赵构幸运地逃脱了被俘的命运。他在一批朝臣的拥戴下，在应天府（今河南商丘）即皇帝位，改年号为建炎，从此揭开南宋王朝的序幕。此后，宋金之间进入战与和交替的漫长对峙时期。绍兴八年（1138年），宋、金之间第一次"和议"达成，条件是：南宋对金称臣，每年岁贡二十五万两白银和二十五万匹绢。后来，尽管岳飞、韩世忠等爱国将领取得抗金斗争的一系列胜利，可是，害怕迎回二圣、自己失掉皇位的宋高宗利用秦桧，重新秘密地开展对金的媾和活动。绍兴十一年（1141年）十一月初，宋金再次订立和议，史称"绍兴

[①] （宋）程颢、程颐：《河南程氏文集》卷9，《答杨时论〈西铭〉书》，载《二程集》，王孝渔点校，中华书局2004年第2版，第609页。按：此处是借用程颐称赞张载之《西铭》的话以表现杨简之历史地位。

和议"。双方以淮河为界，南宋仍对金称臣，并"岁奉银二十五万两、绢二十五万匹"。① 最为可鄙的是，宋高宗和秦桧为了让金人相信自己的诚意，于同年十二月，唆使奸人诬陷岳飞企图谋反，以"莫须有"的罪名，将这位抗金名将秘密杀害，令忠臣寒心、壮士扼腕。

绍兴三十二年（1162年）六月，年事已高的宋高宗传位给太子赵昚（音 shèn），第二年改元隆兴。赵昚是一位励精图治、有志北伐的君主，他起用张浚为枢密使，积极筹划伐金事宜。隆兴元年（1163年）五月，张浚任命李显忠、邵宏渊为将，率军渡淮北上，开始北伐之役。孰料开战不久，宋军即被金军打得大败，金军随之兵锋南下，一度攻取淮南诸地，兵临长江北岸。在太上皇宋高宗的干预下，宋孝宗只好同意与金朝媾和，于是，隆兴元年十二月，宋金双方订立和议，内容大致是：宋金疆界保持不变，仍以淮南中流为界；金宋之间由君臣关系改为叔侄关系；岁币减为二十万两银和二十万匹绢，史称"隆兴和议"。与"绍兴和议"相比，"隆兴和议"对南宋的屈辱程度有所降低。"隆兴和议"之后，南宋王朝又一次保住了相对稳定的政治局势，得以继续苟安。

淳熙十六年（1189年），宋孝宗模仿宋高宗之例，禅位给太子赵惇，是为宋光宗，改元绍熙。宋光宗在位仅六年，依然保持与金对峙的局面，国内政局基本稳定。绍熙五年（1194年），宋孝宗病逝，素与其不睦的光宗夫妇，竟然借口疾病，不肯参加孝宗的葬礼。在这种情形之下，知枢密院事赵汝愚和外戚韩侂胄一起，发动政变，迫使光宗退位，下旨由嘉王赵扩继位，是为宋宁宗，改元庆元，赵汝愚升任右丞相。不久，赵汝愚在韩侂胄的陷害下，罢相遭贬，身死异乡，韩侂胄成为继秦桧之后南宋第二位长期独揽朝纲的权相。为抬升自己的威望，韩侂胄利用朝野抗金主战派的呼声，又筹备新的北伐事宜。开禧二年（1206年）四月，韩侂胄命令各路宋军北上进攻金国。不料，此时的宋军大多战斗力低下，被金军打得一败涂地，这一场战争，史称"开禧北伐"。由于草率出兵，致北伐失利，韩侂胄的威望严重受挫，以礼部侍郎史弥远为首的主和派，秘密策划政变，矫诏杀死韩侂胄。史弥远由此掌握朝廷重权，主持求和活动。嘉定元年（1208年）三月，宋金两国再次达成和议，条件是：改宋金为伯侄关系；岁币增为每年银、绢各三十万两。另外，宋朝还要向金国一次性支付"犒军费"三百万两。与以往的几次和议相比，史弥远所主持的这次和议是宋金之间最屈辱的一次，宋朝的妥协再次换来较长时间的苟安。随后，

---

① （元）脱脱等：《宋史》，卷29《高宗本纪六》，中华书局1977年标点本，第551页。

史弥远竟然升为右丞相，挟持暗弱的宋宁宗，独揽朝纲达二十六年，直至1233年十月病死。

如果客观地看待宋金几次战争之后所签订的和议，应该承认，每次和议之后都有二十多年甚至长达四十年的相对和平时期。这种和平状态的存在，满足了南宋统治者苟且偷安的心理，但也有利于恢复和发展南方的社会经济。在社会稳定和经济发展的前提下，各种学派的产生、思想学术的繁荣才成为一种现实的可能。无论是朱熹的闽学、陆九渊的心学、吕祖谦的婺学，还是慈湖心学，如果处在过于动荡离乱的时代，都是不可能诞生和成长起来的。

二 宽松的文化环境与思想学术的繁荣

史学家一谈起北宋王朝，往往会用强干弱枝、重文抑武、冗官冗兵、积贫积弱等词语来描绘，诚然，这是对北宋王朝建立伊始就形成的一系列制度及其负面效果的客观评价。直至南宋建立，这些弊端丛生的制度大多也没有得到根本的改观，而是一直延续下来，与南宋王朝相伴始终。不过，宋代的整个政治制度也并非一无是处，有些开明的统治方略长期实施，成为习俗和惯例，使得宋朝的社会文化环境比较宽松，有利于思想学术的繁荣。

首先，"重文抑武"的国策使得南宋王朝武力不强，而文人儒者的社会作用却得到较充分的发挥，最突出的表现是科举制度和教育事业的长期兴盛。宋太祖赵匡胤在立国之初，深鉴唐朝后期藩镇割据的历史教训，把各地节度使的兵权、财权和行政权都收归中央朝廷，由朝廷派出有任职期限的知州、通判等文官前往各地治理一方。与此同时，宋朝历代君主十分注重选拔和任用大批文官来充实朝廷和地方官僚队伍。在宋朝皇帝的心中，文官毕竟文化素质较高，熟读儒家的三纲五常、忠君爱民之说，加上又不熟悉兵事，使用起来更加放心可靠。为了保证统治集团有大批素质较高的文人充实队伍，宋朝空前地扩大了科举考试的规模。科举制度虽然在隋唐已经出现，但是，在门阀士族制度残存的时代，它所选拔人才的数量是十分有限的。以唐代为例，进士科三年一试，每次考中的进士不过三十人左右，还要等待吏部的第二次考试，才能正式步入仕途。到了宋代，门阀士族制度早已荡然无存，不存在阻挠科举考试的利益集团，严格而公平的科举考试十分有利于统治阶级选拔所需要的人才。为此，统治阶级大幅度扩充了科举选才的规模，三年一科，每次所考中的进士多达三百人左右，而且，考中之后立即授官，不需要再到吏部候职待选。宋代的科举制度使得一大批寒素出身的读书人有了出人头地的机会。到了南宋,这种制度继续发挥它不拘门第、选拔人才的积极作用。以南宋著名的思想家为例,杨万里、张九成、朱熹、吕祖谦、陆九渊、杨简、叶适、陈亮……这些儒者原本出身布衣,都因高中进士而声名鹊起,进而在政坛或士林中赢得大名。由于宋代科举制度主要以儒家经典作为考试依据,因此,儒家思想逐渐成为这批获得进士资格的知识分子的集体共识。在儒家思想的熏陶之下,宋代出现了一批文化层次颇高的社会精英阶层,尽管两宋的政治制度弊端甚多,但是,由这样一大批精英阶层支撑,使一个强干弱枝、积贫积弱的王朝在风雨摧折中垂而不倒,竟然奇迹般地延续了三百余年。

由于科举制度的盛行,宋代的教育事业也较汉唐时代有了空前的发展。从中央的太学,到地方的书院、乡学,无论是官府还是民间,都非常重视教育,各类学校一时蔚为大观,史载:"自仁宗命郡县建学,而熙宁以来,其法浸备,学校之设遍天下,而海内文治彬彬矣。"① 在两宋的教育事业中,有一项新生事物的出现非常有利于儒学的振兴,那就是书院讲学的兴起。书院在唐代已经出现,原为私人的藏书、校书之所,到了宋代,书院(有的称为"精舍")将教学育才和学术研究两种功能结合起来,成为新型"大学之教"的重要场所。一些著名的思想家、教育家,都曾建立起自己的书院(如陆九渊创建象山精舍),在那里聚徒讲学,四方好学之士裹粮前往、朝夕相从。数百年间,书院成为自由讲学和学术研究的重要基地,一些杰出的思想家就是依凭书院栖身,在这里沉思天人之际、性命之原的诸多哲学问题,然后再向门徒宣讲、传播。

其次,在宋代比较宽松的文化环境中,还有一个现象值得注意,那就是最高统治者坚持广开言路、一般不对士大夫进行杀戮的开明作风。据《宋史》记载:宋徽宗被掳至北方后,密遣随臣武义大夫曹勋遁归南方,带来了写在衣领上的密诏,同时令曹勋转告宋高宗:"见康王第言有清中原之策,悉举行之,毋以我为念。"又言:"艺祖(即太祖)有誓约藏之太庙,不杀大臣及言事官,违者不祥。"② 笔者认为,《宋史》这一记载是可信的。宋太祖虽然出身军旅,但是深谙治国之道,由元代统治集团所编撰的《宋史》评价他:"务农兴学,慎罚薄敛,与世休息,迄于丕平。"③ 因此,他留下"不许杀害言事官员"的遗训,并以誓约的形式藏之太庙,

---

① 《宋史》卷155,《选举一》,第3604页。
② 《宋史》卷379,《曹勋传》,第11700页。
③ 《宋史》卷3,《太祖本纪三》,第51页。

是完全可能的。从两宋士大夫敢于倡言国事、公开评议朝政的一贯风气来看，这一誓约的存在也是一种潜在的支持。南宋时期，规模最大的文字狱是庆元元年（1195年）由韩侂胄一手制造的"伪学逆党籍"案。韩侂胄将赵汝愚、朱熹、杨简、叶适、蔡元定等五十九人列入"伪学逆党"的名单，罢官者有之，流放者有之，但是，没有对其中任何一人施以极刑。宋代唯一杀害过上书言事之读书人的皇帝只有宋高宗赵构，南宋建炎元年，太学生陈东和布衣欧阳澈大胆上书，建言议政，由于言辞激烈，恼怒的宋高宗下令将二人逮捕问斩。事后，追悔不已，遣人祭吊陈东之墓，数次诏令"恤其家"①。由是可见，由于"祖制"之约束，宋代君王实施开放言路、不杀士大夫的开明政策，使得士大夫阶层敢于直抒己见甚至犯颜进谏，成为两宋时期政治生活中的特殊景观。

再次，宋孝宗的"乾淳之治"直接推动了思想学术的繁荣。隆兴元年的北伐失败后，宋孝宗收复失地的雄心壮志从此消沉，转而把精力放在处理内政方面。在执政的乾道和淳熙年间（合计二十七年），他始终保持着励精图治的清醒头脑，所推行的治理措施大多符合当时社会的实际需要，因此，南宋的社会经济得到了较快的恢复和发展，史称"乾淳之治"。概括而言，宋孝宗实施的清明政治措施主要有以下五个方面：一，慎选官员，改良吏治；二，减免赋税，纾解民困；三，兴修水利，劝导农耕；四，稳定发行纸币，促进商品流通；五，包容百家思想，活跃学术氛围。关于第五点，在此需要略加分析。北宋中后期，与政治斗争的复杂形势基本同步，思想界逐渐形成三大学术派别，分别是：王安石的新学、二程的洛学（理学）、苏轼的蜀学。到了南宋时期，这三个学派依然存在，而新学和理学的影响力较大。其中，理学一脉发展势头尤为强劲，出生于福建武夷山的朱熹绍述前辈程颐的思想，最终形成程朱理学；同为理学后裔的陆九渊，则继孔孟千载不续之绝学，创立心学一派，时称"江西之学"；婺州（金华）的吕祖谦，精于"中原文献之传"，形成了婺学；注重涵养、重在力行的张栻创立了湖湘学派；喜好谈兵、崇尚事功的陈亮，创立了永康学派；价值观相近的叶适，也创立了永嘉学派。不同的学派之间，就学术问题展开广泛的讨论和激烈的争鸣。最为著名的事例，莫过于1175年的鹅湖之会，当时，吕祖谦为调和朱熹、陆九渊二人的观点分歧，在信州铅山县的鹅湖寺召开学术辩论会，孰料，会议辩论的结果是将朱陆二人的学术分歧公诸天下，明确形成了心学和理学分庭抗礼的格局。众所周

---

① 《宋史》卷25，《高宗本纪二》，第461页。

知，杨简的思想直承陆九渊，如果没有象山心学的前奏，也不可能有慈湖心学后来在浙东的兴盛局面。对于乾淳之际的学术环境，南宋晚期的思想家黄震（1213—1280）评价道："乾、淳正国家一昌明之会，诸儒彬彬辈出而说各不同"。① 宋孝宗之后的几个皇帝，虽然平庸暗弱，但并未改变这种文化统治方略，因此，南宋时代思想学术的繁荣与争鸣，长期存在，蔚为大观。

本节所述，表明南宋虽然是一个偏安一隅的王朝，但是，相对和平的政治环境和较为宽松的文化氛围，并不压抑各学派思想锋芒的展露，故此，能否成为思想界的一代翘楚，就要看其人本身的禀赋和后天努力了。

第二节 杨简的生平历程（上）

关于杨简的生平历程，最主要的记载是他的门人钱时所作的《宝谟阁学士正奉大夫慈湖先生行状》，约有一万字之多，内容翔实，堪称长文；其次是《宋史》卷407的《杨简传》，实际上是依据此《行状》缩写而成；再次是《宋元学案》中《慈湖学案》等文字记载，也是依托《行状》而编写的；最后，是由清代光绪年间的藏书家冯可镛所编写的《慈湖先生年谱》，虽然清人善于考证，材料翔实，但其时距离南宋已远，且拘于考据、泥迹失神，舛误亦存于其中，故不可尽信，这一点应为今天研究慈湖心学的同人明鉴。综合以上因素，还是亲炙于慈湖门下的钱时所作的《行状》是基本可信的史料。由于杨简一生长寿而命途坎坷，为避免叙述篇幅繁冗过长，笔者拟分为两节来介绍。

一 杨简的家世简述

南宋高宗绍兴十一年（1141年）辛酉正月初二日②，杨简出生在浙东鄞县的一个家境富庶的儒者家庭。关于杨简的家世和籍贯，门人钱时在其《行状》中有一段简要的叙述，他说：

---

① （宋）黄震：《黄氏日抄》，卷68《读文集十》，载《四库全书》，（清）纪昀等编撰，上海古籍出版社1989年版，子部，第708册，第639页。
② （清）冯可镛、叶意深编：《慈湖先生年谱》卷1，载《四明丛书》，张寿镛辑，广陵书社2006年版，第12册，第6924页。按：此《年谱》共二卷，录于《四明丛书》所收《慈湖遗书》之后，单独成篇。

> （先生）家世天台。十世祖自宁海徙明（州）之奉化，后又徙鄞。绍兴末，敌突淮右，考避地慈溪，因占籍焉。曾大父讳宗辅，大父讳演，皆不仕。考讳庭显，脿脿然儒，而果毅有识量。①

这段话表明，杨简的祖先一直都是浙江人，从宁海到奉化，再到鄞县，最后落户慈溪，一直都在宁波（古称明州）的范围内生活，但其家世并不显赫，曾祖、祖父和其父杨庭显，均未曾出仕。杨简出生在鄞县，年少时一直生活在那里。绍兴三十一年（1161年），金主完颜亮率大军南侵，江浙一带的形势也骤然紧张，他的父亲杨庭显率家避居到慈溪，从此定居在该邑，此时，杨简已有二十一岁（虚龄），长成小伙子了。杨家虽是布衣之间，但是家境富庶、人口众多，不仅有男女仆人，分工还挺细，甚至有专门负责种菜的园仆，足见家境之殷实。而且，杨家自身人丁兴旺。杨庭显有六个儿子、三个女儿，六子分别叫杨筹、杨篆、杨简、杨权卿（早夭）、杨簏、杨籍。至淳熙十五年（1188年）八月杨庭显去世时，已有孙子十二人，孙女九人，这真称得上一个人口众多的大家族。由于杨庭显非常注重以"德义训"，②而且言传身授，因此，儿孙多有美德令闻，当然最著名的还是三子杨简。杨简的母亲姓臧，也出生在一个很有文化素养的儒者家庭，杨简在青年时期回忆，其母臧氏的祖父"为儒而通于黄帝岐伯之道"③，并将医术和医德传与子孙，其子孙亦"急于救物，不以贫富贵贱二其心"④，甚至经常免费施药给患者。他的外祖父名叫臧师文，"以文行升上舍，贡礼部"⑤，虽然没有做官，但也饱受儒家文化的熏陶。杨简小时候，母亲常带他回家省亲，"诸舅环侍，朱紫满前"⑥，足见这是一个富裕而重礼教的儒者家庭。由于父母双方的家境和教养都很不错，这为杨简的成长打下一个良好的基础。

二　士子求学的时期

杨简幼时，便显现出与一般儿童不同的禀赋和个性特点，或许这正是

---

① （宋）钱时：《宝谟阁学士正奉大夫慈湖先生行状》，载（宋）杨简《慈湖遗书》之《附录》，载《四库全书》，上海古籍出版社1989年版，集部，第1156册，第927页。按：由于册数相同，以下凡注引此书者不再注明册数，只注明页码。
② 《慈湖遗书》卷2，《连理瑞记》，第624页。
③ 《慈湖遗书》卷18，《宋翰林医痊臧公墓志铭》，第913页。
④ 同上书，第914页。
⑤ 同上书，第913页。
⑥ 同上书，第913页。

日后学有所成的天赋基础。据门人钱时的《行状》记载：

> （先生）入小学，便俨立若成人。书堂去巷陌，隔牖间一纸，凡遨戏事呼噪过门，听若无。朔望例得假，群儿数日以俟，走散相征逐。先生凝静几门，如常日课，未尝投足户外。①

这段记述表明，杨简幼时性格特别沉静，像成人一般。在私塾念书时，书堂离街巷只隔了一层窗户纸，外面往来的车水马龙和玩耍孩童的大呼小叫，明显会干扰室内学童的注意力，但是对杨简而言，听而不闻，就像不存在一样。每月的初一和十五是私塾放假的时间，别的孩子几天前就盼着假期的到来，一到放假之时，便你追我赶，一哄而散，跑到外面玩去了。但是，杨简却依然凝静地待在家中，像往常一样读书自学，几乎足不出户。杨简的这一性格，很像其师陆九渊小的时候，"幼不戏弄，静重如成人"②，"立于门，过者驻望称叹，以其端庄雍容异常儿也"③，难怪后来二人均成为一代大儒。

杨简读书如此认真，成年后自然容易得到教育主管部门的选拔，二十一岁时，他考入设在都城临安的太学。进入太学后，杨简依然发愤用功，而且成绩优异，"每试辄魁"④。在此，门人钱时不便写出的是，在科举之路上，杨简并非一帆风顺，他"为文清润峻整，务明圣经，不肯规时好，作俗下语"⑤，尽管文章写得颇好，但在文辞上不能符合科举考试的样式，因此，杨简从二十一岁入太学，直至二十九岁才考中进士。而同时代的朱熹（1130—1200年）十八岁贡于乡，十九岁登进士第⑥，比起杨简来，朱熹实在太擅长应试。好在经过科场的不断磨炼，到了乾道五年（1169年），杨简终于"以一经冠南宫，选登乙科"⑦，获得了读书人梦寐以求的进士功名，此时他已经二十九岁⑧了。

---

① 《慈湖遗书》卷18，《宋翰林医痊臧公墓志铭》，第927—928页。
② （宋）杨简：《象山先生行状》，载《陆九渊集》，钟哲点校，卷33，中华书局1980年版，第388页。
③ 同上。
④ 《慈湖遗书》附录，《宝谟阁学士正奉大夫慈湖先生行状》，第928页。
⑤ 同上。
⑥ 朱熹登进士第，时在绍兴十八年（1148年），此时他只有十八周岁。
⑦ 《慈湖遗书》附录，《宝谟阁学士正奉大夫慈湖先生行状》，第928页。
⑧ 本著计算古人的年龄，一般按传统的虚岁来算，特殊注明者除外。

三　幕僚佐政的时期

杨简考中进士之后，被授予富阳县主簿的职务。在富阳期间，他所做的最重要的一件事情，便是劝民向学，导化风俗。史载：

> 先生之至富阳也，阅两月，无一士来见。怪问之左右，对曰："是邑多商人肥家，不利为士，故相观望，莫之习也。"先生恻然，即日诣白宰，谓："兹壮邑于今为赤县，而土俗尔陋。学道爱人，宰其职矣。且僚佐系衔，例主学事，无以风动教化之，弦歌吾邑子。坐靡禀稍，效尤俗吏，束湿程赋，役事笞箠，吾食且不得下咽，奈何？"宰唯唯，遂破食补生徒，文理稍稍，即收之。①

杨简初到富阳任职时，过了两个多月，竟然没有一个读书人来和他交谈。他感到非常惊讶，问左右属吏，属吏告诉他说：富阳此地崇尚经商，以此发家致富，并不看重读书求学的道路。杨简听了，心里很不是滋味，当天找到知县，陈述了一番应重视教育、培养人才的话，知县听了，连连点头称是，于是增加县学生员的供给，扩充其名额。随后，杨简发挥自己所长，每天都到县学中登坛讲课。虽然史籍没有明文记载，我们仍然可以想见杨简的教学风格是何等的生动活泼、深入人心，因为他的讲学活动很快在全县范围内引起了强烈的反响，"秀民自是欣奋，恨读书晚"（同上）。关于杨简在富阳等地的教育活动及其成效，笔者将在第四章"杨简的心学教育理论与实践"中详细论述。

淳熙元年（1174年）春，杨母臧氏去世，杨简回家居丧丁忧。淳熙三年（1176年），丁忧结束后②，三十六岁的杨简重回官府报到，被授予绍兴府司理之职，这是一个主管讼狱的职务。杨简审理案件时，"公平无颇，惟理之从"③，甚至不怕得罪安抚使这样的封疆大员。《行状》记载了这样一件事情——

---

① 《慈湖遗书》附录，《宝谟阁学士正奉大夫慈湖先生行状》，第928—929页。
② 古代官员丁忧守制，名义上为三年，实际只需二十七个月，至宋代已成为通行惯例。例如：宋英宗治平初年，礼院奏言："谨按礼学：王肃以二十五月为毕丧，而郑康成以二十七月，《通典》用其说，又加至二十七月终，……天圣中，《更定五服年月敕》断以二十七月，今士庶所同遵用。"（天圣，宋仁宗的第一个年号。）参见《宋史》卷122，《礼二十五》，第2853—2854页。
③ 《慈湖遗书》附录，《宝谟阁学士正奉大夫慈湖先生行状》，第929页。

> 二府吏触怒帅,送狱勘之。先生白:"无罪可勘"。命勘平日,先生曰:"吏过渠能免?若今日则实无罪也,必摘掬往事,置之法,某不敢奉命。"帅大怒,先生叹曰:"是尚可为乎?"归取告身纳之,争愈力。帅知不可屈,遂已。①

这段话讲的是:两个府吏不慎惹怒了安抚使(又称"镇帅"),被下了大狱。镇帅命令杨简查勘其过后予以定罪。杨简回答说:"此二人无罪。"镇帅又命令调查一下他们平日的过错,杨简说:"小吏办差,谁能一点过错都没有?但像今天这种情况,这两人确实没有过错。大帅非要让我找出他们以往的过错来治罪,我不敢从命。"一个小小的绍兴府司理竟然敢如此违抗上司命令,惹得镇帅大怒。对此,杨简感叹说:"这样的官还怎么做下去啊?"于是取来自己的委任状(告身)交还给上司,表明自己宁愿罢官也不屈己枉法的态度,面对镇帅争执得更加有力。没想到,这种理直气壮的态度反而让镇帅气馁,于是收回了成命。所幸的是,事后杨简也没有受到什么打击报复。对于上司的不当决定,杨简敢于犯颜抗辩,这表明了杨简是一个奉法的循吏和真诚的儒者,然而,这种拒绝圆滑、不肯奉迎的性格也决定了杨简日后仕途的曲折坎坷。

由于为官正直、能力出众,杨简开始得到一些上层官员的重视和举荐。淳熙八年(1181年),理学家朱熹正好担任提举两浙东路常平茶盐公事,闻杨简之令名,特意向朝廷举荐,说他"学能治己,材可及人"(同上)。同年,卸任宰相、太师史浩也向朝廷一次举荐了十五位贤士作为储备人才,其中,杨简名列第二。史浩在荐举的奏章中称赞杨简说:"性学通明,辞华条达。孝友之行,阃内化之。施于有政,其民心敬而爱之。"(同上)《宋史》曾言"(史)浩喜荐人才"②,他以故相的身份荐举人才,朝廷当然不能不予以重视,于是,"诏都堂审察"(同上),意即交由吏部进行考核、筛选,然后加以任用。但是,按照官场的提拔程序,需原职三年任满之后才能提拔,淳熙十一年(1184年),四十四岁的杨简被任命为浙西安抚司干办公事(简称"浙西抚干"),驻地就在临安,虽然职务升了一级,但仍是一个幕僚的身份。此时的浙西安抚使张构礼贤下士,"雅敬先生",因此,在张构的幕下,杨简日子过得比较惬意。为回报张构的

---

① 《慈湖遗书》附录,《宝谟阁学士正奉大夫慈湖先生行状》,第929页。告身,相当于官员的委任状。
② 《宋史》卷396,《史浩传》,第12069页。

厚待与信任，杨简"亦渠渠与之尽"①，努力发挥治事之长，尽力辅佐好这位上司。由于张构对他"多所委赖，吏牍日相衔在庭"（同上），在处理纷繁复杂的公事文案中，杨简展现了出色的治事能力，据《行状》记载："天府（吏牍）潴穰，类多戾契謷牙，不易可办。先生雍容立决，的中綮会，莫不服为神明。"（同上）

淳熙十五年（1188年），杨简终于摆脱久为幕僚的命运，被授以浙江嵊县知县的实职，可望有所作为了。不料此时，他的父亲杨庭显突然病故，杨简再次回家奔丧，并没有前往嵊县任职。丧礼结束后，遵照古制，杨简仍在家乡丁忧守孝，成为赋闲之人。在此期间，杨简开始了比较活跃的讲学活动。这一段生活，与一个重要的政治人物有关，那就是致仕宰相史浩。史浩是浙江鄞县人，和杨简是事实上的同乡。据清代学者全祖望记述：

> 文元之讲学于碧沚，以史氏也。先是，史忠定王馆沈端宪于竹洲，又延文元于碧沚。袁正献时亦来预。湖上四桥，游人如云，木铎之声相闻。竹洲在南，碧沚在北。②（杨简逝世后，追谥"文元"。）

史浩去世后，被朝廷"追封越王，改谥忠定"③，此人是一个文化素养较高且为人宽厚豁达的封建官僚。退休在家，他先后修建了竹洲、碧沚两处讲学之所，聘请杨简（谥文元）、沈焕（谥端宪）、袁燮（谥正献）等名儒来讲学，督促史家子侄专心听讲于其中。因此，在《慈湖学案》中，记载了杨简的知名弟子六十人，有很多是史氏家族的子弟或姻亲，例如：史弥忠、史弥巩、史弥远、史弥坚、史弥林、史守之、史定之、陈埙（史浩外孙），等等。除了史弥远之外，这些门人构成了日后以杨简为代表的浙东心学的主力阵容。这一时期的讲学活动，使得杨简在儒林中赢得了较高的声望，成为象山心学有力的后劲。按规定，丁忧期只有二十七个月，杨简在"服除"之后，本应返回朝廷销假复职，但是他没有急着回去，而是在家讲学长达四年（1188—1192年）之久。看来，这种闲适而充实的讲学生活令他很满意，因而不稀罕回去当那种有职无权的幕僚。

---

① 《慈湖遗书》附录，《宝谟阁学士正奉大夫慈湖先生行状》，第929页。
② （清）全祖望：《鲒埼亭集外编·杨文元书院记》，载《慈湖先生年谱》（四明丛书本）卷1，第6933页。
③ 《宋史》卷396，《史浩传》，第12069页。

四 初为知县

杨简丁忧期间,六十八岁的宋孝宗于淳熙十六年(1189年)禅位给太子,是为宋光宗,第二年改元绍熙。绍熙三年(1192年),杨简被任命为江西乐平知县,这时他已经五十二岁,终于获得了一个"百里侯"式的实职。据杨简自述:"绍熙三年二月闰朔,某始领邑事"①,到任之后,他发现"故学宫逼陋甚危,朽(木)相枝柱"②,于是"思撤而新之"③,由于"县计大匮"(同上),财政困难,于是,他发出号召,属吏和县中百姓纷纷响应,有钱的出钱,有力的出力,第二年,终于建成一座崭新的学宫。此时,杨简已富有讲学经验,他亲登讲坛,把自己的心学思想传授给当地的士子百姓,其大意是:

> 人性至善,人性至灵。……是谓仁义之心,是谓良心,即尧舜禹汤文武周公孔子之心,即天地日月鬼神之心。人人皆有此心,而顾为庸庸逐逐,贪利禄、患得失者所熏灼,某切惜之,敢先以告。④

由于杨简讲学"坦易明白,听之者人人可晓"(同上),许多士子百姓发现:原来圣人之学并不深奥复杂,"圣贤与我同心,日用平常无非大道"(同上),由此萌发了立志成圣的心愿。一些士子听了杨简的讲学,"有泣下者"(同上),看来此时的杨简已经非常擅长点化人心了。对于教化士子百姓,杨简不是偶尔为之,而是以一种忘我的精神投入,"入(学)斋,舍昼夜,忘寝食,远近为之风动"(同上),真正体现出一个儒者化民成俗的热情。

除了积极讲学、导民为善外,杨简还注重以德刑并用的方式来管理地方治安。当地有两名恶少,一姓杨,一姓石,专门把持诉讼,为非作歹,杨简予以严厉惩戒。随后,他亲入牢狱之中,对二人谆谆教诲,"喻以祸福利害"(同上),杨、石二人从未见过这么好的知县,终于唤醒了内在的良知,"咸感悟,愿终自赎"(同上),从此,杨简在乐平县再推广什么政务或教化,就容易多了。不久,"邑人衔化,以讼为耻。夜无盗警,路不拾遗"(同上),颇有一点当年孔子相鲁、三月大治的气象。对此,杨简多

---

① 《慈湖遗书》卷2,《乐平县学记》,第617页。
② 《慈湖遗书》附录,《宝谟阁学士正奉大夫慈湖先生行状》,第930页。
③ 《慈湖遗书》卷2,《乐平县学记》,第617页。
④ 《慈湖遗书》附录,《宝谟阁学士正奉大夫慈湖先生行状》,第930页。

年之后有一段回忆，他说：

> 人心易感化，以其性本善故也。曩宰乐平，政事大略如常，间有施行，而人心率向于善，由是知人心果易感化。若先谓民顽不可化，则必无可化之理。①

乐平的执政经验对于杨简的政治哲学具有直接的促成作用，由此他形成了德刑兼施、以德教为主的治世理念，无疑，这是典型的儒家治世观。

杨简在乐平任职不到三年，接到了朝廷任命他为国子监博士的诏令，时在绍熙五年（1194年），宋宁宗刚刚即位，尚未改元之际。当他离开乐平时，业已改过自新的杨、石二人，率领许多百姓前来送别，"众相随出境外，呼先生杨父，泣拜，恋恋不忍离"②，这一场景表明，杨简在乐平的执政颇有成效，广大百姓视之如父母和师长，把他当成百年难遇的清官循吏。

五 庆元党禁与奉祠生涯

杨简来到都城临安后，在国子监中担任教职，主讲《易》学。他面对众多士子，充分阐述自己的哲学思想，"发人心固有之妙，欣欣然人自庆幸"。③ 此时朝中的右丞相是赵汝愚，此人本是宋太宗之后裔，属于皇族宗室，正是他和外戚韩侂胄一起，逼迫宋光宗禅位给嘉王赵扩，是为宋宁宗。赵汝愚拜相之后，颇有振兴朝纲的打算，但是，性情疏阔的他没有料到，"自以有定策功"④ 的外戚韩侂胄暗地里对他中伤陷害，在勾结了李沐等一批台谏之臣后，上奏宋宁宗："汝愚以同姓居相位，将不利于社稷，乞罢其政。"⑤ 这些谗言切中宋宁宗的隐忧，于是，庆元元年（1195年），宋宁宗颁诏，将赵汝愚罢相外贬。次年正月，赵汝愚"至衡州病作"⑥，暴毙于贬谪途中，"天下闻而冤之"。（同上）

面对韩侂胄陷害忠良的卑鄙行径，杨简义愤填膺，他下定决心"拼一死耳"（同上），不顾官职卑微，上书直言朝政，他说：

---

① 《慈湖遗书》卷16，《论治道》，第874页。
② 《慈湖遗书》附录，《宝谟阁学士正奉大夫慈湖先生行状》，第930页。
③ 同上。
④ 《宋史》卷392，《赵汝愚传》，第11987页。
⑤ 同上。
⑥ 同上书，第11988页。

臣与汝愚义合者也，汝愚岂每事尽善？至被不寘以出，则举天下皆能亮其忠也。昨者危急变骇，不可具道，军民将溃乱，社稷将倾，陛下所亲见。汝愚冒万死，转危为安，人情妥定。汝愚之忠，陛下所心知，不必深辩。臣为祭酒属，日（以）义训诸生，若见利忘义，畏害忘义，臣耻之。汝愚往矣，不当复来。今日之言，不为汝愚发，为义而发。①

由于宋宁宗暗弱无能、不掌握实权，而此时的韩侂胄权倾朝野，肆无忌惮地对赵汝愚一党进行残酷的打击迫害，他下令将赵汝愚、朱熹、李祥、杨简、吕祖俭、彭龟年等五十九人列入"伪学逆党籍"，实施政治迫害。如前文所述，由于宋朝遵循太祖以来"不杀大臣及言事官"的国策，除赵汝愚病死于贬谪途中外，其他的"伪学逆党"人士虽然遭到贬职、编管之类的迫害，但是并无性命之忧。杨简受到的最终处分是：落职奉祠、主管台州崇道观。这是宋代特有的一种制度，即罢去某个官员的实职，给他一个主管某某宫观的名义，仍发给基本的俸禄（时称"祠禄"），实际上是罢官去职，归里赋闲。

庆元党禁是杨简政治生涯中遭受的第一次严重打击，从此他罢归乡里，赋闲时间长达十四年之久（1195—1208 年）。不过，杨简素以为"忠信即道"②，他认为自己不过是做了一件应该做的事情而已，丝毫没有把个人的进退得失放在心上。回到家乡后，他专心致力于教育和学术研究，史载：

其归自胄监也，家食者十四载。筑室德润湖上，更名慈湖。馆四方学子于熙光咏春之间而启迪之。于是始传《诗》、《易》、《春秋》，传《曾子》，始取先圣大训间见诸杂说中者，刊讹剔诬，萃六卷，而为之解。③

据清代学者冯可镛的《慈湖先生年谱》记载：嘉泰④年间，明州人沈文彪，字明大，自号清遯居士，"尝筑亭馆石鱼之麓，名曰槃隐，招文元

---

① 《慈湖遗书》附录，《宝谟阁学士正奉大夫慈湖先生行状》，第 931 页。
② 《慈湖遗书》卷 3，《学者请书》二，第 634 页。
③ 《慈湖遗书》附录，《宝谟阁学士正奉大夫慈湖先生行状》，第 941 页。
④ 宋宁宗的第二个年号，从 1201 年始，凡四年。

讲道其中"①，于是，杨简和沈文彪成为忘年交。由于喜欢石鱼山一带的风光，杨简自己也建起一栋竹楼，名为石鱼竹房（简称"石鱼楼"），安心居于其中。冯可镛引述《慈溪县志》（雍正年间编撰）说："石鱼山在县西三里，有石如鱼形，今山麓有灵岩庵，相传为石鱼楼旧址，《石鱼偶记》一书当著于此。《遗书》登石鱼楼诗三首，当亦是时作"。② 虽然遭到罢职的处分，杨简丝毫没有介意，而是住在慈湖故里和石鱼竹房里，讲学著述，心中依然惬意如常，这一点，从他关于石鱼楼的诗作中便可窥见一斑，仅举《登石鱼楼》一诗的前半阕为例，诗曰：

  楼栏倚碧空，绿树正摇风。我独来从容，笑歌于其中。微凉吹我衣，碧袂纱玲珑。诗成自长吟，宛转音和融。此意无人会，只许清风同。……③

  由此诗可见，杨简的心胸十分豁达，在石鱼楼中依然过着从容笑歌的生活。除了讲学之外，他还针对程朱理学一派攻击象山心学"不读书，不穷理，专事打坐"④ 之类的非议，一改象山心学"不立文字"的传统，认真地做了一些纯文本的学术研究工作，特别是对古代儒家经典进行心学化的诠释。正是在这一时期，他的主要著作《慈湖诗传》《杨氏易传》《慈湖春秋解》《先圣大训》等纷纷问世，成为慈湖心学能与程朱理学分庭抗礼的代表作品。

第三节 杨简的生平历程（下）

一 再为朝官

  开禧三年（1207年），韩侂胄贸然北伐，旋遭失败，本人随后在政变中被杀。嘉定元年（1208年），宋金再次议和，南宋以接受前所未有的屈辱条件换来苟安一隅的局面，而朝政大权也转移到奸相史弥远手中。

---

① 《慈湖先生年谱》卷1，第6943页。

② 同上。

③ 《慈湖遗书》卷6，《登石鱼楼》，第669页。

④ （宋）陈淳：《北溪大全集》卷23，《与陈寺丞复一》，载《四库全书》，上海古籍出版社1989年版，集部，第1168册，第686页。

史弥远执政之后，为消除士人为他的不良印象，打着宋宁宗的旗号，"厉精更化，首访耆德"①，尤其注重倡导理学思想，提拔理学人士为他服务。从广义上讲，宋代理学系统除了程朱理学之外，陆象山、杨慈湖等心学名家也属于理学一派。在这种情形下，杨简这位耆德旧臣自然成为他所选用的对象。嘉定元年，赋闲十四年之久的杨简终于结束了祠禄官的生涯，被正式任命为秘书郎（后转任朝请郎，不久又迁秘书省著作佐郎、兼权兵部郎官）。此时的杨简已经六十八岁，身体依然矍铄，堪称宝刀不老，接诏后欣然前往临安任职。

按照宋朝的官制，像杨简这样的六部郎官，并没有很多的机会面见皇帝、讨论政事，但是，自宋高宗开启的轮当面对制度②，却是中下级官员向皇帝直陈政见的最佳机会。杨简在野多年，冷眼旁观，"熟思治务"③，借嘉定元年轮对的机会，一口气写了三道奏章，一并呈递上去。其要旨是：其一，向皇帝坦白地道出民生艰困的社会实情，其二，揭露官场腐败奢靡之风的危害，其三，主张整顿南宋腐朽不堪的军队，选用文武俱通之儒统辖、训练士卒。

由于言辞剀切，这三篇奏章呈递至宋宁宗面前，令宋宁宗大为惊讶，因为他平常听惯了天下承平的阿谀之言，猛然看到杨简关于"饥民相食"的报告，由衷地感慨不已，"上数俯首谛视"，"蹙额之久"（同上）。如此忠直剀切的奏章，自然免不了流传到士人民众之中，其社会反响是："人争传诵，流入比境，见者辄雪涕，举两手曰：'此江南杨夫子也'。"（同上）

然而，此时的朝政大权实际掌握在史弥远手中，宋宁宗生性暗弱平庸，他的内心感慨，大概过几天也就消失殆尽了，并没有采取什么切实有效的措施来解决杨简所说的问题，对此，杨简未免有些失望。不过，杨简的声誉和才干此时在朝廷中已颇有令闻，虽然他只是一个兵部郎官，但是，其他六部大臣大多欣赏他的才干，吏部尚书（又称"天官"）汪达、礼部尚书（又称"宗伯"）章颖，纷纷向杨简伸出了信任之手。汪达举荐杨简兼任吏部考功司郎官，章颖亦请他兼任本部郎官，一时间，杨简兼数职于一身，忙得不亦乐乎。吏部考功司郎官是一个陟黜官员的重要职位，

---

① 《慈湖遗书》附录，《宝谟阁学士正奉大夫慈湖先生行状》，第 932 页。
② 按南宋制度，每五日由一名侍中以下的臣子轮值，向皇帝当面进言关于时政的意见，称为"轮对"。这种制度使中下级官员每隔二三年有面见皇帝、直陈政见的机会，算是皇帝广开言路的表现。
③ 《慈湖遗书》附录，《宝谟阁学士正奉大夫慈湖先生行状》，第 933 页。

在此位上，杨简秉公办事，毫不徇私，不重资历，唯德才是举，认真为国家选拔人才。据《行状》记载：

> 先生举贤，不可梯级取，实知其人，即自举之。剡章既上，然后取部示牒照所举者，尝曰："为国荐贤，吾其职也，而先私照牒于人，……此何理乎？"①

由于才干出众，杨简不久升任秘书省著作郎，又迁将作少监（主管建筑工程），并兼职如旧。嘉定三年（1210年），又到了轮当面对的时候，杨简对于朝政仍然抱有较大的期望，他又写了三份奏章，表达对于朝政的基本主张。此时，宋宁宗还对杨简留有很深的印象，本来按进言顺序，排在杨简之前有一位左曹郎官，一时还轮不到杨简上殿发言，由于"眷记先生"②之故，宋宁宗特意勾去这位左曹郎官的名字，率先让杨简与自己当面恳谈。

此次奏对之时，杨简正好七十岁，在众多朝臣中显然已是高龄之人，加上他在士大夫阶层中的崇高声誉，因此，宋宁宗对他尊敬有加，君臣二人攀谈了许久。这次轮对是杨简一生中与皇帝最为接近的一次，彼此都留下了很好的印象——"问答往复，漏过八刻。先生出，上目送久之。"③"漏过八刻"，说明这次谈话超过两个小时，杨简的谆谆教诲和诚恳进言，至少使宋宁宗对这位忠诚耿直的宿臣有所感动，因为这种人正是南宋江山得以稳固的柱石。

不过，宋宁宗虽然有所感悟，在政治上依然没有什么作为，照样听凭史弥远一人独揽朝纲、发号施令，如《宋史》所言："幸帝耄荒，窃弄威福。"④ 宋宁宗唯一有所表示的，就是再给杨简一份兼职，任命他为"兼国史院编修官，兼实录院检讨官"⑤，这也算知人善任、令能者多劳了。对此，杨简的失望可想而知，算一算自己已过古稀之年，"面对所陈，久未施行"（同上），待在朝廷里也没有什么意义，因此，他两次上呈表章，"引年一丐祠"（同上），即请求改任祠禄官，回乡归隐。但是，史弥远当

---

① 《慈湖遗书》附录，《宝谟阁学士正奉大夫慈湖先生行状》，第934页。梯级，仅凭资历的选官办法。
② 同上书，第934页。
③ 同上书，第935页。
④ 《宋史》卷40，《宁宗本纪四》，第781页。
⑤ 《慈湖遗书》附录，《宝谟阁学士正奉大夫慈湖先生行状》，第935页。

政，为了改变世人对他窃弄权柄、屈膝降金的不良印象，正打着重用理学宿儒的旗号来自我标榜，他是绝不会轻易放杨简这样一位闻世大儒回乡归隐的。杨简看到自己的申请不被批准，又感到待在临安小朝廷中实在郁闷，于是不顾高年，请求外放担任地方官。按照他的资历，这一请求很容易得到批准（其实史弥远也希望杨简离自己远一点，耳朵可以清静一些），于是，嘉定三年（1210年），年过七旬的杨简奉诏出任温州知州。

二　年迈的知州

杨简在到温州就任之前，对于南宋中央和地方的种种弊政已经颇为清楚。首先，他深恶痛绝的一条弊政是：官府以"设法"①卖酒导淫，与之相伴生的问题是娼妓合法化，严重败坏了社会风气。杨简认为，"冶容列肆，导淫钓利，伤风败俗，莫此为甚"②，他暗暗下了决心，要在自己的治下坚决铲除这一社会毒瘤。在杨简到任的第二天，有一大批娼妓按照惯例前来捧场庆贺。杨简不动声色，要求她们"具状来"（同上），即把证明自己身份的材料呈上来。群妓未晓是何意，都照着办了。当这些娼妓的身份材料一呈上来，杨简下令立刻罢除她们的妓籍，让她们从良而去，这一做法，使得众人都目瞪口呆。在随后视察属县的过程中，杨简每到一邑，就首先颁布公告，罢除妓籍。

杨简"更治"温州的第二项措施是在司法方面。过去，"词诉类局于日分，难遽达"③，对此，杨简命令："架大锣戟门外，令诉者自鸣。鸣即引问，立剖决无时"（同上）。这段记载是说：过去百姓有冤情申诉，都要在白天官府办公之时，有些紧急情况难以迅速反映到负责官员这里来，因此，杨简命令在衙门口外面架起一副大锣，无论何时，有冤情要申诉者可以鸣锣上告，而杨简（和下属官员）随时受理，只要情况清楚，立刻判决，绝不拖延。这条改革措施，不仅有利于百姓随时上奏冤情，而且颇有助于治一治地方官吏的怠惰之性，迫使他们更加关心民间疾苦。当然，杨简必须首先以身垂范，无论何时（哪怕在深更半夜），都要及时受理百姓的申诉，这其实很不容易做到，但是，杨简一心为民，在温州任上两年多的时间里，他就是这么度过来的。而且，杨简的及时断案，并不是像某些庸官一样草率从事、糊涂判决。当他的判决初定之时，在公堂之上，下属

---

① 所谓设法，详见本著第五章第三节有关介绍。
② 《慈湖遗书》附录，《宝谟阁学士正奉大夫慈湖先生行状》，第936页。
③ 同上。

只要有不同意见,"判有啧(争论)于庭者,无问谁何,即释笔拱答,揖入言。苟是,虽贱隶必敬听;于理未安,虽至亲不为挠。"① 由此可见,杨简对待任何一桩案件的态度都是一丝不苟,无论争论者的身份贵贱,只要讲得有道理,"虽贱隶必听",如果所言不在理,即使是自己的至亲,杨简也不为所动。

杨简"更治"温州的第三项措施是抑制豪门大族欺凌良善的违法行为。当然,对于不同类型的豪强人物,他采取了不同的措施,有的晓之以情理,令其自我改正;有的严格执法,丝毫不予迁就,诚如清代《四库全书》的编者所说:杨简并非"胶固鲜通者"②,而是一位"明练政体"的循吏。

当然,对于那种恃强凌弱、怙恶不悛的地方恶霸,杨简决不姑息养奸,而是采取霹雳手段,狠狠地惩治这些独霸一方、为害乡党的家伙,连带教训那些谄媚于豪强大族的属吏。据《行状》记载:

> (某世家)府第障官河,立僦屋,扼舟人喉衿。巷居者苦溉濯,而官失虞火之备。累政气咽,咽不得吐。有言者,先生命厢官立毁之。厢官慑怯,莫敢前,曰:"汝不食天子粟,不为吾用邪?"科首,械之往,遂即日撤去。满城欢踊,勒石名杨公河。③

这段记载表明:某位世家大族的府第阻挡了公共河道(官河)的畅通,因为这家大户在官河边上盖了一排用于租赁的房子。在江南,由于水网密布,一些人家为了拓展自己房子的空间,便向河道中延伸,因此,挤占了过往船只的通行航道。由于这些违章建筑的存在,使得巷子中的百姓取水灌溉、洗涤衣物等十分不便,而官府也因取水不便,万一发起火灾,将无法救援。这一世家大族的霸道行径持续多年,每位到任的地方官都因惧其势力,无可奈何。当杨简来到温州主政后,听人说到此事,毫不迟疑,命令属吏立刻前去拆毁这些违章建筑。孰料,属吏怯于这家豪绅的势力,没有谁敢前去执行命令。杨简见状十分愤怒,说:"你们吃的不是国家的俸禄吗?我是本地知州,你们竟敢不服从命令,不听我调遣吗?"于是,他先把属吏中为首的一位定了渎职罪,给他戴上枷锁,然后命令众衙

---

① 《慈湖遗书》附录,《宝谟阁学士正奉大夫慈湖先生行状》,第936页。
② 《慈湖遗书·提要》,载《四库全书》,上海古籍出版社1989年版,集部,第1156册,第605页。
③ 《慈湖遗书》附录,《宝谟阁学士正奉大夫慈湖先生行状》,第936—937页。

役前往执行命令。看到知州大人如此严厉的处罚，众衙役再也不敢怠慢，结果，当天就把这些临河占道的违章房屋拆除了。听说了杨简如此果断的行动，满城百姓欢呼雀跃，庆祝杨简为当地除去弊害。为感念杨简的善政，温州百姓从此把这条变得宽阔畅通的河流命名为"杨公河"。

杨简"更治"温州的第四项措施是推广他所崇尚的儒家伦理建设方案。他经常到周边属县或乡村中巡视，主要做的是——

> 首访贤者，礼致之。示标表首，崇孝养，明宗族相恤之令。首行乡纪，效《周官》书敬敏任恤之类，书善不书恶，愿与士夫军民共由斯道。上下呼舞载路，如脱汤镬、濯清波，如从寒谷中生春美。①

所谓乡纪，即一乡的大事记，一般是由本地有文化、有声望的乡贤们来执笔，为此，杨简告诉这些乡贤：要学习《周官》(《周礼》一书）的模式，多记录"敬敏任恤之类"的好人好事，"书善不书恶"，旨在鼓励人们自觉为善去恶。与之相应的是，杨简自己在巡视地方的过程中，也经常发掘、表彰孝子之类的正面榜样，用以弘扬"宗族相恤"、仁爱孝悌的儒家道德理念。

当然，要想建立自己所崇尚的儒家理想社会，身为知州的杨简必须以身作则，为属吏、乡绅和士人做出表率，还要千方百计地为广大百姓谋福利、除弊政，方能如愿以偿。这一点，年过七旬的杨简丝毫不因年迈而有所懈怠。本来，居官一方的他，讲究一点生活质量是无可厚非的，但是，杨简却以近乎苛刻的方式，来严格要求自己的日常用度，《行状》记载：

> 食用甚菲，设厨生埃。语家人曰："吾儒素为天子任抚字，敢以郡为乐羞？（以）赤子膏血自肥乎？"（字，养育）②

与历朝相比，宋朝的官员俸禄属于比较优厚的一代。如果外放为地方官，更是大捞油水的好机会。可是，杨简在任期间，伙食支出十分菲薄，以致专为知州一人所设的厨房竟然日久生尘，由是可见，杨简平时的饮食活动，都是和家人或属吏在一起，从来不单独吃小灶，所以，知州的专用厨房才会久而生埃。对此，杨简的自我解释是："我们儒者担任地方官，

---

① 《慈湖遗书》附录，《宝谟阁学士正奉大夫慈湖先生行状》，第936页。
② 同上书，第937页。

是为天子来抚育百姓的，要视百姓如赤子，又岂敢以赤子的膏血来养肥自己呢？"

由于杨简采取了一系列惩恶扬善、除害兴利的有效措施，不久，温州一地，"豪侈顿消，兼并衰止，闾巷雍睦，无忿争声"①，呈现出安定和谐的社会局面，初步实现了杨简恢复"三代之治"的政治理想。

杨简在温州不过短短的两年，但是，治理地方的成效却十分突出，堪比其师陆九渊主政湖北荆门的政绩。广大百姓对这位年迈的知州怀有衷心的爱戴和依恋，称之为"阿翁"，希望他长期地待在温州，据《行状》记载："军民怀恋有父母慈，家家肖像祀之，愿阿翁寿。"② 在任何时代，一个地方官员在有生之年就被百姓画成肖像供奉起来，这是绝不多见的。不过，南宋疆域不大，冗官不少，杨简的法定任期只有两年，③ 就被改授驾部④（属兵部）员外郎之职，不得不返回朝廷。当他离任时，百姓们依依不舍，《行状》记载：

（嘉定）五年，除驾部员外郎。去之日，老稚累累，争扶拥缘道，曰："我阿翁去矣，将奈何？"倾城出，尽哭。⑤

一个地方的百姓"倾城而出"送别一位离任官员，而且都哭泣不舍，如此感人的场面，在今天是很难想象如何发生的，然而，就是杨简这样一位笃实践履先圣之教的儒者，却实实在在地做到了。

杨简离任之后，温州一地的读书人对于杨简在该地的德政和教化，久久不能忘怀，一直口口相传。《行状》记载：

后十余岁，上庠知名士犹极谈邦人去思未艾，且谓："当时真有三代之风，更久任，则一乘好矣。"（同上；上庠，即太学）

如果说杨简在温州主政还有什么遗憾的话，那就是任期太短了。刚刚

---

① 《慈湖遗书》附录，《宝谟阁学士正奉大夫慈湖先生行状》，第937页。
② 同上书，第937—938页。
③ 《行状》引述杨简奏章中的话："郡守例二年为任，知县三年余。"同上书，第939页。
④ 宋朝的兵部其属有三："曰职方，曰驾部，曰库部"，驾部"掌舆辇、车马、驿置、厩牧之事"，其职能大致相当于明朝兵部的车驾司。详见《宋史》卷163《职官三》，第3855—3856页。
⑤ 《慈湖遗书》附录，《宝谟阁学士正奉大夫慈湖先生行状》，第938页。

有些成效，便被调职回京，这也是杨简后来在《论治务》一文中坚决主张"择贤久任中外之官"的缘故。在杨简漫长的一生中，治理温州算是他政治生涯中创建事功的巅峰，对此，他也颇为自许，他说：

> 某末学，不敢企望三代诸圣贤，而中心所安，终不肯为汉唐规摹。始亦不敢自必，曩宰乐平，后守东嘉，略行己志，颇有验效，于是益信其可行。①

这段话，是杨简对自己的理想抱负和政治实践的概括。离开温州时，杨简已经七十二岁，身体依然健硕，但是，他再也没有出任地方主政官的机会，带着一丝遗憾，告别了瓯江，告别了秀丽的永嘉山水。

三　垂暮之年，直心不改

杨简回到朝廷后，先后就任兵部员外郎、将作监（主管工程）、兼国史编修官、兼实录院检讨官等各种职务。此时他虽年过古夕，依然正直不阿，且"不通世故"。适逢朝议，他上殿面君言事，向宋宁宗和主政大臣指出当时朝廷面临的种种忧患形势和潜在的政治危机，呼吁革新朝政，他说：

> 民怨吏，卒怨官，遂怨及朝廷。臣大惧中外积怨之久，一夫呋呼，从之者如归市。今圣朝虽有善政，犹以一杯水救一车薪之火，节节盗起，皆乘民怨。②

对于这种危险的局势，杨简认为，只有朝廷上下改过从善，才能化解这种危机。为此，杨简请求皇帝下旨——

> 愿陛下明谕大臣：有长官能受逆耳之言，小官喜于闻过，或知过能改，特表章之。布告天下，切勿以为小善而忽之也。（同上）

对于杨简的提议，生性暗弱的宋宁宗虽然也"嘉纳之"，但是，除了随后将杨简调任其他职务，以发挥他博学多能之所长，就再没有下文了。

---

① 《慈湖遗书》卷16，《论治务》，第865页。
② 《慈湖遗书》附录，《宝谟阁学士正奉大夫慈湖先生行状》，第938页。

到了嘉定七年（1214年），杨简真切地感到，再在朝廷中待下去，不过是被权贵当作点缀而已，实在没有意义，他说："吾亦老，当去矣，犹未已邪？"①恰逢偶染疾病，杨简接连上呈奏章，要求告老还乡。在奏章中，他坦诚地说：

>　　某逾七十又几年，三入修门，四经陛对。言无可采择，不被于天下。徒缀班列，（仍）不去，义乎？不义乎？②

由于杨简去意已决，在奏章中"极言当去之义，愈明愈确而请愈力"③，看到杨简如此坚定的态度，宋宁宗也只好如其所愿，但不准其致仕退休，而是采取折中方法，改授他为祠禄官（名义上的官员，不须在朝廷任职，只拿基本俸禄）。就在这一年，杨简被任命为"直宝谟阁（学士）、主管成都府玉局观"（同上），这样一来，杨简如愿以偿，终于得以告老还乡。

杨简回到家乡慈溪后，虽然年事已高，身体依旧很硬朗，因此，他仍然从事讲学和著述，日子过得十分充实。据《行状》记载：

>　　其领玉局而归也，门人益亲，遐方僻峤、妇人孺子，亦知有所谓慈湖先生。肖然天地间，为斯文宗主，泰山乔岳，秋月独明也。④

《行状》的作者、门人钱时称晚年的杨简为"斯文宗主、泰山乔岳"，固然有尊崇其师的用意，但是，这个评价并不算过誉，因为杨简寿高体健，而其他同时代的理学家早已纷纷作古（朱熹在1200年去世），因此，年高德韶的杨简此时已享盛名，对于读书人而言，不向大名鼎鼎的杨简求教，还向谁求教呢？所以，单就寿考而言，杨简逐渐成为天下读书人心中的"泰山乔岳"，具有"斯文宗主"的地位，也在情理之中。当然，若论学术造诣的高低，杨简同样堪为当时的"斯文宗主"，最典型的事例就是理学名儒真德秀（1178—1235年），原本学宗朱熹，但是对杨简十分敬

---

① 《慈湖遗书》附录，《宝谟阁学士正奉大夫慈湖先生行状》，第939页。
② 同上书，第939—940页。按：杨简曾经多次经历君臣轮对的机会，但是，有的时候没有受到皇帝的召见，因此，总计其数，只有四次，故曰"四经陛对"，分别在嘉定元年、三年、五年和七年。
③ 同上书，第940页。
④ 同上书，第942页。

重,在《跋文元公行状后》一文中,他深情地回忆杨简与自己的交往和教诲,以对慈湖之学"未探其精微"①而遗憾,因此,全祖望在《宋元学案》一书中,将真德秀列入杨简的私淑弟子之列。

到了宝庆元年(1225年),赵昀被权相史弥远拥立为皇帝,是为宋理宗,朝廷大权仍然掌握在史弥远一党手中。由于宋理宗本人对理学思想确有一定的兴趣,即位之后,即"诏褒表老儒"②,杨简当然在表彰之列,于是,他被授予"朝议大夫、慈溪县开国男,食邑三百户",③同时,宋理宗还"亲洒宸翰,屡颁诏旨,谓'先朝耆德,朕心素所简记。令所在军州,以礼津发赴行在'"(同上),这是要再次召见杨简甚至起用他的表示。对于皇帝的诏请,杨简做何反应呢?对此,《行状》和一些后人的记载出现了明显的分歧——

《行状》记载:"先生卧病,控辞至于五六"(同上),这表明,八十五岁的杨简以生病为由,婉言谢绝了皇帝的邀请。可是,据明清两代学者的记载,杨简实际上到了临安,谒见了宋理宗,并有一段耐人寻味的对话——

　　上问曰:"闻师相(指史弥远)幼受教于卿。"
　　对曰:"臣平日所以教弥远者不如此。"
　　上曰:"何谓也?"
　　对曰:"弥远视其君如奕棋然。"
　　上嘿(同"默")然。④

由于史弥远耳目遍布宫廷,杨简和宋理宗的谈话内容很快传到他耳中。第二天,史弥远上殿面君,说:"臣师素有心疾,乞放归田。"⑤在权相史弥远面前,宋理宗只有唯唯点头的份儿,于是,他下令将杨简改"授华文阁直学士,提举佑神观",⑥依旧放还故里。对此,清代学者全祖望的

---

① (宋)真德秀:《文忠西山先生真公跋文元公行状后》,载《慈湖遗书》附录,第942页。
② 《宋史》卷41,《理宗一》,第784页。
③ 《慈湖遗书》附录,《宝谟阁学士正奉大夫慈湖先生行状》,第940页。
④ (明)高宇泰:《敬止录》,卷39《荟蕞考下》,载《北京图书馆古籍珍本丛刊》,书目文献出版社1988年版,第28册,第660页。
⑤ (清)全祖望:《碧沚杨文元公书院记》,载《鲒埼集外编》,载《续修四库全书》,上海古籍出版社2003年版,第16册,第609页。
⑥ 《慈湖遗书》附录,《宝谟阁学士正奉大夫慈湖先生行状》,940页。

评述是:"此事《行状》不敢载,故《宋史》亦失焉。"① 从整体上讲,全祖望的评述是更符合史实的。因为慈溪距离都城临安不远(四百余里),杨简高寿而身体犹健,因此,宋理宗召其进京面对完全有可能。可是,耄耋之年的杨简性格依然如故,对于宋理宗的问询如实回答,表明自己对曾经的门生史弥远的不满,此时,史弥远权倾朝野,连宋理宗都是他拥立的,如何能够容忍这样一位忠耿之士再在朝堂之上仗义执言呢?因此,他以巧言进献,迫使宋理宗将杨简放还故里,对于狡猾世故的史弥远而言,这已经算是给杨简这位老师很大的面子了。由于杨简第二年(1226 年)即去世,当时史弥远依然把持朝政,因此,门人钱时不敢写出实情,只能以皇帝虽有诏请,而"先生卧病,至于五六"的言辞加以掩饰过去。

宝庆二年(1226 年),杨简又被授予"敷文阁直学士,加累中大夫,仍提举鸿庆(宫)"②,不久,他以"宝谟阁学士、太中大夫致仕"(同上)。太中大夫是宋朝文散官中的从四品上阶,在杨简一生中,这是漫长的仕宦生涯达到的最高品级。不过,对于杨简而言,什么官阶早已无所谓,他已确实年迈,生命终于走到了尽头。该年旧历三月二十三日,杨简"薨于正寝,享年八十有六"(同上)。值得一提的是,杨简平生所学,知及仁守,工夫深湛,绝对不是纸上的学问,因此,他的临终表现显得十分从容安详,为时人所称道,门人记载:"先生清明纯一,无生死异。属纩之夕,怡然如平常时"(同上)。

杨简逝世后,朝廷追谥文元,特赠正奉大夫(正四品上阶),③ 这就是他的《行状》全称为《宝谟阁学士正奉大夫慈湖先生行状》的由来。

四 杨简著述考

世所公认,杨简属于"象山弟子之冠"。本来,按照陆九渊的思想,主张"六经注我"④,认为"学苟知本,六经皆我注脚"⑤,并不崇尚著述。诚然,这是十分深刻的卓见。不过,这种说法传播开来,就给一些非心学

---

① (清)全祖望:《碧沚杨文元公书院记》,载《鲒埼集外编》,载《续修四库全书》,第 16 册,第 609 页。
② 《慈湖遗书》附录,《宝谟阁学士正奉大夫慈湖先生行状》,第 940 页。仍,原作"乃",有误,据文义改。
③ 同上。按:宋代官制与明清时代不同,正四品已经是比较高的职位,属不易得,读者需有所区分。
④ 《陆九渊集》卷 34,《语录上》,第 399 页。
⑤ 同上书,第 395 页。

的儒者提供了话柄，认为象山及其门人"不读书，不穷理，专做打坐工夫"①。有鉴于此，杨简在奉祠赋闲期间，一方面谆谆教诲各地前来求教的儒生，另一方面，花了大量的精力从事著述，借以表达与章句之儒和程朱理学迥然不同的哲学思想，因此，与陆九渊不类，杨简"平生多所著述，片言只字，无非阐明大道"②。

关于杨简生前的著述，门人钱时对其进行过一定的搜集整理，并在《行状》中做了一个简要的列举，他说：

> 散落海内，未易遽集。方衰之其已成编者：甲稿、乙稿及《冠记》《昏记》《丧礼》《家记》《家祭记》《释菜礼记》《石鱼家记》，皆成书。③

除了这些书稿外，杨简还撰写过一些具有代表性的文章，如《己易》，"以易为己之变化"，④阐明自己的易学思想；如《绝四记》，阐明心性修养的工夫论；如《论治务》，表述了自己的政治哲学与时务观点；又如《孔子闲居解》，重在对于一些被人忽视的儒家经典的内在思想进行发掘和提炼。需要注意的是，杨简撰写这些著作，并不是一味训诂考据或标新立异，而是以文字为媒介，旨在阐明慈湖心学的基本见解，亦如前文所述——"片言只字，无非阐明大道"。事实上，杨简完全认同陆九渊的"六经注我"的思想，他十分清楚心学妙谛具有"言不尽意"的特点，对此，他曾明确地说：

> 道非心思言论之所及，虽圣人不能强人之明。⑤
> 是妙也，惟觉者自知，而不可以语人，虽强言之，终不可以尽也。⑥

根据心学"发明人之本心"⑦的基本理念，杨简向来主张学者不能死

---

① （宋）陈淳：《北溪大全集》卷23，《与陈寺丞复一》，载《四库全书》，上海古籍出版社1989年版，集部，第1168册，第686页。
② 《慈湖遗书》附录，《宝谟阁学士正奉大夫慈湖先生行状》，第942页。
③ 同上。按：《释菜礼记》，指的是用芹藻之属祭祀先师之礼。衰，聚集。
④ 《慈湖遗书》卷7，《家记一·己易》，第687页。
⑤ 《慈湖遗书》卷18，《宋杨公伯明封志》，第912页。
⑥ 《慈湖遗书》卷13，《家记七·论大学中庸》，第829页。
⑦ 《陆九渊集》卷36，《年谱》，第491页。这是门人朱泰卿（字亨道）对象山之学的概括。

读书，他说："读书不可只读纸上语"①，"要当会圣贤之意，不可执圣贤之言。"② 关键是要知及仁守、真修实践，亦即以知行合一的精神去笃实践履、心领神会，这样方能通过圣贤之典籍，启发自己内在的至善本心。

  杨简去世之后，由于宋元时期政治格局的变化，慈湖心学一度被冷落、遗忘，其著作也因此散佚。直到明朝中叶，由于阳明心学的兴盛，士人对于和阳明心学十分接近的象山心学、慈湖心学的兴趣再度提升，因此，人们开始重新刊刻杨简的著作。其中，最值得注意的是，嘉靖四年（1525年），江西提学周广③编校《慈湖遗书》十八卷，至嘉靖十二年（1533年），又增订为二十卷本。在《慈湖遗书》中，经常有"以上甲稿""见训语"之类的旁注，表明了该书是重新整理和选编杨简生前著述的产物。至清朝中叶，清廷学者在编纂《四库全书》时，选用了五部杨简的著作，分别是《慈湖遗书》（十九卷，加附录）、《杨氏易传》（二十卷）、《先圣大训》（六卷）、《慈湖诗传》（二十卷）、《五诰解》（四卷）。在这五部著作中，最能代表杨简的哲学思想的，首推《慈湖遗书》，其次，虽然《杨氏易传》是一部诠释易学思想的作品，其中也包含了较丰富的哲学思想，因此，这两部书乃是当代学者研究慈湖心学不可或缺的必读文本。相比之下，《先圣大训》《慈湖诗传》和《五诰解》，可以视为杨简的经学著作，其哲学思想价值不是很突出，学者有兴趣可以涉略，而无须深究。另外，在20世纪三四十年代，由张寿镛先生编辑的《四明丛书》，收集了浙江宁波地区的历代著作文献，其中包括大量关于慈湖心学的著作，如果需要深入细致地研究慈湖心学，那么，《四明丛书》是一套不可多得的学术资料。当然，更为有幸的是，当代学者董平先生所点校的《杨简全集》，共十册，由浙江大学出版社于2015年6月出版，印制堪称精美，这套全集几乎囊括以往关于杨慈湖的所有文献，包括《四库全书》所未收入的《慈湖春秋解》等文献，方便了当今学人的查阅参考。

  阅读文本是进行学术研究的基础性工作，笔者在此列举了杨简的生平著作，使读者对其著作概况有一个大致的了解。但是，如果认真地阅读了《慈湖遗书》等相关著作，读者不难发现，即使是收入《四库全书》的《慈湖遗书》之类，也是"顾多舛误"④，古刻本之讹误竟不下百处。因

---

① 《慈湖遗书》卷10，《家记四·论〈论语〉上》，第786页。
② 同上书，第789—790页。
③ 实际编撰者是慈溪人秦钺，参见《慈湖遗书》附录，《慈湖遗书后序》，第943页。
④ （明）查原：《慈湖遗书后序》，载《慈湖遗书》附录，第943页。按：笔者在通读四库本《慈湖遗书》后，标示出至少一百处字句刊刻之误，皆属"硬伤"，以待方家查证。

此，我们在研究杨简的心学思想时，不能只拘泥于章句字义的阐释，那样很可能会食古不化、泥迹失神，甚至被误导至千里之外。正确的方法是要透过纸面，去发现、领会其精神实质，更重要的是，以知行合一的修习践履，提升自己的精神境界。只有我们达到或接近古代先哲的精神高度之后，才能深入其内心世界，真正获得与之交流对话的平等资格，从而正确地揭示古代圣贤的真实思想和精神风貌。

第四节 杨简的师承与学侣

一个人的哲学思想的形成，除了宏观的社会背景之外，与他所处的家庭环境、师友交往更有直接的关联，因此，我们很有必要来梳理一下杨简的家风、师承与学侣之类的社会关系，从而了解杨慈湖哲学思想的成因。

一 严父与家学

杨简的父亲名叫杨庭显（1107—1188年），字时发，自幼读书，注重躬行自省，但是科举不利，没有机会踏入仕途，以布衣而终其身。只是因为儿子杨简做了官，才在淳熙十三年（1186年）被授予一个承奉郎（从八品上）的名誉官职，因此，时人亦尊称其为杨承奉。

（一）杨庭显的修学历程

杨庭显是一个立志求学、勇于改过之人，为学后和年轻时的性格气质发生了根本的变化。据陆九渊所作的《杨承奉墓碣》一文中记载：

> （杨公）少时盖尝自视无过，视人则有过。一日，自念曰："岂其人则有过？"旋又得二三，已而纷然，乃大恐惧，痛惩力改，刻意为学。①

从此，杨庭显走上认真求学的道路。他对于儒家先圣所说的道理，并不满足于字面上记诵，而是衷心服膺，笃实践履。还是陆九渊的记载：

> （杨公）读书听言，必以自省，每见其过，内讼不置。程指精严，及于梦寐，怨艾深切，或至感泣。积时既久，其工益密。……嘉言善

---

① （宋）陆九渊：《杨承奉墓碣》，载《陆九渊集》卷28，《墓志铭》，第326页。

行，不旷耳目，书之盈室，著之累秩。（同上）

由于持有真诚改过的态度，因此，杨庭显的反躬自省之严苛，非常人之可及，他后来自述说："吾向者尝恨己过难除，知他几番泪下，几番自拳"。① 这种做法，给年幼的杨简留下深刻的印象，他回忆说：

> 孔子曰："吾未见能见其过而内自讼者。"今见其人矣，先公有焉，仲兄有焉。某亲见先公自悔自怨，至于泣下，至于自拳，如是者数数。②

成年之后，杨庭显的学风发生过一次重要的转向，即从遵循程朱理学的"持敬"说改从象山心学的"发明本心"论，这里就不得不提到南宋的另一位著名思想家——心学宗祖陆九渊。说来也巧，杨庭显的学术转向竟然是以其子杨简为媒介的。公元1172年（乾道八年），陆九渊考中进士，这时，杨简正好在富阳县任主簿一职，该年三月，陆九渊返乡经过富阳，与杨简相会，以"扇讼"为例，点化杨简觉悟何为本心，杨简心悦诚服地拜陆九渊为师，并且告诉陆九渊说：自己的学行比起父亲杨庭显差得很远，可惜他无缘听取陆的教诲。二人分别后，杨简回乡省亲时告诉杨庭显拜陆九渊为师的经过，并将陆学的精髓讲给父亲听，杨庭显听了，深以为然，"于是尽焚其所藏异教之书"③，学术思想发生了根本的转向。过去，他恪守北宋程颐的思想方法，曾说：

> 为学之门固不一，苟逐迹，则泥矣。惟"敬"一门无迹可逐，不容有所泥。学者往往多忽之，诚能养之以敬，则日仁矣。④

"持敬"之说是程朱理学修养论的核心理念，源远流长，这段话充分体现出杨庭显受程颐影响之痕迹。不过，自从接受象山心学之后，杨庭显再也不讲这样的话了，相反，他非常认同"发明本心"和"易简工夫"，并且在自己晚年的言论中留下许多与之类似的话语，例如：

---

① 《慈湖遗书》卷17，《纪先训》，第895页。
② 《慈湖遗书》卷2，《内讼斋记》，第611页。
③ （宋）陆九渊：《杨承奉墓碣》，载《陆九渊集》卷28，《墓志铭》，第326页。
④ 《慈湖遗书》卷17，《纪先训》，第888页。

> 心吉，则百事皆吉。① （吉，善也。）
> 心无所求则乐生，此非亲到者有所不知。②
> 人以念虑为心，是致为学疲劳。或自觉，则见本心矣。③
> 人心至灵，惜乎错用却（又作：人心至灵，迷者谬用）。④

淳熙九年（1182年）秋，陆九渊被任命为国子正，前往临安太学任教。听说此消息，杨庭显特意携带两个孙子，从家乡慈溪来到临安拜访这位久享令名的大儒，"留月余而去"。⑤ 淳熙十一年（1184年），杨简改任浙西抚属，驻地就在都城临安，杨庭显也被接来颐养天年，他很高兴能再次和陆九渊相会，两家干脆比邻而居，二人成为忘年之交。陆九渊回忆说：

> 余更卜廛为邻。每侍函丈，属厌诲言。晚学庸虚，无所启助，负公所期，斯为愧耳。（同上）

这番话是陆九渊的谦辞。实际上，杨庭显是将陆九渊当作老师对待的，原因在于象山的悟境深邃，远非世儒可及。当然，一方面陆九渊不可能把杨父当作学生来看待，只是谦虚地说"晚学庸虚，无所启助"；另一方面，陆九渊也着实欣赏杨庭显年迈而求道之心更切的真诚，他只是把杨父看作自己的知心朋友。在杨庭显去世之后，他闻此消息，"惊嗟再三，哭之为恸"。⑥ 应杨简的要求，陆九渊欣然提笔写下《杨承奉墓碣》，在此文中，他明确地说：

> 年在耄耋，而其学日进者，当今所识，四明杨公一人而已。⑦

就事实层面而言，晚年的杨庭显，心性修养的确达到了很高的境界。对此，其子杨简亲眼目睹，并做了一些记载，例如：

---

① 《慈湖遗书》卷17，《纪先训》，第883页。
② 同上书，第888页。
③ 同上书，第893页。
④ 同上书，第891页。按："人心至灵，迷者谬用"一句见《陆九渊集》，第326页。
⑤ （宋）陆九渊：《杨承奉墓碣》，载《陆九渊集》卷28，《墓志铭》，第327页。
⑥ 同上书，第328页。
⑦ 同上书，第325页。

> （先公）坐槛坠地，他日语人曰："我当正坠，未及地时，吾心怡然甚安"。①
>
> 先公平时常拱手，拱而寝，拱而寤。一日偶跌仆，拱手如故，神色不动。（同上；陆九渊补记曰："从行异之"。②）

杨简还特意记录了杨庭显的一些有价值的思想言论，表明他通过践履而达到深湛的心性境界。在此，笔者仅举其晚年所说的两例为证，如：

> 吾今之乐，何可量也？③
>
> （先公）每自置多言之戒。晚年益简默，拱而行，拱而坐，湛然终日，几于无言。每曰："吾今日一无思虑。"④

由是可知，杨简的父亲杨庭显，虽然终身不过一介布衣儒者，但是其心性修养日趋上达，晚年已臻圣贤境界，在浙东士人中间亦有一定的影响。因此，同时代的学者舒璘（号广平）评价说："吾学南轩发端，象山洗涤，老杨先生琢磨。"⑤有鉴于此，清代学者全祖望在补修《宋元学案》一书时，特意将杨庭显置于《象山学案》卷中，把他视为陆九渊的学侣。

（二）杨庭显的家教与影响

杨庭显自律甚严，对于儿孙的教育，也十分重视。他通过言传身教，给儿孙（六男三女）留下了深刻的影响，对于杨简的志学修道，更产生直接的思想启发和人格感染。他给儿孙留下很多家训，曾说：

> 吾家子弟当于朋友之间，常询自己过失，此说可为家传。⑥
>
> 君子有所养：处富不骄，处贫不忧；无得失、无逆顺，其心常一；应酬不乱，无所不容。⑦
>
> 吾家当行七事：好善、平直、谦虚、容物、长厚、质朴、俭约，

---

① 《慈湖遗书》卷17，《纪先训》，第896页。
② （宋）陆九渊：《杨承奉墓碣》，载《陆九渊集》卷28，《墓志铭》，第327页。
③ 《慈湖遗书》卷17，《纪先训》，第895页。
④ 同上书，第897页。
⑤ （清）黄宗羲原著，全祖望补修：《宋元学案》，陈金生等点校，卷58《象山学案》，中华书局1986年版，第1921页。按：张栻（1133—1180年），字钦夫，号南轩，创立湖湘学派。
⑥ 《慈湖遗书》卷17，《纪先训》，第883页。
⑦ 同上书，第887页。

此可以成身，可以成家，而道在其中。①

杨庭显的家训并没有白讲，他的儿孙们大多牢记在心，并且笃实践行。例如，杨庭显曾说："吾家子弟，当急亲贤"，② 这句话促使杨简在高中进士之后，并不自我满足，而是虚心向海内名儒请教，后来，他有幸结识了陆九渊，因"扇讼之悟"而构成师生之谊，并且促成其父杨庭显和陆九渊之间的忘年交。除了三子杨简之外，其他几个儿子也都受到其父的影响，无论身份地位如何，德性都很不错。据杨简记载，伯兄杨筹"忠信天成，进德于内，而世莫知"③，仲兄杨篆不仅"文雅洒然"，而且勇于"作图记过"，"人皆耻于闻过，兄顾自白其过"（同上），后来，还以"内讼斋"命名自己的书房，并请杨简为记。叔弟杨篪④同样"用改过之力于内，而人未之知"，后来，他"闻钟发省，自此吐论超越"⑤。而季弟杨籍，"孝友笃至，讷于外而敏于中，内心发光，不可致诘"（同上）。总之，杨氏五兄弟均德业有成，杨简认为，这都是得益于其父杨庭显"实德义训""启佑后人，深入潜化"（同上）的结果。杨氏一门的品行，可以视为农耕社会宗族家庭在前辈尊长的德义之教的熏陶下形成良好家风的典范。

除了言教外，杨庭显还以身教为众儿孙做出榜样。由于杨氏属于富裕之家，难免为盗贼所觊觎，杨简记载了这样一件事——

尝被窃盗。其明日，食罢，从容曰："吾夜来闻婢惊告有盗时，吾心止如此；已而告所亡物多，吾心亦止如此；今吾心亦止如此。"⑥

对于家中失窃的意外之祸，一般人会大惊失色，然后心痛财物的损失，但是，杨庭显晚年已臻"不动心"的境界，因此，从听婢女说有窃贼开始，到早晨知晓损失了多少财物为止，他的心一无所动。当然，这并不是说杨庭显对丢失财物之事漠不关心，而是他已将财产视为身外之物，多少、得失都不会扰乱他的心境。杨庭显早已具有这样的思想认识，他说：

---

① 《慈湖遗书》卷17，《纪先训》，第897页。
② 同上书，第885页。
③ 《慈湖遗书》卷2，《连理瑞记》，第624页。
④ 前文已述，杨简之下本有一个弟弟叫杨权卿，早夭。故除自己外，杨筹、杨篆、杨篪和杨籍分别称为伯兄、仲兄、叔弟、季弟。
⑤ 《慈湖遗书》卷2，《连理瑞记》，第624页。
⑥ 《慈湖遗书》卷17，《纪先训》，第896页。

凡有家者，或栋宇可以居，谷粟可以食，更有园蔬足用，若此则已属于富矣。惜乎人有所不知也，是以人间得知足之乐者鲜。①

广置田园，不如教子弟为善。②

正是因为将德性修养放在第一位，杨庭显晚年对于财产多寡概不以为意，而且，他把这种价值观传递给下一代，使得杨氏一门形成良好的家风，正如杨简所述："诸子雍雍，群孙济济，虽入德先后之序不齐，不可枚数，而其大较质而不浮，从容乎先公道化之中，则同。"③ 在农耕时代，这种淳厚家风的代代相承，是社会稳定和健康发展的精神动力之一，对于宗法社会里家风、家教的历史作用，本着实事求是的历史唯物主义原则，今人不应低估。同理，有了杨庭显这样的父亲言传身教，其子杨简的好学上进，也就不足为奇了。

二 心学宗祖陆九渊

有了杨庭显这样的父亲，可以保证杨简成为有德的君子，但是，要想百尺竿头更进一步，臻于圣者境界，更必须有一位彻悟的"明师"指点。在杨简的一生中，幸运地遇到了陆九渊这样的明师，二人的交谊非比寻常，在杨简的修道治学过程中起到了关键性作用，故此须专门阐述。

（一）陆九渊的生平与学行

陆九渊（1139—1193年），字子静，江西抚州金溪县人，因后来讲学于抚州贵溪县之象山精舍，故人称象山先生。陆九渊出生在一个耕读传家的平民儒者家庭，自幼天资聪颖，勤奋好学，从小具有一种"遇事物必致问"④ 的探索精神。从性格上讲，陆九渊"幼不戏弄，静重如成人"⑤，他"常自洒扫林下，宴坐终日"（同上），类似于高僧坐禅一般。到了十三岁，陆九渊"因读古书至'宇宙'二字，解者曰：'四方上下曰宇，往古来今曰宙'"⑥，忽然大悟，提笔写下这样的话："宇宙内事乃己分内事，己分内事乃宇宙内事"，又曰："宇宙便是吾心，吾心即是宇宙。"⑦ 从此，

---

① 《慈湖遗书》卷17，《纪先训》，第892页。
② 同上书，第885页。
③ 《慈湖遗书》卷2，《连理瑞记》，第624页。
④ 《陆九渊集》卷36，《年谱》，第481页。
⑤ （宋）杨简：《象山先生行状》，载《陆九渊集》卷33，第388页。
⑥ 《陆九渊集》卷36，《年谱》，第482—483页。
⑦ 同上书，第483页。

他奠定了天人合一的本体观和价值观。

陆九渊二十四岁以治《周礼》而应乡举，三十三岁时，又以治《易经》而应乡举。工夫不负有心人，宋孝宗乾道八年（1172年），在他三十四岁时，春试南宫，其试卷得到考官吕祖谦、尤延之和赵汝愚等人的一致欣赏，终于蟾宫折桂，金榜题名。因为吕祖谦等人的大力推崇，陆九渊一时间名震行都，士人阶层都以纳交陆九渊为荣。陆九渊不屑于等着吏部授官，直接回到家乡①，在自家的槐堂书屋正式授徒讲学，"远近风闻来亲炙"。② 他的讲学活动持续了十年，直到淳熙九年（1182年）秋朝廷任命他为国子正为止。在太学讲坛上，陆九渊主讲《春秋》一书，"诸生请叩，孳孳启喻，如家居教授，感发良多"③，展现出一位教育家的气象。第二年（1183年）冬，因其文采之长，陆九渊被改任敕令所删定官，这是一个负责修饰、润色朝廷诏令的官职。担任删定官后，陆九渊有了更多参与朝廷政务的机会，激发了他治国理政的儒者抱负。在公务之余，他依然讲学不辍，在士大夫阶层中奠定了崇高的声望，"浙中人士，贤者咸归席下"④。不过，满腔忠义的陆九渊并不适应尔虞我诈、相互倾轧的朝廷中枢的政治生态，不久，他引起当朝丞相王淮的猜忌。王淮担心陆九渊这样的饱学之士迟早会得到宋孝宗的重用，在1186年冬，私下唆使亲信上书弹劾，结果，陆九渊被以"主管台州崇道观"的名义解除原职，成为一个没有实际职权的奉祠官员⑤。

回到家乡后，陆九渊得到了当地士人和官员的一致推崇，纷纷前来就学。在门人的帮助下，他前往邻县贵溪的象山，创建起一个书院，称为象山精舍。从此，陆九渊专心致志地在象山精舍授徒讲学，"从容讲道，歌咏愉愉，有终焉之意"。⑥ 陆九渊在象山的讲学活动一共持续了五年，其声名远播，慕名而来的读书人络绎不绝，"居山五年，阅其簿，来见者逾数千人"。⑦ 这个数目，与历史上孔夫子"弟子三千，贤者七十二"的教育盛况也相去不远。

淳熙十六年（1189年），宋孝宗禅位给太子光宗，第二年改元绍熙。

---

① 名义上，陆九渊在家期间也被授予过靖安县主簿等职务，实际都未奉职到任。
② 同上书，第488页。
③ 同上书，第493—494页。
④ 《陆九渊集》卷36，《年谱》，第494页。
⑤ 在南宋，主管某某宫观的差遣只是一个名义，不用本人前去任职，而是回乡赋闲，史籍称为"落职奉祠"。
⑥ 《陆九渊集》卷36，《年谱》，第501页。
⑦ 同上书，第502页。

绍熙二年（1191年），为显示朝廷重视人才、更新治化，新的执政者想起了久已在野的陆九渊，于是任命他知湖北荆门军。荆门地处偏僻，北邻襄阳边境，靠近北方的强敌金国，这个职务绝非一般官员渴望的肥缺，但是，对陆九渊而言，这是一个施展才能、忠心报国的难得机会，故此，他欣然携家眷前往，于该年农历九月三日到任。就任荆门知军后，陆九渊一边察访民情，一边大刀阔斧地开展治理整顿，主要包括：修建城墙，改革税务，缉拿盗匪，整治军务，兴建郡学、贡院，振兴教育等等。经过短短一年的治理，荆门军出现焕然一新的面貌——盗匪销声匿迹，治安显著好转，社会风气也随之改变。

陆九渊在荆门的执政成效，不仅赢得百姓的衷心拥戴，还引起高层统治者的注意，当时的丞相周必大称赞："荆门之政，可以验躬行之效。"①令人遗憾的是，陆九渊过度的操劳引发了素有的血疾，在荆门任职不过一年多时间，他旧疾发作，于绍熙三年冬十二月十四日②溘然长逝。陆九渊逝世后，百姓和下属无比悲哀，"郡属棺敛，哭泣哀甚；吏民哭奠，充塞衢道"。③至今，荆门人民仍然没有忘记陆九渊，把他视为历代地方官中的第一人，并以数不胜数的用"象山"二字命名的道路、建筑和景点，来寄托对这位大儒的怀念。

陆九渊的哲学思想，可以用"心即理"和"发明本心"等寥寥数语来加以概括，但是，其中蕴含着无穷的内涵和工夫，体现出典型的心学特色。陆九渊并非出自什么大儒之门下，而是以独立的探索精神，重新发掘出先秦儒学固有的"天人合一"思想和人文主义精神，就像程颢所说"自家体贴"④出"天理"二字一样。有一段陆九渊和门人詹阜民的对话可以为证——

  某（詹阜民）尝问："先生之学亦有所受乎？"曰："因读孟子而自得之。"⑤

陆九渊考中进士后，开始在槐堂授徒讲学。时间一长，吕祖谦发现他和另一位在武夷山中讲学的理学大儒朱熹所讲的内容不太一致，为了达到

---

① 《陆九渊集》卷36，《年谱》，第512页。
② 按阳历计算，这一时间是公元1193年1月18日。
③ 《陆九渊集》卷36，《年谱》，第513页。
④ 《河南程氏外书》卷12，《传闻杂记》，载《二程集》，第424页。
⑤ 《陆九渊集》卷35，《语录下》，第471页。

会同学术的目的，吕祖谦于淳熙二年（1175年）邀请朱熹和陆九渊前往信州（今上饶市）铅山县之鹅湖寺召开学术会议。在会上，陆九渊吟诗曰："易简工夫终久大，支离事业竟浮沉"，① 批评朱熹的治学方法烦琐支离，朱熹听闻，不禁"失色"，而且"大不怪"。② 经过辩论，谁也说服不了谁。结果，吕祖谦本欲会同朱陆学术旨归的目的落了空，反而使朱陆的学术分歧公之于天下，从此分庭抗礼。当然，朱陆二人的争执是学术范畴的君子之争，与那种名利之争有着本质的不同。此后，淳熙八年（1181年）春二月，朱熹知南康军（今江西星子县），还曾主动邀请陆九渊前往治下的白鹿洞书院讲学，陆九渊亦欣然前往。淳熙十五年（1188年），朱熹曾有诗赠予陆九渊，名为《喜晴诗》："川源红绿一时新，暮雨朝晴更可人。书册埋头何日了，不如抛却去寻春。"③ 陆九渊闻之，很高兴地说："元晦至此有觉矣，是可喜也。"（同上）不过，终其一生，陆九渊对于朱熹以"道问学"方式去阐发先圣思想的治学进路始终不以为然，他曾说："元晦欲去两短，合两长，然吾以为不可，既不知尊德性，焉有所谓道问学？"④ 有时，他甚至感慨地说："朱元晦泰山乔岳，可惜学不见道，枉费精神，遂自耽搁，奈何？"⑤

（二）杨简与陆九渊的深厚交谊

杨简与陆九渊本来是同辈人。论年龄，陆九渊只比杨简大两岁；论辈分，杨简在乾道五年（1169年）考中进士，而陆九渊是在乾道八年（1172年）考中进士，按古语说，杨简相对于陆九渊还属于"先进"之列。杨简与陆九渊的结识，得益于同乡徐谊的介绍。徐谊，字子宜，浙江温州人。《陆九渊集》中把徐谊当作陆九渊的门人，而清代学者全祖望在补修《宋元学案》时不取此说，只把他当作陆九渊的同调学者，《宋史》卷397有传。徐谊是杨简的大同乡，乾道八年高中进士，与陆九渊同科。他受过陆九渊的点拨，自觉非常有益，曾说："（某）与晦庵月余说话，都不讨落着，与先生说话，一句即讨落着。"⑥ 因此，徐谊特意向杨简推荐陆九渊其人，认为值得与之交往。此时，杨简正在富阳任县主簿，距行都临

---

① 《陆九渊集》卷34，《语录上》，第427页。
② 同上书，第428页。
③ 《陆九渊集》卷36，《年谱》，第506页。按：此诗亦收在《晦庵集》卷9，又名《出山道中口占》。
④ 《陆九渊集》卷34，《语录上》，第400页。
⑤ 同上书，第414页。
⑥ 《陆九渊集》卷35，《语录下》，第457页。

安不远,恰逢又"摄事临安府中",① 因此,欣然前去拜访新科进士陆九渊。多年以后,徐谊亡故,杨简仍然记忆犹新,回忆说:

> 子先我觉,导我使复亲象山以学。某即从教,自是亦小觉。②

由于考官吕祖谦等士大夫的推崇,陆九渊此时名满行都,来访者络绎不绝,陆九渊"朝夕应酬问答,学者踵至,至不得寝者余四十日"③,因此,对于杨简的接待或许有些匆促,无法深入探讨(当然也是机缘未到)。杨简此时,确实有一个疑问存于胸中,那就是《孟子》一书中所说的"本心"究竟是什么。虽然他从小熟读儒家经典,可以从字面上理解本心的内涵,但是没有切身的直观体验,故而这种疑问始终存于胸中,长达二十年之久。在与陆九渊的交谈中,杨简坦诚地提出本心之问,陆九渊只是根据儒家经典的内容予以答复,这当然无法令杨简满意。他甚至有些鄙视陆九渊,以为他不过是徒有虚名,"殆腐儒无足采者"④,于是,二人就这样结束了第一次的晤面。当年农历三月,陆九渊不待吏部授官,径直返回家乡,途经富阳时,特意造访担任县主簿的杨简。看到陆九渊来访,杨简依然热情接待,挽留陆九渊在富阳逗留半月之久。不过,在陆九渊将要离去时,杨简还是提出了同样的问题——"如何是本心?"陆九渊又依据经典回答,于是,二人之间发生了一场类似禅宗公案的问答——

> (简)问:"如何是本心?"先生曰:"恻隐,仁之端也;羞恶,义之端也;辞让,礼之端也;是非,智之端也。此即是本心。"对曰:"简儿时已晓得,毕竟如何是本心?"凡数问,先生终不易其说,敬仲亦未省。偶有鬻扇者讼至于庭,敬仲断其曲直讫,又问如初。先生曰:"闻适来断扇讼,是者知其为是,非者知其为非,此即敬仲本心。"敬仲忽大觉,始北面纳弟子礼。⑤

陆九渊借杨简断扇讼之案的机缘,告诉他什么是本心,令杨简豁然大

---

① 《陆九渊集》卷36,《年谱》,第487页。又见《慈湖遗书》卷5,《象山先生行状》,第652页。
② 《慈湖遗书》卷4,《奠徐子宜辞》,第643页。
③ 《陆九渊集》卷36,《年谱》,第487页。
④ (宋)陆九渊:《杨承奉墓碣》,载《陆九渊集》卷28,《墓志铭》,第326页。
⑤ 《陆九渊集》卷36,《年谱》,第487—488页。

悟，对于杨简而言，这是一生修道治学中质的飞跃，当然，也是杨简二十年来自身进学过程中由量的积累而促成的关键性一觉。关于杨简所悟及其重要性，笔者将在第二章详加阐述。在杨简一生的修道治学中，没有任何东西比陆九渊所点化的这次"扇讼之悟"更加重要，因此，杨简对此终身不忘，并且屡次提及，对陆九渊充满了感激之情。他在《二陆先生祠记》中说：

> 某积疑二十年，先生一语触其机。某始自信其心之即道，而非有二物；始信天下之人心皆与尧舜禹汤文武周公孔子同，皆与天地日月四时鬼神同。①

陆九渊逝世后，应其子陆持之的请求，杨简特意撰写了《象山先生行状》，在文章末尾，他依然饱含深情地回忆这一往事——

> 先生之道，至矣大矣，简安得而知之？惟简主富阳簿时，摄事临安府中，始承教于先生。及返富阳，又获从容侍诲。偶一夕，简发本心之问，先生举是日扇讼是非以答，简忽省此心之清明，忽省此心之无始末，忽省此心之无所不通。简虽凡下，不足以识先生，而于是亦知先生之心，非口说所能赘述。②

淳熙九年（1182年）农历七月初至淳熙十三年（1186年）十一月二十九日，陆九渊在临安担任国子正和敕令所删定官等职，在此期间，杨简正好担任浙西抚属一职，时在淳熙十一年（1184）至淳熙十五年（1188年），驻地就在临安。于是，杨简把父亲杨庭显也接到临安来就养，和陆九渊比邻而居，二人之间有了更多的思想交流，连杨庭显也接受心学，成为陆九渊的忘年交。与陆九渊这样的"明师"在一起，杨简的心情显得非常愉快，这一点，从他此时的诗作中可以体现，《慈湖遗书》存二首，谨录于下，可见一斑——

> 百里平湖十里堤，新芜苒苒绿齐齐。水晶宫里光风静，碧玉壶中远近迷。局外有棋输与我，口边得句岂须题？流莺却会幽人意，故向

---

① 《慈湖遗书》卷2，《二陆先生祠记》，第621页。
② 《慈湖遗书》卷5，《象山先生行状》，第652页。又见《陆九渊集》卷33，第394页。

人间一两啼。

　　浅红深翠绿高低，各出精神不肯齐。山色好时新雨沐，湖光远处淡烟迷。不知醉后无言句，逼近前来乞品题。我亦未能勤领略，只烦莺啭与乌啼。①

　　这两首诗的共名叫《侍象山先生游西湖，舟中胥必先、周元忠奕》。其中，胥训，字必先，乃是陆九渊的连襟；周良，字元忠，建昌军南城人，也是陆九渊的门人，全祖望把他列入《槐堂诸儒学案》，称"其师象山最久"。②这首诗产生的时间乃是陆、杨、胥、周四人共游西湖时所作，由诗文可见杨简心情的愉悦和恬静。其实，由于年龄相仿之故，陆九渊并没有把杨简当门人看，而杨简始终诚心实意地执弟子礼，几人同游西湖，杨简也谦称为"侍象山先生游西湖"。不管身份关系如何，二人成为无话不谈的知己之交，杨简连当初把陆九渊视为"腐儒无足采者"的心里话也如实吐露，陆九渊在《杨承奉墓碣》中记曰："此其腹心，初不以语人，后乃为余言如此"，③可见二人交谊之真诚了。

　　遗憾的是，除了这短短两三年（1184—1186年）的密切交往之外，陆九渊和杨简二人因为宦海沉浮之故，很快又天各一方，难再相见。绍熙三年冬十二月十四日（阳历1193年1月18日），陆九渊病逝于荆门知军任上。此时，杨简在江西乐平担任知县，闻此消息，悲痛欲绝，他后来记述——

　　　　某闻先生之讣，恸哭，既绝而复续，续而又绝，绝而又复续。不敢伤生，微声竟哭。亟欲奔赴，病质炭炭，度不可支，循循历时。④

　　由是可见，当杨简听说了陆九渊病逝的消息后，哭得竟然昏死过去好几回，这种悲痛的心情，用"如丧考妣"来形容也毫不过分。原因很简单，陆九渊道行深邃，成就了杨简在修道进程中关键性的一悟，此后的进学之路，借用明代王龙溪的话来说，"一切经纶变化，皆悟后之绪余也"⑤。

　　陆九渊与杨简的师徒关系和深厚友谊，是象山心学得以在其身后继续

---

① 《慈湖遗书》卷6，《侍象山先生游西湖，舟中胥必先、周元忠奕》，第674页。
② 《宋元学案》卷77，《槐堂诸儒学案》，第2593页。
③ （宋）陆九渊：《杨承奉墓碣》，载《陆九渊集》卷28，《墓志铭》，第326页。
④ 《慈湖遗书》卷4，《祖象山先生辞》，第643页。
⑤ 《王畿集》，吴震编校，卷17《悟说》，凤凰出版社2007年版，第494页。

发扬光大的重要原因。杨简具有求道之至诚、受教之虚心,所以才能得到陆九渊的点化,从而成就自己的修道之功。同样,也正因为他具有真诚和谦虚的胸襟,使其深造有得,直趋圣境,在浙中心学的诸儒之中,确非他人可及,于是,在研究宋明理学时,后人总是把他置于象山弟子的首座之位。

三 "甬上四先生"的交游

所谓"甬上四先生",是指杨简、袁燮、舒璘、沈焕四人,亦称"明州四先生"(宁波,古称明州;甬上,即指宁波的甬江)。在象山之后,此四人的确是传播、弘扬心学的重要人物,所以元人所著《宋史·陆九渊传》评说:"门人杨简、袁燮、舒璘、沈焕能传其学。"① 当然,这里有一个明显的失误,就是把沈焕也当成了陆九渊的门人,事实上,他是陆九龄(号复斋)的弟子。不过,陆九龄和陆九渊本是亲兄弟,早在鹅湖之会前,兄弟二人通过"议论致辩",已达成学术理念的根本一致②,因此,"甬上四先生"可并称为"二陆"的传人,这是没有疑义的。从根本上讲,四人师出同门,在太学即结为至交,"朝夕以道义相切磨",③ 因此,彼此之间在思想学术上的影响十分明显。在此,我们有必要阐述一下袁燮、舒璘、沈焕三人的生平和学行,以体现杨简哲学思想形成的横向社会关联。根据生卒年月的顺序,笔者按沈焕、舒璘和袁燮之序而叙述之。

(一)沈焕与杨简的交游

沈焕(1139—1191年),字叔晦,明州定海人。少年时即"潜心经籍,精神静专"④,成年后入太学,适逢陆九龄(1132—1180年)也在此就读,有感于陆九龄学识深邃、道德纯全,沈焕遂"以师礼事之"(同上),由此成为陆九龄的门人。宋孝宗乾道五年(1169年),沈焕、陆九龄和杨简一同登进士第,步入仕宦生涯。他先后担任上虞县尉、扬州教授、太学录事、浙东安抚司干官、婺源知县、舒州通判等职,皆恪尽职守,颇有政声。但是,沈焕为人,"宁终身固穷独善,而不肯苟同于众;

---

① 《宋史》卷434,《陆九渊传》,第12882页。
② 参见《陆九渊集》卷34,《语录上》,第427页。陆九龄曰:"夜来思之,子静之说极是",可以为证。
③ (宋)真德秀:《西山文集》卷47,《显谟阁学士致仕赠龙图阁学士开府袁公行状》,载《四库全书》,上海古籍出版社1989年版,集部,第1174册,第748页。
④ 《宋元学案》卷76,《广平定川学案》,第2552页。

宁龃龉与时不合，而不肯少更其守，凛然清风，振耸颓俗"①，因此，在官场上总是遭到小人的嫉妒，难以升擢见用，不过，沈焕对此从不介意。晚年患病，他仍然"不废读书，垂绝，拳拳以母老为念，善类凋零为忧"（同上），卒时年仅五十二周岁，时人尊称为定川先生，宋理宗时赐谥端宪。存世《定川遗书》五卷，今收录于《四明丛书》之中。

和杨简一样，沈焕不仅服膺"二陆"的心学思想，而且孜孜不倦地传播、弘扬，具有心学教育家的风范。在担任太学录事时，"先是，教官不甚与诸生接，先生以所躬行者淑诸人，旦暮延见，司业不乐也"。②沈焕诲人不倦的作风，与一般在太学里混饭吃的学官迥异，不免引起其他学官的嫉妒，"居官仅八十日"③，便被外补为高邮军教授，他"夷然不惊，叙别而去"（同上）。后来，沈焕一度"待缺里居"，适逢宰相史浩、吏部尚书汪大猷亦致仕在家，三人在一起商量"举行义田"（同上），以实现儒家抚孤济贫的宗法社会理想。因其学行高洁，史浩特意将自家的竹洲别墅让给沈焕居住，邀其讲学其中，如前所述，杨简其时也在家丁忧，应邀讲学于碧沚书院，都在为传播心学思想而努力。

沈焕英年早逝，老友杨简为此十分悲痛。当时，他正在担任乐平县知县一职，不可能离职去为沈焕奔丧，因此，他写下《祭沈叔晦》一文，文中追忆了沈焕对于自己学行成长的促进作用，主要表现在两方面。

第一，打破了自己的固闭之习，开始与太学中的贤达有识之士交往，既开阔了眼界，又提升了道德水准。杨简回忆说：

> 某未离膝下时，知有先训而已。出门逐逐，不闻正言，窃意世间不复有朋友之义。及入太学，首见吾叔晦，始闻正论，且辱告曰："此天子学校，四方英俊所萃，正当择贤而亲，不可固闭。"某遂从求其人，遂得从其贤游，相与切磨讲肄，相救以言，相观而善，皆吾叔晦之赐。④

后来，杨简能够听从徐谊的引见，虚心地向"后进"陆九渊求教，其实根源就在于他在太学期间改变了自我固闭之习，变得开放包容，学会"择贤而亲"，因此才有宝贵的"扇讼之悟"。所以，杨简回顾自己学

---

① 《宋元学案》卷76，《广平定川学案》，第2555页。
② 同上书，第2554页。
③ 同上书，第2552页。
④ 《慈湖遗书》卷4，《祭沈叔晦文》，第644页。

问工夫的提升，首先归功于太学时期的同学沈焕，诚恳地认定"皆吾叔晦之赐也"。

第二，沈焕有过就改的性格给杨简留下了深刻的印象。他说：

> 某自闻先训："大舜从人，禹拜昌言，由喜闻过。"改过明白，先君则然，……出门泛观，大难其人。而叔晦亦尝闻过伏义，笔书而口宣，某由是益服叔晦之高，念叔晦之贤。（同上；由，即仲由，字子路。）

在杨简的哲学思想中，改过是修道的必要工夫，这一思想最早来自他的父亲杨庭显，可是，当他来到社会上时，很少见到像父亲一样正视己过的人，大多是文过饰非、矫揉造作之徒，因此，他难免怀疑其父之训的正确与否。幸好，杨简看到沈焕面对过错、坦诚改正的优良品质，他的"闻过伏义，笔书而口宣"的做法，与父亲杨庭显颇为相似，这才相信了"德不孤，必有邻"（《论语·里仁》）的先圣之训，于是"益服叔晦之高，念叔晦之贤"。

从二十一岁进入太学，到沈焕去世时，杨简与沈焕的交往超过三十年，因此，沈焕的英年辞世令杨简悲痛而感慨。在杨简看来，沈焕其人"善言善行，奚可悉数？威仪文词，诚足以称雄一世"[1]，这是他对好友的总体评价。顺带说明，按史籍记载，沈焕"顾而美髯，伟仪观，尊瞻视"[2]，在当时堪称美男子，故杨简有如此之说。至于二人之间的关系，杨简认为是"三十年相与相切之情，三十年相与相切之义"[3]，在杨简的心中，这份情义是无价的，因此，当他听说沈焕辞世的消息后，不能不写一点文字来寄托自己的哀思。

（二）舒璘与杨简的交游

舒璘（1136—1199年），字元质（又字元宾），明州奉化人。少年时即有志于圣学，"每自循省，苟不闻道，何以为人？汲汲乎如饥者之索食"[4]。年轻时游太学，与杨简、沈焕、袁燮为友，后来，他还与三位同门都结为亲家，其中，他的儿子舒铣娶了杨简的第三个女儿[5]，这种姻亲关

---

[1] 《慈湖遗书》卷4，《祭沈叔晦文》，第644—645页。
[2] 《宋元学案》卷76，《广平定川学案》，第2552页。
[3] 《慈湖遗书》卷4，《祭沈叔晦文》，第645页。
[4] 《宋元学案》卷76，《广平定川学案》，第2544页。
[5] 《慈湖遗书》附录，《宝谟阁学士正奉大夫慈湖先生行状》，第940页。

系更加强了四人之间的交谊。年轻时,舒璘好学不倦,曾求教于多位当时的名儒。首先,他就学于张栻,"请益焉,有所开警"①,后来,听说朱熹与吕祖谦讲学于婺州(今浙江金华),"徒步往从之"(同上),并在家书中说:"敝床疏席,总是佳趣;栉风沐雨,反为美境"(同上),可见其求学之真诚。不过,按清代学者全祖望的说法,舒璘"卒业于存斋"②,存斋即是陆九渊前期的别号。③ 舒璘求教于陆九渊,是和自己的哥哥舒琥、弟弟舒琪一起去的。兄弟三人同受业于陆子之门,舒琥、舒琪"皆顿有省悟"④,而舒璘则说:"吾非能一蹴而至其域也。吾惟朝夕于斯,刻苦磨砺,改过迁善,日有新功,亦可以弗畔矣。"(同上)此后,舒璘治学"躬行愈力,德性益明"(同上),终于成就了他的忠信不二、笃实不欺的人格美质。

乾道八年(1172年),舒璘中进士第,步入仕途。他先后担任江西转运司干办公事、徽州教授、平阳知县等职,均能恪尽职守、忠直不阿。在担任徽州教授期间,他"不惮勤劳,日日诣讲,隆冬酷暑,未尝少怠。筑风雩亭,以时会集(诸生),暮夜亦间往"(同上)。当时,好友沈焕担任太学录事一职,舒璘说:"师道尊严,吾不如叔晦;若启迪后进,吾不敢多逊"(同上)。听说了舒璘诲人不倦的事迹,太学司业汪逵打算向朝廷推荐舒璘,有人告诉他此时太学中"举员已足",汪逵说:"吾职当举教官,舍元质其谁先?"⑤ 仍然上本举荐。丞相留正听说舒璘的事迹,称赞说:"天下第一教官也。"(同上)然而,在南宋王朝论资排辈、冗官成堆的制度格局中,舒璘始终未能得志用世,长期担任的都是学官这样的闲曹冷职。不过,舒璘"素以天下为己任,虽居冷官,未尝忘世事"(同上),他在徽州教授任上,经常向本地知州进言献策,"牧守虽不能尽用,间有所采"(同上)。后来,舒璘总算获得知平阳县(属浙江温州)的实职,"听断讼狱,人服其平"⑥,三年任满之后,擢升为广西宜州通判,尚未赴任,奄然病逝,卒年六十四岁。舒璘在世时,时人称其为广平先生,宋理宗时赐谥文靖。生前著有《广平类稿》《诗礼讲解》《诗学发微》等书稿,

---

① 《宋元学案》卷76,《广平定川学案》,第2544页。
② 同上书,第2550页。
③ 《陆九渊集》卷36,《年谱》,第488页。其文曰:"初以'存'名读书之斋",故有此别号,后称象山居士。
④ 《宋元学案》卷76,《广平定川学案》,第2544页。
⑤ 同上书,第2545页。
⑥ 同上书,第2546页。

今《四库全书》中收录《舒文靖集》二卷,《四明丛书》则收录《舒文靖公类稿》。

舒璘与杨简虽为姻亲,但二人关系并没有杨简和沈焕那样亲密,所以在舒璘去世后,杨简在作《奠舒元质辞》时仅称其为"故友人"。① 二人在某些学术观点上也存有分歧,杨简将二人的关系比作韩愈和柳宗元②,尽管如此,杨简和舒璘的友谊并没有受到妨碍,在舒璘去世后,杨简在祭文中写道:

  元质岂有以异乎人哉? 亦不过不失孔子所谓忠信之主本而已矣。③

对于舒璘,杨简的基本评价是:"忠信之士",并援引乡党舆论为证,说:"吾乡万口一辞曰:'吾元质忠信士也'。"(同上)以忠信为主本,出自《论语·学而》等篇,在杨简的思想中,"忠信即大道"④,因此,视舒璘为忠信之士,其实是一个很高的评价,表明舒璘抓住了圣人之学的根本要旨。杨简也知道舒璘的才干绝不止于做个"天下第一教官",他素以天下为己任,"尤留心中朝治乱之故"⑤,可惜仕途不达,始终游离于朝廷政治的边缘,未能发挥其治世之长,因此,杨简坦诚地说:"元质之心,惟某知之。"⑥ 不过,这份感慨也许是多余的,因为南宋的政治格局始终积弱不振,即使如杨简之贤,虽然在朝廷中枢待过许多时间,同样作为有限,无法改变南宋王朝走向没落的根本趋势。

(三) 袁燮和杨简的交游

袁燮(1144—1224 年),字和叔,庆元府(今宁波市)鄞县人,因杨简年少时家居于此,二人其实是真正的同乡。稍长之时,袁燮曾读东汉《党锢传》,"慨然以名节自期"⑦,这是他立志求圣的开始。乾道初年,袁燮考入太学读书,对于这一段人生经历,后学真德秀做了记述——

---

① 《慈湖遗书》卷 4,《奠舒元质辞》,第 646 页。
② (宋)杨简:《宜州通判舒元质墓志铭》,载《慈湖遗书补编》,载《四明丛书》第 12 册,第 6904 页。
③ 《慈湖遗书》卷 4,《奠舒元质辞》,第 646 页。
④ 《慈湖遗书》卷 9,《家记三》,第 762 页。按:杨简阐述"忠信为大道"的言论很多,后文将详议。
⑤ 《宋元学案》卷 76,《广平定川学案》,第 2545 页。
⑥ 《慈湖遗书》卷 4,《奠舒元质辞》,第 647 页。
⑦ 《宋元学案》卷 75,《絜斋学案》,第 2525 页。

> 乾道初，入太学。陆先生九龄为学录，公望其德容睟盎，肃然起敬，亟亲炙之。而同里之贤如沈公焕、杨公简、舒公璘，亦皆聚于学，朝夕以道义相切磨。器业日益充大，平居庄敬自持，为同舍所严惮。①

可见，杨简、沈焕、舒璘和袁燮此时"皆聚于学"，成为好友，"朝夕以道义相切磨"。在治学道路上，袁燮先是求教于吕祖谦（号东莱），受领中原文献之传，又受教于陈傅良（号止斋），"明旧章，达世变"，受到永嘉学派的影响，不过，最终奠定他的学术旨归的，还是陆九渊。据史籍记载：

> 初，先生遇象山于都城，象山即指本心洞彻通贯，先生遂师事，而研精覃思，有所未合，不敢自信。居一日，豁然大悟，因笔于书曰："以心求道，万别千差；通体吾道，道不在他"。②

从此，袁燮与杨简一样，成为象山心学的忠实信徒。不过，与其他三位同窗相比，袁燮登第最晚，直至淳熙八年（1181年）方才进士及第，此时他已经三十七岁了。宋宁宗即位时，袁燮召为太学正，不久，亦受到奸相韩侂胄的迫害，被言官弹劾罢职。多年后又被起用，曾任浙东帅幕、主宗正簿、枢密院编修官，权考功郎官等职，亦曾经外放任知江州、提举江西常平司等职，复召回任国子司业、国子祭酒等职，地位步步擢升。在任国子祭酒期间，他尽心尽职，体现出一个儒者致力于明德淑人的教育事业的奉献精神。史载：

> （袁燮）延见诸生，必迪以反躬切己，忠信笃实为道本。每言人心与天地一本，精思以得之，兢业以守之，则与天地相似。闻者悚然有得，士气益振。③

此后，袁燮的官位进一步隆升，被任命为兼崇政殿说书，又除礼部侍郎兼侍读，成为天子近臣、帝王之师。可是，此时朝廷的实际掌权者是宰相史弥远，从籍贯上讲，二人也是同乡，但是，在对金国外交方面，史弥远和袁燮持有不同的意见。据《宋史》记载："时史弥远主和，（袁）燮

---

① （宋）真德秀：《西山文集》卷47，《显谟阁学士致仕赠龙图阁学士开府袁公行状》，载《四库全书》，集部，第1174册—748页。
② 《宋元学案》卷75，《絜斋学案》，第2526页。
③ 同上。

争益力，台论劾燮，罢之，以宝文阁待制提举鸿庆宫。"① 后来，朝廷又曾起用袁燮"知温州，进直学士"（同上），但是，在史弥远一手遮天的朝政格局中，袁燮遭遇了和杨简一样的政治命运，难以施展才能，最终"奉祠以卒"。（同上）

在"甬上四先生"中，袁燮生前的职位最高，他的人品节操也不负平生所学，在他去世后，杨简称赞他"立朝光明，临终不乱"。② 早在太学期间，袁燮就和杨简定交，成为志同道合的挚友，杨简回顾说："一时师同门、志同业者，则简与沈叔晦、袁和叔也。"③

袁燮和杨简不仅交谊深厚，而且学术见解颇有相互佐证之力。在他的影响下，其子袁甫不仅从父传承家学，后来又跟从杨简问学，成为杨简门下最出色的弟子之一。袁甫，字广微，生卒年不详。嘉定七年（1214年）举进士第一（状元），此后为官多任，皆有政声，是一个较有作为的官员，不负乃师杨简所望。宋理宗时，袁甫曾任崇政殿说书，后升擢至权兵部尚书、暂兼吏部尚书，亦曾兼任国子祭酒，"日召诸生，叩其问学理义讲习之益"。④《宋史》卷405存其本传。除了袁燮之子向杨简问学之外，杨简门下的弟子也常向袁燮求教。例如，慈湖高弟傅正夫，建昌（今江西南城县）人，本是杨简门下的得意弟子，由于"师同门，志同业"之故，他同样虚心地向袁燮问学，袁燮也给予耐心的指点，告诉他"学以自得为贵"⑤的要旨，体现出心学本为一家的宗风。

（四）吕祖俭与杨简的交游

关于"明州四先生"的称谓，还有一种说法，即是杨简、沈焕、袁燮和吕祖俭（代替了舒璘），这样就超出心学一派的范畴，变成一种纯地域性的划分方式，当然，杨简和吕祖俭之间也有着深厚的交谊。故此，我们有必要介绍一下婺学名家吕祖谦（1137—1181年）的弟弟吕祖俭。

吕祖俭（？—1196年），字子约，号大愚，婺州（浙江金华）人，著名学者吕祖谦的胞弟。吕祖俭生平行迹，史料存之不多，仅《宋史》卷455《忠义十》有传。估计他比吕祖谦年龄小很多，"受业祖谦，如诸

---

① 《宋史》卷400，《袁燮传》，第12147页。
② （宋）杨简：《故龙图阁学士袁公墓志铭》，载《慈湖遗书补编》，载《四明丛书》，第12册，第6906页。
③ （宋）杨简：《宜州通判舒元质墓志铭》，载《慈湖遗书补编》，载《四明丛书》，第12册，第6903页。
④ 《宋史》卷405，《袁甫传》，第12242页。
⑤ （宋）袁燮：《絜斋集》卷7，《书赠傅正夫》，载《四库全书》，上海古籍出版社1989年版，集部，第1157册，第86页。

生"①,得父兄中原文献之传。成年后出仕,先监明州仓、继调衢州法曹,后通判台州,宋宁宗即位之际,调任太府丞。庆元之初,韩侂胄唆使言官李沐弹劾右相赵汝愚,罢其官,并制造"伪学逆党籍",吕祖俭上书论救赵汝愚、朱熹等人,触怒韩侂胄。韩侂胄下令,以吕祖俭"朋比罔上,安置韶州"②,路途中改送吉州监管,不久遇赦,移送筠州(今江西高安)。庆元二年,病卒于此。

吕祖俭和杨简的结识,至迟在绍熙五年(1194年),亦即宋宁宗即位之初、尚未改元之际。当时,杨简由乐平知县调任国子博士,吕祖俭则由地方任上调任太府丞,二人都在都城临安供职,故结为好友。吕祖俭和杨简不属一个学派,但这不妨碍两人之间有很好的私交,究其本质,是道义之交。"庆元党禁"开始后,杨简因仗义执言而被打入"伪学逆党"籍,被韩侂胄下令落职奉祠,主管台州崇道观,吕祖俭更是被发配至韶州监管,二人从此天各一方。在监管期间,吕祖俭每天"读书穷理,卖药以自给"③,士人气节如故,丝毫不受摧折。他还特意打好几双草鞋,准备再次被贬往更远的地方。

可惜的是,吕祖俭在谪所患病早逝,消息传到慈溪,杨简不胜悲痛。只是慈溪与高安相去千里,而且此时杨简"病质莫奔",因此,只能写一篇祭文来表达对故友的伤悼之情。在祭文中,杨简写道——

> 哀哀子约,我心则同。问学虽略异,大致则同。所同谓何?其好善同,见义忘利同,学不以口而以心同。夫天下惟有斯义而已矣,是故子约诚意笃志,深知乎某之心;某敬子约,不以利夺其义之胸中。④

在此祭文中,杨简也承认,吕祖俭和他在学术见解上有异,但是,他更看重的是二人思想上相同的一面,那就是君子好善循义、不为利害所动。从这个角度讲,二人的心灵是相通的,本质上是相同的。

关于吕祖俭的历史地位,有一点需要说明,那就是他也被视为"明州四先生"之一。缘由如下:吕祖俭在明州仓任职六年⑤,"以明招山中父兄

---

① 《宋史》卷455,《忠义十》,第13368页。
② 同上书,第13370页。
③ 同上书,第13371页。
④ 《慈湖遗书》卷4,《奠吕子约辞》,第646页。
⑤ 《东莱学案》记载:"淳熙壬寅至官,去以丁未,凡六年",即1182—1187年。参见《宋元学案》卷51,《东莱学案》,第1681页。

中原文献之传"（同上）教授诸生，"其于诸讲院，无日不会也"（同上）。此时，"明州诸先生多里居，慈湖开讲于碧沚，沈端宪（焕）讲于竹洲，絜斋（袁燮）则讲于城南之楼氏精舍，惟舒文靖（璘）以宦游出。……甬上学者遂以先生代文靖，亦称为四先生"（同上）。这样一来，就有了"明州四先生"的两种说法，除了杨简、沈焕、袁燮之外，或以舒璘为第四人，或以吕祖俭为第四人。如果以舒璘为第四人，那么，"明州四先生"就相当于一个传播、弘扬象山之学的心学学派；如果以吕祖俭为第四人，那么，"明州四先生"就纯粹是一个以地域来划分的学者名号而已。究竟哪种划分更有道理，学界同行可以见仁见智。

以杨简为代表的"甬上四先生"（含舒璘），师同门，志同业，继承并发挥象山心学的核心要旨，在当时就赢得士大夫阶层的广泛敬重。仅以理学大儒朱熹为例，他和杨简曾在淳熙八年（1181年）至九年（1182年）共事，朱熹时任提举两浙东路常平茶盐公事，而杨简担任绍兴司理，职位在朱熹之下，但是，朱熹离任时，特意举荐杨简，说他"学能治己，才可及人"。①加上太师史浩的举荐，杨简的官职果得升迁（浙西安抚司干办公事）。此后，朱熹的门人滕璘（字德粹）担任鄞县尉，向朱熹求教治邑之要，朱熹回信说：

> 示问曲折具悉，大抵守官且以廉勤爱民为先，其它事难预论。幸四明多贤士，可以从游，不惟可以咨决所疑，至于为学修身，亦皆可以取益。熹所识者，杨敬仲、吕子约，所闻者，沈国正、袁和叔，到彼皆可从游也。②

在这封信中，朱熹将自己所认识的杨简、吕祖俭，以及听说的沈焕、袁燮等人，都视为贤士，鼓励门人多向他们"咨决所疑"，并且从他们那里汲取"为学修身"之道。此时已在鹅湖之会以后，朱学和陆学早已分庭抗礼，朱熹仍然肯定杨简等人的人品和学问，称其为"皆可以从游"之贤士，由是可见，以杨简为首的"明州四先生"当时在儒林中已享有令名。尽管朱熹在晚年对陆九渊和杨慈湖之学颇有微词，《朱子语类》中记载了许多这样的言论，但是，他早期对杨简的推荐和赞许，依然表明杨简学行

---

① 《慈湖遗书》附录，《宝谟阁学士正奉大夫慈湖先生行状》，第929页。
② （宋）朱熹：《晦庵集》卷49，《答滕德粹》（十一），载《四库全书》，上海古籍出版社1989年版，集部，第1144册，第458页。

的令人折服之处。

除了"明州四先生"之间的交游之外,杨简与其他儒家学者的交往还有很多,此不一一赘述。通过本节所论,我们不难发现,杨简不仅在纵向上认真吸取父亲杨庭显、老师陆九渊的思想,而且在横向联系上善于广交志同道合的朋友,以获取相互切磋、琢磨的益处。这种广泛交往的社会活动,促进了杨简心学思想的形成和淬炼,最终得以升华、成熟,使之充分继承了象山心学的真髓,并自成一体,发扬光大,成为南宋中晚期的著名思想家。

第二章 杨简的心学本体论

第一节 中国古代哲学不是纯思辨的哲学形态

在学术研究活动中，除了明确自己的研究对象以外，选择适用可行的研究方法也是一件非常重要的事情。如果所选择的研究方法并不适合自己所确定的研究对象，那么，得出的研究结论或许是肤浅的，或许是偏颇的，甚至可能与研究对象的实际情况南辕北辙，因此，在本章伊始，我们有必要来探讨一下研究中国古代哲学特别是陆王心学一系的研究方法问题。

一 践履和觉悟是中国古代哲学的基本要求

目前，学术界一般研究中国古代哲学的方法，大多是在熟读经典原著的基础上，概括其思想要旨，阐释其名相内涵，再进行横向或纵向的比较，最后评价一个思想家在历史上的地位和作用。简而言之，这是一种思辨哲学的研究方法，对于揭示中国古代哲学的思想内容，当然具有一定的作用。然而，对于中国古代哲学而言，这种思辨分析的方法并不完全有效，它的局限性往往在于泥迹失神，尤其是对于贯通儒释道三教的古代心性哲学，甚至仅仅是隔靴搔痒而已。因为中国古代哲学并不是一种单纯思辨的哲学形态，它的基本要求在于突破书本和思辨的范畴，通过笃实的修习践履，最终达到直觉体悟的根本目标，换言之，修习践履和直觉体悟是研究中国古代哲学的基本要求。

我们之所以谈到直觉体悟，这是因为：中国古代心性哲学所传递的思想信息，往往是超越言诠的，至少是言不尽意的，只有直觉体悟才能如实地把握古代先哲所说的"道""德""心""性"等名相的内涵，如人饮水，冷暖自知；反之，如果只知道文字训诂、名物诠释，那么，往往丢弃了中国哲学"活泼泼的灵魂",只剩下汗牛充栋的故纸堆而已。在中国古代哲学中,佛教、道教和儒家的心性哲学,都离不开直觉体悟,舍此而单纯做训诂考据的工作,对于揭示这些哲学体系中的真实思想内涵,其作用将十分有限。据此,我们可以推知,在儒家心性哲学的源流中,无论是先秦的思孟学派,还是宋明时代的象山心学、阳明心学,以及本著所研究的慈湖心学,要想真正领会其精神实质,都必须坚持直觉体悟的根本要求,这也是将此"绝学"薪火相传的必由之路。

关于直觉体悟的经历,杨简及其门人就有许多耐人寻味的例证。杨简本人的实证体验将放在下一节阐述,在此,笔者仅举其两个门人的体证为例。其一,叶祐之,字元吉,生卒年不详,苏州吴县人,《宋元学案》卷七十四《慈湖学案》有传,是被杨简称为"至契"的高徒。叶元吉曾自述:

> 弱冠志于学,而未得其方。凡先儒所是者,依而行;所诃者,必戒,如是者十有七年,然终未相应。中间得先生《子绝四碑》,一读,知此心明白广大,异乎先儒缴绕回曲之说,自是读书行己,不敢起意。后寐中闻更鼓声而觉,全身流汗,失声叹曰:"此非鼓声也,如还故乡。"终夜不寐,夙兴见天地万象万变、明暗虚实,皆此一声,皆祐之本体光明变化,固已无疑。而目前若常有一物,及一再闻先生警诲,此一物方泯然不见。①

这段话中的先生,指的就是杨简。据叶元吉所说,他曾经读过杨简的《绝四记》一文,从此以"不起意"为工夫,后来在睡眠中听到鼓声而觉悟,全身流汗,感叹道:"此非鼓声也,如还故乡。"早晨起来后,发现天地万物都统摄在自己的光明本体之中。唯一有碍的是,眼前常若有一物,后来又见到老师杨简,听闻其教,此物就泯然不见了。这种开悟体验,对于浸溺于常规经验的人们而言,实在是不知所云,即使再善于训诂、诠释,也说不清个所以然来。但是,如果研究者自己有了类似的觉悟经历,那么,这种开悟体验并不神秘,就像夜间见月、早晨见日一样平常无奇,都不过是人心自有的潜能而已。

又如:杨简的门人钱时,字子是,浙江淳安人,亦被杨简称为"至

---

① 《慈湖遗书》卷5,《叶元吉请志妣张氏墓》,第659—660页。按:"先儒所是",原作"所视",据文义改。

契",《宋史》和《宋元学案》均有其传。杨简曾述钱时之体验,说:

> 钱子名时,字子是,至契。子是已觉,惟尚有微碍,某铲其碍,遂清明无间,无内外,无始终,无作止,日用光照,精神澄静,某深所敬爱。①

可见,钱时通过学习,已经开悟,"惟尚有微碍",杨简又为其讲说道理,"铲其碍",于是,钱时之心"清明无间,无内外,无始终,无作止,日用光照,精神澄静",故为杨简"深所敬爱"。在杨简逝世后,他当仁不让地成为杨简《行状》的作者,同时成为一代名儒,世称融堂先生。

类似的例子还有很多,用杨简自己的话来讲,"比一二十年,觉者浸浸多,几二百人其天乎!"②在杨简门下,有如此多的直觉体悟的例证,这就促使研究者不得不反思,单纯的理性思辨和训诂考据,能否真正把握古代先哲所传的思想精蕴?如果自身没有直觉体悟的实践经历,对于领略古代先哲的精神本旨一事,难免就成为门外的旁观者,不能不说是一种巨大的缺憾。

关于直觉体悟的重要性,杨简本人有过许多阐述。在读书人都在埋头苦读儒家典籍的时代环境中,他毫不留情地指出:

> 诵先圣之言者满天下,领先圣之旨者有几?先圣曰:"知及之,仁不能守之,虽得之,必失之,"知者觉之始,仁者觉之纯;不觉不足以言知,觉虽非心思之所及,而犹未精一,精一而后可以言仁。孔门觉者无几。③

在这段话中,杨简坦率地发出"诵先圣之言者满天下,领先圣之旨者有几"的质疑,并坦承,即使在孔子生前,门下三千弟子中,其实是"觉者无几",而且,在此后的几千年里,大多数儒家学人仍然是陷溺于训诂考据的思辨之学中,真正领悟圣学精蕴的人其实也是为数寥寥,他说:

> 自孔子殁,学者率陷溺于文辞论议,丧其本灵而事意说,寥寥二

---

① 《慈湖遗书》卷5,《钱子是请志妣徐氏墓》,第660页。
② 《慈湖遗书》卷6,《大哉》,第682页。
③ 《慈湖遗书》卷2,《愤乐记》,第628页。

千载，其自知自信者有几？①

杨简认为，对于儒家先圣的心性之学，"觉悟"二字是谁也绕不过去的"龙门"。觉悟其实并不神秘，无非觉悟"本心"而已，无非觉悟"人心即道"这样一个简单的事实而已，这是人心的固有内涵和潜在功能，先圣不过是"先觉我心之同然"，后学不过是根据先圣之所指，明白了自家本有的这一道理而已，因此，觉悟是一项"认识自我"活动的结果。杨简指出：

> 人心即道，觉则为得，得非外得。②
> 觉者自觉，觉非外取，即日用平常实直之心。③

当然，对于未觉者而言，开悟（即"觉"）始终是一件令人好奇、疑惑的事情，人们免不了进行种种的猜度和揣测，对此，杨简明确地告诉人们——"觉非言语心思所及"④，这样一来，就消解了理性思辨在这种认识中的直接作用，避免了胡猜乱想。关于这方面的论述，杨简还有很多，例如：

> 道非心思所可知，非言语所可及，可觉不可求。⑤
> 道非心思言论之所及，虽圣人不能强人之明。⑥

总之，觉悟大道乃是一种直觉性的认识成果，是超越理性思辨和言语诠释的，即使孔子这样的先圣，也不可能通过言语思辨而使人明道。如果说在修道过程中言语思辨能否起到一定的作用，那么，它无非像人的手指一样，给后学指明一个方向而已，关键在于后学顺着这个"手指"的方向去笃实修习、前行不辍。因此，觉悟大道的前提是主体自身的修习践履，没有笃实的修习践履，就不可能有真实而透彻的心灵觉悟。对此，杨简

---

① 《慈湖遗书》卷5，《邹元祥碣》，第657页。
② （宋）杨简：《杨氏易传》，卷7《蛊卦》，载《四库全书》，上海古籍出版社1989年版，经部，第14册，第78页。
③ 《慈湖遗书》卷4，《谒宣圣文》，第640页。
④ 《慈湖遗书》卷2，《默斋记》，第630页。
⑤ 《慈湖遗书》卷2，《岿然记》，第630页。
⑥ 《慈湖遗书》卷18，《宋杨公伯明封志》，第912页。

明言：

> 圣门讲学，每在于仁。圣人曰："知及之，仁不能守之，虽得之，必失之，"又曰："力行近乎仁，"以此知仁非徒知不行之谓。①

针对当时儒家学人的通病，他还告诫说：

> 学者通患，患在思虑议论之多，而不行孔子忠信笃敬之训。②

在杨简的哲学体系中，"仁"不过是"道"的异名而已，因此，"知及仁守"，是杨简非常注重的心性修养工夫，这一点，笔者将在第三章详论。即使在此处，我们也完全可以看到，杨简提出"仁非徒知不行之谓"，其实就是在强调修习践履的重要性，实际上，这已经潜含了明代王阳明所说的"知行合一"命题的思想因素，也是历代儒释道先哲所共同提倡的精神要旨。

概括而言，中国古代的心性哲学，不是一项单纯凭训诂考据和理性思辨就能真正把握的哲学体系，它需要通过研究者自身的修习践履和直觉体悟，才能领略其精神实质，才能真切感受到"道"在自身的血脉流动，正如杨简所说："士志于道而罕觉，惟觉，始知道在我。"③当然，研究中国古代的心性哲学并不排斥对经典原著的语言分析和理性探讨，问题在于：仅以这种研究方法为满足，是绝对不能达到古代先圣的思想高度的，杨简指出——

> 圣学之不传，学者之过也。学者之过，在于不求之心而求之名也。④

这句话表明，学习和研究方法的适用与否，有时将成为圣学能否传承的关键所在，据此，杨简告诫门人"读书不可只读纸上语"⑤，言外之意

---

① 《慈湖遗书》卷11，《论〈论语〉下》，第816页。
② 《慈湖遗书》卷15，《家记九·泛论学》，第846页。按：学者，原作"觉者"，乃刻本之误，据文义改。
③ 《慈湖遗书》卷11，《论〈论语〉下》，第801页。
④ 《慈湖遗书》卷14，《论孟子 诸子》，第843页。
⑤ 《慈湖遗书》卷10，《论〈论语〉上》，第786页。

是，除了读懂纸上语之外，学者还应根据先圣所指，笃实地修习践履，最终获得直觉体悟，使自己的心性返还先天原本的状态，与先圣所觉相同。总而言之，修习践履和直觉体悟，是研究中国古代哲学的基本要求，这也是突破现有研究模式的局限、拉近今人与古代先圣心灵境界的"不二法门"。

二 语言分析是研究古代哲学的辅助手段

除了修习践履和直觉体悟之外，对于文献资料的语言分析也是研究中国古代哲学必要的辅助手段。由于时空变换，沧海桑田，今人去古人已远，无由面识，初步了解古代先哲的思想概况的方法，只能是阅读古人传下来的经典原著，这是一个为学的基础。以悟性超迈的陆九渊为例，当门人詹阜民问他："先生之学亦有所受乎？"他坦诚地回答："因读《孟子》而自得之。"① 在今天，如果我们要想深入而全面地了解古代先哲的思想原貌，同样离不开建立在典籍基础上的语言分析和理性探讨，这是同一个问题的另一方面要求。

近年来，有些国内学者②对于古典经籍的研究，陷入"玩学问"的玄学泥淖。他们一味引用甚至炫耀来自西方的语言哲学的分析方法，把本来简单、浅近的问题搞得愈加复杂混乱，令人莫衷一是，头昏脑涨，甚至感叹"哲学不是正常人学得了的"。其实，对于经典原著的语言分析根本不必如此故弄玄虚，只要抓住"名同实异"和"名异实同"这两项关键，就可以把握语言分析的基本要领，从而能够正确地诠释古代哲学各种范畴和命题的真实内涵，这一点，也是我们在比较研究慈湖心学和其他学派的诸多范畴、命题时应该注意的问题。

首先，我们来看看"名同而实异"的诸种表现。现实生活中经常存在这种情形，例如：一位老人对邻居讲："这是我的大孙子，刚刚从医院接回来。"这里的"孙子"，指的是与自己有着直系血缘的第三代。另一种情况就不同了，张三说李四："这家伙真是个孙子，见了点困难就开溜。"这里的"孙子"，实际上是指一种德行很差、让人瞧不起的小人。学术领域亦然，要想正确理解一个词语、命题的内涵，必须结合具体的语境，才能得出恰当的解释。无论古今何时，不同的学派或者一个学派内部的不同派

---

① 《陆九渊集》卷35,《语录下》，第471页。
② 古今"学者"含义不同。在古代，学者一般是指求学的人；在今天，学者一般是指学有所成或者从事学术研究的人。本著所言"学者"，据此而区分古今之义，希望读者结合具体语境而体察之。

别，在使用同一概念（"名"）时，所指的内涵（"实"）往往是不相同的。例如："道德"二字，在先秦时期，儒家和道家都经常使用，其实际内涵却大相径庭，儒家创始人孔子曾经说：

> 朝闻道，夕死可矣。(《论语·里仁第四》)[1]
> 志于道，据于德，依于仁，游于艺。(《论语·述而第七》)
> 德之不修，学之不讲，闻义不能徙，不善不能改，是吾忧也。(同上)

同一时期，道家鼻祖老子也曾畅谈"道德"二字，他说：

> 孔得之容，唯道是从。道之为物，唯恍唯惚（第21章）[2]
> 道生一，一生二，二生三，三生万物。（第42章）
> 含德之厚，比于赤子。毒虫不蛰，猛兽不据，攫鸟不搏。（第55章）
> 治人事天，莫若啬。夫唯啬，是谓早服。早服谓之重积德。（第59章）

《论语》和《老子》中含有"道德"字样的文句还有很多，此不赘引。单就以上引述的文句来看，我们不难发现，老子所说的"道"，含有本体论的内涵，而孔子所说的"道"，主要是指伦理规范和价值信仰之类，体现出一种入世精神，并没有揭示宇宙万物本原的本体论内涵。同样，老子所说的"德"，包含纯真无邪、清静无为的意思，而孔子所说的"德"，主于仁爱、忠恕等内容，与之意义完全不同。由此可见，同样是"道德"二字，儒家也使用，道家也使用，用得久了，使得其内涵混淆不清，因此，到了唐代，韩愈在撰写《原道》一文时，首先任务就是重新厘清"道德"一词的内涵，他说：

> 博爱之谓仁，行而宜之之谓义，由是而之焉之谓道，足乎己无待于外之谓德。仁与义为定名，道与德为虚位。……凡吾所谓道德云

---

[1] （宋）朱熹：《四书章句集注》，中华书局2012年第2版，第71页。由于《四书章句集注》广为人知，以下两条引文只夹注篇名。
[2] 《老子 庄子》，章行点校，上海古籍出版社1995年版。由于此书采用《老子》通行本，以下只注篇名。

者，合仁与义言之也，天下之公言也。老子之所谓道德云者，去仁与义言之也，一人之私言也。①

至此，韩愈用"仁义"二字来重新诠释儒家的"道德"范畴，并指出"仁与义为定名，道与德为虚位"，才将儒家和道家的"道德"概念区分清楚，终于解决了长期以来在这一范畴使用中"名同而实异"的问题。

两宋时期，理学兴起，但是，程朱理学一系和陆王心学②一系在使用某些理学范畴时，也存在许多名同而实异的现象，这是今人在研究理学思想时必须注意的问题。例如：程朱理学一派根据《尚书·大禹谟》中"人心惟危，道心惟微。惟精惟一，允执厥中"的圣训，在使用"道心"概念时，持肯定的态度，在使用"人心"概念时，多持贬抑或否定的态度。北宋程颐曾说：

公则一，私则万殊。至当归一，精义无二。人心不同如面，只是私心。③

号称理学思想集大成者的朱熹更有一段名言：

心之虚灵知觉，一而已矣，而以为有人心、道心之异者，则以其或生于形气之私，或原于性命之正。……然人莫不有是形，故虽上智不能无人心，亦莫不有是性，故虽下愚不能无道心。二者杂于方寸之间，而不知所以治之，则危者愈危，微者愈微，而天理之公卒无以胜夫人欲之私矣。……从事于斯，无少间断，必使道心常为一身之主，而人心每听命焉，则危者安、微者著，而动静云为自无过不及之差矣。④

综合程颐和朱熹的话语，他们所说的人心，是指人的个体之心，每个人不同，包含有私欲在其中，故而说"人心惟危"。这种人心，是理学家所警惕的对象，因此，他们主张"必使道心常为一身之主，而人心每听命焉"。在程、朱二人的话语系统中，这种"人心"和"道心"的划分是可

---

① 《韩愈集》，严昌点校，卷11《原道》，岳麓书社2000年版，第145页。
② 南宋时期还没有阳明心学，这里使用的"陆王心学"，是从宽泛意义上讲的。
③ 《河南程氏遗书》卷15，《伊川先生语一》，载《二程集》，第144页。
④ （宋）朱熹：《中庸章句序》，载《四书章句集注》，第14页。

以成立的。

但是，在心学体系中，"人心"的内涵就不是这样了。陆九渊并不赞成程朱以人欲释人心、以天理释道心的观点，他说：

> 《书》云："人心惟危，道心惟微。"解者多指人心为人欲，道心为天理，此说非是。心一也，人安有二心？自人而言，则曰惟危；自道而言，则曰惟微。罔念作狂，克念作圣，非危乎？无声无臭，无形无体，非微乎？①

作为"象山弟子之冠"②，杨简显然也不满意程朱二人对"人心"一词的诠释，他根据"亚圣"孟子所说"仁，人心也；义，人路也"（《孟子·告子上》）的经典古训，把人心看成是人人皆有的心灵本体，因此，他才能得出"人心即道"③的结论，并且经常地对门人宣讲。有时，为了让学者有所区分，他特意指明自己所说的"人心"并不是个人所有，而是人人皆有，他说：

> 天下同然者谓之心。④

根据这一定义，他还时常说：

> 舜禹之心，即是己心。是心四海之所同，万古之所同。⑤
> 此心天下之所同，同然之机，翕然而应，众所共服。⑥

由是可见，杨简从"天下同然者谓之心"的角度出发，提出"人心即道"的命题，与程颐、朱熹所使用的"人心"的内涵是根本不同的。既然人心先天原本皆同，为何还要后天的教化和学习呢？杨简指出——

---

① 《陆九渊集》卷34，《语录上》，第396页。
② 《钦定四库全书总目》卷3，《经部三·易类三》，载《四库全书》，第1册，第81页。
③ 《慈湖遗书》卷3，《学者请书》，第634页。按："人心即道"的话在《慈湖遗书》中经常出现，此不赘引。
④ 《慈湖遗书》卷10，《论〈论语〉上》，第786页。
⑤ 《慈湖遗书》卷8，《论〈书〉〈诗〉》，第715页。
⑥ 《慈湖遗书》卷10，《论〈论语〉上》，第788页。

> 良心人所具有也，尧舜与人同耳，圣人先觉我心之所同然耳。……孟子曰："仁，人心也。"仁圣之性，人所同有，昏而蔽之，如丧其灵，如尘积鉴。本明犹在，一日启之，光烛天地。①

当然，面对有些习惯于朱子学经典诠释模式的学者，杨简表现出包融的态度，他有时也使用朱子学关于"道心""人心"的解释，例如：

> 古者未有道之名。……至于舜授禹，始曰道心。……道若大路然，舜特谓夫无所不通之心，至于起乎意，则倚矣，碍矣，窒矣，非通也，故曰人心。②

可以看出，在这段话中，杨简所说的"人心"和程颐、朱熹所说的"人心"，其内涵是一致的，都是指个体的有意有欲之心，正因为有意有欲，所以才会有倚、有碍，不能通达无滞。面对这样的"人心"，无论是杨简，还是程朱，都是持贬抑态度的。不过，在大多数情况下，杨简所使用的"人心"一词，就是指人人同然的先天本心，从这个意义上讲，他突破了程朱理学的诠释模式，将"人心"和"道心"两个词语完全打通，经常说的是——

> 人心即道，是谓道心。③

由上述分析可见，在南宋时期，程颐、朱熹一系和象山、慈湖一系在使用"人心"一词上，存在着明显的"名同而实异"的情况。今天的学人在研究程朱理学和陆王心学的时候，不可忽略这一差别。

其次，再来看看"名异而实同"的情况。这种情形古往今来一直都存在，例如，北京人说胡同，上海人说弄堂，南昌人说巷子，外国人可能一时搞不懂，中国人一听，便知道说的都是一码事，这就叫名异而实同。在宋明理学体系中，一直存在这样的情况，许多在程朱理学中需要详加辨析的范畴，在杨简看来，实际上不过是名异而实同，完全可以融会贯通，不必做琐细的语言辨析，那样反而妨碍了学者把握圣学的要旨。

---

① 《慈湖遗书》卷15，《家记九·泛论学》，第853—854页。
② 《慈湖遗书》卷2，《永堂记》，第631页。起，原作"通"，系刻工之误，据文义改。
③ 《慈湖遗书》卷11，《论〈论语〉下》，第804页。有时，表述略有不同，如："人心即道，故舜曰道心。"

第二章 杨简的心学本体论

杨简指出：

> 夫道一而已矣，名虽不同，学则无二。①

这句话表明，"道"是圣人之学的核心，在流传过程中，出于不同角度或场合的需要，后儒给它安上许多别的名字，其实讲的都是一码事，从本质上讲，"学则无二"，因此，学者不可惑其名而失其实。他特意举例说：

> 夫言以启人，因言而后生名，而人以名而致惑。天下之名众矣，不可不思其故也。曰道、曰德、曰仁、曰义、曰礼、曰乐，悉而数之，奚有穷尽？所谓道者，圣人特将以言夫人所共由、无所不通之妙，故假借道路之名以明之，非有其体之可执也。所谓德者，特以言夫直心而行者，即道之在我者也，非道之外复有德也。所谓直心而行，亦非有实体之可执也。仁者，知觉之称，疾者以四体不觉为不仁，所谓仁者，何思何虑？此心虚明，如日月之照尔，亦非有实体也。礼者，特理而不乱之名。乐者，特和乐而不淫之名。以是观上数名者，则不为名所惑；不为名所惑，则上数名者乃所以发明本无名言之妙，而非有数者之异也。②

由这段论述可知，在杨简看来，举凡道、德、仁、义、礼、乐等范畴，实际上都是从不同的角度去讲述同一个事物。如果过分迷恋于训诂考据式的语言分析，对这些名言概念翻来覆去地穷索不已，那么，恰恰会导致"泥迹失神"，形成一种烦琐支离的学风，正是学者"为名所惑"的表现。

又如："道"与"德"是儒家比较看重的两个范畴，有些理学家连篇累牍、详述其义，可是，杨简告诉学者，大可不必如此费劲，他说：

> 道德非二，道者言其无所不通，谓如道路之四通。人心之善谓之德，此德即道也，苟不通达，则己虽有德而不自知。故曰：道所以明

---

① 《慈湖遗书》卷18，第900页。
② 《慈湖遗书》卷9，第756—757页。

德,非德外复有道,道外复有德也。①

杨简认为,道与德并非两个互相独立的东西,本质上并无二义,都是人心固有的本性和功能的体现,"苟不通达,则己虽有德而不自知",这就是"道"的实质。这两个概念只是从不同角度讲述同一事物而已,"非德外复有道,道外复有德也",学者应当避免犯"以名而致惑"的错误。

再如:杨简指出,儒家经典中有许多"名殊而实同"②的现象,学者在阅读这些典籍时应当懂得"名言之不同,而其实一体也"③的道理,不要为名言所惑,而应直接领悟先圣之学的本旨。他举《周易》为例,说:

> 言吾之变化云为、深不可测谓之神,言吾心之本曰性,言性之妙不可致诘、不可以人为加焉曰命,得此谓之德,由此谓之道,其觉谓之仁,其宜谓之义,其履谓之礼,其明谓之智,其昏谓之愚……④

在这里,杨简把"神""心""性""命""道""德""仁""义""智"等重要范畴统统整合在一起,告诉学者这些东西都是本心固有的内涵,只要抓住"本心即道"的要旨,这些概念无须细辨,自然明白,这样一来,学者就跳出了《周易》一书中种种概念的束缚,而直承其旨。

在杨简的著作中,阐述"名殊而实同"的例证还有很多,兹不赘述。杨简之所以探讨这些问题,目的就是让学者看清"惑其名者,失其实也"⑤的错误,走出"不求之心而求之名"的学术泥淖。诚然,如果一个学者总是局限在训诂考据的研究模式中,那么,他很可能被典籍中诸种语义的微妙差别搞得头昏脑涨,反之,如果以修习践履和直觉体悟为本,而以语言分析为辅,那么,研究者完全可以直接把握先圣思想的根本精神,不被话语体系的名言诸相所困扰。对于这种超越理性层次的心灵领悟,杨简有所描述,他说:

---

① 《慈湖遗书》卷10,《论〈论语〉上》,第776页。
② 《慈湖遗书》卷9,第752页。
③ 《慈湖遗书》卷7,《己易》,第688页。
④ 同上书,第689页。
⑤ 《慈湖遗书》卷19,第920页。

> 要当会圣贤之意，不可执圣贤之言。①

他还特意告诫学者说：

> 愚者执其言，智者通其旨。②
> 执言语以求圣人之道，非圣人所望于学者。③

概而言之，无论是"名同而实异"，还是"名异而实同"，杨简都主张学者对于古代先圣著作中的各种范畴和命题"会其意"而非"执其言"，这样方能发明本心，觉悟大道，方能真正地继承、弘扬先圣之绝学。

当然，如何阅读经典还有其他方法可以探究，如结合具体的语境来探求文句的内涵，这在研究慈湖心学以及其他古代哲学思想中都是用得着的。笔者在此仅仅重点论述了"名同而实异"和"名异而实同"的问题，并结合杨简对此问题的一些精辟论述，阐明了阅读经典过程中应当注重的要领。总之，要想全面而透彻地研究中国古代哲学，在修习践履和直觉体悟的基本要求之外，熟读经典、善读经典也是一项必要的辅助工夫，唯有如此，我们才能将理性和灵性很好地结合在一起，去探究、揭示古代先哲的"微言大义"。

关于中国古代哲学的研究方法，其实哲学史前辈冯友兰先生已有过相关论述，特别是他提出的关于"形上学"的"正的方法"和"负的方法"，颇为有名，长期以来影响了不少哲学史研究者。冯友兰在《新知言》一书中说："真正形上学的方法有两种：一种是正底方法，一种是负底方法。正底方法是以逻辑分析法讲形上学，负底方法是讲形上学不能讲。"④又说："用负底方法讲形上学者，可以说是讲其所不讲……犹之乎用'烘云托月'的方法画月者，可以说是画其所不画。"⑤ 在《中国哲学简史》中，冯友兰还特意做了一些补充说明，他说："西方哲学从不证自明的'公设的概念'开始，而中国哲学则从'直觉的概念'开始，由于这个缘故，西方哲学的方法论是理所当然地由正的方法占统治地位，而中国哲学

---

① 《慈湖遗书》卷10，《论〈论语〉上》，第790页。
② 《慈湖遗书》卷7，第695页。
③ 《慈湖遗书》卷10，《论〈论语〉上》，第789页。按：原作"非但"，"但"为衍字，刻工之误，据文义改。
④ 冯友兰：《新知言》，第1章《论形上学的方法》，北京大学出版社2014年版，第21页。
⑤ 同上书，第22页。

的方法论则理所当然地是负的方法占统治地位。"① 这些话，均表明了冯友兰学术视野宽阔、学贯中西的特点，最值得肯定的是，冯友兰先生对"正的方法"和"负的方法"的辩证关系做出一定的说明，他说：

> 正的方法和负的方法不是相互矛盾而是互相补充的。一个完整的形而上学体系应当从正的方法开始，而以负的方法告终。它若不以负的方法告终，便不可能登上哲学的高峰。但如果它不从正的方法开始，便缺少了对哲学来说最重的明晰思考。神秘主义不是和明晰思考对立的，也不是低于明晰思考，毋宁说，它是超越于明晰思考的。它不是反理性的，而是超理性的。②

对于"正的方法和负的方法不是相互矛盾而是互相补充的"的判断，笔者非常赞同。但是，坦率地说，冯友兰认为"形而上学体系应当从正的方法开始，而以负的方法告终"，这种将研究方法划分先后的观点却有所不足，且语言亦失之缴绕，令人有玄而又玄的感觉。如前文所述，修习践履和直觉体悟是研究中国古代哲学的基本要求，对文献资料的语言分析和理性探讨也是研究中国古代哲学必要的辅助手段。这两种方法并无所谓先后之分，可以同时并用，但是，必须以修习践履和直觉体悟为根本，否则，很容易陷入泥迹失神的误区，结果将是水中捞月、画饼充饥，什么"烘云托月"的手法也就更加无从谈起了。因此，本著没有沿袭冯氏及前人成说，而是直接将"自家体贴出来"③的研究方法呈献给读者，个中苦心，相信方家与同行学人能够理解并体谅之。

三 "慈湖通禅"的理论辨析

在探讨慈湖心学的过程中，还有一个问题会引起某些当代学人的困惑，那就是历史上有人以为杨简的哲学只是挂着儒学牌子的禅学，甚至整个心学也不过是改头换面的禅学。这样一来，致使有些对慈湖心学缺乏了解的当代学人产生了疑惑——慈湖心学的性质究竟是什么？不澄清其哲学性质的归属问题，对于准确地理解慈湖心学的思想要旨无疑是一个入门障碍。

---

① 冯友兰：《中国哲学简史》，赵复三译，第28章《厕身现代世界的中国哲学·形而上学中的方法论》，中华书局2015年版，第412页。
② 同上书，第414页。
③ 《河南程氏外书》卷12，《传闻杂记》，载《二程集》，第424页。

第二章 杨简的心学本体论

在搞清慈湖心学性质的归属问题之前，我们不妨先来看一下历史上某些儒学名家对杨简哲学思想的非议，首先是与杨简同时代的朱熹和陈淳。如前章所述，淳熙八年至九年（1181—1182年），朱熹在浙东为官时与杨简结识，对其人品颇为嘉许，因此，他在给门人滕德粹的信中说：

> 幸四明多贤士，可以从游……至于为学修身，亦皆可以取益。熹所识者，杨敬仲、吕子约，所闻者，沈国正、袁和叔，到彼皆可从游也。①

不过，此时的朱熹和杨简毕竟是初识，对于杨简的思想根柢还不甚了解。到了后来，杨简因讲学而获得令名之后，朱熹对于杨简的人品依然肯定，但是，对于其学却颇不以为然，他对门人说：

> 从陆子静学，如杨敬仲辈，持守得亦好，若肯去穷理，须穷得分明。然它（当作"他"）不肯读书，只任一己私见，有似个稊稗。今若不做培养工夫，便是五谷不熟，又不如稊稗也。②

在这里，朱熹认为杨简师从陆九渊之后，不肯读书，不去穷理，只任一己私见，好比五谷不熟，有似稊稗。朱熹的话语虽然比较委婉，但是对杨简和陆九渊一致的治学理路却是充满着明显的否定态度。

朱熹的高弟陈淳（1159—1223年），素以捍卫师门甚力而著称，对于陆九渊和杨简的评价就没有这么客气了。他本是福建人，曾游历浙江，对两浙地区陆学盛行的状况深感不满。他批评说：

> 区区在都城之久，颇觉两浙间年来象山之学甚旺。由其门人有杨、袁贵显，据要津唱之，不读书，不穷理，专做打坐工夫。求形体之运动知觉者，以为妙诀，大抵全用禅家宗旨，而外面却又假托圣人之言，牵就释意，以文盖之，实与孔孟殊宗，与周程立敌。③

在这段话中，陈淳指斥杨简、袁燮等象山门人"不读书，不穷理，专

---

① 《晦庵集》卷49，《答滕德粹》（十一），载《四库全书》，集部，第1144册，第458页。
② 《朱子语类》卷124，《陆氏》，第2693页。
③ 《北溪大全集》卷23，《与陈寺丞复一》，载《四库全书》，集部，第1168册，第686页。

做打坐工夫"，认为杨、袁等人的学术"大抵全用禅家宗旨，而外面却又假托圣人之言"，本质上就是挂着儒学招牌的禅学而已，其方法不过是假托圣人之言，"牵就释意，以文盖之"，实际上是"与孔孟殊宗，与周程为敌"。到了南宋晚期，由于统治阶级的扶植，程朱理学地位抬升，由民间私学跃升为准官学，元明时期，程朱理学更是居于官方哲学，朱熹的几位高足弟子也就随之加重了在思想界的分量，因此，陈淳对于象山及其门人的评价，无形中就成为评定杨简学术性质的权威话语，于是，象山与慈湖之学本质为禅的说法就流传开来。

明代中叶，阳明心学逐渐兴起，人们随之注意到历史上有过与之思想十分接近的象山心学、慈湖心学，于是，一度沉寂的慈湖心学又在儒林中流传开来。这种潮流再次引得一些儒家士大夫的批评，其中，被视为朱子后学的罗钦顺（1465—1547 年）对于慈湖心学的批评最为尖锐，他说：

> 癸巳春，偶得《慈湖遗书》，阅之累日，有不胜其慨叹者。痛哉！禅学之误人也，一至此乎！慈湖顿悟之机，实自陆象山发之，其自言忽省此心之清明、忽省此心之无始末、忽省此心之无所不通，即释迦所谓自觉圣智境界也。……其敢于侮圣言、叛圣经、贻误后学如此，不谓之圣门之罪人，不可也。①

罗钦顺在阅读了几天《慈湖遗书》之后，得出的结论是："（慈湖）不谓之圣门之罪人，不可也。"其理由如下：杨慈湖的顿悟之机，其方法是禅学（这里是整个佛教的代名词，并非单纯指禅宗一派）的，与释迦所谓自觉圣智境界完全相同，因此，慈湖之学的本质是禅学，用它来教导儒生，必然导致"贻误后学"，于是，罗钦顺发出了"禅学之误人也，一至此乎"的感叹。

除了身为朱子后学的罗钦顺外，有一些原本是心学阵营中的士大夫，在获得高位之后，出于迎合儒家正统思想的目的（有时也是为了纠正阳明后学的禅学倾向），亦对慈湖心学提出批评之语。其中，湛若水（1466—1560 年）和黄绾（1480—1554 年）是最突出的两位。湛若水曾说：

> 象山之学虽非禅，而独立高处。夫道中正而已矣，高则其流之弊

---

① （明）罗钦顺：《困知记·续录》卷下，载《四库全书》，上海古籍出版社 1989 年版，子部，第 714 册，第 347—348 页。癸巳，即 1533 年。

不得不至于禅，故一传而有慈湖，慈湖真禅者也，后人乃以为远过于象山。①

本是阳明好友兼门人的黄绾则说：

> 慈湖之学，出于象山，象山则不纯禅，至慈湖，则纯禅矣。②

由于宋明时代确有一些儒家士大夫持守程朱理学的正统观念，将慈湖心学视为禅学的变种，因此，到了清代中叶，程朱理学仍然保持着官方哲学的地位，纪昀等官方学者在编撰《四库全书》时，就将杨简的学术性质归结为禅学，他们在撰写《慈湖遗书》的《提要》时，明确地说：

> 金溪之学，以（杨）简为大宗，所为文章，大抵敷畅其师说。其讲学纯入于禅，先儒论之详矣。③

《四库全书》作为清代隆盛时期的官方文化工程之代表作，它的影响力自然是不言而喻，因此，该书的编撰者基于程朱理学的门派之见，对慈湖之学的评价——"其讲学纯入于禅"，成为很长一段时间内学术界评判慈湖心学的权威性话语。直至今天，仍有不少当代学者在论及慈湖心学（乃至整个陆王心学）时，都以为不过是禅学的变种，或者说是禅学的延伸而已。

然而，事实果真如此吗？要解决这个问题，我们就必须回顾一下整个儒学发展演变的历史。其实，说起儒学，它本身有一个非常庞大而复杂的体系，有心性哲学、经世哲学，还有经学、实学等等。从经世致用的角度来看，儒学所倡导的伦理纲常和治国平天下的有关学问，的确是释、道二家所没有的。但是，儒学数千年间所弘扬的"天人性命之学"（用现代汉语勉强可译成"心性哲学"或"生命哲学"），因为关注的是人的生命本身，所以就有了与释、道二家相衔接、沟通的可能性。早在先秦时期，儒

---

① （明）湛若水：《湛甘泉先生文集》（第一册）卷7，《寄崔后渠司成》，广西师范大学出版社2014年版，第305页。
② （明）黄绾：《久庵日录》卷1，载张宏敏编校《黄绾集》卷34，上海古籍出版社2014年版，第661页。
③ 《慈湖遗书·提要》，载《四库全书》，集部，第1156册，第605页。金溪之学，指陆九渊的心学。

家就已有一套关于生命与心性的独特思想和实践成就，其实质，就是后来宋明理学所关注的"天人性命之学"的滥觞。这种天人性命之学的倡导者，除了以孔子、颜回为开创者之外，其后主要以子思、孟子为代表的思孟学派进行传承，其思想理论，主要保存在《论语》《中庸》《孟子》和《周易》等经典著作之中。例如，宋儒津津乐道的"孔颜乐处"便是孔子和颜回生命哲学的实践成果和诣境。又如：在《中庸》的开篇，作者提出"天命之谓性。率性之谓道。修道之谓教"，把儒家心性修养的基本进路简要而清晰地勾勒出来。在这个基础上，孟子曾说："尽其心者，知其性也。知其性，则知天矣。存其心，养其性，所以事天也。夭寿不贰，修身以俟之，所以立命也。"（《孟子·尽心上》）又说："学问之道无他，求其放心而已矣。"（《孟子·告子上》）孟子的这些话，和《中庸》的开篇语一起，构成了一段简练而完整的儒家心性哲学的思想理论。当然，先秦儒家关于心性哲学的思想理论，语焉不详，十分简要，在那个战乱频仍的时代也没有得到特别的弘扬。到了汉代，虽然大儒董仲舒为儒家赢得了"罢黜百家，独尊儒术"的待遇，儒家登上了官方意识形态的宝座，可是，儒学从此时起也很快产生异化。在两汉，儒学以官方哲学的身份一变而成经学，自身内部出现了今文经学和古文经学之争。今文经学大讲天人感应和阴阳灾异，古文经学注重名物考订和文字训诂，前者失于荒诞而后者失于烦琐。就这样，在儒家学术体系中，尽管名师辈出，著作浩繁，可是，能够体现先儒圣者生命智慧的天人性命之学，却渐渐地湮没无闻，慢慢地被世人淡忘了。

从魏晋直至隋唐五代的七百年间，由于社会动荡、胡族入侵等历史原因，儒家一直处于"不独尊"的中衰状态，与之相异的是，佛、道二教却广为传播，获得长足的发展。进入盛唐之后，率先迎来鼎盛局面的不是儒学，而是佛、道二教。佛、道二教关于生命和心性哲学的理论成就，成为以后儒家天人性命之学得以复兴、重建的思想阶梯。毫无疑问，在唐代，佛教中最兴盛的宗派是由六祖慧能实际开创的禅宗。禅宗的基本宗旨被后人归纳为"不立文字，口授心传；直指人心，见性成佛"，在这里，通过自心体悟"真如佛性"的修道路径，已经具备了与儒家思孟学派的心性哲学相互衔接的充分可能性。而且，禅宗认为，"一切众生，皆有佛性"，这与孟子所说的"人皆可以为尧舜"（《孟子·告子下》）的命题十分类似。禅宗认为，佛性如青天，只是被众生的无明妄念和执着之心所构成的"浮云"所遮蔽，只要以般若慧风扫却妄念浮云，那么，人的天性本心自然显露无余，修道者也就因此而证得了真如。从这个角度讲，佛教哲学的修道理念也可以用"复性"二字来概括，是对人类生命的先天本真状态的追索和体悟。正因为佛教哲学中具有这些所见略同的思想见解，因此，后来便成为宋明理学（特别是陆王心学一系）重构心性哲学时积极借鉴的方法和资料。

到了北宋时期，由于统治阶级实行重文抑武和优待士人的开明政策，大批儒家知识分子幸运地走向了历史的前台。这些儒家士人不仅可以公开地继承先秦孔孟之道，还可以从容地在佛、道二教的思想宝库中浏览、选择。于是，以北宋五子（周敦颐、邵雍、张载、程颢和程颐）为代表的一批儒门学者，"出入佛老，返诸六经"[①]，在细致的比较、选择中，他们终于突破了儒家自汉唐以来一直流传的章句训诂之学，重新构建起新的儒学体系。除了为儒家的政治哲学、道德哲学提供更新的形而上学的理论依据外，这些儒家人士还深入研究先秦儒家固有的天人性命之学，重新发掘出孔、颜、思、孟的生命智慧和心性哲学，在借助于某些佛、道话语方式的基础上，再次振兴了儒家的生命与心性哲学思想，把热衷探索生命与心灵奥秘的人们的注意力，重新吸引到儒家圣学的范畴中来。这种借助佛道思想成果、重构儒家心性哲学的探索历程，直至明代王阳明的心学大行于天下之后，才算达到思想成熟的水平。在此期间，周敦颐、程颢、张九成、陆九渊、杨简等人都对佛、道哲学有过较深入的研究和体证，但是，他们的思想始终是以儒家为本位，只是以开放包容的心态来对待佛道二教的理论成果而已。在这条漫长的重构儒家心性哲学的途程中，杨简只是其间承前启后的一个环节，他并没有丧失儒家的基本价值立场，也算不上对佛道二教吸纳特别多的人物，如果非要将杨简的哲学思想视作"纯入于禅"，那么，朱熹所推崇的理学开山祖周敦颐简直就没有在孔庙中配享祭祀的资格了。众所周知，北宋周敦颐（1017—1073年）年轻时勤勉好学，为官之余不仅熟读儒家经典，而且喜欢与佛、道中的人士往来。据传五代时期的著名道士陈抟老祖，曾作《无极图》，并将图传授给种放，种放又传给穆修，穆修又传给周敦颐。周敦颐在《无极图》基础之上，改画成《太极图》，并据之而作《太极图说》。文章只有短短249个字，但是，将一套综合儒、道观念的宇宙生成论和生命本体论清晰扼要地阐发出来。他提出了"无极→太极→二气五行→生命诞生"的演化过程，不仅综合了此前中国古代的宇宙和生命观，而且成为宋明理学世界观的基本模式。除了积极吸纳道家的思想营养之外，周敦颐还和禅宗高僧有着密切的思想交流。

[①] （宋）程颐：《河南程氏文集》卷11，《明道先生行状》，载《二程集》，第638页。

史载：

> 元公初与东林總游，久之无所入。總教之静坐，月余，忽有得，以诗呈之曰："书堂兀坐万事休，日暖风和草自幽。谁道二千年远事，而今只在眼睛头。"總肯之，即与结青松社。游定夫有周茂叔穷禅客之语。①

除了东林常聪（即东林總），周敦颐还和鹤林寺僧寿涯等人来往密切。寿涯的名偈"有物先天地，无形本寂寥；能为万象主，不逐四时凋"，对于周敦颐形成"无极而太极"的宇宙本体论，同样起着重要的启示作用。当然，周敦颐一生积极地向佛、道高人学习，并没有使自己的学术变成"四不像"，而是达到一种"坐集千古之智"的思想高度，重建了儒家的形而上学体系。如果认真读一下他的《太极图说》和《通书》等著作，就会发现，他的思想始终以儒家为本位，只不过变得更加精深、圆融而已。与周敦颐相比，杨简的哲学思想只是形式上借鉴了一些禅学的理论成果，其思想观念完全持守在儒家的价值范围中，如果真像陈淳等人批判的那样，杨简"不读书，不穷理，专做打坐工夫……大抵全用禅家宗旨"，那么，"穷禅客"②似的周敦颐还有什么资格成为乃师朱熹倍加推崇的理学开山鼻祖呢？干脆直接把他扫出儒家门庭之外好了。正因为如此，清代全祖望在补修《宋元学案》时，对陈淳做了一番中肯的评价——

> （北溪）其卫师门甚力，多所发明，然亦有操异同之见而失之过者。③

由前文介绍可知，所谓慈湖之学"纯入于禅"的说法，其始作俑者就是陈淳，这是一种明显的党同伐异的门户之见，而后世学者沿袭此说，以讹传讹，不知不觉间成为一种"定论"，若不深究，便误入其彀中矣。说到不同学派之间的思想争论，古今光景不同，所采用的方法却是时常相似。例如：今天某位学者如果不赞同另一位学者所提出的思想观点，往往会说："这是一个伪问题，没有讨论的必要。"如果能将"伪问题"的帽

---

① 《宋元学案》卷12，《濂溪学案下》，第524页。
② 《河南程氏遗书》卷6，《二先生语六》，载《二程集》，第85页。原文是："周茂叔穷禅客。"
③ 《宋元学案》卷68，《北溪学案序录》，第2219页。

子扣在对方的头上,实际上就剥夺了对方的发言权。在古代,虽然没有"伪问题"的说法,某一学派却可以站在正统的官学立场上,批评说:"你这是禅学,不属于儒家圣人之学的范畴",这样一来,等于取消另一学派立足的合法性。客观地讲,这种批判手段未免阴毒,其目的在于釜底抽薪,至于世人是否接受这一断言,那就要另当别论了。

《周易·系辞下》中说:"天下殊途而同归,一致而百虑"。① 儒、释、道三教作为人类生命智慧的理论结晶,"殊途而同归,一致而百虑"是一件自然而又必然的事情,因为人同此心,心同此理,如果深入探究和体证,三教所发明的同为人心之本体,除了言语表述有所差异外,他们发现了人类心灵具有共同的先天奥秘,这是再正常不过的事情。如果非要说"心学通禅",那么,这不过是儒家心性哲学和佛、道二教具有共同的发现而已。即使如此,也不能否认他们在阐述人类心灵共同的先天状态时其实具有各自的侧重点,具有微妙的差异性,因此,三教仍然是三教,并没有因为所见略同而丧失各自的思想独立性。以杨简为例,他虽然对佛教持有开放包容的心态,但是明确地说:

> 释徒多昏蔽,误读梵纲戒经,不礼拜君王父母,大悖逆,大坏人心,大败风俗。②

有如此明白凿凿的言论在此,如果还要说慈湖心学本质是禅学的变种,那么,实在未免有些胶柱鼓瑟的味道了。

关于杨简哲学性质归属的争论,倒是明代中叶的王龙溪(1498—1583年)有一番精辟的见解,他曾经应邀到慈溪一带讲学,讲会之上有人提出慈湖之学是否为禅的问题,王龙溪做了这样一番解答——

> 冯子曰:"或以慈湖之学为禅,何也?"先生曰:"慈湖之学,得于象山,超然自悟本心,乃易简直截根源。说者因晦庵之有同异,遂哄然目之为禅。禅之学,外人伦,遗物理,名为神变无方,要之不可以治天下国家。象山之学,务立其大,周于伦物感应,荆门之政,几于三代,所谓儒者有用之学也。世儒溺于支离,反以易简为异学,特

---

① 黄寿祺、张善文:《周易译注》,《系辞下》第 5 章,上海古籍出版社 1989 年版,第 581 页。
② 《慈湖遗书》卷 11,《论〈论语〉下》,第 810 页。

未之察耳。知象山,则知慈湖矣"。①

在这段话中,王龙溪关于禅学特性的判定,以其"外人伦,遗物理,名为神变无方,要之不可以治天下国家",除了有悖于儒家的伦理观念外,最主要的缺陷是不能发挥经世济民的社会功能,亦即"不能治天下国家"。显然,这是一个中肯而且准确的判断,据此可知,象山之学(包括传自象山的慈湖心学)的特性和作用与之大相径庭。王龙溪认为,"象山之学,务立其大,周于伦物感应",当其运用于治世济民的事业时,荆门之政,成效显著,接近于三代盛治,这正是"所谓儒者有用之学"的表现。同理,我们可以推知,慈湖心学得于象山嫡传,无论是"周于伦物感应",还是治世成效,都堪与象山相媲美,因此,慈湖心学和象山心学一样,都是"儒者有用之学"。至于为何有人习惯于把慈湖心学视为禅学,王龙溪坦率地指出:世儒沉溺于支离烦琐的治学方式,因此反而把易简直截的方法视为异端,这实在是一种故步自封的颠倒之见。

王龙溪关于慈湖心学乃是"儒者有用之学"的判断,主要还是从外王事功的角度来立论的,当然,这种判别角度本身非常可取,如果读者再结合前文所述的宋明理学借助"他山之石"、在更高的层次上重新建构儒家的天人性命之学的历史事实,那么,无论从内圣的角度,还是从外王的角度,我们都可以推知,杨简的思想理论只不过在形式上和禅学有所相似,究其实质,仍然是儒家范畴的心性哲学和经世哲学。只要不是深执门户之见的俗儒,关于"慈湖通禅"的话题,可以明确无疑地得出上述结论。退一万步讲,诚如某位学人所说,"儒佛皆是建立在深厚历史和丰富学养基础上的伟大思想体系,以开放的心态接纳彼此优秀的部分并合理地加以吸收,这是学术发展的必由之路"②,如果今天仍要纠缠于慈湖心学是否为禅的问题不放,那真的是有些器局狭隘了。

第二节 杨简的悟道与进学历程

在明白了修习践履和直觉体悟是中国古代哲学的基本要求之后,我们

---

① 《王畿集》卷5,《慈湖精舍会语》,第114页。
② 陈碧强:《从"意"概念的二重性看杨简的"不起意"学说》,《哲学分析》2017年第4期。

再来探讨杨简的本体论思想，就会发现在心性工夫与人格境界上，今天的研究者和古代圣贤之间的巨大差距。尤其是杨简这样的心学家，对于他的深邃、简明的本体论思想，今人大多因为缺乏这种修习践履和亲身体证，往往误会其意，主观武断地冠之以"神秘主义"的帽子加以批评，或者一味套用文献考据外加理性思辨的方法，进行平面化的分析，结果是隔靴搔痒、以讹传讹，歪曲了古人的原旨。笔者因有三十年的静坐修习和日常生活的践履体证，故不揣谫陋，谨以自己的体证为基础，对慈湖心学的本体论思想重新加以阐释。

一 所谓"七次大觉"的辨伪

当代有些学者，虽然具有比较扎实的文献考据工夫，但是对于像陆九渊、杨简这种心学思想家的工夫诣境，完全没有实践体证，因此，他们的研究成果与事实相去甚远。本着对事不对人的求是原则，笔者在此不得不援引一位当代学者关于杨简之悟的论述，先做辨伪的分析，再进行正面的阐述，否则，我们就无法真正理解杨简"人心即道"的本体论思想。

某位当代学者在其著作《杨简研究》的第四章《慈湖之进学》中，认定杨简平生有七次大觉①，并列表如下：

序号	年龄	发生缘由	"觉"前所面临问题	"觉"时所得收获
第一次	28岁	反观	没有明确的问题	空洞无内外，无际畔
第二次	31岁	没有明说	没有明说	清明虚朗
第三次	32岁	闻陆象山提示	何为本心，积疑二十年	澄然清明
第四次	34岁	母丧	未能无碍	大悟变化云为之旨
第五次	52岁	偶得古训	未离意象	纵所思为、全体全妙
第六次	61岁	读书反思	疑子贡、孟子之言	悟"勇者不惧"
第七次	68岁	观《大禹谟》	自以为能稽众舍己从人	悟舜冲虚

从上表可知，该书作者认为，杨简平生有七次大觉，并对此进行了一些理性分析。然而，如果有一定的心学修习基础或直觉体悟的经验，再加上对杨简原著的认真研读，那么，我们就会发现，所谓的"七次大觉"中，第二次根本不存在，第六次、第七次只是杨简晚年读书有所新知而

---

① 张实龙：《杨简研究》，浙江大学出版社2012年版，第142页。

已,谈不上是什么觉悟。真正称得上"大觉"的,只有第一次和第三次,总体而言,属于"知及之"的范畴;至于第四次和第五次,不过是"证悟"之后消泯旧习之气的重要进步而已,属于"仁守"的范畴,也不是什么"大觉",而是"悟后之绪余"。因此,严格地讲起来,杨简平生大悟仅有两次,其一是发生在二十八岁时在太学循理斋的"反观"之悟,其二是发生在三十二岁时他任富阳县主簿时得益于陆九渊的"扇讼之悟"。关于杨简何以只有两次"大悟",一方面要求研究者本身要有足够的修习践履和直觉体悟的经验,方可与古人对话;另一方面,也要求研究者要有精深的文献研究和语言分析的工夫,方能去伪存真。

第一,我们来看该学者所说的第二次大悟,"发生"在杨简三十一岁时,其所依据的《慈湖遗书》的原文如下:

> 某二十有八而觉,三十有一而又觉,觉此心清明虚朗,断断乎无过失,过失皆起乎意,不动乎意,澄然虚明,过失何从而有?①

关于"三十有一而又觉"的话,整个《慈湖遗书》中只此一处。由于该学者没有任何修习体悟的经验,因此,把这段话当成杨简第二次"大悟"的文献材料的证明。殊不知,这"三十有一"实际上是古代刻工之误,误把"三十有二"刻成"三十有一"而已。在宋代,虽然活字印刷已问世,但是,由于雕版印刷更为精美,刻版也易于长期保存(活字印版用完就拆解了),因此,人们为了印出一本外形美观的书本,大多仍是请刻工在木板上雕刻,然而,刻工由于疲劳或粗心之故,时常刻错文字,为避免返工,隐而不宣,因此,即使字迹很精美的古籍中亦常有刻印之误。单就《慈湖遗书》(四库全书本)而言,笔者通读数遍,所发现的古本刻印之误不下百处(阅读其他古籍也时有发现),这里只是十分微小的一处而已。事实上,这里的"三十有一而又觉",当作"三十有二而又觉",也就是杨简在任富阳县主簿时经由陆九渊点化而获得的"扇讼之悟"。如果有人还不太相信此说,那么,不妨推理一下,假若真如该学者所言,杨简在三十一岁有此大悟——"觉此心清明虚朗,断断乎无过失"——既然已达到这种"清明虚朗"的境界,第二年与陆九渊相会时,他还有必要提出"何谓本心"这样的问题吗?由是可见,该学者由于自身缺乏践履和体悟,只能对经典文献盲从盲信,因此,杜撰出一个杨简三十一岁"大悟"的

---

① 《慈湖遗书》卷2,《永嘉郡治更堂亭名》,第622页。

"乌有之事"来。

第二，我们再来看看该学者所说的第五次"大悟"。作者引用的文献资料是杨简晚年反省自己进学历程的一段话：

> （予）偶得古圣遗训，谓"学道之初，系心一致，久而精纯，思为自泯"。予始敢观省，果觉微进；后又于梦中获古圣面训，谓简未离意象。觉而益通，纵所思为，全体全妙。①

初读至此，一般人会问：杨简此时所读的古圣遗训究竟是什么书？该作者援引另两位学者合著②中的考证，认为杨简所读的乃是《孔丛子》一书，这段古圣遗训就是"心之精神是谓圣"一语，时间在五十二岁至五十四岁之间。另外，该作者又引用南宋文人叶绍翁的一段笔记体小说中的话——

> 慈湖杨公简，参象山学，犹未大悟。忽读《孔丛子》至"心之精神是谓圣"一句，豁然顿解。自此酬酢门人、叙述碑记、讲说经义，未尝舍心以立说。③

该作者认为，杨简从《孔丛子》中的"心之精神是谓圣"一句得到了重要的启发，从而豁然开朗，又成一次"大悟"。

如果通读《慈湖遗书》《慈湖易传》等原著之后，我们就会发现，这段引述是靠不住的。首先，杨简读到《孔丛子》中的"心之精神是谓圣"一语，绝不是在五十二岁至五十四岁之间，应该比这个时间晚十年左右。在整个《慈湖遗书》中，首次出现"心之精神是谓圣"一语的文章是《申义堂记》，撰成时间明确记作嘉泰四年春，即1204年，此时的杨简，已经六十四岁了。在这篇文章中，杨简还不习惯把"心之精神是谓圣"一句放在前面，他只是说：

> 孔子曰："人者，天地之心。"又曰："心之精神是谓圣。"孟子亦每道性善，又曰："仁，人心也。"大哉斯言，启万世人心所自有

---

① 《慈湖遗书》卷15，《家记九·泛论学》，第846页。
② 郑晓江、李承贵：《杨简》（《世界哲学家丛书》，傅伟勋等主编），台湾东大图书公司1996年版，第33页。
③ （宋）叶绍翁：《四朝见闻录》卷1，载《四库全书》子部，第1039册，第670页。

之灵。①

如果通读《慈湖遗书》之后，我们便可发现，关于这段话，杨简后来把它压缩简化，变成一种习惯用悟，其表述方式是：

> 孔子曰："心之精神是谓圣"，孟子亦曰："仁，人心也"……②

由此可见，杨简六十四岁时，在《申义堂记》一文中，首次引述"心之精神是谓圣"的话语，把它放在孔子的其他言论之后。可以想见，此时的杨简，虽然早已觉悟本心，心性工夫亦臻化境，但是苦于没有圣人经典文献为据，当他读到《孔子丛》中"心之精神是谓圣"一语，颇有启发（但绝不是像叶绍翁笔记体小说中所说的"豁然顿解"），不过，仍然需要消化、斟酌一段时间，因此，初用此语时，不得不小心一些。为此，他在此文中还做了一些诠释：

> 大哉斯言！启万世人心所自有之灵。……心之精神是谓圣，果如吾圣人之言也，其有不然者，非其心之罪也。③

过了一段时间之后，他已确信此语乃是孔圣真传，因此，再引述此语时，就形成一种习惯定式，即是"孔子曰：'心之精神是谓圣'，孟子亦曰：'仁，人心也'"，④ 也不再对此语做什么解释，而是接着往下讲述自己想说的内容。由是可见，所谓杨简在五十二岁至五十四岁之间偶然读到"心之精神是谓圣"一句而获得"大悟"的说法，是完全站不住脚的。如果他在五十四岁读到如此重要之语，何以直到六十四岁时才在文章中直接引用呢？难道杨简是超级慢性子吗？况且，叶绍翁（1194—?）是南宋晚期的人物，以诗文著名，因一句"春色满园遮不住，一枝红杏出墙来"而闻名后世，如果把他所作的笔记体小说《四朝见闻录》完全作为信史来对待，那么，这种治学态度未免太粗率了。

---

① 《慈湖遗书》卷2，《申义堂记》，第611页。
② 《慈湖遗书》卷10，《论〈论语〉上》，第770页。按：此语在《慈湖遗书》中出现频率很高。笔者做过完全统计，《慈湖遗书》一书出现"心之精神是谓圣"的次数为48次，而非该作者所间接引述的46次。
③ 《慈湖遗书》卷2，《申义堂记》，第611页。
④ "孟子亦曰：'仁，人心也'"，这后半句经常省略。

其次，仅在该作者引用的原文中，就已经表述了杨简所读古圣遗训的内容，即"学道之初，系心一致，久而精纯，思为自泯"。这段话的思想价值且不谈，单就其作用而言，必须联系上下文才可知晓，原文是——

> 学者初觉，纵心所之，无不元妙。往往遂足，不知进学，而旧习难遽消，未能念念不动，但谓此道无所复用其思为，虽自觉有过，而不用其力，虚度岁月，终未造精一之地。予自三十有二微觉，已后正堕斯病。后十余年，念年迈而德业不进，殊为大害。偶得古圣遗训，谓学道之初，系心一致，久而精纯，思为自泯。予始敢观省，果觉微进。①

由是可见，这段古圣遗训的作用主要是帮助杨简用力改过，消除旧习，促进德业的进步，根本谈不上什么"大悟"。至于"梦中获古圣面训"一事，也并没有什么神秘性可言，如果今人真的以为有什么古圣托梦，那么未免太迷信了。它实际上就是杨简本人的内心"正见"化为古圣形象，自我加以勉励、纠正而已。这样的经历并不止杨简一人有过，仅以明代中叶思想家罗汝芳（1515—1588 年）为例，他曾两次梦见高僧、神仙给他难得的指点。第一次，他年轻时在家乡临田寺中读书静修，过于用功，不肯正常就寝，结果——

> 一日，恍见一僧，问曰："先生入山惟恐不深，岂欲行静功乎？居室屡迁，岂静犹未得乎？"祖（指罗汝芳）曰："静固未能得，睡魔则却去尽矣。"僧曰："静功出自禅门，习静自有方便。窃视先生初未遇人，命宝岂宜轻弄？愿先生就枕。"……祖起谢不见。②

可惜的是，这位高僧在梦中出现得晚了一些，罗汝芳很快患上重病，"病于心火"，一拖就是好几年。直到二十六岁那年，在南昌城遇到讲学的颜山农，告诉他"制欲非体仁"的道理，他才豁然开朗，从此疾病彻底好转。第二次，罗汝芳后来高中进士，步入仕途，可是偏偏遇上严嵩一党把持朝纲，祸国殃民，罗汝芳身为在京刑部官员，既不肯趋炎附势，又无可

---

① 《慈湖遗书》卷15，《家记九·泛论学》，第846页。
② 《罗汝芳集》，方祖猷等编校，《近溪罗先生庭训记言行遗录》，凤凰出版社2007年版，第404—405页。

奈何，于是心情十分压抑，仅仅是强撑着不肯发作而已。四十六岁那年（1560年），罗汝芳外出办案，返京途中路过山东临清，忽遘重病，个中缘由不过是他长期郁积于心中的忧愤意识的外发。就在此时，他又遇到人生中的一件异事，使得他的心性工夫陡然间又提高了一个层次。罗汝芳特意撰文记载了事情的经过：

> 余舟过临清，忽遘重病。一日倚榻而坐，恍见老翁，自称泰山丈人，……翁曰："人之心身体出天常，随物感通，原无定执。君以宿生操持，强力太甚，一念耿光，遂成结习。日中固无纷扰，梦里亦自昭然。君今谩喜无病，不悟天体渐失，岂惟心病，而身亦不能久延矣！盖人之志虑，常在目前，荡荡平平，与天地相交，此则阳光宣朗，是为神境，令人血气精爽，内外调畅。如或志虑沉滞，胸臆隐隐约约，于水鉴相涵，此则阴灵存想，是为鬼界，令人脉络绊缠，内外交泥。君今阴阳莫辨，境界妄縻，是尚得为善学者乎？吾固为君惧矣！"余惊起，叩谢，伏地流汗，从是执念渐消，血脉循轨矣。①

这一段对话，说起来也很简单，不过是泰山丈人教导罗汝芳要消除"执念"而已。在奸臣当道、官场腐败的环境中，罗汝芳无力改变这种现状，只能以孟子所示的"不动心"的工夫来强迫自己挺过去，时间一长，类似于年轻时那种强行克制欲望的毛病又出现了，并且愈演愈烈，他最终病倒，其实不过是心中的忧郁和积习的显露而已。所幸的是，此时的罗汝芳思想已经成熟，不再需要颜山农那样的师傅耳提面命，再一次告诉他"体仁之妙，在于放心"的道理，他身躯虽在病中，而内心的"正见"自动幻化为一位"泰山丈人"，经过一番点化，罗汝芳当下明白了自己的执着之病，随即一切放下，"从是执念渐消，血脉循轨矣"。所谓"泰山丈人"其实并不存在，在罗汝芳一生中也就出现过这一次，其实就是罗汝芳内心的"正见"化为一位神仙加以自我纠正而已。由是可以推知，杨简梦中所见的"古圣面训"，也不过是内心的"正见"幻化为古圣的形象，自我加以警示罢了，这就是"人心"的神妙之处！杨简经此一梦，"觉而益通，纵所思为，全体全妙；其改过也，不动而自泯，泯然无际，不可以动静言"。② 但是，这并不能算什么"大悟"，只是心性工夫又上了一个台阶

---

① 《罗明德公文集》卷3，《泰山丈人》，载《罗汝芳集》，第582页。
② 《慈湖遗书》卷15，《家记九·泛论学》，第846页。

而已。

第三，该作者所说的第六次"大悟"，其原文也出自杨简的自我描述。嘉泰元年（1201年），杨简六十一岁，赋闲在家，记曰：

> 十一月九日清晨，忽觉子贡曰："学不厌，知也；教不倦，仁也"，孟子曰："恻隐之心，仁也；羞恶之心，义也；恭敬之心，礼也；是非之心，知也"。二子之言仁，异乎孔子之言仁矣。十一日未昧爽，又忽醒孔子之言"知者不惑，仁者不忧"，必继之以"勇者不惧"，何也？知及之，仁能守之，知者知道，仁者常觉常清明之谓，然而亦有常清明，日用变化不动，忽临白刃鼎镬，犹未能寂然不动者，此犹未可言得道之全，故必终继之以"勇者不惧"。①

这段话表明了杨简在晚年对孔子所说"知者不惑，仁者不忧，勇者不惧"一语有了一种新认识，也体现出杨简本人具有一种难能可贵的精进不已的求道精神。但是，要说这也算什么"大悟"，未免过于牵强附会，因为这样的"大悟"，在杨简（或者任何一个勤于治学的儒者）一生中可能出现千百次，如果这真的也算"大悟"，那么，其门人袁燮和傅正夫等人在编纂《慈湖遗书》时，就不会把这段"珍贵"的文字材料弃而不用，使之成为一篇逸文了。

第四，该作者所说的第七次"大悟"，出自杨简六十八岁又一次读《尚书》时温故而知新的体会，原文如下：

> 简自以为能稽众舍己从人矣，每见他人多自用，简不敢自用，亦简自谓能舍己从人，意谓如此言亦可矣。一日偶观《大禹谟》，知舜以克艰、稽众、舍己从人、不虐无告、不废困穷、惟帝尧能是，是谓己不能也，三复斯言，不胜叹息。舜心冲虚，不有己善，虽稽众舍己从人，亦自谓不能，呜呼！圣矣！舜岂不能稽众者？岂不能舍己从人？岂虐无告？岂废困穷？无告，常人之所不敢虐；困穷，常人之所不忍废，而今也圣人曰己不能，呜呼！圣矣！惟舜冲虚如此其至，故益赞舜德自广运，自圣自神，自文自武，皇天眷命，奄有四海，为天

---

① （清）冯可镛：《慈湖先生年谱》卷1，《石鱼偶记》，载《四明丛书》，第6941—6942页。按：此文《慈湖遗书》未曾收录，乃是冯可镛收录于年谱之中的慈湖逸文。

下君。时简年已六十有六,平时读《大禹谟》,未省及此。①

这段话首先表明,杨简此时六十六岁,而非六十八岁,这是该作者的一个粗心大意之误。更重要的是,这段话无非杨简在阅读《尚书·大禹谟》时的新体会而已,借用同时代朱熹的诗句来讲,不过是"旧学商量加邃密,新知培养转深沉"②,根本谈不上是什么"大悟"。可是,该作者仍然牵强附会地把它作为杨简一生的第七次"大悟",未免令人匪夷所思。其实,这种情形并不是个别的,海内外学人都出现过,有的论文中,甚至平列出杨简一生的八次大悟③,还被其他学人转载引用,更是令人啼笑皆非。按照这种机械的思维方式,清初李二曲曾说:"慈湖杨敬仲之学,直挈心宗,大悟十八遍,小悟无数,在宋儒中,可谓杰出。"④ 显然,"大悟十八遍"只是一个虚指而已,难道这些研究者真的可能细细数出杨简的十八次大悟的经历吗?究其原因,由于一般学者多缺乏修习践履和直觉体悟的工夫,对于经典文献的材料只能做平铺式的记录,误把古人在治学过程中一些平常的新认识当成了"大悟",所以才导致上述的谬误。此外,出现上述谬误,还因为一些学者把自己日常生活中的某些审美体验或感性快乐当成了"证悟",这与古代圣贤的觉悟本心的心性工夫根本不在一个层次上。仍以《杨简研究》的作者在另一篇文章《论杨慈湖之"觉"》中的描述为例,他说:

> 神性思维潜伏于人的生命之中,有时会与我们不期而遇。看着夕阳下的村庄,我们有时会沉浸在一种难以言说的静谧之中。听着美妙的音乐,我们有时会觉得自己就是流淌的音乐本身……从这些体验中,可以看到神性思维的踪迹。⑤

从文学角度讲,这段描述不失为生动形象,但是,这种日常生活中的审美与快感,和古代圣贤的证悟、彻悟根本不是一码事,至少远远不在同

---

① 《慈湖遗书》卷8,《论〈书〉〈诗〉》,第715页。
② 《晦庵集》卷4,《鹅湖寺和陆子寿》,载《四库全书》,第1143册,第76页。
③ 刘秀兰:《化经学为心学——论慈湖经学思想与理学之开新》,硕士学位论文,台湾大学中国文学研究所,1999年,第5—13页。
④ (清)李颙:《二曲集》,陈俊民点校,卷7《体用全学》,中华书局1996年版,第50页。
⑤ 张实龙:《论杨慈湖之"觉"》,载张伟主编《慈湖心舟——杨简学术研讨会论文集》,浙江大学出版社2012年版,第45—46页。

一个水平线上。简而言之，包括杨简在内的古代先圣，他们所证悟的乃是一种超时空的"天人合一"境界的人心先天原本的状态，用语言很难描述，因为它超出了理性思维的能力界限，但是真修实悟者却能"如人饮水，冷暖自知"，故而杨简明确地说："道非心思所可知，非言语所可及，可觉不可求。"① 类似的话语在《慈湖遗书》中一再出现。如果强不知以为知，非要把这种直觉体悟按上一个"神性思维"的名称，只能说是牵强附会，因为这种体悟根本用不上思虑，诚如杨简所说："觉非言语心思所及。"② 他又批评说："类聚体认，无非意路"，③ 可惜的是，该文章作者恰恰是用猜测和推理代替了真修实践，正好落入杨简所批评的"类聚体认，无非意路"的泥淖。当然，该作者有时也承认，"读起来吃力的主要原因，是由于我们这方面的体验太少"④，这倒不失为一种比较真诚的态度。它从一个侧面表明，在研究杨简哲学思想的过程中，必须以修习践履和直觉体悟为本，辅之以精严的文献考据和语言分析，这样才能揭示古人思想的原貌。

二 杨简进学与悟道的历程

在辨清了所谓"七次大觉"的真伪之后，我们可以直接进入对杨简本人进学与悟道历程的探讨分析。如上所述，在杨简一生中，主要有两次大觉，随后还有一些次要的体悟，属于彻悟本心的进学历程。当然，这些直觉体悟，对于杨简哲学思想和人格境界的形成，具有至关重要的作用。

（一）循理斋之悟

杨简自幼学习用功，而且志存高远，如其门人钱时所述，"先生之学，以古圣为的"⑤，因此，他不像其他读书人那样，仅仅满足于熟读经书、考取功名，而是把先圣所传的"道""仁"等理念当成真诚追求的理想目标。为了达到这个目标，他付诸努力而长久的实践，终于换来一次又一次宝贵的证悟。首先，在杨简进学修道的历程中，太学循理斋之"反观"是第一次重要的开悟体验。对此，杨简有过多次回顾，其中，最详细的莫过于《炳讲师求训》一文，炳讲师其人，很可能是一位佛门僧侣，来向杨简求教，杨简对他说：

---

① 《慈湖遗书》卷2，《岿然记》，第630页。
② 《慈湖遗书》卷2，《默斋记》，第630页。
③ 《慈湖遗书》卷15，《家记九·泛论学》，第848页。
④ 张实龙：《杨简研究》，第4章《慈湖之进学》，第141页。
⑤ 《慈湖遗书》附录，《宝谟阁正奉大夫慈湖先生行状》，第941页。

> 某之行年二十有八也，居太学之循理斋。时首秋入夜，斋仆（未）以灯至，某坐于床，思先大夫尝有训曰："时复反观。"某方反观，忽觉空洞无内外，无际畔，三才万物，万化万事，幽明有无，通为一体，略无缝罅。畴昔意谓万象森罗，一理贯通而已，有象与理之分，有一与万之异，及反观后所见，元来某心体如此广大，天地有象有形有际畔，乃在某无际畔之中。《易》曰"范围天地"，《中庸》曰"发育万物"，灼然灼然，始信人人心量皆如此广大。①

在入太学之前，杨简已经熟读儒家经典，而且，"自弱冠而闻先训，启道德之端"②，对于父亲杨庭显的教诲，杨简是虚心听取，从不敷衍的。杨庭显曾告诉杨简要"时复反观"，所谓反观，实际上就是静处体悟，因为这是一种自我反听内视的修养工夫，故简称"反观"。在宋代，自周敦颐开始，二程、杨时、罗从彦、李侗等人都是静坐反观的高手，直至朱熹才走上了以理性思辨为主的治学道路。杨简过去虽然熟读经典，实际上只是记诵、思辨之学，对于儒家先圣所讲的"浑然与物同体"的理念并没有实践的体验，因此，他坦承："畴昔意谓万象森罗，一理贯通而已"，究其实，这不过是一种理性的猜测，他并没有什么实际的体验。在此之前，杨简也练习过静坐反观的工夫，如《行状》所述："傍二亲寝已，拿灯默坐，候熟寐，始揭拿占毕。"③ 但是，从来没有什么深切的体会，而这次就不同了，"深山之宝，得于无心"④，很多的开悟体验都是不期而遇的。这天傍晚，杨简在循理斋中，仆人还没有把油灯拿上来，杨简不过是无意中想起其父"反观"之训，姑且一坐罢了，没想到，竟然很快进入天人合一的"大我"之境。在这种境界中，血肉之躯的"小我"被突破了，与大自然融为一体，因此，杨简亲身感受到"空洞无内外，无际畔，三才万物，万化万事，幽明有无，通为一体，略无缝罅"。这种感受并非梦幻，而是一种内心宁静、放松之下的真实体悟，给人带来的除了惊异之外，长久回味的是愉悦和畅、轻安自在的体会。由此一悟，杨简才发现：原来自己的心灵并非被束缚在躯壳之内的，它可以与宇宙太虚融合为一，正所谓"幽明

---

① 《慈湖遗书》卷18，《炳讲师求训》，第898页。
② 《杨氏易传》卷5，载《四库全书》第14册，第55页。
③ 《慈湖遗书》附录，《宝谟阁正奉大夫慈湖先生行状》，第928页。拿，遮蔽；占毕，指看书。
④ 《陆九渊集》卷34，《语录上》，第409页。原文是："学者不可用心太紧。深山有宝，无心于宝者得之。"

第二章 杨简的心学本体论

有无,通为一体"。于是,杨简超越了过去对儒家经典话语的一般理性认识,真正体会到心体"范围天地""发育万物"的实际内涵,所以他才断言:"及反观后所见,元来某心体如此广大,……《易》曰'范围天地',《中庸》曰'发育万物',灼然灼然,始信人人心量皆如此广大。"

由于是平生第一次,杨简后来对这次"循理斋之悟"回顾的次数很多,还经常对门人讲起。例如,他曾对门人说:

> 少年闻先大夫之诲,"宜时复反观"。其后于循理斋,燕坐反观,忽然见我与天地万物、万事万理澄然一片。向者所见"万象森罗",谓是一理通贯尔,疑象与理未融一。今澄然一片,更无象与理之分,更无间断。不必言象,不必言理,亦不必言万,亦不必言一,自是一片。①

这段文字与《炳讲师求训》一文所述几乎没有差别,值得注意的是,杨简坦承自己在循理斋是"燕坐反观",从而获得自我与天地万物"澄然一片"的体验。所谓燕(宴)坐,即闲坐,这表明,静坐修习的很多真切体悟并非有意而得,而是无意自现,还是印证了那句话——"深山有宝,惟无心于宝者得之。"此外,在其《行状》中,门人钱时也特意记载了这一事件:

> 初,先生在循理斋。尝入夜,灯未上,忆通奉公训,默自反观,已觉天地万物通为一体,非吾心外事。②

钱时所记的文字与杨简所述并没有什么本质差别,唯一值得肯定的是,钱时所记是"尝入夜,灯未上",而《炳讲师求训》一文所记述的本来是"时首秋入夜,斋仆以灯至"。对于一般研究者而言,往往不详孰是。但是,如果有静坐修习的实践经验,自然会明白:一般人在晚上静坐时,为避免光线刺眼,都不愿意开(点)灯,这一点古今皆同;而且,夜晚点灯照明乃是常态,如果不是特殊情况("灯未上"),根本没有必要记述这件事。由是可见,《炳讲师求训》一文虽然为杨简亲撰,但因刻工之误,漏了一个"未"字,故而笔者在引述此文之时,将其改作"时首秋入夜,

---

① 《慈湖遗书》卷15,《家记九·泛论学》,第851页。
② 《慈湖遗书》附录,《宝谟阁正奉大夫慈湖先生行状》,第928页。

斋仆（未）以灯至"。

　　杨简在"循理斋之悟"中所得到的体验是"天地万物通为一体，非吾心外事"，虽然比起一般人的常规经验已经是超凡脱俗了，但是，对明道者而言，这并非什么高深的"究竟"体悟。耐人寻味的是，他的老师陆九渊在十三岁时，就写下了"宇宙便是吾心，吾心即是宇宙"①的话，《年谱》中记曰"大省"（同上），其实这就是一种开悟，与杨简所悟在性状上是一样的。当然，陆九渊并非凭空而开悟，他禀赋特殊，自四岁时就"静重如成人"②，当别的孩子在外面淘气时，年幼的陆九渊"常自洒扫林下，宴坐终日"（同上），这与杨简在循理斋的"燕坐反观"是类同的静坐修习。陆九渊此时于"林中宴坐"有何感受，经籍并无记载，经过八九年之后，年少的陆九渊某一天"读古书时，至'宇宙'二字"③，猛然触发了自己的固有体验——"原来无穷，人与天地万物，皆在无穷之中"④，"宇宙"二字，意指无穷无尽的时空，这不就是自己在"林中宴坐"的真实体会吗？由于理性思维此时已达到初步成熟的水平，因此，十三岁的陆九渊才能写下"宇宙便是吾心，吾心即是宇宙"的名句，这里所表述的并不是什么主观唯心主义的思想，而是静坐修习中天人一体、物我相融的真实体验。在此，不妨借用一位当代学人的话来印证："这种体验的获得，绝非道德境界和道德品格的提高所能涵盖和解释，而是'万物一体'之状态真实存在的确证。"⑤

　　（二）扇讼之悟（"双明阁之悟"）

　　"循理斋之悟"使杨简突破了躯壳"小我"的局限，明白了天人万物一体的道理，但是，这种体悟还是比较粗疏的。因为在这种物我相融、一气相通的境界中，根本规律（"道"）究竟是什么？人之本心究竟是什么性状，处于什么样的位置，能够发挥什么样的作用，还没有获得明晰的认识。既然尚不识本心为何物，那么，也就无法达到安顿其心的目标，更谈不上先儒所说的"为天地立心"了。因此，杨简在循理斋之悟后，积疑胸中，深思力索，一直想搞清"本心"究竟是什么东西，它与先圣所说的"道"之间究竟是什么关系。这种艰辛的探索，一直到他与陆九渊在双明阁之会时才有了答案。

---

①《陆九渊集》卷36,《年谱》，第483页。
② 同上书，第481页。
③ 同记上，第482页。
④ 同上书，第483页。
⑤ 隋金波：《杨慈湖思想中的"觉"及其成圣意涵》，《哲学研究》2017年第4期，第86页。

如前文所述，乾道八年（1172年），陆九渊高中进士，由于考官吕祖谦等人的推崇，一时名满京师。此时，杨简正好担任富阳县主簿，"摄事临安府中"①，闻名前往拜访。在交谈中，杨简也提出了何谓本心的问题，由于访客太多，交谈匆促，陆九渊只是根据儒家经典的话语予以回答，杨简对此很不满意，甚至有些鄙视陆九渊，以为他徒有虚名，"殆腐儒无足采者"②，于是，二人的第一次交往就此结束。两个月后，陆九渊不待吏部授官，直接返回家乡金溪，路过富阳县，礼节性地拜访杨简，时在1172年农历三月。由于杨简热情接待，陆九渊竟然逗留半月之久，在临别前夕，二人重新就"何谓本心"展开探讨，使得杨简的道行发生了质的飞跃。据门人钱时所作《行状》记载：

（乾道八年三月），文安公新第归，来富阳。长先生二岁，素相呼以字，为交友。留半月，将别去，则念："天地间无疑者，平时愿一见，莫可得，遽语离乎？"复留之，夜集双明阁上，数提"本心"二字。因从容问曰："何谓本心？"适平旦尝听扇讼，公即扬声答曰："且彼讼扇者，必有一是、有一非，若见得孰是孰非，即决定谓某甲是、某乙非矣，非本心而何？"先生闻之，忽觉此心澄然清明，亟问曰："止如斯邪？"公竦然端厉，复扬声曰："更何有也？"先生不暇他语，即揖而归。拱，达旦质明，正北面而拜，终身师事焉。每谓："某感陆先生尤是，再答一语，更云云，便支离去。"③

若从字面上看，这段话并无什么奇特之处，无非是杨简在白天审结一桩买卖扇子的案件，断明了是非曲直，当夜晚杨简再问"何谓本心"之际，陆九渊借此审案之例说："彼讼扇者，必有一是、有一非，若见得孰是孰非，即决定谓某甲是、某乙非矣，非本心而何？"杨简闻之，因而大悟。从逻辑上讲，这段话平平常常，谁都看得懂，但是，其中内含的信息传递功能却只有真修实践者才能明白。概而言之，杨简经过"积疑二十年"的深思力索，其实已非常接近他最终要达到的目标（本来就是内在于心的），好比烧开水时水温已经升至99度，剩下的最后一度，只需再添一把火就能达到，此时，陆九渊借扇讼之事加以启发，告诉杨简：你案件审

---

① 《慈湖遗书》卷5，《象山先生行状》，第652页。
② （宋）陆九渊：《杨承奉墓碣》，载《陆九渊集》卷28，《墓志铭》，第326页。
③ 《慈湖遗书》附录，《宝谟阁正奉大夫慈湖先生行状》，第928页。陆九渊，谥文安。

理得如此清楚，这颗知是知非的心灵，不就是你的本心吗？你又何必到外面去寻找呢？在陆九渊的点化之下，杨简仿佛获得一种特殊的"信息能"，霎时间"桶底透脱"，恍然大悟，原先找来找去的东西，不就在自家身上天天用着吗？这颗知是知非的"本心"不就是"大道"吗？于是，杨简"忽觉此心澄然清明"，有了飞跃性的一次开悟。随后的一些问答，不过是"悟后之绪余"，总之，杨简由此拨云见日、觉悟本心，于是终身师事陆九渊。

关于杨简和陆九渊的这次"扇讼"公案，在《陆九渊集》中也有相似的记载，不妨引述于此，以做比较——

> （简）问："如何是本心？"先生曰："恻隐，仁之端也；羞恶，义之端也；辞让，礼之端也；是非，智之端也。此即是本心。"对曰："简儿时已晓得，毕竟如何是本心？"凡数问，先生终不易其说。敬仲亦未省。偶有鬻扇者讼至于庭，敬仲断其曲直讫，又问如初。先生曰："闻适来断扇讼，是者知其为是，非者知其为非，此即敬仲本心。"敬仲忽大觉，始北面纳弟子礼。……先生尝语人曰："敬仲可谓一日千里。"①

从表面上看，杨简的进步真好似"一日千里"之迅速，实际上，他是经过多年的深思力索之后，才得以顿悟本心的，换句话说，渐修在前，顿悟在后，二者是过程与结果的关系，没有漫长的探索过程，也就不会有霎时的灵光闪现。这一点，杨简自己的认识倒是比较中肯，他回顾说：

> 某积疑二十年，先生一语触其机。某始自信其心之即道，而非有二物。始信天下之人心皆与尧舜禹汤文武周公孔子同，皆与天地日月四时鬼神同。②

正是因为杨简有了"积疑二十年"的前期准备，陆九渊才能发挥"一语触其机"的作用，否则，陆九渊一生教导弟子无数，为什么其他读书人也是天天扇子不离手（古人的习惯），却没有就此开悟呢？关于渐修和顿悟之间的关系，倒是明代心学家罗汝芳有一段比较精辟的论述，他说：

---

① 《陆九渊集》卷36，《年谱》，第487—488页。
② 《慈湖遗书》卷2，《二陆先生祠记》，第621页。

智问:"圣贤闻道,皆从悟入,何也?"

(罗)子曰:"学道不悟,如适燕京,不知途径,东走西奔,终无至日;悟而不用功,又如说梦中物,口可得而言之,终不可得而有也。"

智问:"言下顿悟成佛,非耶?"

(罗)子曰:"释氏言下顿悟成佛,皆是从前苦功积行,果已成熟,当欲成未成之际,偶闻一言半偈,或见一段公案,因而彻悟。若今学者说悟,不过知识晓了,以虚见承接言旨耳,求如释氏顿悟,千百中无一二也。"①

罗汝芳的这段话表明,无论是释氏还是儒者,都要付出扎实的努力、艰苦的修行,才有顿悟的可能。禅宗的许多高僧之所以能够言下顿悟,"皆是从前苦功积行,果已成熟,当欲成未成之际,偶闻一言半偈,或见一段公案,因而彻悟"。而后来的学者不肯实地用功,读过一些禅宗公案之后,在头脑中妄做猜测,不过成为一种知识、虚见罢了,根本谈不上什么觉悟。因此,要想顿悟,就必须有长期而笃实的修行在先,这是不可或缺的基础。

若将"扇讼之悟"与"循理斋之悟"相比,杨简的悟境层次有了明显的提升。首先,"循理斋之悟"是在静中的证悟,如果离开了静坐的状态,这种体验就会消失,可见,它对于静坐的形式、环境等有所依赖;而"扇讼之悟"完全是在动中所得,对任何人而言,寻常日用中皆可有此一悟,因此,更加具有广泛的普适性。其次,"循理斋之悟"只是体验到天人万物一体的状态,对于"天地万物与人原是一体,其发窍之最精处,是人心一点灵明"②的核心道理并没有真切的体证,换句话说,还没有觉悟到"本心";到了"扇讼之悟"时,杨简真实地体悟到本心的存在和发用流行,从而对天地"发窍之最精处"的奥妙有了准确的体证,认识到这就是大道之所在。因此,"扇讼之悟"在杨简一生修道与进学的历程中的地位是至关重要的,这也是他终身师事陆九渊的原因。对于扇讼之悟的意义,杨简屡次向门人提起,在此引述一段,以为小结——

---

① (明)罗汝芳:《明德夫子临行别言》,载《罗汝芳集》,第302页。智,指罗汝芳的孙子罗怀智。
② 《王阳明全集》卷3,《语录三》,第122页。

某自总角,承先大夫训迪,已知天下无他事,惟有此道而已矣。穷高究深,年三十有二,于富阳簿舍双明阁下,侍象山先生坐。问答之间,某忽觉某心清明,澄然无畔,又有不疾而速,不行而至之神,此心乃我所自有,未始有间断,于是知舜曰道心,明心即道。①

(三) 道心益明,精进不已

在觉悟本心之后,杨简的修道工夫并没有终止,因为人心自无始以来,有着深浅不一的习气,包括怠惰、傲慢、偏见、欲望,等等。只有把这些习气都消泯荡涤了,本心之光明才会充分呈现、应用无碍。不过,顿悟本心的确是修道过程中一个关键环节,如果把尚未觉悟的心灵比作暗云密布的天空,那么,顿悟本心之际,心灵的天空至少已经露出蔚蓝色的一角,这才是天空的本色。下一步的工夫,就是以此"本色"为参照系,将其他的云雾一一扫荡清除,直至整个天空都展现出蔚蓝的颜色来。这种悟后"正修"的工夫,可能要持续很长的时间,而杨简在"扇讼之悟"后,就是沿着这一路径精进不已。

据杨简自己的回顾,他在"扇讼之悟"后又经历过几件事情,使得他对于本心的状态和功能有了更加清晰的认识和掌握。首先,他说:

> 唯旧习未易释,后因承象山陆先生扇讼是非之答,而又觉简澄然清明,安得有过?动乎意,始有过。自此虽有改过之效,而又起此心与外物为二见。一日因观外书,有未解,而心动,又观而又动,愈观愈动。掩书夜寝,心愈窘,终不寐。度至丁夜,忽有如黑幕自上而下,而所谓窘者扫迹绝影。流汗沾濡,(而后)泰然,旦而寤,视外物无二见矣。②

杨简在扇讼之悟后,虽觉本心"澄然清明",但是,"又起此心与外物为二见",如果随顺这一心态持续下去,杨简很可能会像一般佛教僧侣一样,厌弃外物,甚至避世逃禅。不过,杨简毕竟是儒门中人,他虽然也观"外书",但并没有为之迷惑,终于在某一天,"此心与外物为二见"的执念倏然消失。在门人钱时所撰的《行状》中,从另一角度叙述了这一纠偏

---

① 《慈湖遗书》卷3,《学者请书》,第633页。按:"舜曰道心"一语,出自《尚书·大禹谟》,舜对禹说:"人心惟危,道心惟微,惟精惟一,允执厥中。"
② 《慈湖遗书》卷11,《论〈论语〉下》,第817—818页。泰然,通畅之意。

的过程——

> 乾道八年（1172年）秋七月，……宿山谷间，观故书犹疑，终夜坐，不能寐。天曈曈欲晓，忽洒然如物脱去，乃益明。①

钱时所述虽然比较简略，但是道出了准确的时间和地点，表明了杨简的心性工夫因有疑而升进的过程。在此需要指出，自古心性工夫的升进，除了要有"问题意识"的前提外，往往是在四种情况下获得开悟的，这四种状态分别是：大纠结、大悲痛、大欢喜和大自在。在这四种状态中，人的"小我"意识容易在瞬间瓦解甚至崩溃，执着障碍消失，因而本心呈露，自然也就开悟，随之体悟到自由自在、中和宁静的心境，原有的问题也就烟消云散了。杨简原有的"此心与外物为二见"的疑惑，就是在这种彻夜未眠的纠结状态中，"忽洒然如物脱去"，于是原有的问题迎刃而解，对于本心的体悟更加明晰了。

其次，杨简熟读儒家经典，对于《论语·先进第十一》所载孔子因颜回亡故而"恸哭"一段颇有怀疑。原文如下："颜渊死，子哭之恸。从者曰：'子恸矣！'（子）曰：'有恸乎？非夫人之为恸而谁为？'"杨简的疑问是：都说圣人之心寂然不动，何以颜回之死，孔子恸哭至此，这不是明显的动心吗？怀着这个疑问，杨简一直试图寻找到答案。在"扇讼之悟"两年后，一个特殊的机缘，使得杨简对此问题豁然开朗。《行状》一文对此事做了记述——

> 淳熙元年（1174年）春，丧妣氏，去官。居垩室，哀毁尽礼。后营圹车厩，更觉日用酬应，未能无碍。沉思屡日，偶一事相提触，亟起旋草庐中，始大悟变化云为之旨，纵横交错，万变虚明，不动如鉴中象矣。②

1174年春，杨简的母亲臧氏突然病故，杨简回家守制丁忧。在营造坟墓和车厩的过程中，杨简一方面由于内心悲伤，另一方面由于事务纷杂，感到"日用酬应，未能无碍"。在心力十分疲惫的状态下，杨简仍然不忘

---

① 《慈湖遗书》附录，《宝谟阁正奉大夫慈湖先生行状》，第928页。按：原文中"秋七月"之后有"也已而沿檄"五字，不晓何义，当属衍文，系刻工之误，故删去。
② 《慈湖遗书》附录，《宝谟阁正奉大夫慈湖先生行状》，第928页。

修道进学，他质疑自己既已觉悟本心，为何还不能处理好日用中的各种事情呢？在这种潜在"问题意识"的支配下，杨简"沉思屡日"，偶然间，由于某件事情的触发，他忽然站起身，不由自主地在坟墓边的草庐中旋转起来（类似于自发动功）。在旋转过程中，他再次大悟变化云为之旨——原来，虽然事物纷纭万变，本心其实寂然不动，就像镜子一样虚明清朗，如实地反映着万物的各种变化。有此一悟后，杨简对于本心之用有了更为深切的体会，可以想见，接下来的诸项事务，对于他都不再是为难之事，该怎么做便怎么做，一切依照本心而行就是了。

在这次奔丧守孝的过程中，杨简在悲痛之余，对于本心的状态有了更为清楚的反省，本心就像一面光洁的镜子一样，能准确地映照出自己和外界事物的变化。因此，他对于孔子恸哭颜回的事情重新有了认识，他回顾说：

> 少读《易·大传》，深爱"无思也，无为也，寂然不动，感而遂通天下之故"，窃自念：学道必造此妙。及他日，读《论语》"孔子哭颜渊至于恸，从者曰：子恸矣，曰：有恸乎？"则孔子自不知其为恸，殆非所谓无思无为、寂然不动者；至于不自知，则又几于不清明。怀疑于中，往往一二十年……及后居妣氏丧，哀恸切痛，不可云喻。既久，略省察曩正哀恸时，乃亦寂然不动，自然不自知，方悟孔子哭颜渊至于恸矣而不自知，正合无思无为之妙，益信吾心有如此妙用，哀苦至于如此其极，乃其变化，故《易·大传》又曰"变化云为"。不独简有此心，举天下万古之人皆有此心。①

根据自己守丧期间的体会，杨简发现：当人们因为亲人的亡故而哀号恸哭之时，已经完全忘我，"自然不自知"，在此时，惟有恸哭一番方能心安；同时，无论如何恸哭，内心深处其实是无思无为、寂然不动的，倒是这番恸哭恰恰保任了内心的无思无为和寂然不动。在《论语·子张》中，曾子曰："吾闻诸夫子：人未有自致者也，必也亲丧乎！"意思是说，人们在一般情况下不会充分地表露自己的真情，只有在亲人去世的时候，内心的真情才会充分地展现出来，一番号哭正是这种真情的发泄，当这种真情发泄之时，内心深处反倒是无思无为、寂然不动的。对于曾子的话，杨简做了进一步的阐发，他说：

---

① 《慈湖遗书》卷7，《泛论易》，第704页。

> 众人无知，安能自至于道？唯遭亲丧，乃能自致。何以明之？人心即道，本不假求，……初遭亲丧，哀痛由中，全体真实，全无计度，全不顾利害，全无其它念虑，纯然道心，但人自不觉尔。①

如果把这种丧亲之哀与孔子恸哭颜回之亡相比，我们不难发现，孔子将颜回视作自己的学脉传人，二人关系情同父子，颜回英年早逝，孔子之悲痛可想而知，对此，杨简形象地描述为："哀痛由中，全体真实，全无计度，全不顾利害，全无其它念虑，纯然道心"。正是因为"全无计度""全无其它念虑"，所以，杨简说孔子恸哭之时，内心其实是无思无为、寂然不动的，而且自己对此无所察觉，因此，所谓恸哭，乃是人心顺应事物变化的自然发用而已。由是可见，杨简虽然已经觉悟本心，但是并不以此自我满足，即使在守丧期间，他对于本心的状态和功能有了进一步的认识，并且上与先圣相通，体会到本心在事物"变化云为"的过程中如何保任无思无为、寂然不动的本然状态。

当然，保任本心、完善人格的工夫并不是仅仅通过一两件事情就可以完成的，它需要一个长时期的不断消除习气、自我改造的修习过程。为此，杨简花费了至少十年的时间，他回顾这一进程说：

> 学者初觉，纵心所之，无不元妙。往往遂足，不知进学，而旧习难遽消，未能念念不动，但谓此道无所复用其思为，虽自觉有过，而不用其力，虚度岁月，终未造精一之地。……予自三十有二微觉已后，正堕斯病，后十余年，念年迈而德业不进，殊为大害。偶得古圣遗训，谓"学道之初，系心一致，久而精纯，思为自泯"，予始敢观省，果觉微进。后又于梦中获古圣面训，谓简"未离意象"，觉而益通，纵所思为，全体全妙。其改过也，不动而自泯，泯然无际，不可以动静言。……恐同志者复蹈前患，故备记如右。②

这段话乃是杨简晚年对门人所言。他坦承自己在三十二岁的"扇讼之悟"后，尚有不善改过，致使旧习难消的毛病。过了十余年，已至天命之年的他，感到自己"德业不进，殊为大害"，才重新认真地思考如何进一步消泯习气、完善修养。此时，他偶得古圣遗训，告诉自己修道的要领是

---

① 《慈湖遗书》卷11，《论〈论语〉下》，第818—819页。
② 《慈湖遗书》卷15，《家记九·泛论学》，第846页。

"学道之初,系心一致,久而精纯,思为自泯",依此修行,果觉略有进步。后来,又于梦中见到一位古圣,获其面训,说自己的毛病在于"未离意象",亦即有起意执着、妄想著相之偏蔽,于是,杨简放下执着,消释意念,一任本心之妙用,果然"觉而益通,纵所思为,全体全妙",这才如同脱去沉重枷锁一般的轻松自在。杨简晚年归还故里,一直以讲学为事,"门人益亲,遐方僻峤、妇人孺子亦知有所谓慈湖先生"。① 在盛名环绕的情况下,杨简依然本着"明德淑人"的真诚态度,把自己修道过程中出现的问题一一如实剖析,告诫后辈学者:不要满足于一时之悟,悟后"正修"的道路其实很漫长,在这一漫长的修习进程中,务必要用力改过,消释旧习,这样才能渐至精一之圣境。如果把开悟之事称为"知及之"(这不是理性的知解,而是直觉体悟式的"真知"),那么,其后的修习工夫便可称为"仁守之"。倘能坚持不辍,终将至于"常觉常明"② 的仁者境界。对此,杨简说:

> 其觉曰知,故曰"知及之",所觉至于纯明曰仁。③
> 先圣曰:"知及之,仁不能守之,虽得之,必失之。"知者觉之始,仁者觉之纯。……精一而后可以言仁。④

客观地看,杨简的后半生就是沿着这条修习之路不断前进,保任本心,消泯习气,直至达到"常觉常明"的仁圣之境。

(四)晚年化境

由于修习不辍,心体益明,杨简到了晚年,心性工夫已达到炉火纯青的化境。如前文所述,他晚年在政坛上并不得志,嘉定七年(1214年),七十四岁的杨简被任命为"直宝谟阁(学士),主管成都府玉局观",⑤ 实际上就是解除原职,告老还乡。换了常人,很可能会愤愤不平、郁郁寡欢,但是,政治抱负未能实现,并不影响杨简保持着一份自在洒脱、宁静平和的心境,换句话说,也就是"常觉常明"的仁者境界。而且,即使在

---

① 《慈湖遗书》附录,《宝谟阁正奉大夫慈湖先生行状》,第942页。
② 《慈湖遗书》卷10,《论〈论语〉上》,第783页。按:"常觉常明"一语在《慈湖遗书》中经常出现,用以形容仁者的境界,如:"仁者,道心常觉常明之称;常觉常明者,常不昏而已。"参见该书第805页。
③ 《慈湖遗书》卷2,《临安府学记》,第618页。
④ 《慈湖遗书》卷2,《愤乐记》,第628页。
⑤ 《慈湖遗书》附录,《宝谟阁正奉大夫慈湖先生行状》,第940页。

垂暮之年，他依然发愤著述、诲人不倦，似乎总有许多重要的事情做不完。这种心境，可以从他晚年的诗作中体现出来，在此不妨引述几篇，以见仁圣之境的气象，例如：

> 行年七十有六，随世名言则然。应酬衮衮万状，变化离坎坤乾。人情曲折参错，动静多寡后先，孰有孰虚孰实，无高无下无边。清明靡所不照，一语不可措焉。先圣为是发愤忘食，某也何敢空度岁年？①

在这首诗中，杨简自述虽已七十六岁的高龄，但并未"空度岁年"，而是依然做着许多事情，正所谓"应酬衮衮万状，变化离坎坤乾"，同时，无论身边的"人情曲折参错"，还是事物的"动静多寡后先"，他都能纯任本心、不假思索地应对之，因此，他才敢说："清明靡所不照，一语不可措焉。"

第二年，当杨简七十七岁时，他又写了两首诗，诗曰：

> 新年七十七，是虚不是实。我心包太空，有无混然一。比日腑脏作，示病而无疾。凭栏拱翠峰，可咏不可诘。②
> 物物皆吾体，心心是我思。四时非代谢，万说不支离。涧水谈颜乐，松风咏皙词。仲尼亲许可，实语断非欺。（同上）

从这两首诗作可以看出，由于年事已高，杨简有时也免不了患病，但是，他心态甚为健康，因此说自己"比日腑脏作，示病而无疾"。此时的杨简虽然已至垂暮之年，但是，心胸广阔，随遇而安，和周围的事物始终保持着和谐如一的关系，因此，他才敢说"我心包太空，有无混然一"，"物物皆吾体，心心是我思"。虽然一生政治抱负未能实现，但是，在家赋闲养老的生活并不乏味，涧水潺潺，松风徐徐，师友相交，吟风咏月，一样可以体味到生活的乐趣，因此，他才敢说"涧水谈颜乐，松风咏皙词。仲尼亲许可，实语断非欺"。

又过了一年，杨简已然七十八岁，他自我描述说："某行年七十有八，日夜兢兢，一无所知。"③"日夜兢兢"一句很好理解，无非继续发愤、注

---

① 《慈湖遗书》卷6，《丙子夏偶书》（二），第671页。
② 《慈湖遗书》卷6，《丁丑偶书》，第673页。丁丑，即嘉定十年（1217年）。
③ 《慈湖遗书》卷2，《临安府学记》，第618页。

重修养之意，而"一无所知"之语，却让人乍然间不知所云。其实，这也不难理解。在《慈湖遗书》中，杨简经常引述《诗经》的一句话："不识不知，顺帝之则"①，这是称颂周文王之德的诗句，意思是说周文王朴实无华，好像不识不知，却能顺应上帝的法则。所谓上帝，即上天，古人习惯把"天"当作有意志的人格神，因此，把一些发自天性的东西称为"顺帝之则"。在杨简看来，觉悟大道、自信本心之人，不需要什么后天知识和见解的佐助，应事之际完全直心而往，遇事知是知非，事毕无是无非，这种先天的智慧，自己也不知道是从哪儿来的（其实就是本心的妙用），反正是超越了后天知识和见解的范畴，故曰"不识不知"。关于这一点，宋代理学家往往具有一种共识，北宋程颢曾说：

　　良知良能，皆无所由，乃出于天，不系于人。②

南宋心学宗祖陆九渊亦曰：

　　此理塞宇宙，古先圣贤常在目前，盖他不曾用私智，"不识不知，顺帝之则"，此理岂容识知哉？"有知乎哉？无知也"，此理岂容有知哉？③

杨简悟道之后，一扫个人的计较盘算，遇事纯任本心而行，活得潇洒自在，活得自如无碍。他发现：对于先天本心的性状和功能，越是想从理性思辨上去把握它，越不能如愿，正所谓"愈知愈离，愈思愈远"④；倒不如不识不知、直心而往，反而更符合先天本心的通达之性。他总结道：

　　知则不知，不知则知。知则乱则昏，不知则清明，则无所不知。孔子曰："吾有知乎哉？无知也"；文王"不识不知，顺帝之则"；子贡以为多学而识之，圣人以为非。孔子又曰："天下何思何虑？"⑤

---

① （汉）毛亨传、郑玄笺、（唐）孔颖达疏：《毛诗正义》卷16，《大雅·皇矣》，载《十三经注疏》（嘉庆刊本），（清）阮元校刻，中华书局2009年版，第1册，第1123页。
② 《河南程氏遗书》卷2上，《二先生语二上》，载《二程集》，第20页。
③ 《陆九渊集》卷12，《与张辅之》，第163—164页。
④ 《慈湖遗书》卷4，《祖象山先生辞》，第642页。
⑤ 《慈湖遗书》卷19，第922页。

杨简认为,这种"不识不知,顺帝之则"的本领,只有文王、孔子这样的圣人曾经达到,自己也一直以此为学习、效法的目标。应该承认,到了晚年,杨简确已迈入这样一种纯任本心而"一无所知"的境界,这种境界,其实质就是对于"本心即道"的真切体认。如他诗中所说:

兢业初无蹊径,缉熙本有光明。自觉自知自信,何思何虑何营?①

这首六言诗,恰好是"日夜兢兢,一无所知"一语的最好注释。缉者,续也;熙者,光明也;缉熙,即存续光明之意。杨简认为,人心先天固有智慧之性,犹如日月之明,人们在后天的生活中,只需对此先天本心"自觉自知自信",依此而往,"何思何虑何营"即可。只有这样生活,才算不辜负上天赋予人类的智慧和美德,才可能达到万物一体、与天地相参的仁圣境界。杨简曾说:"仁非徒知不行之谓"②,他的一生,就是朝着这个目标坚定前行的。尽管他的一生坎坷不平,但是,由于他"立志也刚,进学也勇,而行之也有力"③,因此,到了垂暮之年,他的心性修养已然达到"纯明之盛"(同上)的化境。据《年谱》记载:临终之际,"先生清明纯一,无生死异;属纩之夕,怡然如平常时"④,在中国思想史上,宋人已开始关注一个儒者的临终表现,因为这种表现最能反映一个儒者心性工夫的真实水平。杨简的临终表现,充分证明了他的学问工夫是贯彻一生、超越生死的真修实得,这才是一个"纯明之盛"的仁圣之儒。

第三节 人心即道——杨简的本体论

一 "心"与"意"的语言辨析

如前文所述,除了修习践履和直觉体悟之外,对于文献资料的语言分析也是研究中国古代哲学的必要辅助手段,所谓语言分析并不玄奥,只要抓住"名同实异"和"名异实同"这两项关键问题,就可以把握语言分析的基本要领,从而也就能够正确地诠释古代哲学某些范畴和命题的真实内

---

① 《慈湖遗书》卷6,《熙光》,第671页。
② 《慈湖遗书》卷10,《论〈论语〉上》,第783页。
③ 《慈湖遗书》附录,《宝谟阁正奉大夫慈湖先生行状》,第941页。
④ 《慈湖遗书》附录,《宝谟阁学士正奉大夫慈湖先生行状》,第940页。

涵。在慈湖心学中,"人心即道"是其本体论宗旨,而"不起意"则是其工夫论内涵。杨简所谓的"心"与"意",与今天人们通常所说的"心"与"意"有着明显差别,与当时流行的程朱理学所说的性、心等范畴也存在着微妙的差别。由于没有在事先搞清这两个范畴的内涵,后人在研究慈湖心学之时,经常存在着许多误读和曲解之处,因此,我们有必要先来梳理一下慈湖心学中的"心"与"意"。

在一般人心目中,所谓"心"或"人心",无非个体人所具有的意识功能而已,人心的内涵应该是各式各样、大不相同的。但是,在杨简的哲学体系中,所谓"心",却是指人人共同的先天原本的精神系统,具有相同的认识功能和道德内涵。杨简曾经多次阐述这一问题,他说:

> 夫子之道,忠恕而已矣。善求夫子之道者,不求诸夫子而求诸吾之心。夫子之忠恕,固夫子之心也,亦吾之心也。天下同然者谓之心。①

"天下同然者谓之心"一语,是杨简关于"心"范畴最简洁的表述,它表明:慈湖心学的所谓"心"(人心),不只是个体性的,而是人人皆有、人人同然的,具有普遍存在的意义。基于"天下同然者谓之心"的理念,杨简又进一步描述了这个"心"超越时空的普适性。他说:

> 夫子所可得而知者,以吾一心存焉耳;吾心所可得而知者,以吾之心即夫子之心也,以古今无二心也。②
> 舜禹之心,即是已心。是心四海之所同,万古之所同。③

由是可见,杨简所说的"心",具有超越时空界限的普适性,亦即四海皆同、古今皆同的精神实体,也正是从这个意义上讲,整个心学阵营又称其为"本心"。那么,这颗"天下同然"的"心"具有什么样的共同内涵呢?杨简认为,"人心自备众德,不学而能,不虑而知"④,用今天的话讲,就是具有先验的道德内涵。关于"人心"的先验道德性,杨简做过许多描述,例如:

---

① 《慈湖遗书》卷10,《论〈论语〉上》,第786页。
② 《慈湖遗书》卷10,《论〈论语〉下》,第804页。
③ 《慈湖遗书》卷8,《论〈书〉〈诗〉》,第715页。
④ 《慈湖遗书》卷10,《论〈论语〉上》,第772页。

此心之中，孝弟忠信、仁义礼智，万善毕备，惟所欲用，无非大道。其见于事亲则谓之孝，见于从兄则谓之弟，见于事君则谓之忠，见于朋友则谓之信，居家而见于夫妇则谓倡随，居乡而见于长幼则为有序。①

又如，杨简还将"德"字定义为人心共有之善，说：

人心之善谓之德。此心天下之所同，同然之机，翕然而应，众所共服。②

有时候，为了在语义上区别于通常所谓的个体之心，杨简也将"心"字称作"本心"，并且描述了"本心"的性状和功能，他说：

吾之本心无他妙也。甚简也，甚易也，不损不益，不作不为，感而遂通，以直而动，出乎自然者是也。是心与天地同功用，与四时同变通，喜怒哀乐，无不中乎道，则亦更何求也？③

人之本心即道，故曰道心。孔子曰："心之精神是谓圣"，孟子曰："仁，人心也"。某年三十有二，而省此心之即道。④

总而言之，杨简所说的"心""人心""本心"乃至"道心"，都是指人类共同的先天原本的精神实体，具有道德性的内涵和普适性的外延。那么，在杨简的哲学体系中，所谓"意"字指又是什么呢？今人常常"心意"连读，并无特殊区分，而在杨简看来，"意"是后天生活中产生的属于"小我"的具有定向性、偏倚性和执着性的思想感情，在此基础上，往往会进一步滋生出各种欲求来（程朱理学所批判的"人欲"），简而言之，意是欲之源。

在程朱理学看来，"人欲"是万恶之源。当然，他们所说的"人欲"，并非概指人的一切生理欲望，而是特指那种自私而不可告人、过度失中，尤其是僭越等级制度的愿望和欲求，因此，程朱理学修养论的基本主张就是：

---

① 《慈湖遗书》卷14，《论孟子、诸子》，第843页。
② 《慈湖遗书》卷10，《论〈论语〉上》，第788页。
③ 《慈湖遗书》卷14，《论孟子、诸子》，第835页。
④ 《杨氏易传》卷5，《小畜卦》，载《四库全书》，经部，第14册，第51页。

"存天理，灭（去）人欲。"① 对此，杨简之师陆九渊不太满意，他说：

> 天理人欲之言，亦自不是至论。若天是理，人是欲，则是天人不同矣。②

有时，他甚至将此不满推向极端，说：

> 天理人欲之分论极有病。自《礼记》有此言，而后人袭之。③

作为陆九渊的高徒，杨简对于乃师之见解自然颇有同感，但是，如果人欲不是众邪之源，那么，什么才是这一源头呢？经过多年的修习和反省，杨简发现：人之本心原本广大无限，就像他在循理斋中所悟的那样；人之本心也至为神奇灵妙，就像他在双明阁中所悟的那样，可是，一旦执于个体的小我、执于外在的事物，那么，人心会产生各种各样的后天意识，就像笔直的树干上歧生许多支离分散的枝条一样，从而遮蔽了本体。倘若人们任由这种后天意识支配，那么，就可能进一步滋生各种不正当的利欲之求，这也就是程朱理学所说的"人欲"的由来。如果将"心"与"意"相比，其特点如下所示：

心	本原性	普适性	公正性	无着性
意	派生性	定向性	偏倚性	执着性

在杨简看来，"心"是人人共有的先天原本的精神实体，其中具有先验的道德内涵、相同的认识功能，并具有普遍存在的意义。由于它的普适性，"人心"中所包含的道德内涵是公正无私的，如：忠心、孝心、善心、爱心、等等，就像今天人们所说的"大爱无疆"一样，并不是偏向于某一个人，而是具有一种博爱的情怀，如果哪个地方更需要这种关爱，那么，这种爱心就会优先投向那里。同时，这种先天本心又具有无着性，即用时则显，不用则隐，并不需要像什么口号一样成天挂在嘴上；事情发生了，

---

① 在朱熹的著作中，说"去人欲"者为多，有时也说"灭人欲"，可查《晦庵集》《朱子语类》等原著。
② 《陆九渊集》卷34，《语录上》，第395页。
③ 《陆九渊集》卷35，《语录下·荆州日录》，第475页。

本心之妙用自然显现，事情过去了，本心之体自动恢复寂然不动的故状，仿佛什么都没有发生。如果觉悟了本心，人们就会发现这颗"本心"原是与天地合一的，"无体无我，寂然不动，而变化无方"①，因此，它一方面能够感应、酬酢任何事物，另一方面，任何事物也都扰乱不了它寂然不动、中和宁静的状态，这就是"本心"的无着性。与之相比，"意"是后天生活中派生出来的"小我"意识，脱离了天人合一的境界，仅为个人所具有，"意态万状，不可胜穷"②。与人人皆同的本心相比，"意"更具有"小我"的定向性，由个体"小我"的认识、爱好和需求所决定，这种定向性同时伴随着一种偏倚性，即有所好恶、有所拣择，用杨简本人的话来说，就是：

或有动之意，或有静之意；或有难之意，或有易之意；或有多之意，或有寡之意；……意态万状，不可胜穷。（同上）

除了定向性和偏倚性之外，由于"意"是个体"小我"所派生出来的思想情感，因此，它还有一个执着难化的特性，借用佛家的语言来讲，既有我执，又有法执③。如果人们用"心"应对事物，就像明镜照物一样，外界的善恶美丑自然显现，照完以后，明镜之中什么"影子"也不会留下；可是，如果用"意"来应对事物，那么，外界的善恶美丑会在主体意识中留下各种"影像"痕迹，于是，人们可能对这种"影像"念念不忘，从而进一步助长自己偏好偏恶的见解，甚至产生无问正当与否的各种利欲之求。

根据杨简的这一观点，我们发现：在现实生活的日常语言中，我们很多涉及"心"的具有贬义性的词语，实际上指的都是诸种后天的意识，如：野心、贪心、虚荣心、好胜心、攀比心，等等。在"本心"之中是没有这些内涵的，之所以人们会滋生出这些意识，正是因为"小我"之见的定向性、偏倚性和执着性所致，其实都是"意"的体现。由于语言习惯的约定俗成之故，人们长期这样沿袭使用，本不足为奇，但是，在阅读杨简的心学著作时，我们就不难明白，这些不良心理倾向的实质应当属于"意"的范畴。

---

① 《杨氏易传》卷19，《小过卦》，载《四库全书》，经部，第14册，第203页。
② 《慈湖遗书》卷13，《论〈大学〉〈中庸〉》，第830页。
③ 法，梵文 Dharma 的简称，泛指事物。佛经中所谓"一切法"，相当于说"一切事物"。

搞清了杨简哲学体系中"心"和"意"范畴的特定内涵，读者可能会问："心"和"意"毕竟都内在于人的精神系统之中，那么，在现实生活如何区分"心"和"意"的微妙差别呢？对此，杨简答道：

> 意之为状，不可胜穷……然则心与意奚辨？是二者未始不一，蔽者自不一。一则为心，二则为意；直则为心，支则为意。①

杨简承认，从本原上讲，心与意二者"未始不一"，然而，如果不能自明其心、自信其心，那么，"意"就可能由此萌生、不断滋长，最终遮蔽本心。产生后天之"意"的根源是因为人们不能纯一地相信本心，不懂得直心而往；相反，不时产生犹豫、顾虑、计较和执着等念头，这样一来，人心之上就产生了支离分散的歧念，于是，意态丛生，蒙蔽本心，导致观念和行为上的偏差，这就是"一则为心，二则为意；直则为心，支则为意"的内涵。故此，杨简在工夫论上明确地主张"不起意"，实质就是不要脱离本心而另起意念。

如前文所述，在不同的理论体系中，同样一个词语的内涵，在各自的语境下往往有着不同的意思，正所谓"名同而实异"。同样一个"心"字，在不同的学派或教派中，内涵可能有着极大的差别。例如：在影响甚广的禅宗《六祖坛经》中，六祖慧能曾以偈语的形式告诫门徒——

> 菩提本清净，起心即是妄。净性于妄中，但正除三障。②

这段偈语表明，慧能认为菩提本性才是先天原本的心体，而"心"字却是后天派生的意识，应当及时戒止。在这里，"起心"与杨简的"起意"十分相似，即是那种由个体"小我"所派生的具有定向性、偏倚性和执着性的后天意识。除了儒学和禅学存在这种分歧之外，在宋明理学内部，关于"心"范畴的不同诠释，决定了不同学派之间认识论和工夫论的本质区别。以程朱理学和陆王心学（含慈湖心学在内）为例，人们之所以不理解杨简的"人心即道"的本体论，是因为常常把它和程朱理学对"心"范畴的习惯性用法混为一谈，才会产生这种误读。倘能深究其原委，

---

① 《慈湖遗书》卷3，《绝四记》，第638页。
② （唐）慧能口授、（唐）法海整理：《坛经校释》（三六），郭朋校注，中华书局1983年版，第71页。

我们就会发现一个十分重要的差别——

在本体论上，程朱理学主张"性即理"，陆王心学主张"心即理"，如果将这个"心"字理解为本心的话，实际上就是"天命之性"的同义语，从这个意义上讲，两个学派的思想是完全一致的。杨简曾说"言吾心之本曰性"，① 到了明代，王阳明亦说"心之体，性也；性即理也"，② 恰好表明了这种一致性；但是，在认识论上情形就大不相同了。我们不妨来看一下朱熹所说"心"的实际内涵。一方面，朱熹虽然也推崇北宋张载所说的"心统性情"，称赞"横渠'心统性情'语极好！"③ 但是，在实际运用中，朱熹更多的是将"心"作为形体知觉运动的主宰者来使用的，与"性"字不能混淆，他说：

> 性者，即天理也，万物禀而受之，无一理之不具。心者，一身之主宰；意者，心之所发；情者，心之所动。④
>
> 心，主宰之谓也，动静皆主宰。⑤

在与门人的对话中，朱熹也一直贯彻这一观点，如：

> 景绍问心性之别。曰："性是心之道理，心是主宰于身者。四端便是情，是心之发见处。四者之萌皆出于心，而其所以然者，则是此性之理所在也。"⑥

这样一来，在朱熹的哲学体系中，"心"不能再与"性"混同，而是各有其特定内涵。朱熹曾经解答门人提问说：

> 性便是心之所有之理，心便是理之所会之地。⑦

在与门人问答时，他亦如此阐述——

---

① 《慈湖遗书》卷7，《己易》，第689页。
② 《王阳明全集》卷2，《答顾东桥书》，第48页。
③ 《朱子语类》卷5，《性、情、心、意等名义》，第83页。
④ 同上书，第87页。
⑤ 同上书，第85页。
⑥ 同上书，第82页。
⑦ 同上书，第80页。

> 问心之动、性之动。曰："动处是心,动底是性。"①

特别是针对人体的知觉运动的特性,其背后的主宰者更是此"心"无疑。朱熹和门人有过这样一番问答——

> 问:形体之动,与心相关否?曰:"岂不相关?自是心使他动。"②

可见,在朱子学中,"心"一般是作为知觉运动的主宰者来看待的,有了这种事实上的区分,因此,程朱理学在本体论上说"性即理",在认识论上却不说"心即理",而只说"即物而穷其理",就是因为他们所界定的"心"与陆九渊、杨简所谓"心"的内涵不同。杨简所提倡的"人心即道"的命题,既是本体论,又是认识论,与朱子学有着微妙的差别。当然,这一思想来源于陆九渊,他最先从认识论和本体论两个方面阐述过这一问题,他说:

> 人皆有是心,心皆具是理,心即理也。③
> 心,一心也;理,一理也。至当归一,精义无二,此心此理,实不容有二。故夫子曰"吾道一以贯之"。④

杨简继承了陆九渊的这一思想,并把它贯彻到底,形成"人心即道"的命题。他经常说:"明心即道",⑤ 有时,他甚至倡言:"百圣所传,唯此一心",⑥ 认为学者唯有自识本心,才能真见大道之所在。

杨简关于"心"和"意"的内涵区分,在他的理论体系中是可以自足成立的。不过,后来由于程朱理学占据了统治地位,因此,杨简关于"心"和"意"的区分方式,渐渐为人所忽略。即使在明代的阳明心学中,"心"和"意"的使用也基本上是沿袭朱子学固有的话语习惯,例如,王阳明说:

---

① 《朱子语类》卷5,《性、情、心、意等名义》,第81页。
② 同上书,第78页。
③ 《陆九渊集》卷11,《与李宰》(二),第149页。
④ 《陆九渊集》卷1,《与曾宅之》,第4—5页。
⑤ 《慈湖遗书》卷2,《著庭记》,第626页。按:"明心即道"一语在《慈湖遗书》中经常出现。
⑥ 《慈湖遗书》卷11,《读〈论语〉下》,第806页。

> 身之主宰便是心,心之所发便是意,意之本体便是知,意之所在便是物。如意在于事亲,即事亲便是一物;意在于事君,即事君便是一物;意在于仁民爱物,即仁民爱物便是一物;意在于视听言动,即视听言动便是一物。所以某说无心外之理,无心外之物。①

这是王阳明和高徒徐爱对话的语录,在这里,王阳明完全沿用了朱熹关于"心"和"意"的定义方式——"身之主宰便是心;心之所发便是意"(朱子所言见本节前文)。唯一不同的是,王阳明强调了"意之所在便是物",这是一种凸显主体性原则的思想观念,最终得出了"无心外之理,无心外之物"的独立结论。王阳明在世时,并未特别关注过杨简的思想理论,倒是他的高徒王龙溪,对杨简的思想有着深刻的理解,他曾经来到慈溪讲学,面对众多儒者,辩证地诠释杨简心学思想中"不起意"之说的合理性,他说:

> 意者,本心自然之用。如水鉴之应物,变化云为,万物毕照,未尝有所动也。惟离心而起意则为妄,千过万恶,皆从意生。"不起意"是塞其过恶之源,所谓防未萌之欲也。"不起意"则本心自清自明,不假思为,虚灵变化之妙,固自若也。②

在王龙溪的这段话语中,他并未完全认同杨简的"意"的内涵,而是说"意者,本心自然之用",实际上认同了世俗通常所谓"意者,心之所发"的内涵,因此,并未完全否定"意"的正面价值。但是,王龙溪也指出,"惟离心而起意则为妄",脱离了本心而滋生出来的意,具有各种弊病,因此,"千过万恶,皆从意生"。从这个意义上讲,杨简所提倡的"不起意"工夫乃是正学,它能够"塞其过恶之源""防未萌之欲",如果真的做到"不起意",那么,"本心自清自明,不假思为,虚灵变化之妙,固自若也"。可见,王龙溪对于慈湖心学的理解,达到了"会其意"而不"执其言"的高水平,堪称杨简数百年后的难得知音。遗憾的是,自程朱理学升格为官方哲学之后,真正像王龙溪这样深入地了解慈湖心学思想原貌的大儒委实太少了,他给人的启示是:在今天,我们只有在搞清杨简哲学体系中"心"和"意"的内涵之后,才能进一步深入地研究和揭示其思

---

① 《王阳明全集》卷1,《语录一》,第6—7页。
② 《王畿集》卷5,《慈湖精舍会语》,第113页。

想本旨，否则，便可能出现种种误读。因此，本节开篇耗费如此多的笔墨，对"心"和"意"范畴进行语言分析，这一前提性研究其实是不可或缺的。

二 "天人一道"的宇宙本体论

对宋明理学略有研究的学者都应该知道，杨简的本体论思想可以归结为"人心即道"一句话。不过，要得出这个结论，首先必须立足于他的"天人一道"的宇宙本体论，这是一种"天人合一"意蕴的本体观，建立在杨简自我"反观"的修习践履和直觉体悟的实践基础之上。

早在二十八岁时，杨简在太学的循理斋中，遵循其父杨庭显的"时复反观"之教，有了平时第一次觉悟。他对此"悟"的回顾是：

（某）于循理斋，燕坐反观，忽然见我与天地万物、万事万理澄然一片。[1]

又记曰：

某方反观，忽觉空洞无内外，无际畔，三才万物，万化万事，幽明有无，通为一体，略无缝罅。[2]

凡是有过这种修习和体悟的学人应该知道，这种悟境一旦真实地体会到，便可以经常性地重复，变成一种长久而稳定的实践体验。正是有了循理斋中的这一悟，杨简体会到"天地万物一体"的"形上"境界，因此，他便得出了"三才一气，三才一体"的本体论思想。他说：

三才一气，三才一体。是故人与天地不可相违，腹脏作疾，则首足四体皆为之不安，为其皆一人之身也。人事与天地乖戾，感触上下，为灾为害，亦以三才一体故也。[3]

在中国古代哲学中，元气论是一个重要的组成部分。即使是心学一

---

[1] 《慈湖遗书》卷15，《家记九·泛论学》，第851页。
[2] 《慈湖遗书》卷18，《炳讲师求训》，第898页。
[3] 《杨氏易传》卷9，《复卦·象传》，载《四库全书》，经部，第14册，第97页。

系，也经常借用元气论思想来阐述天人合一的基本内涵。根据自己的切实体悟，杨简认为，天、地、人"三才"实际上都是一气之贯通，都是由元气组成的一个整体"大我"，因此，杨简才说"三才一气，三才一体"。这种思想，体现了中国古代哲学家具有整体性的宇宙观，它并不只是杨简一人的发现，很多哲学家有类似的体验和见解。例如，明代心学的代表人物王阳明曾说：

> 天地万物与人原是一体，其发窍之最精处，是人心一点灵明。风、雨、露、雷、日、月、星、辰、禽、兽、草、木、山、川、土、石，与人原只一体。……只为同此一气，故能相通耳。①

当然，从"形而下"的维度来看，世间万物异体异用，各自具有质的规定性，这种差别是不可否认的，但是，无论是杨简还是王阳明，当他们体悟到在"形而上"的层面万物其实是"同此一气"的内蕴之后，便自然而然地得出天地万物通为一体的结论。以杨简为例，他向世人说明：

> 自夫不可异者而观之……皆同体而异形，同机而异用。如人之耳目鼻口手足而一身也，如木之根干枝叶华实而一木也。②

"同体而异形，同机而异用"，是杨简对于天地万物（包括人在内）的共同性和差异性最简洁的概括。当然，如果一个人既不懂得元气论，也没有这方面的真实体悟，对于这一结论，即使乐于认同，也只是获得一种理性认识而已，不可能化作"仁者以天地万物为一体"③的博大胸怀。

在"三才一气，三才一体"的基础上，杨简进一步确认："天人一道也"，④这就是说，天人之间拥有相同的内蕴及其规律，据此，杨简指出："天人形若有异，（而）道无异。"⑤那么，如何去体认天道呢？或者说，从哪里入手可以体认天道呢？经过"双明阁之悟"后，杨简觉悟了自己"本心"的面貌和妙用，又经过多年的深思力索，杨简终于得出这样一个结论——

---

① 《王阳明全集》卷3，《语录三》，第122页。
② 《慈湖遗书》卷10，《读〈论语〉上》，第787页。
③ 《河南程氏遗书》卷2上，《二先生语二上》，载《二程集》，第15页。这是程颢之语。
④ 《慈湖遗书》卷14，《论孟子、诸子》，第839页。
⑤ 《慈湖诗传》卷16，《大雅·文王》，载《四库全书》，经部，第73册，第245页。

> 人心即天地之心。①

若借用西方哲学的术语来评述，这是一个类似于"主体即本体"的结论。不过，两者形式相近，实质有异。西方哲学是思辨分析的理论产物，中国哲学却是先哲通过修习和体悟得出的实践结论。不管怎样，"人心即天地之心"一语，确立了人心在天地之间的地位和关键作用，比起万物一体、混沌不分的体验来，无疑又进了一步。有此认识之后，杨简又提出——

> 天地之心即道，即易之道，即人之心，……言之不尽，究之莫穷。②

这样一来，在逻辑上就可以得出"人心即道"的结论。"人心即道"的命题，无疑是杨简的本体论思想的核心要旨。关于这一命题，杨简经常讲起，屡见不鲜，先引《慈湖诗传》中一语以为例证，他说：

> 三才无二道，道在人心。人心即道，故曰道心。是心无形，是心无我，虚明无际，天地无间。惟动乎意、流乎邪，故失之，故与天地睽隔。③

《慈湖诗传》是当今研究者较少注意的杨简著作，其哲学意味比较寡淡，但是，即使在这样的著作中，杨简也不忘时常提及"人心即道"的核心理念，至于在《慈湖遗书》等主要著作中，"人心即道"命题的出现更是屡见不鲜，足见杨简对于自己这一思想宗旨的重视和自信了。

从"万物一体"到"人心即道"，这是杨简根据自己的修习和体悟，得出了一个典型的"天人合一"式的本体论理念。关于"人心即道"理念的深刻内涵和重要意义，需要我们再做专门的分析和阐述。

三 人心即大道——杨简本体论的核心内涵

杨简在晚年坦言："某信人心即大道"④，有时简称为"人心即道"⑤，

---

① 《杨氏易传》卷12，《家人卦》，载《四库全书》，经部，第14册，第134页。
② 《慈湖遗书》卷7，《泛论易》，第699页。
③ 《慈湖诗传》卷16，载《四库全书》，经部，第73册，第260页。
④ 《慈湖遗书》卷6，《送黄文叔侍郎赴三山》，第670页。
⑤ 《慈湖遗书》卷8，《论〈书〉〈诗〉》，第721页。"人心即道"一语在此书中屡见不鲜，此处仅是一例而已。

有时又曰:"舜曰道心,明心即道"①,在杨简一生讲学中,这类命题的出现频率甚高。对于今人而言,初看起来,"人心即道"似乎不通,而且有自大之嫌。造成这种误读的原因,正是前文所说的对"人心"一词的内涵有所不明之故,因此,笔者在前文所述基础上,继续阐明慈湖心学中"人心"一词的内涵。

首先,我们有必要做出一个澄清——由于粗率的学风所致,有些学者认为,中国古代,人们把"心脏"当成了思维的器官,这实在是一种误解。其实,古人所说的"心"是指人的整个精神系统,而不单指心脏这一器官,更不曾把心脏和大脑这个思维器官混为一谈。仅以战国时期成书的《黄帝内经》为例,其《素问》中经常出现"脑"的词语,并与"心"有所区分。例如:

> 诸脉者皆属于目,诸髓者皆属于脑,……诸血者皆属于心。②
> 岐伯曰:"当有所犯大寒,内至骨髓,髓者以脑为主,脑逆故令头痛,齿亦痛,病名曰厥逆。"③

由是可见,早在先秦时期,古人不仅将"脑"和"心"两个器官并称,而且清楚它们的不同功能,同时还能以中医的理论来解释头风病的由来。在中国古代的词语体系中,心与脑早就做了区分,值得注意的是,"心"除了确指心脏这一器官外,还从"形上"的层面概括了人的整个精神系统,包括了心脏、大脑等器官在内,有时甚至指的就是人的灵魂。杨简的哲学思想和话语方式,继承了这种古代语词的含糊性,在他的本体论思想中,"心"具有特殊的内涵,并不只是一般意义上限制于人体之内的器官而已,杨简曾说:

> 人心非血气,非形体,精神广大无际畔,范围天地,发育万物,何独圣人有之?人皆有之。时有古今,道无古今;形有古今,心无古今。百姓日用此心之妙,而不自知。④

---

① 《慈湖遗书》卷2,《著庭记》,第626页。
② 《黄帝内经·素问》卷3,《灵兰秘典论篇第八》,载《四库全书》,上海古籍出版社1989年版,子部,第733册,第43页。
③ 《黄帝内经·素问》卷13,《奇病论第四十七》,载《四库全书》,子部,第733册,第148页。
④ 《慈湖遗书》卷5,《吴学讲义》,第661—662页。

这段话表明：杨简所说的"人心"，非血气、非形体，其精神之流通"广大无际畔"，能够范围天地、发育万物，完全达到天人合一的"大我"境界，这就是人类共同的先天本心，具有超时空的普遍存在性，不只是圣人具有，任何常人也都具有，只是"日用而不知"，没有自我觉悟罢了。

杨简所说的"心"，不仅非一般意义上的血气形体之器官，也不是通常所谓思维之脏器。对此，杨简特意做了一个对比，他说：

> 血气可见，其使之周流者不可见；心之为脏可见，其能思虑者不可见。其可见者有大有小，有彼有此，有纵有横，有高有下，不可得而一；其不可见者不大不小，不彼不此，不纵不横，不高不下，不可得而二。①

在此，杨简告诉世人：所谓"心"，指的是血气形体背后的那个精神本体，即"使之周流者""使之思虑者"。这个精神本体不同于心脏这种具体的器官，心脏及其血气流动是可见的，"有大有小，有彼有此，有纵有横，有高有下，不可得而一"，而心之本体却是不可见的，它的存在呈现这样一种状态——"不大不小，不彼不此，不纵不横，不高不下，不可得而二"。

有此区分，犹嫌不足，杨简进一步阐述了他所说的"本心"不能等同于思维器官的基本特性，他说：

> 是心本一也，无二也，未尝断而复续也。……昼夜一也，古今一也，少壮不强而衰老不弱也。可强可弱者，血气也；无强无弱者，心也。有断有续者，思虑也；无断无续者，心也。能明此心，则思虑有断续，而吾心无断续；血气有强弱，而吾心无强弱；有思无思，而吾心无二。不能明此心，则以思虑为心；虽欲无断续，不可得矣。以血气为己[心]，虽欲无强弱，不可得矣。②

这段话表达的基本观点是——不要"以血气为己心"。虽然人活着必须依靠血气流通，血气流通可强可弱，与之相关的思虑行为有断有续，但这不是人之本心。人之本心的存在无强无弱、无断无续，"昼夜一也，古

---

① 《慈湖遗书》卷7，《己易》，第690页。
② 同上书，第692—693页。

今一也，少壮不强而衰老不弱也"。综合这三段引文可见，杨简所谓"心"，绝不等同于一般意义上的血气形体之器官，而是具有"形上"意义的精神本体，是人人皆有、古今皆同的先天原本的心体，简而言之，乃是人之"本心"。

如前文所述，在杨简的哲学思想中，"心"、"人心"、"本心"和"道心"几个词语相互贯通，可以换用，但究其实，都是指人人皆同的先天本心。有时为了突出强调"本心"的这一特征，杨简也特加说明：

人之本心，是谓道心；道心无体，非血气，澄然如太虚，随感而应，如四时之变化。①

人之本心即道，故曰道心。孔子曰："心之精神是谓圣，"孟子曰："仁，人心也。"某年三十有二，而省此心之即道。②

如此清晰的阐述，足以让后人明白杨简所说的"人心"、"本心"和"道心"等范畴的真实内涵。至此，那些曾经把慈湖心学所说的"心"字误读为心脏器官、思虑功能等含义的同行，应该可以放弃成见，转而采取虚心的态度，来重新理解杨简的"人心即道"的本体论思想了。

此外，也有个别学者认为"人心即道"之"即"不应作系动词"是"解，而作靠近、接触解为宜，如作此解，"人心即道"就是人心自能靠近道、认定道的意思。这种精严训诂的治学态度固然可嘉，但是，如果认真研读《慈湖遗书》等原著，就会发现，这种试图另辟蹊径的解释实际上并不符合杨简的原意。例如，杨简在其《偶作》（十九首）诗中说：

此道原来即是心，人人抛却去求深。不知求却翻成外，若是吾心底用寻？③

"此道原来即是心"，如此言之凿凿的话语，足以证明"即"字不必另作解释，就是通常的"即是"之义。类似的表述还有不少，又如：杨简在《家记五·〈论语〉语下》中说："己无私处即是道，即是吾心，虽众人亦时有此心，形见时，此便是道，而人不自省者多。"④再如，《行状》中

---

① 《杨氏易传》卷1，《乾卦》，载《四库全书》，经部，第14册，第11页。
② 《杨氏易传》卷5，《小畜卦》，载《四库全书》，经部，第14册，第51页。
③ 《慈湖遗书》卷6，《偶作》之一，第672页。
④ 《慈湖遗书》卷11，《家记五·〈论语〉语下》，第806页。

记录了杨简晚年和宋宁宗之间的一段对话——"先生曩尝口奏：'陛下自信此心即大道乎？'上曰：'心即是道。'略无疑贰之色。"① 这种将"心"与"道"以"即是"相连的语句，在《慈湖遗书》中并不鲜见，由是可见，关于"人心即道"的命题，不需要另做什么歧出或复杂的训释，只需按其惯常语意理解即可。

其次，杨简多次从正面讲述了人之本心所具有的神妙功能，阐明"人心即道"的核心思想。在此引述几段重要言论如下——

> 人心即道，是谓道心，无体无方，清明静一，其变化云为，虽有万不同，如水镜之毕照万物，而非动也；如日月之溥照万物，而非为也。世名之曰心，而非实有可执可指之物也。言其无所不通，而托喻于道，谓如道路之四通，人所共由，而非有可执可指之物也。②

> 吾之本心无他妙也。甚简也，甚易也，不损不益，不作不为，感而遂通，以直而动，出乎自然者是也。是心与天地同功用，与四时同变通，喜怒哀乐，无不中乎道，则亦更何求也？③

这两段话表明：人之本心"无体无方，清明静一"，这是它原本的性状。对于外物，本心"不损不益，不作不为，感而遂通，以直而动"，一切"出乎自然"。从表面上看，"不作不为"似乎显示不出本心具有什么作用和效能，但是，杨简告诉世人："唯无思，故无所不明；唯无为，故无所不应"④，这才是全方位的"大用"。

人心之本体，就是以如此简易自然、无思无为的状态存在着，但是，它具有"无所不通"的神妙功能，若从极处来讲，"是心与天地同功用，与四时同变通，喜怒哀乐，无不中乎道"，纯然是天人合一的境界。

如前文所述，中国哲学需要修习践履和直觉体悟，如果某位学者有过笃实的践履和真实的体悟，那么，他也可能产生与杨简的"循理斋之悟"和"扇讼之悟"的同样感受，这样一来，他便超越于一般的理性思辨的水平，对于杨简所说的"本心"之性状和妙用，获得真切的认识和体会。例如，杨简对于"本心即道"的阐述，有时也从实在论的角度立言，他说：

---

① 《慈湖遗书》附录，《宝谟阁学士正奉大夫慈湖先生行状》，第935页。
② 《慈湖遗书》卷11，《读〈论语〉下》，第804页。
③ 《慈湖遗书》卷14，《论孟子·诸子》，第835页。
④ 《杨氏易传》卷14，《益卦》，载《四库全书》，经部，第14册，第149页。

> 天者，吾心之高明；地者，吾心之博厚；男者，吾心之乾；女者，吾心之坤；万物者，吾心之散殊，一物也。一物而数名，谓之心，亦谓之道，亦谓之易。圣人谆谆言之者，欲使纷纷者约而归乎此也。①

类似的话在《慈湖遗书》中并不鲜见，一般人读到这里，往往只能得出杨简颇为自大自狂的印象，并未正确理解这段话的含义。然而，如果真的领悟了杨简在"循理斋之悟"时所说的"我与天地万物、万事万理澄然一片"的意境，那么，这段话其实也不难理解，说白了，无非是一种"天人合一"的形上境界中的真实感悟罢了——在这种境界中，"人心"突破了血气形体的局限，与天地万物融为一体，久之，修道者发现"宇宙便是我心，我心即是宇宙"，其间纷纭万物不过是本心的朗现，所以说"天者，吾心之高明；地者，吾心之博厚……万物者，吾心之散殊，（其实）一物也"。这里所谓"一物"，指的便是人之本心，在"形上"的境界中，它就是无形无象的"道"之本然状态。

有时候，杨简出于让学者更好地理解人之本心的目的，改用形象化的诗句来予以描述，反而起到一点别开生面的效果——

> 我有一轮月，不圆又不缺。更无昼与夜，光耀常洞彻。纵有蔀屋遮，亦莫之间绝。将此以为烛，难作进退说。②

客观地讲，这种以明月喻心之本体的做法，既非杨简一人，亦非儒家之"专利"。在历史上，唐初名僧天台寒山有诗曰："吾心似秋月，碧潭清皎洁。无物堪比伦，叫我如何说"，③ 与之就十分相似。到了明代，心学宗祖王阳明多次以明月喻本心，当然，最有名的还是那首《中秋》："吾心自有光明月，千古团圆永无缺。山河大地拥情辉，赏心何必中秋节！"④ 甚至到了近代，高僧弘一法师在圆寂前给友人的信中也说："问余何适？廓尔忘言。花枝春满，天心月圆。"⑤ 如是等等，既反映出古代先哲在探索人类

---

① 《慈湖遗书》卷7，《泛论易》，第701页。
② （宋）杨简：《进月堂》，载《慈湖先生遗书补编》，（清）冯可镛辑，载《四明丛书》，第12册，第6907页。
③ 《寒山诗集》卷1，载《四库全书》，上海古籍出版社1989年版，集部，第1065册，第50页。
④ 《王阳明全集》卷20，《中秋》，第793页。按：这是全诗的后半阕。
⑤ 《临灭遗偈》，载《弘一法师》，中国佛教协会图书文物馆编，文物出版社1984年版，第192页。

心灵奥秘方面的共同实证，又体现了他们为了启发后人觉悟先天本心而设喻的一番苦心。当然，任何比喻也只是勉为其难的描述而已，不能取代人们的实修实证。倘若后人脱离真修实践，仅仅是执象而求，凭空妄测，将会堕入"玩弄光景"的窠臼，这是需要警惕的。

再次，杨简多次阐明"本心"所具有的道德内涵，彰显了"本心"的社会伦理价值，由此，也体现出典型的儒家思想特色。他说：

> 此心之中，孝弟忠信、仁义礼智，万善毕备，惟所欲用，无非大道。其见于事亲则谓之孝，见于从兄则谓之弟，见于事君则谓之忠，见于朋友则谓之信，居家而见于夫妇则谓倡随，居乡而见于长幼则为有序。①

> 由道心而行，自有伦理，其名曰礼。心有说（通"悦"）乐，播诸八音，未尝放逸，是谓节，其名曰乐。②

> 道心见诸事亲，谓之孝；见诸事长，谓之弟。浑然神明，本无间隔，如日月之光，光于四海，而非思非为，无所不通。③

在杨简的著作中，关于"本心"具有的道德内涵的言论实在太多，兹不赘述，不妨一言以蔽之，"人心自备众德，不学而能，不虑而知"。④ 由此可见，杨简颇为重视"本心"在伦理道德上的指导意义。诚然，关于人类心灵所蕴含的各种智慧和功能，的确可以用奥妙无穷来形容，古代道家、佛家和儒家对此各有各的发现，堪称美不胜收。相比之下，儒家历来更注重阐发人心之中固有的道德内涵，用孟子的话来讲，便是："仁义礼智，非由外铄我也，我固有之也。"（《孟子·告子上》）杨简平时经常说起"人心自善，人心自灵，人心自明"⑤ 等话语，其侧重点就在于揭示人心先天固有的道德本性，启迪世人以自觉的态度去发掘本心固有之善、遵循本心固有之善，成为一个有道德操守的君子，如果人人如此，那么社会生活的秩序和面貌将变得井井有条、和谐融洽。

看到这里，读者必然会产生疑问：既然人之本心有如此之蕴藏和妙

---

① 《慈湖遗书》卷14，《论孟子·诸子》，第843页。
② （宋）杨简：《先圣大训》卷2，载《四库全书》，子部，第706册，第666页。
③ 《慈湖遗书》卷12，《论〈孝经〉》，第825页。
④ 《慈湖遗书》卷10，《论〈论语〉上》，第772页。
⑤ 《慈湖遗书》卷2，《二陆先生祠记》，第620页。这类话在《慈湖遗书》中甚多，此处仅举一例，余略。

用,那么,在现实生活中,何以许多人不能成为圣贤君子,反而成为一个势利之徒或者昏聩之人呢?对此,杨简突破了程朱理学所说的"人欲"为罪魁祸首的观点,把"意"之为害视为造成这一切的根本原因。他说:

> 是(心)三才之所同也,人性之所自有也。人性之所自有,而为悖为乱者,动于意而昏也。孔子每每戒学者毋意,绝其昏乱之萌也。意欲不作,清明和融,为爱敬,为博爱,为敬让,……皆此心之变化,一以贯之也。①
>
> 夫其所以不自知者,昏也。所以昏者,动乎意也,如水焉,挠之斯浊矣。不动乎意,则本清本明之性,自不昏矣;变化云为,如四时之错行,而自不乱矣。②

关于"意"之为害的论述,在《慈湖遗书》中数不胜数。简而言之,只要是"动乎意",就失去了"本心"自清、自明、自神的原本状态,就产生了定向性、偏倚性、执着性,从而使人心受到蒙蔽,趋向于昏蒙、拣择、势利等不良状态,进而可能产生不问是非的利欲之求,导致非道德的行为取向,最终走向先天本心的反面。当这种以"意"为心的风习沿袭既久,渐渐地,一般人连自己拥有一颗至善本心的事实都不知道了,对此,杨简感叹道:

> 人心即道,学者自以为远。……弃心而之外,弃道而入意,意虑纷然,有作有为,而益昏益妄矣。至于昏妄,是谓"百姓日用而不知"。③

又叹曰:

> 人惟不知自有良(心),昏蔽既久,奸诈日炽,至以机变为巧,不复知耻;见伪诈之巧者则喜,见信实之人则窃笑,又从而讥侮。甚至父子兄弟之间,无所不用其诈,此与禽兽鬼魅等耳,尚何齿可以为人哉?④

---

① 《慈湖遗书》卷12,《论〈孝经〉》,第822页。
② 《慈湖遗书》卷13,《论〈大学〉〈中庸〉》,第832页。
③ 同上书,第831—832页。
④ 《慈湖遗书》卷10,《论〈论语〉上》,第779页。

从这些话可见，杨简并非一个不知人情世故的道德理想主义者，他对于现实生活中各种投机取巧、见利忘义甚至骨肉相残的行为看得十分清楚。难能可贵的是，杨简并没有从经验层面上因为看得多了就习以为常、熟视无睹，而是深入人类精神的深处，寻找这种道德沦丧现象产生的根源。与程朱理学把"人欲"视为非道德行为的根源相比，杨简的思想在某种意义上讲更具有深刻性，因为即使按照程朱理学所定义的"人欲"范畴，它也不是最本原的东西，人类很多非道德观念和行为的产生，说到底是思想上萌生了一些具有定向性、偏倚性、执着性的后天意识，换句话说，就是失去了先天本心所具有的普适性、公正性和无着性的本来性状，使得"本心"自清、自明、自神的原本状态被破坏了，在此基础上产生各种利欲之求，乃至苟且无耻之举，反倒是一种合乎逻辑的必然趋势。反之，"不动于意，本无所倚，本无邪偏，何思何虑？自至自中，自神自明，自无所不通"。① 可见，杨简以"意"为恶之源，而不以"欲"为恶之源，确乎比程朱理学的思想更深一层，更具有警醒人心的意义。

综上所述，杨简所谓"人心"，指的是人类共同的先天本心，四海皆同、古今皆同。它"非血气，非形体"，"澄然如太虚"，具有范围天地、发育万物的神妙功能。从内涵上讲，人心"万善毕备"，具有一切先验的美德，只要自信其心，直心而往，无论何时何地，所作所为都"自有伦理"，"出乎自然"。但是，当人们为"意"所左右，萌生了具有偏倚性、执着性的后天意识之后，这颗至善的"本心"就会受到蒙蔽，甚至自我迷失，因此，发现和找回自己的本心，乃是慈湖心学的修习目标所在，但是，无论此心是否迷失，"本明犹在，一日启之，光烛天地"。② 从终极意义上讲，"人心即大道"，这就是杨简观点鲜明的本体论。

四 日用平常之心即道

如果说"人心即道"的命题令人感到有点玄奥而不敢采信的话，那么，杨简的另一个命题"日用平常之心即道"就显得平实、亲切，使人更容易接受了。无疑，杨简也看到了这一点——普通人没有循理斋中"天地万物一体"的体验，更没有双明阁下"顿悟本心"的大觉，因此，如果只说"人心即道"，一般人确乎不敢自信其心有如此深邃、灵妙的内涵。有鉴于此，杨简循循善诱，告诉世人：即使没有这些特异体验，照样可以体

---

① 《杨氏易传》卷14，《益卦》，载《四库全书》，经部，第14册，第149页。
② 《慈湖遗书》卷15，《家记九·泛论学》，第854页。

会到"人心即道"的奥妙,其表现就是——日用平常之心即是道。这颗"心",人们天天都在使用它,可惜就是不知晓它便是"道"的载体,包含着既平常又神奇的妙用。

杨简曾引述孔子、孟子和上古舜帝等人的言语以为证,阐述"道"不外乎日用平常之心的奥秘,他说:

> 孔子之言曰:"心之精神是谓圣",孟子:"仁,人心也"。人心即道,故舜曰道心,日用平常之心即道,故圣人曰中庸,庸,常也。①

杨简认为,"日用平常之心即道",从方法论上讲,亦即圣人所说的"中庸"二字,其中,"庸"字就是平常之意,而所谓"道心"也并不神秘,就是人人皆具的日用平常之心。能够真切地领会这一道理并自觉地加以运用,就是觉悟;反之,就是"日用而不知"。对此,杨简阐述道——

> 觉者自觉,觉非外取,即日用平常实直之心。事亲自孝,事君自忠,于夫妇自别,于长幼自序,于朋友自信,日用万变,自无适而不上当天心,下合人心。②

这番话告诉世人的是:所谓觉悟,并不玄奥,就是体会并任用那颗"日用平常实直之心"。如前所述,此心之中"万善毕备",因此,只要顺着这一平常实直之心而行事,"事亲自孝,事君自忠,……于朋友自信",在平常生活和日用万变之中,"自无适而不上当天心,下合人心"。

杨简之所以提出"日用平常之心即道"的命题,除了因其本然之外,还有另外一个原因:自汉代以来,章句训诂之学把儒学搞得烦琐支离,掩盖了圣人之学的本来面目,因此,一般人听说圣人之学,大多望而生畏,如果乍一听闻"人心即道"这种简明扼要的命题,更易心生狐疑。有鉴于此,杨简怀着循循善诱、诲人不倦的初衷,直指人心,告诉世人:圣人与凡人在心之本体上是一样的,凡人的日用平常之心也就是道的体现,这样一来,无疑更容易启发一般人的自信。关于这一点,杨简不止一次地提及,他说:

---

① 《慈湖遗书》卷5,《铭张渭叔墓》,第653页。
② 《慈湖遗书》卷4,《谒宣圣文》,第640页。

> 人情率厌常而喜新，玩平夷而尚奇伟，此自古学者通患。圣人知学道者率求之高深幽远，特曰中庸。庸，常也，平常也。《洪范》曰："王道平平"，圣诲谆谆，听者藐藐。①

他进一步解释其原因，说：

> 盖道至易至简，至近至平常，故曰中庸，庸，常也。人心即道，故曰道心。人心本体，自善自正，自无所不通，日用无非道者，顾人自不省自不信尔，故夫日用庸平，人皆不知其为道。②

由上可见，杨简深知自古以来的"学者通患"，即"人情率厌常而喜新，玩平夷而尚奇伟"，因此，他一扫故作玄奥的学风，直接道出一个至易至浅的事实——"日用平常之心即道"。这是因为，"人心本体，自善自正，自无所不通"，故而在日用之间，所遇所为，都能感而遂通，出乎自然，这就是"道心"的体现和应用。遗憾的是，一般人不知所谓"道"就是在日用庸常的生活中体现的，一味地追求玄远、玩味深沉，反而迷失了近在己身的"大道"。

为了让人们理解"平常日用之心即道"，杨简举了一个典型例证，那就是无论何人，遭逢亲人丧葬之际，都会悲泣万分、痛哭不已。这一点，古代先圣亦有发现，故曾子说："吾闻诸夫子，人未有自致者也。必也亲丧乎！"（《论语·子张第十九》），对此，杨简运用心学思想加以诠释，他说：

> 人未有自至乎道者，至于丧亲，如天地崩陷，人子不复知有身。此身死亡犹不计，而况于他乎？百无所思，纯一哀痛，此纯一哀痛即道也。③
>
> 众人无知，安能自至于道？唯遭亲丧，乃能自致。何以明之？人心即道，本不假求，……初遭亲丧，哀痛由中，全体真实，全无计度，全不顾利害，全无其它念虑，纯然道心，但人自不觉尔。④

---

① 《慈湖遗书》卷5，《宋舒子德彰墓碣》，第656页。
② 《慈湖诗传》卷6，《郑风·叔于田》，载《四库全书》，经部，第73册，第75页。
③ 《慈湖遗书》卷2，《王子庸请书》，第615页。
④ 《慈湖遗书》卷11，《论〈论语〉下》，第818—819页。

杨简的这段阐释的确是符合客观事实的。任何人在亲人去世之际，都会发自内心地哀痛万分，有的人恸哭起来，真的忘了自己身体的存在，如天崩地陷一般。这种发自内心的感情宣泄，"全体真实，全无计度，全不顾利害，全无其它念虑"，完全是人之本心的表现，用杨简的话说，便是"纯然道心"，杨简认为，"此纯一哀痛即道也"，只是人们并没有意识到这点罢了。杨简所举的亲丧痛哭之例，具有十分普遍的意义，它对于人们认识到"日用平常之心即道"具有通俗浅显的启示作用，从这个意义上讲，杨简可谓善教之人。

如上文所述，杨简有时候将"日用平常之心即道"又表述为"日用无非道者""百姓日用之即道"，[1] 无意中开启了后来的儒学平民化的端倪。这一点不仅是杨简个人的发现，也是慈湖家学的思想共识。上章已有介绍，杨简的父亲杨庭显是一位民间儒者，虽无功名在身，却终身笃志圣学，躬行默悟，由于长期身处乡里，和百姓的农业生产、家庭生活相接触，杨庭显产生了"百姓日用即道"的观念，并影响到杨简本人（当然，也可能是杨庭显在接触陆九渊之后，改信心学，产生与其子杨简一致的思想观念）。杨庭显曾说：

> 道无大小，何处非道？当于日用中求之。衣服饮食，道也；娶妻生子，道也；动静语默，道也。但无所贪，正而不邪，则道不求而自得。[2]
>
> 大中至正之道，近在日用，见于动静语默，不必他求。[3]

无论杨氏父子谁先形成"百姓日用无非道"的思想，反正他们在此问题上的观念高度一致，乃是不争的事实。值得注意的是，从语言表述上看，"百姓日用无非道"显得更有朴素唯物主义色彩，比起"日用平常之心即道"的提法，也更容易为广大百姓所接受。当然，在此不宜生硬地套用唯物主义和唯心主义相对立的思维方式，其实，这两个命题在杨简或其他的心学家那里，思想意旨完全是一致的，倒是后人往往惯于望文生义，因而产生种种误解。以明代思想家王阳明为例，他的学说曾引起当时一位士大夫顾璘（号东桥）的误会，以为心学思想"专求本心，遂遗物理"，

---

[1] 《慈湖遗书》卷3，《詹亨甫请书》，第637页。
[2] 《慈湖遗书》卷17，《纪先训》，第895页。
[3] 同上书，第891页。

对此，王阳明阐释道——

> "专求本心，遂遗物理"，此盖失其本心者也。夫物理不外于吾心，外吾心而求物理，无物理矣；遗物理而求吾心，吾心又何物邪？①

王阳明的这段话，对于我们理解杨简的哲学思想很有帮助。由于受到现有的官方哲学教育影响，今人一般总是陷于物理和人心谁是第一性、谁是第二性的思辨轨道，而王阳明却告诉世人：物理和人心是密切相关的两个方面，舍弃一方则另一方亦无法独立存在（或者失去意义），所以说"外吾心而求物理，无物理矣；遗物理而求吾心，吾心又何物邪？"根据王阳明的阐释，我们也就不难理解：无论杨简表述为"日用平常之心即道"，还是说"百姓日用无非道"，在他的思想体系中，这两者并无什么不同，都旨在让人们明白：道就在日用生活之中，凡是以平常实直之心去应对处理，都是"道心"的体现。

在明代中叶阳明心学兴起之后，其流衍之一便是以王艮（心斋）为代表的泰州学派。王艮（1483—1541年）出身于民间底层，深知日常劳作的滋味，他把日常生活与圣人之道紧密联系在一起，说：

> 圣人之道，无异于百姓日用；凡有异者，皆谓之异端。②
> 百姓日用条理处，即是圣人之条理处。圣人知，便不失；百姓不知，便会失。（同上）

据《王心斋年谱》记载："（先生）多指百姓日用以发明良知之学，……同志惕然有省。"③ 根据这些言论和记载，明末清初的史学家黄宗羲将王心斋的思想概括为"百姓日用即道"。④ 这样一来，后代学者往往误将此语视为王心斋首发，并把他视为民间儒学的开创者。在了解杨简的哲学思想之后，我们惊讶地发现：原来民间儒学的发端可以上推三百年，"百姓日用即道"的命题，早在南宋时期已由杨简提出，这是一个不容忽视的历史事实。

---

① 《王阳明全集》卷2，《答顾东桥书》，第42页。
② （明）王艮：《王心斋全集》，陈祝生主编，卷1《语录》，江苏教育出版社2001年版，第10页。
③ 《王心斋全集》卷3，《年谱》，第71—72页。
④ 《明儒学案》卷32，《泰州学案一》，第710页。

关于"日用平常之心即道"的思想,杨简时常对门人讲起,讲得多了,干脆用诗歌语言来加以描述,例如,他在《偶作》中说:

> 此道元来即是心,人人抛却去求深。不知求却翻成外,若是吾心底用寻?①(此为第一首)

又诗曰:

> 若问如何是此心,能思能索又能寻。汝心底用他人说,只是寻常用底心。(同上;此为第三首)

由于崇尚古朴端庄的美学思想,杨简不喜欢刻意雕琢的词作,因此,在《慈湖遗书》中,仅收录了一首词《金明池》。在杨简唯一传世的这首词作中,他依然是以文学的形象语言,来表达自己的哲学思想——

> 燕语莺啼,杏坛春色,为甚无人领略?又添个山青水绿,是多多少少,明明白白,对面不识。……步步行行皆妙用,言言句句皆寂寞。舜曰道心,明心即道;百姓日用,不知不觉。从学者再三,勤勤有请也,只不可说着。②

在这首《金明池》中,"步步行行皆妙用"一句,实际上就是"日用平常之心即道"的同义语,只不过说得更加生动形象而已。然而,令杨简感叹的是,"明心即道",如此简明、清晰的道理,就是有很多人不明白,故而他才说:"百姓日用,不知不觉。"这句话的出典,源于《周易·系辞上》,原文是:"一阴一阳之谓道,继之者善也,成之者性也。……百姓日用而不知,故君子之道鲜矣。"③ 显然,《易传》所释的"道"和杨简所说的"道"含义有所不同,杨简认为,自己的"日用平常之心即道"一语,平实亲切,人人可晓,遗憾的是,偏偏有许多人陷在支离扭曲的后天意识之中,反而不识"本心即道",偏要向外求索,因此,他坦率地说:"百姓日用而不知者,皆道心之妙也。"④

---

① 《慈湖遗书》卷6,《偶作》,第672页。
② 《慈湖遗书》卷6,《金明池》,第683页。
③ 《周易译注》,《系辞上》第5章,第538页。
④ 《先圣大训》卷2,载《四库全书》,子部,第706册,第659页。

与"人心即道"的命题相比,"日用平常之心即道"一语,把圣人之道拉向了生活,贴近了百姓,言语平实,态度亲切,又不失深入浅出、直指人心之效用,它并非杨简的权宜之说,而是多年修习践履的真实体悟,故而成为一种既是本体论又是教育论的哲学理念。"日用平常之心即道"的提出,使得慈湖心学不再令人感到玄奥,而是如家常茶饭一般,变成人人需要、乐于接受的东西,由此,圣人之道也就与百姓大众的心灵融为一体了。

五 仁与知即道

众所周知,在先秦儒家创始人孔子的思想体系中,"仁"是一个最核心的范畴,孟子在阐述"四端"之说时,亦将"仁"字摆在第一位。那么,作为儒学的传人,杨简所说的"人心即道"的命题,与孔孟所说的核心范畴"仁"有何关联呢?这是慈湖心学在传播过程中必须解答的问题。

杨简认为,自己所谓"人心即道"的"道"字,其内涵就是仁的体现。为此,他曾引述孔子之语加以阐释,他说:

> 人皆有是至灵至神、古今一贯之心,即天地之道,即礼乐之原,即文武之德,即三代之德,而不自知贵,不自知爱,殊可念也!能自知者,千无一,万无一。自知诚鲜,而常知常明者又鲜。自知者,孔子谓之"知及之";常知常明者,孔子谓之"仁能守之"。①

这段话有一个出典,孔子曾说:"知及之,仁不能守之,虽得之,必失之……"(《论语·卫灵公》)杨简截取了这段话的第一句,将"人心即道"的思想与孔子所说的仁、知之论结合起来,表明能自悟"本心即道"者,便是孔子所说的"知及之";在此基础上,能够保持常知常明者,便是孔子所说的"仁能守之"。这样一来,在杨简的思想体系中,仁与知的标准便是以能否自知自觉"本心即道"的内涵来衡量了。对此,杨简明确地说:

> 仁者,道心常觉常明之称。常觉常明者,常不昏而已,非思也。②

---

① 《慈湖遗书》卷19,第923—924页。
② 《慈湖遗书》卷11,《论〈论语〉下》,第805页。

在此需要指出，杨简关于"仁者，道心常觉常明之称"的定义，并不是对先秦儒学的篡改。笔者曾经全文细数过一遍，在《论语》一书中，"仁"字出现了108次，由于《论语》其书的语录体形式，面对众多学生的提问，孔子关于"仁"的解答，每每不同，实际上都是因提问者的缺陷或需要而随机做出的阐释。综合起来，我们不难发现，所谓仁，乃是人类本心之全德，亦即一种先天固有的美德的综合体，能够觉悟此"仁体"并熟练应用它，便是孔子所崇尚的"仁者"。对此，杨简以觉释仁，以仁释道，都符合先秦孔子的原意，而且，这也是自周敦颐开始的宋代理学的共识。为此，杨简时常说起：

> 仁，觉也。医家谓肌体无所知觉曰不仁，知者亦觉，而不同其仁，何也？孔子曰："若圣与仁，则吾岂敢？"仁几于圣矣。①
>
> 孔子曰："知及之，仁不能守之，虽得之，必失之。"德即知，知与仁一也，皆觉也。惟常觉而后可以言仁。②

有时，杨简干脆以诗歌的形式以表明道心即仁的关系，他说："谁省吾心即是仁，荷他先哲为人深。分明说了犹疑在，更问如何是本心。"③

总之，杨简认为，"人心即道"，其内涵就是仁的体现，而所谓仁者，就是能够对本心具有透彻的自我觉悟，从而达到常觉常明状态的人，它与圣者的内涵是一致的，故曰"仁几于圣"。在此基础上，杨简指出：

> 用力于仁，圣人深志。三月不违，亚圣之仁；日月至焉，诸子之仁。……学而不仁，非儒者也。④

由是可见，杨简对于"用力于仁"十分重视，把它视为儒者治学的目标，反之，"学而不仁，非儒也"。通过以上论证，杨简的"人心即道"的本体论和先秦儒家"志于仁"的为学目标达到了完全的贯通，成为对同一问题的不同角度的表述。同时，杨简也表明了自己的精神追求——"予何敢言仁？用力于仁者也。"⑤ 从其一生行迹来看，这是杨简十分恰当的自

---

① 《慈湖遗书》卷11，《论〈论语〉下》，第796页。
② 同上书，第801页。
③ 《慈湖遗书》卷6，《偶作》（二），第672页。
④ 《慈湖遗书》卷11，《论〈论语〉下》，第817页。
⑤ 《慈湖遗书》卷15，《家记九·泛论学》，第846页。

我评价。

孔子有一句名言:"仁者安仁,知者利仁"(《论语·里仁》;知,通"智"),又说:"知及之,仁不能守之,虽得之,必失之。"(《论语·卫灵公》)这些说法难免会引起学者的疑问:仁者和知者之间,究竟有何关联与差别?何以孔子屡屡把二者加以比较呢?对此,杨简有着自己深入的思考和清晰的答案,首先,他界定了"知(智)者"一词的内涵,他说:

> 知道之谓知,知非心思之所及,伊尹谓之觉。①

有时,为了随顺当时的语言习惯,他直接说:"知道之谓智。"② 有了如此清楚的解释,谁都不会再对杨简关于"知者"一词的定义感到含糊。在杨简看来,孔子所谓"知者",绝非一般意义上知识丰富、智力超群的意思,而是一种对"道"的觉悟,它不是凭空臆想而得的,乃是一种对"本心"的反躬自觉,所以说"知非心思之所及",本质上是一种直觉体悟。不过,"知者"虽然已觉,但是心性工夫还不算上乘,尚有自身的缺陷,杨简指出——

> 知者虽觉,而旧习久固,未精未一,唯纯明无间辍,始能尽仁。③

又说:

> 知者虽觉虚明,而旧习未尽消,意念微动即差,未能全所觉之虚明,必至于纯明不已,而后可以言仁。④

又说:

> 仁则纯明,知未纯明,虽大体虚明而未纯。⑤

概而言之,知者虽然对于本心已有觉悟,但是由于与生俱来的"旧习

---

① 《慈湖遗书》卷11,《论〈论语〉下》,第796页。
② 《慈湖遗书》卷10,《论〈论语〉上》,第770页。
③ 同上书,第782页。
④ 《慈湖遗书》卷11,《论〈论语〉下》,第796页。
⑤ 同上书,第797页。

之气"① 的存在，在心性工夫上没有达到精纯、专一的境界，因此，这种旧习不时影响着知者，使之未免"离心而起意"②，一旦意念微动，波澜乍起，言行上就可能发生偏差，因此，知者在生活中仍然免不了犯错，有时还会陷入某种困境之中。与之相比，仁者的心性已然"纯明无间"，达到了"常觉常明"的境界，不存在"离心而起意"的问题，也就不会产生知者或常人所犯的那种错误。与仁者相比，知者的特点是"大体虚明而未纯"，原因就在于"旧习未尽消"，按照这样的发展逻辑，知者的进一步工夫就是要消除旧习、改过去意，这样方可以恢复至明至神的本心，从而达到人格完善和精神自由的境界。

关于知、仁、圣三者之间的共同点，本质上都是对于本心之道的体悟和任用，若论其差别，除了上面所阐释的知与仁的差别之外，杨简认为：仁者"几于圣"，圣者无非就是仁者的出神入化而已，他说：

> 吁！仁道之难明也久矣。学者无轻言之。……仁如桃有仁，杏有仁，梅有仁，寂然无思为，而能发生。知此之谓智，常明而不昏谓之仁，由是而日用万变无不中礼谓之圣，此可谓大矣。③

杨简的这段话，相当于给儒者的人格境界划分出三个层次，即以觉悟"本心即道"为标准，"知此之谓智，常明而不昏谓之仁，由是而日用万变无不中礼谓之圣"。知者、仁者、圣者就是杨简心中悟道之儒者的三层境界。当然，对于一般人而言，能够成为知者、仁者就已经很不错了。其中，知者是悟道的开始，而仁者已达到心性的纯明无间，这是现实生活中可以企及的理想人格，因此，杨简着重分析了两者的差别和转化的进路。由于孔子平生涉及知与仁的话语较多，除了上文所述之外，杨简还从"知者动，仁者静；知者乐，仁者寿"（《论语·雍也第六》）的角度进一步阐释两者的微妙差别，他说：

> 知者虽得动中之妙，虽动而未尝动，虽扰扰而未尝扰扰，而旧习之气忽乘隙而至，终未得静中之妙。④

> 知者虽得动中之妙，而未能常明常觉，事物汩之，间有转移，未

---

① 《慈湖遗书》卷11，《论〈论语〉下》，第796页。旧习之气，这是杨简的原话。
② 《慈湖遗书》卷3，《詹亨甫请书》，第636页。
③ 《慈湖遗书》卷9，《论〈春秋〉〈礼〉〈乐〉》，第746页。
④ 《慈湖遗书》卷11，《论〈论语〉下》，第796页。

能如仁者之常觉常明不动，故惟仁者可以言静。①

通过比较可知，在杨简心目中，知者得"动中之妙"，不如仁者得"静中之妙"，这种静妙，不是说仁者成天无所事事，而是指其内心处于一种高度宁静平和的状态，可以自如无碍地应对生活中的种种问题，正如杨简所说："应酬万务，扰扰胶胶，而未始不寂然"（同上）。正因为如此，仁者不仅享有知者之乐，而且有知者不可企及的长寿之兆，对此，杨简分析道——

> 知者得动中之妙，岂不堪乐？仁者念虑常静，则气常和平，心火不炎，火常济水，故多寿考。②
>
> 知者乐，则仁者之乐不言可知；仁者寿，以无思无为之妙，纯一无间，故至和保育，多寿考焉。③

杨简的高明之处，在于他不仅看到了知者之乐，而且告诉世人"知者乐，则仁者之乐不言可知"，两者在心性工夫的根本趋向上是一致的，其微妙的差别在于：仁者以宁静平和的心态，致使身体内部"心火不炎，火常济水"，无意间获得意外的养生功效，因此仁者必得其寿。杨简如此讲论，亦如此践履，他虽然一生坎坷，但是心态一直很好，身体也一直不错，直至八十六岁寿终，这在当时已属十分长寿了。而且，据《年谱》记载：临终，"先生清明纯一，无生死异；属纩之夕，怡然如平常时"，④由是可见，杨简对于先圣知与仁之道的认识，完全是以真修实悟为基础的，与那种章句训诂之儒有着本质的区别。同理，关于达到知与仁的境界，杨简一直强调实践性，他说：

> 《中庸》曰："力行近乎仁"，仁非徒知不行之谓。⑤

又举孔子门徒之例说：

---

① 《慈湖遗书》卷11，《论〈论语〉下》，第797页。
② 同上书，第796页。
③ 同上书，第797页。
④ 《慈湖遗书》附录，《宝谟阁学士正奉大夫慈湖先生行状》，第940页。
⑤ 《慈湖遗书》卷11，《论〈论语〉下》，第783页。

> 孔子以觉为知及之，又必仁能守之。漆雕开虽已觉此不可容言之妙，可曰知及，而用力于仁、蒙养之功，未至纯明。虽颜子三月不违，而三月之外亦或违，虽不远复，终未纯明。漆雕开未自信其纯明欤！①

漆雕开一语，出自《论语·公冶长第五》，原文是："子使漆雕开仕。对曰：'吾斯之未能信'。子说（同'悦'）"。对于这段话，杨简做了心学化的诠释，他认为，孔子的门人漆雕开所言"吾斯之未能信"，指的是"虽已觉此不可容言之妙，可曰知及，而用力于仁、蒙养之功，未至纯明"，因此不敢自信。高徒颜回虽然能够"三月不违仁"，但是，"三月之外亦或违，虽不远复，终未纯明"，可见，从知者到仁者，需要一个较长的笃实践履的过程，唯其如此，学者才能达到"如日月中天、如水鉴昭明"②般的"常觉常明"的仁者境界。

杨简以仁释道、以觉释仁的理念，除了源于个人的心悟之外，其实也是继承了前辈思想成果的产物。以其恩师陆九渊为例，他曾明言："仁即此心也，此理也。求则得之，得此理也；先知者，知此理也；先觉者，觉此理也。"③又说："此吾之本心也，所谓安宅、正路者，此也；所谓广居、正位、大道者，此也。古人自得之，故有其实。"（同上）可见，杨简的仁学思想与之十分接近，在一定程度上就是陆九渊这一思想的发挥和扩充。又如：杨简重视觉悟，认为不觉不足以言知与仁，除了"知道之谓知"以外，亦曾明言"仁者觉之谓"。④实际上，早在唐代，儒家学者李翱在其名篇《复性书》中就说过："圣人者，人之先觉者也，觉则明，否则惑，惑则昏。"⑤这种重视觉悟的理念与杨简几乎如出一辙。由是可见，正是因为有了前代圣贤的理论成果预为铺垫，杨简才能提炼出自己更加明确的本体论思想，从而傲然屹立于宋代理学名家之林。

综上所述，杨简以能否自觉"本心即道"为标准，划分知者与不知者；又以能否"常觉常明"为标准，划分仁者与知者。这种对知与仁的阐释，使得杨简"人心即道"的本体观与先秦孔孟的仁学思想相互贯通，从

---

① 《慈湖遗书》卷11，《论〈论语〉下》，第789页。
② 《慈湖遗书》卷19，《孔子闲居解》，第924页。
③ 《陆九渊集》卷1，《与曾宅之》，第5页。
④ 《慈湖遗书》卷19，《孔子闲居解》，第924页。
⑤ 北京大学哲学系中国哲学教研室编：《中国哲学史教学资料选辑》（上册），中华书局1981年版，第502页。

而接续了先秦儒学的思想血脉,并使之发扬光大。同时,杨简认为,"用力于仁,圣人深志","仁非徒知不行之谓",体现出一种重行的修养观,表明了杨简将仁圣之境作为自己的人格理想,以此为矢志不渝的奋斗目标。终其一身而言,杨简达到了这样一种人格境界,并以其相关理论对中国文化的传承产生了重要的影响。

六 自得本心之乐

或许有读者会问:即使某人明白了杨简"本心即道"的本体论,对于主体自身而言,能够获得什么益处呢?这里就牵扯到宋明理学的一个重要话题——受用。在整个心学体系中,凡是能够自觉本心者,都能够从中获得一种"天乐"(亦称"至乐"),这是由"本心"这一道体所产生的自发效用;换句话说,凡是觉悟了"本心即道"的人,都能够体会到一种天人合一状态下的愉悦和畅的精神快乐,这就是修道者在悟道之后所必然伴生的"受用"。

如果从文献渊源的角度讲,"天乐"和"至乐"一词本出自《庄子》,在《庄子·天道》中说:"与人和者,谓之人乐;与天和者,谓之天乐。"① 又说:"天乐者,圣人之心,以畜天下也。"② 至于"至乐"一词,《庄子》外篇中有一篇即名曰《至乐》,开头即曰:"天下有至乐无有哉?有可以活身者无有哉?"③ 并得出结论说:"至乐无乐,至誉无誉。"④ 此外,在《庄子》一书的其他部分,还有关于"天乐"与"至乐"的一些散论。毋庸讳言,宋明理学在形式上吸纳了许多道家和佛家的思想和用语,但是,杨简的所谓"天乐",完全是他从自身修道实践中得来的真实体悟和受用,绝非抄袭前人剩语的产物。

在"循理斋之悟"中,杨简体会到天地万物通为一体、澄然一片的境界;在"双明阁之悟"中,杨简体会到一种本心"澄然清明"的境界,终于明白了"其心之即道,而非有二物"⑤。其实,这种境界无非一气贯通、发窍于心的体现而已。此后,杨简的工夫日进月迈,不断趋向纯熟,最终达到了"常觉常明"的仁者境界,与之相伴的,便是心灵解脱了种种束

---

① (战国)庄周原著、(清)郭庆藩集释:《庄子集释》,王孝鱼点校,卷5《天道第十三》,中华书局2012年第3版,第463页。
② 《庄子集释》卷5,《天道第十三》,第467页。
③ 《庄子集释》卷6,《至乐第十八》,第607页。
④ 同上书,第610页。
⑤ 《慈湖遗书》卷2,《二陆先生祠记》,第621页。

缚，愈加自由洒脱，恒常地处于一种愉悦和畅的精神状态中，这便是他所说的"天乐"。即使在政治生涯中遇到了某些打击和挫折，这种本心固有的愉悦感也不会消失，稍加调整后，照样焕发出原有的洒脱自如、和谐自在的精神面貌。

关于"天乐"一词，杨简曾借用孔子晚年的"发愤忘食，乐以忘忧"（《论语·述而第七》）的名言加以诠释，他说：

> 当知夫发愤忘食，非用人力；乐以忘忧，乃有天乐。人心可知，道心不可知；人乐有尽，天乐无尽。可知者有久暂，不可知者，前无端绪，后无终止。①

关于"天乐"的产生，说到底，就是对于"本心即道"的觉悟之后所伴生的一种自由洒脱、愉悦和畅的精神快乐。对此，先圣孔子亦有所启示，如：

> 知之者不如好之者，好之者不如乐之者。②
> 知者动，仁者静；知者乐，仁者寿。③

关于这些话语，历来的儒家学者有许多精辟、简明的诠释，此不赘述。对于后一句，杨简却有独到的认识，他说：

> 知者乐，则仁者之乐不言可知。④

如前文所述，杨简指出："知道之谓知，……伊尹谓之觉"，又说："仁者觉之谓"，这些话表明：无论知与仁，本质上都是对"人心即道"的觉悟，两者在根本性质上是一致的，因此，知（同"智"）者悟道之后，能体会到本心固有之乐，那么，作为"常觉常明"的仁者，对于这种本心固有之乐的体会将是更加稳定、持久，故而杨简才说："知者乐，则仁者之乐不言可知。"当然，关于这种"天乐"，杨简坚持"言不尽意"的传统看法，认为"是妙也，惟觉者自知，而不可以语人，虽强言之，终

---

① 《慈湖遗书》卷11，《论〈论语〉下》，第803页。
② 《论语集注·雍也第六》，载《四书章句集注》，第89页。
③ 同上书，第90页。
④ 《慈湖遗书》卷11，《论〈论语〉下》，第797页。

不可以尽也。"① 但是，为了让世人尽量明白一二，他还是勉为其难地用语言加以描述，例如：孔子曾有"仁者安仁，知者利仁"（《论语·里仁第四》）一语，杨简对此语作了如下阐发，他说：

> 子曰："知者利仁。"深知仁之为美为利，故好之。好德不如好色，未知仁之为美为利故也。何思何虑之妙，静虚纯明，如天地日月；融融和乐，无始无终，如春风和气。此唯知者知之，仁者安之。②

在杨简看来，知者已然觉悟"本心即道（仁）"，因此，"深知仁之为美为利，故好之"，也就是说，知者已能够体会到本心之乐，只是不如仁者的体会恒定长久。无论是知者还是仁者，他们都体悟到了本心的固有状态——"何思何虑，静虚纯明，如天地日月；融融和乐，无始无终，如春风和气"。其中，"静虚纯明"相当于"体"，"融融和乐，无始无终"相当于"用"，亦即本心固有的"天乐"，知者知之，而仁者安之，其境界显然更高一层。

就杨简自身而言，在体悟到"本心即道"之后，他同时也体会到本心所固有的"天乐"，由于其心性工夫不断进益，这种"天乐"伴随了杨简长寿的一生，即使仕途多舛，屡遭打击，他依然能够洒脱自如，因为这种"天乐"给予他一种超越世俗苦乐的精神境界。这一点，从他的一些诗作中可以窥见其端倪。例如，1195年，杨简遭受"庆元党禁"的贬谪，回到家乡赋闲，长达十四年之久。若是一般人，心情必然郁闷不已，甚至从此愤世嫉俗。可是，对杨简而言，这种政治生涯中的打击并不能动摇他对于"本心即道"的觉解和自信。起初，同乡沈文彪（号清遐居士）"尝筑亭馆石鱼之麓，名曰槃隐"③，邀请杨简讲道其中。待了一段时间之后，杨简发现此处山清水秀，于是自己也建起一栋石鱼楼（又称"石鱼竹房"），索性把家搬到了这里。为此，他写下了一篇《广居赋》，在赋中，他虽然坦言自己很喜欢此处的风光，但是又说，他心中的"广居"并不只是山水胜景而已。在《广居赋》开篇，杨简自述：

> 四明杨子家本三江之口，徙居西屿之麓。……有家如此，亦可谓

---

① 《慈湖遗书》卷13，《论〈大学〉〈中庸〉》，第829页。
② 《慈湖遗书》卷10，《论〈论语〉上》，第781页。
③ 《慈湖先生年谱》卷1，载《四明丛书》，第12册，第6943页。

奇矣！而杨子方悠然而笑曰："吾又有广居焉，益奇。"①

那么，令杨简怡然自得的"广居"究竟是什么样的呢？杨简说："吾今所叙，有目者之所不睹，有口者虽欲言，而无所（言）。"② 据此可知，杨简所说的"广居"，并非实在的屋宇楼台之类，而是指一种精神境界，所以才会有"有目者之所不睹，有口者之所不言"的性状。接着，杨简写道——

> 海虽大，不逃乎有形。有形之物终穷，吾广居不可以形，奚穷？广居之中，天生其中，地生其中，日月经其中，星辰罗其中，雷霆风雨霜雪变化其中，人与鸟兽虫鱼万汇尽产其中。（同上）

由是可见，杨简所谓的"广居"，实际上就是他所体悟到的"天地万物通为一体"的境界，这是一种无所穷际、一气流通的浩然之境，所以，在此"广居"之中，"天生其中，地生其中，日月经其中，星辰罗其中，雷霆风雨霜雪变化其中，人与鸟兽虫鱼万汇尽产其中"。那么，作为处于"广居"之中的主体自身，又会有什么样的感受呢？杨简十分陶醉地说：

> 是中有不求自有之至乐，宫商日奏，金石日谐，油油而溶溶，易直子谅，庄敬正中，高明而有融，泰和而粹冲，世乐有穷，斯乐靡终。（同上）

由于主体心灵处于这种"广居"之中，因此，杨简体会到了"不求自有之至乐"。这种至乐，先天固有，"高明而有融，泰和而粹中"，其美妙之盛无法用语言来形容，只能说"世乐有穷，斯乐靡终"，换句话讲，也就是前文所说的"人乐有尽，天乐无尽""融融和乐，无始无终"。

或许有人会质疑：这种"天乐"是否仅为杨简一人的发现？如果真的是这样，它就不具有普遍推广的意义。答案显然是否定的，宋明理学兴起之后，对于这种先天固有的"天乐"，历代皆有真儒体悟到，并且勉为其难地加以描述。在此仅举明代泰州学派嫡传王襞的体悟为例，王襞曾作诗曰：

---

① 《慈湖遗书》卷6，《广居赋》，第664—665页。
② 同上书，第665页。

> 人固有蒙幸，我幸安可比？自觉换骨清，哪羡羡门子。感念父师恩，交颐涕如雨。无忝吾所生，至乐不可拟。①

虽然王襞与杨简在时间上相隔三百年之久，但是，他同样体会到这种"至乐"，而且，在觉悟之初，"自觉换骨清"，有一种脱胎换骨的感觉。如前文所述，这种"至乐"是先天固有的，惟觉悟者可以享之，故而又称"天乐"，因此，当门人问及"天乐"与"人乐"的有关情况时，王襞答曰：

> 有所倚而后乐者，乐以人者也。一失其所倚，则慊然若不足也。无所倚而自乐者，乐以天者也。舒惨欣戚，荣悴得丧，无适而不可也。②

两相比照，我们不难发现：杨简和王襞关于"人乐"和"天乐"区别的思想，几乎如出一辙，可谓圣贤所见略同。其实，这种"天乐"也就是宋明理学津津乐道的"孔颜真乐"，谨以孔子的言语为证——

> 子曰："贤哉回也！一箪食，一瓢饮，在陋巷，人不堪其忧，回也不改其乐。贤哉回也！"③
> 子曰："饭疏食，饮水，曲肱而枕之，乐亦在其中矣。不义而富且贵，于我如浮云。"④

一般人对于"孔颜乐处"的内涵，往往不甚明了。概而言之，有其体必有其用，当一位儒者真切体悟到本心之仁（"道"）的时候，必然伴生一种愉悦和畅的精神感受，这就是所谓"天乐"。倘若自身旧习之气较重，对这种"仁体"的体会则为时短暂，如孔子所言"日月至焉"（《论语·雍也第六》）。于是，这种"天乐"持续的时间较短；若能像高徒颜回那

---

① （明）王襞：《明儒王东厓先生遗集》，卷2《漫言》，江苏教育出版社2001年版，第266页。按：此书附于陈祝生主编的《王心斋全集》（江苏教育出版社2001年版）之后。王襞（1511—1587年），号东厓，泰州学派创始人王艮的次子，亦是其学术传人，终身不仕，在民间传播儒学。
② （明）王襞：《新镌王东厓先生遗集二卷》，载《四库全书存目丛书》，齐鲁书社1997年影印本，集部，第146册，第674页。
③ 《论语集注·雍也第六》，载《四书章句集注》，第87页。
④ 《论语集注·述而第七》，载《四书章句集注》，第97页。

样"其心三月不违仁"（同上），那么，这种"天乐"持续的时间必然较长；如果一个儒者的心灵真能达到孔子那样的化境，那么，这种"天乐"将一直持续终生，不会因为生活和事业的挫折而消失，反倒是愈发畅达，足以使人忘却生活的贫困或事业的穷厄，这就是孔子晚年自况能够"乐以忘忧"（《论语·述而第七》）的原因所在。在心学家看来，孔颜等先圣所体会到的"天乐"，乃是检验儒者工夫的一项标准。例如，明代心学家罗汝芳（1515—1588年）与门人有过这样一番对话——

> 问曰："孔子蔬水，颜子箪瓢，皆自有其乐者，恐正是此去处得力否？"
> 罗子曰："岂惟孔、颜哉！从古圣贤，未有不在此中安身立命者。"①

由是可见，从先秦至宋明时代，儒家圣贤一直以体会"天乐"为心传，它是儒者通过修习践履，实实在在地觉悟了心之本体之后，必然伴生的一种自由无碍的心灵"受用"。杨简对此颇有体证，故而能在觉悟本心的基础上，长久地享受着这种洒脱自如的"至乐"。除了《广居赋》外，在杨简的很多诗篇中可以发现这样的"乐处"。例如，《登石鱼楼》诗中说：

> 楼栏倚碧空，绿树正摇风。我独来从容，笑歌于其中。微凉吹我衣，碧袂纱玲珑。诗成自长吟，宛转音和融。此意无人会，只许清风同。亦许空间云，悠然西又东；亦许林间禽，幽哢声无踪；亦许山间翁，笑语天机通。前山对我吟，突兀青重重。终日赓我歌，知音无罄宗。②

事实上，杨简在石鱼楼居住期间，正是他遭受打击、奉祠赋闲的时期，而且长达十四年之久，但是，杨简时常登楼眺望，心旷神怡，"楼栏倚碧空，绿树正摇风。我独来从容，笑歌于其中"，正如孔子所谓"乐以忘忧"了。而且，杨简并不因为缺乏知音而忧郁，而是发出"此意无人会，只许清风同"的感叹，除了清风之外，白云、林禽、山翁，似乎都成

---

① （明）罗汝芳：《近溪子集》卷6，载《罗汝芳集》，第200—201页。
② 《慈湖遗书》卷6，《登石鱼楼》，第669页。此处是节录。

了他的好友。在一片宁静和谐的心境中，杨简独自吟诵新成的诗作，自觉笑语与天机相通，此时，什么仕途的挫折、生活的烦恼，早都在青山绿水中消失得无影无踪了。如果认真研读《慈湖遗书》，就会发现，类似的诗作还有很多，例如《咏春》一诗："日日看山不厌山，白云吞吐翠微间。静明光里无穷乐，只是令人下语难。"① 诗中"静明光里无穷乐，只是令人下语难"一句，不外乎仍是这种"天乐"的表现。

到了嘉定七年（1214年），七十四岁的杨简再次落职奉祠，因年事已高，再也没有用世的机会。即使如此，他所体悟到的"天乐"，如左右逢源一般真切泠然。仍以诗作为证，他在《丁丑偶书》中写道——

> 新年七十七，是虚不是实。我心包太空，有无混然一。比日腑脏作，示病而无疾。凭栏拱翠峰，可咏不可诘。（其一）②
> 物物皆吾体，心心是我思。四时非代谢，万说不支离。涧水谈颜乐，松风咏誓词。仲尼亲许可，实语断非欺。（其二）③

由此诗句可见，年近耄耋的杨简，其胸怀已臻化境——"我心包太空，有无混然一"，即使脏腑有病，也丝毫没有影响到他的心境。在故乡养老时，"门人益亲"④，他与门人论学不辍，其内容不外乎"涧水谈颜乐，松风咏誓词"。由于杨简自身有着真切的体悟，因此，他反观自幼所读的儒家经典，明确地认定这种人生乐趣和志向乃是"仲尼亲许可，实语断非欺"。

本节所言，乃是杨简的本体论思想，其基本理念是："人之本心即道"（简称"人心即道"），而且"人心自备众德""自有伦理"。由于"仁"是"道"的实际内涵，因此，觉悟本心，亦即体悟仁德。有此真悟之后，学者会伴生一种愉悦和畅的精神感受，杨简称为"天乐"，这种"天乐"乃先天固有，惟觉者可以自得，只是随着儒者心性工夫的层次而有久暂之别，常觉常明者可以受用终生，从这个意义上讲，修道事业乃是一项真正的"为己之学"。

---

① 《慈湖遗书》卷6，《咏春》，第671页。
② 《慈湖遗书》卷6，《丁丑偶书》，第673页。
③ 同上。皙，指曾点，字皙，孔子门徒，以曾点之志闻名于世。
④ 《慈湖遗书》附录，《宝谟阁学士正奉大夫慈湖先生行状》，第942页。

第四节 杨简的"己易"本体观

谈到本体论,我们不得不提到杨简的一篇重要文章《己易》,在这篇长达4700字的文章中,杨简从易学的角度来探讨本体论问题,重新阐发了"天地我之天地,变化我之变化"①的本体论思想,借用某位当代学者的话来评述,"杨简解《易》,处处贯彻其本心论的原则"。② 当然,这并不是说杨简在"人心即道"的本体论之外又另辟一种易学本体观,而是他从易学研究的角度重新阐发了自己的本体论思想,因此,笔者在此称之为"己易"本体观。

一 "易者,己也,非有他也"

《周易》是"五经"之一,因其深邃的义理和玄奥的象数体系,又被称为"群经之首"。关于《周易》,宋代诸儒大多颇有研究,如周敦颐著《易通》,程颐著《程氏易传》,张载著《横渠易说》,朱熹著《周易本义》,杨简也不例外,专门著有《杨氏易传》一书(二十卷),主要是从心学立场对《周易》的义理进行阐发,今收录于《四库全书》和《杨简全集》之中。杨简的易学思想可做独立研究,在此,笔者仅仅是借其《己易》一文和其他关于易学的言论来阐释其本体论思想,从另一个角度来理解杨简的"人心即道"的本体观。

首先需要指出,杨简关于《周易》的认识,是建立在他的"循理斋之悟"和"双明阁之悟"的实践基础上的,因此,他对于《周易》的本体论有着自己独到的体会和共鸣。故此,他在《己易》开篇即说:

> 易者,己也,非有他也。以易为书,不以易为己,不可也;以易为天地之变化,不以易为己之变化,不可也。天地我之天地,变化我之变化,非他物也。私者裂之,私者自小也。③

---

① 《慈湖遗书》卷7,《己易》,第687页。
② 姜广辉、禹菲:《心学的理论逻辑与经学方法——以陆九渊、杨简、王阳明为例》,《哲学研究》2017年第2期,第62页。
③ 《慈湖遗书》卷7,《己易》,第687页。

这段话表明，杨简认为古人所谓"易以道阴阳"①的哲学体系，实际上就是人之本心的外化而已，故曰"易者，己也，非有他也"。杨简在"循理斋之悟"时，已然体证"我与天地万物通为一体"的境界，因此，他很自然地得出"天地我之天地，变化我之变化，非他物也"的结论。到了"双明阁之悟"时，杨简又体悟到"本心澄然清明"的状态。两年后，在居丧守孝期间，他在草庐中又"大悟变化云为之旨，纵横交错，万变虚明，不动如鉴中象矣"②。在这种不断精进的修道过程中，杨简的心性不仅开明觉悟，而且工夫日益纯熟，于是，他阅读《周易》一书，面对的不再是枯燥乏味的章句文字，而是满眼活泼泼的关于本心"变化云为"的描述，因此，他得出上述结论是再正常不过的事情。关于"以易为己"的思想，杨简还从多个角度进行论述。例如：

> 吾未见夫天与地与人之有三也。三者形也，一者性也，亦曰道也，又曰易也，名言之不同，而其实一体也。③
>
> 天者，吾心之高明；地者，吾心之博厚；男者，吾心之乾；女者，吾心之坤；万物者，吾心之散殊，一物也。一物而数名，谓之心，亦谓之道，亦谓之易。圣人谆谆言之者，欲使纷纷者约而归乎此也。④
>
> 《易》曰："范围天地。"天地在吾心量中也。⑤

杨简的这些言论可以用一句话来概括，即"易者，己也，非有他也"。它旨在表明，所谓"弥纶天地之道""范围天地之化"⑥的《周易》，其宗旨不过是在描摹"人心即道（易）"的本然状态和变化规律而已。《周易》一书虽然包含六十四卦、三百八十六爻，"举万物之流形变化，皆在其中"⑦，看似复杂多变、玄奥深邃，归根结底，都不过是"吾之变化也"⑧。

一般人之所以不具备杨简这样的易学本体观，原因在于：他们缺乏杨简的直觉体悟的实践经验，因此，阅读《周易》时只不过又是在重复章句

---

① 《庄子集释》卷10，《天下第三十三》，第1062页。
② 《慈湖遗书》附录，《宝谟阁正奉大夫慈湖先生行状》，第928页。
③ 《慈湖遗书》卷7，《己易》，第688页。
④ 《慈湖遗书》卷7，《泛论易》，第701页。
⑤ 《慈湖遗书》卷19，第923页。
⑥ 《周易译注》，《系辞上》第4章，第535页。
⑦ 《慈湖遗书》卷7，《己易》，第688页。
⑧ 同上书，第689页。

训诂之学而已。对此,杨简坦率地讲明了常规经验的局限性,他说:

> 夫所以为我者,毋曰血气形貌而已也。吾性澄然清明而非物,吾性洞然无际而非量。天者,吾性中之象;地者,吾性中之形,故曰"在天成象,在地成形",皆我之所为也。混融无内外,贯通无异殊。①
> 不以天地万物万化万理为己,而惟执耳目鼻口四肢为己,是剖吾之全体而裂取分寸之肤也,是梏于血气而自私也,自小也。吾之躯非止于六尺七尺而已也,坐井而观天,不知天之大也;坐血气而观己,不知己之广也。②

这些话表明:一般人受常规经验所限,认识到的自我不过是"血气形貌"而已,对于"形而上"的心之本体缺乏真切的感知,因此,"惟执耳目鼻口四肢为己",实际上是丢弃了"大我"本体而自甘束缚,对此,杨简评述为"是梏于血气而自私也,自小也"。从深层内涵上讲,正如杨简所说"吾之躯非止于六尺七尺而已也",人的生命也并不止是血气形貌这些可见之物,如果自悟本心,便可以发现"吾性澄然清明而非物,吾性洞然无际而非量",天地万物都不过是本心的无穷变化,因此,杨简告诫世人:"坐血气而观己,不知己之广也。"要想真正理解《周易》的本体观,就必须笃实践履,反观自我,认识到"天人合一"的"大我"本体,唯有如此,才能洞见"易为己之变化"的奥秘。

二 "善学《易》者求诸己,不求诸书"

根据上文所述的"己易"本体观,杨简也顺带指出了后世儒者学习《周易》、领悟易理的最关键的办法,那就是:

> 善学《易》者求诸己,不求诸书。古圣作《易》,凡以开吾心之明而已,不求诸己而求诸书,其不明古圣之所指也甚矣。③

当然,杨简从来不主张门人成为"束书不观,游谈无根"的浅薄之徒,其意在于:学者应当突破章句训诂之学的局限,真正抓住《易》经的

---

① 《慈湖遗书》卷7,《己易》,第688页。
② 同上书,第689页。原作:"非吾之躯止于六尺七尺而已",不够通顺,据文义改。
③ 同上书,第691页。

要旨，从自家身心上明白"易为己之变化"的奥妙。例如：历来哲学话语体系中，都存在着"名异而实同"的现象，结果导致研究者沉溺于烦琐的名言，而思想精髓却被湮没无闻，杨简发现《周易》中也存在这一问题，他说：

> 言吾之变化云为深不可测之曰神；言吾心之本曰性；言性之妙不可致诘，不可以人为加焉曰命；得此谓之德；由此谓之道；其觉谓之仁；……言乎其变谓之易；言乎其无所不通谓之道；言乎无二谓之一。①

在杨简看来，《周易》一书中所涉及的许多范畴——神、性、命、德、道、易，等等，其实都可以得到统一的诠释，它们不过是吾心之本体的不同称谓而已。因此，读《易》（也包括阅读其他经典）之时，不能被这些言词名相所困扰，应当反求诸己，在自家的身心上找到固有的源头。遗憾的是，能够领悟这些道理的学者实在是太少了，为此，杨简感叹道：

> 古圣指东，学者求西。读书者满天下，省己者千无一，万无一。孔氏之门，学者不知其几，而日至者无几也；月至者又无几也；三月不违者，颜氏子一人而已……此岂训诂之所能解也？②

所幸的是，杨简自己门下能够领悟"易为己之变化"的学者还是不乏其人的。例如，严汲古、曾熠③、钱时、赵彦悈……这些人对杨简的易学思想颇能心契。以严汲古为例，在《慈湖遗书》中，屡屡记载他与杨简二人关于易学思想的探讨，从中可见严氏善问，慈湖善答。又以曾熠（字定远，庐陵人）为例，他曾刊印杨简所作《己易》和《孔子闲居解》二文，序曰：

> 自孟氏没，更秦历汉，以至于今，前圣之意隐然而未发者，乃有横渠之《西铭》。虽然，《西铭》之意，认天地为一家，而《己易》

---

① 《慈湖遗书》卷7，《己易》，第689—690页。
② 同上书，第691页。
③ 曾熠，庐陵（今吉安）人，生卒年不详。其传略参见《宋元学案》卷74，《慈湖学案》，第2493页。

一书，悟天地为一己。其流行发见，精粗毕备，厥功益大。①

与袁甫、赵彦悈等同门相比，曾熠乃一介白衣之士，以至《宋元学案》对其生平不着一语。但是，他对于杨简的《己易》颇有领悟，故而"思与朋友共刊诸版"（同上）。曾熠对《己易》一文评价甚高，把它与张载的《西铭》并论，认为"《西铭》之意，认天地为一家，而《己易》一书，悟天地为一己"，如果懂得了"易为己之变化"的奥妙，那么，"其流行发见，精粗毕备，厥功益大"。因此，曾熠将《己易》一文付梓，目的就在于告诉世人：

> 学者诚能沉潜而反复之，……反诸吾身，觉其机之动，而体验推放之，虽驯造圣贤之域，可也。（同上）

本章所论，主要是阐释杨简的"人心即道"本体论的内涵。杨简所谓的"人心"，是指古今四海一致的"天下同然之心"，亦即人类共同的先天原本的心体。杨简认为，此心之中，万善毕备，惟所欲用，无非大道，故曰："人之本心即道"。这个本心并不神秘，其实就是日用平常之心，能够觉悟它，便是知者；能够保持常觉常明的状态，便是仁者。任何人觉悟本心之后，必然伴生一种愉悦和畅、自在洒脱的"天乐"，这是悟道之后的"受用"。从另一个角度讲，"人心即道"的本体论在《周易》中又可表述为"易者，己也"，这是杨简的本体论在易学领域的伸展和体现。不过，要想真实体悟"人心即道"的奥妙，就离不开修习践履的工夫，这就是第三章所要探讨的杨简工夫论的内容了。

---

① 《慈湖遗书》卷19，第925页。

第三章 杨简的心学工夫论

宋明理学的工夫论，指的是从事心性涵养的修习践履，目的是明道成圣。因为理学中有本体与工夫之辨，所以习惯上称为工夫论。在慈湖心学中，"人心即道"是其本体论要旨，而"不起意"则是其工夫论内涵。这两句话看似简单，在实践中却有深邃无穷的意蕴和神妙不测的作用。从南宋心学发展的脉络来看，"不起意"的工夫论把陆九渊"易简工夫终久大"① 的思想贯彻到了极致，用杨简自己的话讲，便是"天下之至深，常存乎至浅；天下之至难，常存乎至易"②。就像王阳明晚年将其学术宗旨归结为"致良知"三字一样，"不起意"三字，虽然言简意赅，的确是对慈湖心学的工夫论要旨的最好概括。

第一节 "不起意"之辨

一 "不起意"的真实内涵

在第二章，笔者阐释了杨简哲学思想中的"心"和"意"的差别。在一般人头脑中，"心意"连用，似乎没有什么差别，但是，在杨简的哲学体系中，所谓心，指的是人类共同的先天原本的精神实体，具有普遍存在的意义，亦即"天下同然者谓之心"③，"是心四海之所同，万古之所同"④。从其内涵来讲，人心自备众德，具有先验的道德属性，杨简表述为"此心之中，孝弟忠信、仁义礼智，万善毕备，惟所欲用，无非大道"⑤，

---

① 《陆九渊集》卷34，《语录上》，第427页。
② 《慈湖遗书》卷11，《论〈论语〉下》，第806页。
③ 《慈湖遗书》卷10，《论〈论语〉上》，第786页。
④ 《慈湖遗书》卷8，《论〈书〉〈诗〉》，第715页。
⑤ 《慈湖遗书》卷14，《论孟子、诸子》，第843页。

正是在这个意义上，杨简才敢于明确地宣称"人心即道"。所谓意，指的是后天生活中产生的具有定向性、偏倚性和执着性的属于"小我"的思想观念，在有"意"的基础上，往往会进而滋生出无问是非善恶的各种欲求。杨简认为，"意生故我立"①，"意起而私立"②，有了这些后天意识之后，人心原本具有的普适性、公正性和无着性等先天优点在不知不觉中丧失，取而代之的是具有定向性、偏倚性和执着性的诸种后天意念，在这些意念的支配和左右下，人们的行为必然出现各种偏差甚至过失，因此，杨简概括地说："千尤万过，皆生于离心而起意。"③既然"离心而起意"会导致人们迷失本心、犯下各种错误，那么，"不起意"便自然成为杨简所提倡的心性修养的基本工夫。

关于后天之意的负面作用，杨简经常谈起，旨在告诫学者要注意"意"的潜在危害，力求不远而复其本心。他说：

> 千失万过，孰不由意虑而生乎！意动于爱恶，故有过；意动于声色，故有过；意动于云为，故有过；意无所动，本亦无过。先圣所以每每止绝学者之意，门弟子总计之曰"毋意"，为是故也。④

> 此心本无过，动于意斯有过。意动于声色，故有过；意动于货利，故有过；意动于物我，故有过。千失万过，皆由意动而生。故孔子每每戒学者"毋意、毋必、毋固、毋我"，意态无越斯四者，故每每止绝学者。门弟子欲记其言，不胜其记，故总而记之曰"绝四"。⑤

这两段话，其一是绍熙四年（1193年）杨简在任乐平知县时为县学新舍落成而作，其二是嘉定十年（1217年）杨简应邀为临安府学新殿完成而作。两者相距二十四年，杨简也从五十三岁的壮年变成七十八岁的老人了。然而，杨简关于"不起意"的工夫论思想却好似经过炉火锤炼，愈加纯青皓白。在杨简看来，"人心即道，本不假求"，只是因为添了一些"意"，因而产生了定向性、偏倚性和执着性，于是，失去心体先天固有的"静虚纯明"的特点，变得贪恋、狭隘、自私、执着，由此出发，进一步萌生出各种过失，甚至走向伤天害理的罪恶深渊，因此，杨简认为："千

---

① 《慈湖遗书》卷2，《王子庸请书》（二），第616页。
② 《慈湖遗书》卷7，《泛论易》，第703页。
③ 《慈湖遗书》卷3，《詹亨甫请书》，第636页。
④ 《慈湖遗书》卷2，《乐平县学记》，第617页。
⑤ 《慈湖遗书》卷2，《临安府学记》，第618—619页。

失万过,皆由意动而生。"无论是意动于声色、货利、爱恶,还是动于变化有为,都失去了先天心体的公正普适的原貌,都变成具有偏倚性、执着性的"小我"之见,成为一切过恶的根源。

关于由"心"到"意"的转变,杨简做了一些描述,他说:

> 人之道心,未始不一,未始不常,未始不清明,未始有偏倚。唯其微动于意焉,故失之。实未尝失也,昏也。如日月而云气蔽之,虽足以塞其明,而明未尝息也,自不知尔。①

> 人心即道,作好(hào)焉,始失其道;作恶(wù)焉,始失其道。微作意焉,辄偏辄党,始为非道。所以明人心之本善,所以明起意之为害。②

> 意如云气,能障太虚之清明,能蔽日月之光明。③

这些话表明,人心原本的状态是清明纯一的,但是,一旦"微起意焉",就像天空中渐渐出现的云气一样,足以蔽塞日月之光明、足以遮掩蓝天之本色。当然,无论是蓝天的本色、还是日月的光明,都不会因云气的遮蔽而真的失去,只是其光芒本色不能显现出来,就如同失去了一样。同理,对于"自神自明"的人心而言,因为有"意"的泛起,最终也将蒙蔽心灵的本然状态,人心固有的静虚纯明的本体和妙用都因而迷失。即便如此,我们也不能说本心丢失,实际上是被后天之意遮蔽了,所以杨简说:"实未尝失也,昏也。"

那么,在现实生活中,"意"究竟具有哪些表现?应当如何判别"心"和"意"之间的微妙差别呢?对此,杨简做了详细的描述,他说:

> 何谓意?微起焉,皆谓之意;微止焉,皆谓之意。意之为状,不可胜穷,有利有害,有是有非,有进有退,有虚有实,有多有寡,有散有合,有依有违,有前有后,有上有下,有体有用,有本有末,有此有彼,有动有静,有今有古。若此之类,虽穷日之力,穷年之力,纵说横说,广说备说,不可得而尽。然则心与意奚辨?是二者未始不一,蔽者自不一。一则为心,二则为意;直则为心,支则为意。④

---

① 《慈湖遗书》卷9,《论春秋礼乐》,第748页。
② 《慈湖遗书》卷13,《论〈大学〉〈中庸〉》,第826页。
③ 《慈湖遗书》卷2,《著庭记》,第626页。
④ 《慈湖遗书》卷3,《绝四记》,第637—638页。

杨简认为，在现实生活中，"意之为状，不可胜穷"，它的表现各式各样、不胜枚举，"虽穷日之力，穷年之力，纵说横说，广说备说，不可得而尽"。不过，"意"与"心"的区别是客观存在的。从形式上看，它们都是人的思想观念，然而，"意"是从"心"中派生出来的，其内涵是在心之本体的基础上添加了具有定向性、偏倚性和执着性的念头，因此，在不同程度上背离了人心本体灵明至善的状态，变得"辄偏辄党，始为非道"。那么，如何区分"心"与"意"呢？杨简指出："一则为心，二则为意；直则为心，支则为意"。简而言之，自信本心、任用无虑，便是直心而往；反之，在本心之上添加了各种意念，如：贪恋、欲求、犹豫、顾虑……种种贪念、种种计较，都会使得人心由先天向后天转化，从公正无碍的"大我"变成狭隘自私的"小我"，因此，各种过恶已经萌发，只待在现实生活中变成事实行动和结果而已。

　　上述分析，可以归结为一句话，那就是："人心自明，人心自灵，意起我立，必固碍塞，始丧其明，始失其灵。"① 有鉴于此，杨简"自家体贴"出一种救治这些过恶的方法，那就是——"不起意"。只要不起后天之意，本心之清明至善就始终存在，就一直发挥着它的灵明妙用，因此，再没有比"不起意"更加简易直截的修养方法了。客观地讲，"不起意"三个字的确容易令人产生误解，如："不起意"是否就是让人什么事都不干，像木头一样活着；"不起意"是否就是让人杜绝思虑，什么东西也不要想；等等。杨简也发现了门人心中存在的诸种疑问，对此，他做了许多耐心细致的阐释，他说：

　　　　不动乎意，非木石然也；中和平常正直之心，非意也。②

　　杨简指出，不动乎意，并非让人像木头、石头一样，只要保持着中和、平常和正直的心态，便是保任先天本心，不致滑到后天之意的歧路上去。在与门人的对话中，杨简也多次谈及心与意之别，例如：

　　　　（先生）又曰："不起意，非谓都不理事。凡做事只要合理。若起私意，则不可。如事亲从兄，治家接物，若子哭颜渊恸，与见其过而

---

① 《慈湖遗书》卷3，《绝四记》，第637页。
② 《慈湖诗传》卷18，载《四库全书》，经部，第73册，第283页。中和，原作"中正"，有误，据文义改。

内自讼，此是云为变化，非起意，惟觉者自知。"汲古对曰："不起意，便是君子坦荡荡，而无一毫之累。若起意，则是小人长戚戚，而无片时宁一。"先生曰："是。"①

在这段对话中，杨简告诉门人严汲古：不起意，不是指百事不理，"凡做事只要合理"，若符合先天本心，只管去做好了。在日常生活中，事亲从兄，治家接物，各种各样的事情，无论多么复杂，只要以平常实直之心为之，都不过是本心的"云为变化"而已，这不属于"起意"的范畴；反之，"若起私意，则不可"，这一点，凡是觉悟本心之人，在现实生活中便可自己体会得到，如人饮水，冷暖自知。听了杨简的这番话，严汲古接着说："不起意，便是君子坦荡荡，而无一毫之累。若起意，则是小人长戚戚，而无片时宁一。"听了学生的演绎，杨简认为严汲古真正搞清了心与意之别，十分干脆地说："是。"

由于当时的儒生大多熟读经典，而且迷信经典，有时候，杨简亦借助儒家经典中的事例对"不起意"的内涵加以诠释，他说：

孔子莞尔而笑，喜也，非动乎意也；曰野哉由也，怒也，非动乎意也；哭颜渊至于恸，哀也，非动乎意也。日用平常，变化云为，喜怒哀乐，如四时之错行，如日月之代明，如镜中万象，实虚明而无所有。②

上述言论，涉及《论语》中的许多典故，凡是通读过《论语》的读者应当比较熟悉。在此不一一列举，仅择其要而辨之——

子之武城，闻弦歌之声。夫子莞尔而笑，曰："割鸡焉用牛刀？"子游对曰："昔者偃也闻诸夫子曰：'君子学道则爱人，小人学道则易使也。'"子曰："二三子！偃之言是也。前言戏之耳。"③

孔子到武城考察，看到在学生子游（姓言名偃）的治理下，满城尽闻弦歌之声，发自内心地高兴，以为礼乐之教在此初现端倪，便和子游开了

---

① 《慈湖遗书》卷13，《论〈大学〉〈中庸〉》，第831页。
② 《慈湖遗书》卷2，《临安府学记》，第619页。
③ 《论语集注·阳货》，载《四书章句集注》，第177页。

个玩笑。杨简认为，孔子的这种"莞尔而笑"，乃是本心喜悦之情的真实流露，绝非后天"小我"之私意。其次，他批评子路"野哉，由也"（《论语·子路》），也是发自本心、当怒则怒，亦非为了维护个人的面子。再次，当入室弟子颜渊早逝之后，孔子"哭之恸"（《论语·先进》），其悲痛之极已然忘我，这也是发自本心的伤痛，为失去这位"其心三月不违仁"的高徒而恸哭，这也不属私意，因为全无个人计较在其中。对于孔子的这些表现，杨简认为，"日用平常，变化云为，喜怒哀乐"，这些都是人之本心的发露流行，绝非后天"小我"之意念。

杨简还针对做事的方法论来展开论述，以令学者明白"不起意"便是合乎圣人所提倡的"中庸之道"，他仍引述《论语》事例，说：

> 子贡问："师与商也孰贤？"子曰："师也过，商也不及。"曰："然则师愈与？"子曰："过犹不及。"人心即道，是谓道心。特以或加之意而过之，或畏惰退缩而不及之耳。使子夏无畏惰之心，则子夏之道心无恙也；使子张不于心外而加意焉，则子张之道心无恙也。子曰："求也退，故进之；由也兼人，故退之。"此亦过犹不及之意。道心人所自有，本不必更求。或于其中生进意，或于其中生退意，进者去其进意，退者去其退意，则道心无恙矣。①

在《论语》中，孔子明言"过犹不及"，主张做事要符合中庸之道。杨简据此认为，孔子的门人子张（姓颛孙名师）与子夏（姓卜名商）之所以做事不合乎中道，原因就在于各自"起意"——子张有急功近利的追求，"加之意而过之"，而子夏有畏葸之意，"畏惰退缩而不及之"。反之，如果子张没有"于心外而加意焉"，那么子张的道心就没有受到任何损害；如果子夏没有畏惰之意，那么子夏的道心也就完好如初。这个道理同样适用于冉求（姓冉名有）和子路（姓仲名由），因为冉求为人过于谨慎，"于其中生退意"，孔子便激励他放手去做事；而子路争强好胜，"于其中生进意"，孔子便告诫他要多向父兄请教。杨简认为，孔子因材施教，"进者去其进意，退者去其退意，则道心无恙矣"。

或许有人会问：既然阐明了"意"之为害，那么，当一个人不慎起意之后，应当如何对治呢？对此，杨简提出的基本方法是——惟不继，意自消。关于这一方法，杨简特意结合《周易》的有关思想加以阐释，他说：

---

① 《慈湖遗书》卷13，《论〈大学〉〈中庸〉》，第810—811页。

> 意起为过，不继为复。不继者，不再起也，是谓不远复。意起不已，继继益滋，后虽能复，不可谓不远复。不远之复，孔子独与颜子。①

在《周易·复卦》中，初九爻辞曰："不远复，无祗悔，元吉。"② 表明一个人犯了错误之后，只要能够及时省悟，恢复以往的正道，就可以消除悔恨，结果至为吉祥。《周易·系辞下》更是借孔子之口说："颜氏之子，其殆庶几乎？有不善未尝不知，知之未尝复行也。"③ 对于此说，杨简颇为赞同。他认为，虽然每个人无法避免自己偶尔起意，但是，当意起之后，本心自然体察得到，只要内心不继续这种意虑，"不继者，不再起也"，那么，这种意虑便如无源之水，很快便会干涸消失，而人心自神自明的原本状态也就自动恢复了，"是谓不远复"。由是可见，"意起为过，不继为复"，便是杨简开出的对治"起意"的简易有效的良方。当然，如果"意起不已，继继益滋，后虽能复，不可谓不远复"，这种因循拖沓的做法虽然最终也能消除"小我"之意虑，但是由于恢复得较慢，不配称为"不远复"。在孔子门下的众多弟子中，能够做到意微起而不远即复者，只有颜渊一人而已，所以孔子称赞说："颜氏之子，其殆庶几乎！"

对于"亚圣"颜回的"不远复"之功，杨简十分推崇，并以此向门人提倡，要笃实践履这一修养工夫，他说：

> 颜子清明，微过即觉，觉即泯然无际，神明如初，是谓不远复。④

杨简认为，颜回内心"静虚纯明"，偶尔起意而有微过，其心便能及时觉察。一觉之后，其意虑瞬间消逝，"如雪入水，泯然无际"，⑤ 于是心态恢复如初，这就是"不远复"之工夫，值得后世儒者效法。经过自身的多年努力，杨简最终也达到了与颜回一样的水平，他自况曰：

---

① 《杨氏易传》卷9，《复卦》，载《四库全书》，经部，第14册，第97页。这句话释复卦初九之意。
② 《周易译注》，《复卦》，第207页。
③ 《周易译注》，《系辞下》第5章，第582页。
④ 《杨氏易传》卷9，《复卦》，载《四库全书》，经部，第14册，第97页。按：原文作"觉即泯然无际如初"，"如初"二字当为衍字，故删去。
⑤ 《慈湖遗书》卷2，《永嘉郡学永堂记》，第623页。

> 某尝自觉意初起如云气初生，尚未知其为何意，而已泯然复矣。某何者犹尔，而况于颜子乎？①

杨简的这一自述，完全来自他多年的心性工夫的实践体验。他说："尝自觉意初起如云气初生"，这的确是符合"微起意"时的内心实况的，但是，杨简又指出："道心发光，如太阳洞照；过累之泯，如雪入水。"② 由于本心自明自灵之故，这种微起之意尚不能完全遮蔽本心之光芒，因此，及时察觉，不继为复，这种意虑往往瞬间消失，有时连自己还没有搞清它究竟是什么东西就没了。杨简谦虚地认为：自己算什么人，都能够做到这一点，何况颜子这样的"亚圣"呢？其实，这番话的用意是告诫门人：只要真正懂得"意起为过，不继为复"的道理，人人都可以做到"不远复"，永葆本心的清明状态。

对于"不起意"的工夫论，杨简有时还运用反向思维加以诠释，他说：

> 圣人不能以道与人，能去人之蔽尔，如太虚未始不清明，有云气焉，故蔽之，去其云气，则清明之性，人之所自有，不求而获，不取而得，故《中庸》曰："诚者自成也，而道自道也。"③

由是可见，"不起意"实际上就是"去人之蔽"的工夫，只要把蒙蔽人心的意虑杂念都去掉，便可以自动恢复人心原本的清明状态，因为"清明之性，人之所自有，不求而获，不取而得"。只要学者确立自信，做好"不起意"工夫，人人都可以恢复先天本心，发挥其神妙不测的作用。

杨简的"不起意"工夫论，建立在对人之本心的灵妙至善的觉悟基础上，这种觉悟来自于他在双明阁下的"扇讼之悟"以及此后心性工夫的不断进步，从而对于人心本体有着深邃的体悟和充分的信任。而一般人之所以不理解杨简的"不起意"工夫论，也正是由于对心之本体的蒙昧无知，因此，要想正确理解杨简的工夫论，必须追本溯源，搞清其思想体系中"心"与"意"的内涵差别。关于人心之本体与妙用，杨简经常说

---

① 《杨氏易传》卷9，《复卦》，载《四库全书》，经部，第14册，第98页。
② 《慈湖遗书》卷11，《论〈论语〉下》，第816页。
③ 《慈湖遗书》卷3，《绝四记》，第637页。

起,如:"道心人所自有,本不必更求。"① 又如:"人心即道,本不假求。"② 可是,在后天生活中,由于人们不自觉地产生一些带有偏倚性、执着性的意识,因此,本心之灵明妙用被蒙蔽、阻塞,仿佛失去了一般,故而杨简才说:"人心自明,人心自灵,意起我立,必固碍塞,始丧其明,始失其灵。"③ 这种状态沿袭下来,一般人逐渐对于本心之至善妙用一无所知,便形成"人心即道,日用不知"④的局面。为了让世人能够恢复本心,杨简提出"不起意"的工夫论,其基本理路在于"此心之神,无所不通,此心之明,无所不照"。⑤ 只要做到"不起意",或者"意起为过,不继为复",便可以保任、恢复本心。如果本心常觉常明,那么,这便是仁者的境界。

二 直心而行谓之德

"不起意"是从否定意义上阐述的工夫论,从肯定意义上来看,它的内在要求就是"直心而行",这是杨简的工夫论思想的正面展现。

按照杨简的"人心即道"的本体论思想,人心之中"自备众德"⑥,"万善毕备"⑦,具有一系列先验的美德蕴含于其中,因此,只要觉悟此心,自信此心,一切按照本心的内在要求去做,那么,就可以在生活中妥善地应对万事,而且成就自己的理想人格。对此,杨简阐述道——

> 人心即道,故《书》曰道心。此心无体,清明无际,直心而发,为事亲,为从兄,为事长上,为夫妇,为朋友,仕则事君临民。其爱人曰仁,其处事得宜曰义,其恭敬曰礼,其不欺不妄曰忠信,视听言动,喜怒哀乐,无所不通,无所不妙。⑧

在这段话中,杨简明确地主张要"直心而发",认为这样便可以应对、处理生活中的各类事务,而且,做任何事情都不会违背仁义忠信之道;对于行为主体而言,只要坚持"直心而发",在做事的具体过程中,举凡七

---

① 《慈湖遗书》卷13,《论〈大学〉〈中庸〉》,第811页。
② 同上书,第830页。
③ 《慈湖遗书》卷3,《绝四记》,第637页。
④ 同上书,第638页。
⑤ 《慈湖遗书》卷2,《王子庸请书》(二),第616页。
⑥ 《慈湖遗书》卷10,《论〈论语〉上》,第772页。
⑦ 《慈湖遗书》卷14,《论孟子·诸子》,第843页。
⑧ 《慈湖遗书》卷2,《学者请书》,第634页。

情之发露流行，也都能达到"无所不通，无所不妙"的效果。

关于"直心而行"在工夫论上的意义，杨简认为，它就是儒者得道的表现，也是儒者有德的表现。对此，杨简分析说：

> 德者，得道之名。道非有物，初无实体之可得，谓之得者，姑以别夫昏不知者耳。①

> 直而不思，直而不习，是谓实得。非疑似意度、恍惚不实之谓也，故曰据。故直心而行谓之德，字从直心。微起意焉，则支离、则曲矣。（同上）

杨简认为，所谓德字，就是得道的意思。"此心即道，何俟他求？"（同上）如果一个人不能自觉本心，便处于昏聩迷惘的状态，那么，他对于本心的内涵便无所知晓，也就谈不上"得道"二字了。可是，只要自识本心，凡事依本心之指向而行事，其间没有丝毫的犹疑，这就叫"直心而行"，正是有德的表征，换句话说，也就是得道的表现。其次，杨简还从字形构造来解释说：德字本身，就是字从直心，因此，"直心而行谓之德"是没有疑义的；同理，敢于直心而行，也即是真正得道的儒者气象。反之，如果"微起意焉"，人心又会被支离曲折的后天意念所缠绕，于是，本心之光明就受到蒙蔽了。

在杨简的"直心而行"的工夫论中，其实隐含着这样一个命题，那就是：凡是直心而行者，唯道义（潜在于心中）是从，而不计较个人的功利得失，甚至不惜牺牲个人的生命。从生命观上讲，先秦孔子说："朝闻道，夕死可矣。"（《论语·里仁第四》）孟子亦说："生亦我所欲也，义亦我所欲也；二者不可得兼，舍生而取义者也。"（《孟子·告子上》）这些言论，都体现出一种道义重于生命的价值观。儒家一直具有视精神生命重于肉体生命的思想传统，作为儒学的传承者，杨简也秉持这样的观念，而且一直身体力行。本著第一章曾介绍，庆元元年（1195年），宋宁宗颁诏，将右相赵汝愚罢职外贬，韩侂胄一人独掌朝政。在这种情况下，国子监祭酒李祥为赵汝愚鸣不平，欲上书抗辩，当时职务仅为国子博士的杨简要求在奏章中联署自己的名字。李祥为保护杨简，不同意这么做，杨简干脆改为单独上奏表章，为赵汝愚鸣冤。结果，本来官卑职微、与此事无干的杨简被韩侂胄打入"伪学逆党籍"，落职奉祠，在乡赋闲长达十四年。杨简遭此

---

① 《慈湖遗书》卷11，《论〈论语〉下》，第800页。

磨难之后，由于自信本心，其道义之诚并未受到丝毫的影响，后来他再次奉诏出仕，但是"痴行"不改，"三入修门，四经陛对"①，依旧是不畏权贵，仗义执言，既不顾宋宁宗有渐渐疏远之意，又不怕一再惹怒宰相史弥远，最后，在嘉定七年（1214年），史弥远命令杨简再次奉祠返乡（除直宝谟阁，主管成都玉局观），永远地离开了政治舞台。纵观杨简的一生，自从双明阁下觉悟本心之后，自信"人心即道"，凡事坚定地按照本心中的道德律令行事，从不计较个人的得失荣辱，甚至连生死也置之度外。他的一生的确做到了"直心而行"，为世人做出了榜样，门人给予他的评价是："先生自幼志圣人之学，久而融贯，益久而纯，平生践履无一瑕玷。"②因此，他才敢于教诲门人——"直心而行谓之德"。

有时候，杨简为阐释"直心为德"③的道理，还借助经典《周易》的若干思想来做诠释，以证明这一思想的正确性，他说：

《坤·六二》："直方大，不习无不利。"直心而往，即易之道，意起则岐，而入于邪矣。直心而行，虽遇万变，未尝转易，是之谓方。凡物圆则转，方则不转，方者特明不转之义，非于直之外又有方也。④

又说：

直亦道之异名。人之所以违道者，以其不直也。直心而往，不支不离，无非道者。人心即道，故曰道心。⑤

杨简认为，"直心而往，即易之道"，这是儒者学《易》应该得出的心得体会。以《周易》的经典之语为依据，杨简主张，在为人处世上，要坚持"方"的原则，也就是"直心而行，虽遇万变，未尝转易，是之谓方"，换句话说，便是坚持道义原则，直心而行，绝不曲阿逢迎，见风使舵。关于"直"的思想价值，杨简还把它上升到"道"的高度，说"直亦道之异名"，并且指出，"人之所以违道者，以其不直也；直心而往，不

---

① 《慈湖遗书》附录，《宝谟阁学士正奉大夫慈湖先生行状》，第939—940页。
② （宋）袁甫：《蒙斋集》，卷14《乐平县慈湖先生书阁记》，载《四库全书》，上海古籍出版社1989年版，集部，第1175册，第499页。岐，同"歧"。
③ 《慈湖遗书》卷11，《论〈论语〉下》，第801页。
④ 《慈湖遗书》卷7，《泛论易》，第697页。
⑤ 《杨氏易传》卷13，《解卦·六二》，载《四库全书》，经部，第14册，第142页。

支不离，无非道者"。从这些表述可见，杨简内心深以历朝的忠臣循吏为同道，因为历朝的清官忠臣，都是敢于直心而往，决不做无原则的圆滑妥协，这便是"道心"的体现。

在宋代理学中，杨简"直心为德"的工夫论思想的确比较罕见，似乎显得有些孤单和寂寞。但是，到了明代中叶，当阳明心学蓬勃兴起之后，杨简的思想再次引起人们的重视，其中，浙中王门的王龙溪（1498—1583年）提出与杨简"直心为德"的理念非常接近的工夫论思想，他说：

> 直心以动，自见天则，德性之知也。……譬之明镜照物，体本虚而妍媸自辨，所谓天则也。若有影迹留于其中，虚明之体反为所蔽，所谓意识也。①

在这段话中，王龙溪提出了"直心以动，自见天则，德性之知也"的命题，很明显，这和杨简的"直心而行是谓德"的说法在本质上完全一致。王龙溪也认为人心之中自有"天则"，实际上就是杨简所说的人心"万善毕备"，只要直心而动，那么，"天则"自会显现其妙用，这也就是"德性之知"的表现。王龙溪同样认为，人心具有映照万物而妍媸自辨的功能，但是，不能存留任何后天意识在其中，否则，就像明镜照物之后而影迹却不消除，反而蒙蔽了人心的虚明本体，妨碍了人们继续认识其他的事物。因此，王龙溪明确地主张："惟离心而起意则为妄，千过万恶，皆从意生；不起意，是塞其过恶之源，所谓防未萌之欲也"。② 由是可见，无论是从正面还是从反面，王龙溪和杨简都得出了同样的结论，从这个意义上讲，王龙溪真可谓杨简数百年后的"知音"。

三 静者，不动乎意而已

如果换一个角度来看，杨简的工夫论主旨"不起意"三字，是在讲述一种真正的心灵之安静，用他自己的话说，便是"静者，不动乎意而已"③。

南宋时期，佛道思想流行，许多儒家学者纷纷修禅习静，包括杨简自己早期的"循理斋之悟"实际上也是一种静中的证悟。有的儒家学者甚至

---

① 《王畿集》卷8，《意识解》，第192页。
② 《王畿集》卷5，《慈湖精舍会语》，第113页。
③ 《慈湖遗书》卷2，《崮然记》，第630页。

以《周易》《论语》中的一些先圣之言为根据,沉溺于修禅习静之中,把静中感知当作圣人之道的全部内容,产生了喜静厌动之弊。对此,杨简感到需要及时救正,他从工夫论的角度来阐释什么是真正的安静。他说:

> 静者,不动乎意而已,非止于兀坐。(同上)

又从生活实际出发,十分辩证地说:

> 必能动而后能静。①

有人自然要提出疑问:为什么说"不动乎意"才是静?为什么说只有能动而后才能静呢?对此,杨简做了一番阐释,他说:

> 彼学者独居静处,为得静止之味者,未足以验得道之实也;于应酬交错而自得其妙焉,斯足以验其实。②
>
> 学者求道,率求之于静,徒观圣人之言曰:"天下何思何虑?"往往离动而求静,愈求愈远,而不知圣人未尝溺于静,惟能动者,乃得之必也。酬应万务,扰扰胶胶,而未始不寂然,不可以心知意度者,庶几乎知者之动矣。③

在杨简所处的时代,确实有些儒家学者因为《周易》中记载了孔子的"天下何思何虑""寂然不动,感而遂通"等言论,据此,单纯从形迹上求证一个"静"字,往往"独居静处,(以)为得静止之味"。对于这种现象,杨简认为:一味"离动而求静",结果将是"愈求愈远",即使静中有所得,仍然"未足以验得道之实也"。真正的"静"字,应该在日常生活去体悟,如果做到"酬应万务,扰扰胶胶",而心中"未始不寂然",那么,这种"动"是知者之动,而这种"静"就接近于仁者之静了。当然,杨简并不反对"静"的原则,他自己的第一次觉悟就是二十八岁时的"循理斋之悟",那是一种纯粹的静中反观,体悟到了"我与天地万物通为一体"的奥妙。但是,真正对杨简的修道进程起到关键作用的,却是三十

---

① 《慈湖遗书》卷11,《论〈论语〉下》,第795页。
② 《杨氏易传》卷2,《坤·六二》,载《四库全书》,经部,第14册,第24页。静处,原作"净处",有误,据文义改。
③ 《慈湖遗书》卷11,《论〈论语〉下》,第795页。

二岁时在富阳县任主簿时受陆九渊启发而获得的"扇讼之悟"("双明阁之悟"),这完全是一种动中(或曰"事中")的觉悟。此后,杨简屡有新悟,都是在动中所得,对他而言,单纯"静处体悟"的方法早已成为过去式,他此后的进步恰恰都是"于应酬交错而自得其妙焉",而且,通过这种动中所悟,"斯足以验其实",他的学问工夫不断得到锤炼,日趋完善,渐至炉火纯青的境界。与之相比,一些佛道僧徒,虽然在静中颇有所得,然而在动中明显缺乏磨炼,和圣人之学相比,存在着本质的差异和相当的距离,因此,杨简明确地反对学者"溺于静",而是肯定地说"圣人未尝溺于静,惟能动者,乃得之必也"。

为了阐明"静者,不动乎意"的道理,有时候,杨简也借助经典《论语》中的一些话语来论证自己的观点。孔子曾说:"知者动,仁者静"(《论语·雍也》),对此,一般人是从平行的角度来理解的,分不清知者与仁者的境界之别,杨简则明确地阐述了知与仁的异同,他说:

> 知与仁一也,皆觉也。惟常觉而后可以言仁。①

又说:

> 知者觉之始,仁者觉之纯;不觉不足以言知,觉虽非心思之所及,而犹未精一,精一而后可以言仁。②

又说:

> 知者虽动而得不动之妙,终未及仁者常觉常明、常不动之为至静,故孔子曰:"知者动,仁者静。"③

将这些话语概括起来,大意是:知者与仁者都是觉悟本心的表现,但是,知者是觉之始,在"酬应万务,扰扰胶胶"的动态中能够体会到本心宁静、寂然的状态,这当然已是觉悟的表现了,可是,惟有在任何变化云为中都能保持常觉常明的状态,这才称得起仁者的至静状态,所以,先圣

---

① 《慈湖遗书》卷11,《论〈论语〉下》,第801页。
② 《慈湖遗书》卷2,《愤乐记》,第628页。
③ 《慈湖遗书》卷15,《家记九·泛论学》,第846页。

的"知者动,仁者静"一语,讲述了两种高下不同的境界。在杨简看来,仁者的常觉常明,才是真正值得追求的目标,而要做到这一点,关键的工夫就是"不起意",惟有不动乎意,人心才能体悟和保持真正的宁静,这便是精一之功,与之相比,其他静坐反观之类的外在形式都是无关紧要的。因此,杨简告诫学者说:

> 学者求道,千人万人率求之虚静,多溺于沉寂,不知日用应酬万变,无非妙用。必能极天下之至动而实未尝动者,始可言知。①
>
> 离动而求静,则愈求愈远。不知圣人未尝溺于静,惟动者乃得之必也。应酬万务,扰扰胶胶,而未始不寂然,……庶几乎可以言仁之静。②

由是可见,杨简虽然把仁者的"至静"奉为最高的境界,但是,他反对"溺于静"的修道方式,指出这种"离动而求静"的方法,其结果只能是"愈求愈远"。他教诲门人要"必能动而后能静",在日用应酬万变中去体会心体寂然的原本状态,通过这种习练,最终达到常觉常明的"至静"境界。

杨简所崇尚的"静"字,有时候可以用一个"安"字来代替,其要领仍然是不起意。杨简认为,上古时期的尧、舜、禹等先圣,都以不动乎意的方式保持内心的安宁,这种工夫非常值得后人效法,他说:

> 禹告舜曰:"安女(汝)止。"谓舜本静止不动,安之无动乎意。③

接下来详加解释,他说:

> 人皆有是心,心未尝不圣,虚明无所不照,如日月之光,无思无为而万物毕照。视听言动,皆变化而未尝动乎意,其有不安焉者,动乎意也。舜(乃)圣人,而禹犹致戒,而况于后世学者乎?安非意也,不动之谓安。孔子曰"时习"者,安也;曰"用力于仁"者,安

---

① 《慈湖遗书》卷11,《论〈论语〉下》,第797页。
② 同上。
③ 《慈湖遗书》卷2,《安止记》,第629页。

也；安非思非为，是谓真为。舜曰"惟精惟一"者，常精明不昏，纯一而无间，即安也。（同上）

最后，他还连带地说：

尧安安，文王之德之纯，一也。（同上）

杨简的这些话，涉及儒家经典《尚书》中的一些典故，在《尚书·尧典》中，开篇有赞颂帝尧的话："曰若稽古，帝尧曰放勋，钦明文思安安"；① 在《大禹谟第三》中，帝舜告诫大禹说："人心惟危，道心惟微，惟精惟一，允执厥中"；② 在《尚书·益稷第五》中，身为臣子的大禹向帝舜建言说："安汝止。"③ 在杨简看来，帝尧的安安，就是保任心之本体、一毫不动乎意的状态；大禹告诉帝舜的"安汝止"，就是保持本心的静止不动，亦即意无所动的状态；同样，帝舜致诫大禹要"惟精惟一"，其实就是安于心之本然，不要妄起后天之意。舜和禹之间的对话，体现出君臣之间相互勉励告诫的真诚态度。杨简认为，只要保持心之本体，人心就是安然祥和的，"其有不安焉者，动乎意也"，因此，只要不起意，就会自然恢复内心的安宁。帝舜所讲的"惟精惟一"的工夫，目的就是要保持人心"精明不昏，纯一无间"，也就是安宁祥和之意。从这意义上讲，"安"和"静"两个范畴的内涵，在杨简的思想体系中是完全一致的。

综上所述，杨简的关于"静者，不动乎意而已""必能动而后能静"等思想，有助于救治当时某些儒家学者喜静厌动的弊病，也使自己的学说与佛道二教划出明晰的界限。这些思想，是杨简通过自己多年的仕宦生涯和生活实践提炼出来的，其意旨和那种惯于修禅习静的僧道之徒有着本质的不同。因此，所谓慈湖之学"不读书、不穷理，专做打坐工夫"④ 之类的非议，实在是门户之见，对杨简哲学思想的本来面目是一种南辕北辙的误解。

---

① 旧题（汉）孔安国传、（唐）孔颖达疏：《尚书正义》，卷2《尧典》，载《十三经注疏》（嘉庆刊本），（清）阮元校刻，中华书局2009年版，第1册，第249页。按："安安"一词。各家解释不同。
② 同上书，第285页。
③ 同上书，第297页。
④ （宋）陈淳：《北溪大全集》卷23，《与陈寺丞复一》，载《四库全书》，集部，第1168册，第686页。

第二节　保任本心的诸项工夫

"不起意"是杨简工夫论的基本要旨，围绕着这一核心内容，还存在一些附属性和延伸性的工夫要领，如改过、消除习气等，都是对"不起意"工夫的有益辅正，杨简对此有着深刻的认识和清晰的论述。

一　过即改止，无复他求

如果有人问：虽然自己知道"不起意"的必要性，但是偶尔起意，造成一定的过错，又该如何对待？这里又有什么样的工夫可以修习？作为修道事业的过来人，杨简明确地回答："过改即止，无复他求。"①

杨简之所以得出如此简明的答案，既是基于他的"人心即道"的本体论，又是以先圣孔子的有关言论为经典依据的。在《中庸》第十三章中，记载了孔子的一句话——"君子以人治人，改而止。"② 杨简认为："改而止"三字，体现了孔子具有"过改即止，无复他求"的思想，与自己的心学工夫论不谋而合，因此，他把"改而止"三字奉为理论圭臬，并加以阐释说：

> 孔子于是又曰："改而止"。有过则改，如有病则加之药，病去则药可止。人欲已尽，则用力可止。③

杨简的这个比喻十分形象，"有病则加之药，病去则药可止"。如果一个人犯了过错，真诚地改正，这确实是必要的，但是，改过之后，人心恢复了清明的本然状态，就不需要再把"药囊"天天带在身边。如果仍然这样做，就是不相信人心本来具有清明神妙的本性，而是把后天的理论教条当成应对各种问题的不变的药方，既是胶柱鼓瑟，又是自我增添负担。

当然，一旦发现自己有错，予以及时纠正，这是十分必要的。对于求道者而言，懒于改过，或者文过饰非，都属大忌。杨简指出：

---

① 《慈湖遗书》卷3，《赠钱诚甫》，第639页。
② 《中庸章句》第13章，载《四书章句集注》，中华书局2012年版，第23页。
③ 《慈湖遗书》卷13，《论〈大学〉〈中庸〉》，第832页。

亦有小人而觉者，但不改过，是谓"无忌惮"之中庸。是谓"仁不能守之，虽得之，必失之"。①

《中庸》记曰："君子中庸，小人反中庸，君子之中庸也，君子而时中；小人之中庸也，小人而无忌惮也。"（第二章）品味此语，杨简心有戚戚焉。在现实生活中，有些小人因为天赋、机缘等关系，也有偶然之间觉悟本心的情况发生，但是，由于自身习气所限，经常妄起意欲，自己知道了却无所谓，自以为是，不加改正，对此，杨简称之为"无忌惮"之中庸，实际上就是"反中庸"的行径。杨简严肃地告诫门人：倘若真有这样的学者，即使偶然悟到本心，也不能长久保任，更无法发挥其妙用，因为他们在实践上不能满足改过归正的要求，因此，其结果必然是"仁不能守之，虽得之，必失之"。

杨简关于改过的思想，还有一点值得注意：除了已经出现的客观性过错之外，意欲之起，本身也是过恶，一旦发现，就应及时地消除。只要消除意欲，那么，本心自然恢复其固有的光明，杨简说：

人心本清明，动于意欲，始有过。知意欲之为过，则知意欲之不作为仁矣。仁者复其本心之清明，如鉴、如日月，万物毕照而未尝思为也。②

杨简一贯认为，"此心本无过，动于意斯有过"③，因此，不起意本身就是从源头上杜绝一切过恶的产生。只要不起意欲，那么，学者自然会恢复其本心，如日月一般光明。即使意欲偶尔微起，本心也能如实洞照，学者只需根据本心的启示，当下便可消除这些轻微的意欲。对此，杨简深有体会，他打了一个比方说："道心发光，如太阳洞照；过累之泯，如雪入水。"④ 其意是说，寒冬将尽之际，太阳出现在天空之上，普照万物而无遗，此时，即使有些微的雪花飘落，一旦沾地，瞬间即化，就像融入水中一般。杨简以此告诉门人：要善于发现自己内心意欲的微动，并及时地消除它，这也是改过工夫的内容之一。

杨简得出"过改即止，无复他求"的结论，主要还是基于他的心学本

---

① 《慈湖遗书》卷11，《论〈论语〉下》，第818页。
② 《慈湖遗书》卷10，《论〈论语〉上》，第784页。
③ 《慈湖遗书》卷2，《临安府学记》，第618页。
④ 《慈湖遗书》卷11，《论〈论语〉下》，第816页。

体论。杨简认为：人之本心即道，自清自明、自神自灵，只是因为起意之故，所以才会犯下各种过错，因此，在修习工夫上，应该以去蔽改过为要领，只要把过错改正了，且不再起意，那么，本心神妙之用依然如故，并不需要再去做任何画蛇添足的事情。为此，他再次打了个比方：

> 圣人不能以道与人，能去人之蔽尔，如太虚未始不清明，有云气焉，故蔽之，去其云气，则清明之性，人之所自有，不求而获，不取而得，故《中庸》曰："诚者自成也，而道自道也。"①

又说：

> 人心即道，不必雕琢，特有以害之，故圣人之训，惟治其害。②

由是可见，清明之性，人所自有，只是被由起意而导致的各种过错蒙蔽了这种清明之性，就像云气遮蔽了蔚蓝的天空一样，因此，只要把这种"云气"扫除，把妨害人心的东西去掉，那么，人心固有的清明、神妙之性就会自然显现，根本不需要再做什么后天的"雕琢之功"。事实上，那些"雕琢之功"本身就是蔽心害人的，因此，孔子说"改而止"三字，就是告诉后人"过改即止，无复他求"。其目的就在于"治其害"，亦即去除妨害人心的任何东西。

杨简关于"人心即道，不必雕琢"的思想，使得他和朱熹等同时代的理学思想家划清了鲜明的界限。众所周知，朱熹非常推崇《礼记》中的《大学》一篇，把它单独列出，成为"四书"之一，还将其分为十章，并为第五章"格物"之说做了补传。对此，杨简不敢苟同，他认为：《大学》中正心、诚意之类的思想恰恰是雕琢人心之举，其结果只能是"特有以害之"，他的主张是："过改即止，无复他求。"在日常生活中，只要不起意，就可以保任先天本心的清明神妙，并不需要什么正心、诚意之类的工夫条目。杨简说：

> 改邪，足矣。孔子曰"改而止"，邪改即止，不可正其心，反成

---

① 《慈湖遗书》卷3，《绝四记》，第637页。
② 《慈湖遗书》卷11，《论〈论语〉下》，第813页。

起意,是谓揠苗;所谓芸苗,乃去恶草,即改过。①

孔子曰:"心之精神是谓圣",孟子道性善。心未始不正,何用正其心?又何用诚其意?又何须格物?②

关于心性修养工夫,杨简的基本主张是"改邪,足矣"。如果改邪之后还要提倡正心、诚意等工夫条目,那么,这恰恰是起后天之意,属于拔苗助长的行为。对此,杨简又做比喻:对于人心而言,应该学会芸苗,即铲除恶草之类,而不可揠苗助长,那样只能适得其反。慈湖心学的基本宗旨是"人心即道",认为心之本体先天自正,无所不通,既然"心未始不正",那么,"何用正其心?又何用诚其意?又何须格物?"因此,所谓正心诚意之类的说法,只会导致"反成起意",有此意虑在胸中,将来很可能会犯下各种各样的过错。杨简否定"正心"工夫的思想,在他和门人的对话中还有所体现,例如:

先生曰:"人心何尝不正?但要改过,不必正心。一欲正心,便是起意。"(严)汲古对云:"此即孔子'毋意'。意一起,即有过;要无过,但不起意便了;意不起,则此心安然,莹静虚明……"先生曰:"此说却是。"③

在这段对话中,杨简说"人心何尝不正?但要改过,不必正心"。如果改过之后还要正心,那么,这又是起后天之意欲了。对此,门人严汲古颇能领会,认为:只要一起意,即有过错随之;倘能意不起,则此心安然,莹静虚明,如日月一般无所不照,无所不通。杨简听了,只回答一句话:"此说却是"。有趣的是,在与门人的问答中,杨简素以语言简洁而著称,这一特点颇像其师陆九渊的风格。他对于门人的正确观点,往往只以一句话甚至一个"是"字便加以肯定,再无赘语,诚如他自己所说——"再答一语更云云,便支离去。"④ 由此看来,除了工夫论外,心学一系的思想家同样具有简易直截的话语风格。

杨简关于"过即改止,无复他求"的工夫论思想,并不是个人的孤立见解。实际上,在他之前和身后,都有人提出类似的观点。例如,陆九

---

① 《慈湖遗书》卷19,《复曾定远书》,第926页。
② 《慈湖遗书》卷13,《论〈大学〉〈中庸〉》,第827页。
③ 《慈湖遗书》卷15,《家记九·泛论学》,第851页。
④ 《慈湖遗书》附录,《宝谟阁学士正奉大夫慈湖先生行状》,第928页。

渊曾说："知非则本心即复。"① 又如：明代中叶的王龙溪曾说："吾人护心如护眼，好念头不好念头俱着不得。譬之泥沙与金玉之屑，皆足以障眼。……一切知解，不离世情，皆是增担子。担子愈重，愈超脱不出矣。"② 陆、王二人的言论虽然繁简不同，都等于在为杨简的"过即改止，无复他求"的思想做出诠释。他们均有这样的认识：人之本心即道，只要善于去除蒙蔽本心的东西（如意欲、过恶之类），真诚地省悟过错，本心便自然恢复。既然懂得心之本体有如此妙用，那么，无论是好与不好的念头都不应该挂在心上成为负担，学者应该自信本心、纯任本心，这样便达到了"即本体便是工夫"③ 的最佳效果。

由其"但要改过，不必正心"的言论可见，杨简对于《大学》一文颇不认同，与朱熹推崇此文的态度截然相反。杨简毫不客气地指出："作《大学》者，其学亦陋矣！"④ 又说："《大学》非圣人之言，益可验者，篇端无'子曰'二字。"（同上）或许有人感到奇怪：杨简何以对《大学》一文如此贬低？关于这一问题，笔者将在第六章"杨简的经学思想"中再做探讨。

二 渐消习气

除了改过之外，杨简的心性工夫论中，还有一个重要的环节，那就是渐消其习气。在杨简的思想体系中，所谓习气，既是指生来具有的带有偏向性的气质之性，也是指由多年的意虑杂念积累而成的一种思维惯性或心理定式。比起当下改过的工夫外，渐消习气乃是耗时更久、影响更大的修习过程，因此，杨简非常重视这一环节，认为这属于儒者"尽道"的工夫。

众所周知，慈湖心学重视觉悟，但是，一个儒者由始觉而至德纯，杨简认为这是一个漫长和艰难的修习过程。他说：

未得道者，以得道为难；而已得道者，又以尽道为难也。⑤

---

① 《陆九渊集》卷35，《语录下》，第454页。
② 《王畿集》卷1，《九龙纪晦》，第57页。
③ 《王畿集》卷9，《答季彭山龙镜书》，第212页。又见：《王畿集》卷1，《天泉证道》，第2页。
④ 《慈湖遗书》卷13，《论〈大学〉〈中庸〉》，第828页。
⑤ 《慈湖遗书》卷11，《论〈论语〉下》，第803页。

第三章 杨简的心学工夫论

如果套用杨简"德者,得道之名"① 的话,那么,这句话又可表述为:

道无先后精粗之间,而进德则有先后精粗之序。②

由是可见,很多人认为杨简以悟为止的观点,实在是一种误解。其实,杨简高度重视学者觉悟之后的修习践履之功,有时,他结合《周易》中的"蒙养"工夫、《论语》中的"仁守之道"展开论述,认为这种"进德之纯"③ 的工夫,非至于孔子"六十而耳顺"的境界不可言有成。那么,究竟是什么原因阻碍了一个儒者在觉悟本心之后的修道进程呢?杨简指出:

君子道心初明,旧习未释,断不可不用力,未精未熟,岂能遽绝思为?久而精纯,泯然无际。④

又说:

道心初觉,虽纵心皆妙,而旧习未尽泯,日用万变,微有转移,皆足以蚀吾无思无为之本明,是故不可以不学。⑤

又说:

学者初觉,纵心所之,无不元妙。往往遂足,不知进学,而旧习难遽消,未能念念不动,但谓此道无所复用其思为,虽自觉有过,而不用其力,虚度岁月,终未造精一之地。⑥

综合以上言论,我们不难明白:学者有此觉悟,固然可贵;但是,道心初明之际,旧习难以遽消,因此,在日用万变之中,学者"未能念念不动",这是一种习惯性的"起意"现象,这种起意之过,"足以蚀吾无思

---

① 《慈湖遗书》卷11,《论〈论语〉下》,第800页。
② 《慈湖遗书》卷10,《论〈论语〉上》,第776页。
③ 同上书,第775页。
④ 同上书,第783页。
⑤ 《慈湖遗书》卷11,《论〈论语〉下》,第816页。
⑥ 《慈湖遗书》卷15,《泛论学》,第846页。

无为之本明"。有的学者或者由于初觉时的美妙体验,"往往遂足,不知进学";或者由于习气中的惰性等原因,"虽自觉有过,而不用其力",总是满足于现状,不懂得"用其力于仁",因此,虽有觉悟,却不能保持"常觉常明"的状态,"离心而起意"的毛病时时出现,由此引起的过错也屡屡发生。如果学者因循于此,不思进取,那么,结果将是虚度岁月,终身不能到达圣者的"精一之地"。

关于旧习之气的存在,杨简坦承:"习气之未易消释也。"① 他还结合孔子学道的进程来表明消除旧习之气的长期性,他说:

> 学道而至于不惑,可谓光明洞彻内外矣。而旧习之气或未能尽泯,感物而动,日用百为,犹有谓:"吾之所为,不知其为天也。"非不知也,习气间兴而偶昏,则虽谓之不知天命,可也。孔子至五十则旧习之气消尽,无有或昏者矣,必至是而后可以言知天命。②

这段话内容比较复杂,兹不详论。但是,从中足以发现:杨简认为,孔子四十而不惑之际,虽然道心已明,"光明洞彻内外",然而"旧习之气或未能尽泯",于是,感物而动之际,仍有昏蒙无知之过;直至五十岁后,终于觉悟天命之所在,"旧习之气消尽,无有或昏者矣"。可见,即使是孔子这样的圣人,消泯其固有习气也是一个漫长的过程,因此,对于一般学者而言,更加需要笃实用功,"蒙养以渐消其习气",③ 最终达到仁至德纯的境界。

虽然渐消习气是一项比较艰难的修习工夫,但是,只要坚持不懈地去做,就一定会有成效,这是杨简从其父和自己的修道实践中得出的肯定答案。如前所述,杨简的父亲杨庭显,"年在耄耋,而其学日进"④,晚年归依心学,成为陆九渊的学侣。杨庭显曾经回顾消除习气的往事,说:

> 吾往者质甚不美,每以小人自目。所幸者有志,复不自执己私,(此事)有公论。虽气习如山岳,如胶漆,而常自觉。一日气习分离,如岩崖崩倒,如是者三日,自后身浸轻矣。⑤

---

① 《慈湖遗书》卷2,《王子庸请书》(一),第615页。
② 《慈湖遗书》卷10,《论〈论语〉上》,第775页。
③ 《杨氏易传》卷15,《升卦·上六》,载《四库全书》,经部,第14册,第163页。
④ 《陆九渊集》卷28,《杨承奉墓碣》,第325页。
⑤ 《慈湖遗书》卷17,《纪先训》,第893页。

由上可知，只要学者有志，无论以往气质美恶与否，都可以得到根本性的改观，如杨庭显自述，"虽气习如山岳，如胶漆"，最终都得以改过归正。他的修习体验是令人吃惊的，"一日气习分离，如岩崖崩倒，如是者三日"，原来，经过长期笃实的修习，看似胶固难化的习气，猛然间会从心体"表层"剥离开来，就像岩崖崩倒一般。经历了这种脱胎换骨的气习分离，人之本心便解脱束缚，"自后身浸轻矣"，也就是说，获得了轻松自由的感觉。

杨简自己在修道进德的过程中，也有类似的体验。他回顾说：

> 学者初觉，纵心所之，无不元妙。往往遂足，不知进学，而旧习难遽消，未能念念不动，但谓此道无所复用其思为，虽自觉有过，而不用其力，虚度岁月，终未造精一之地。……予自三十有二微觉已后，正堕斯病，后十余年，念年迈而德业不进，殊为大害。偶得古圣遗训，谓"学道之初，系心一致，久而精纯，思为自泯"，予始敢观省，果觉微进，后又于梦中获古圣面训，谓简"未离意象"，觉而益通，纵所思为，全体全妙。其改过也，不动而自泯，泯然无际，不可以动静言。……恐同志者复蹈前患。故备记如右。①

在第二章中，笔者对这段话做过比较详细的阐述，兹不冗言。简而言之，晚年的杨简，并不认为三十二岁时的"双明阁之悟"是自己修道事业的终点，他看清自己尚有"旧习难遽消"的毛病，对此念念不忘，十余年后，终于在某些特殊因缘的促动下，消除了这些固有的习气。据此，他告诫后辈学者：不要满足于一时之开悟，悟后正修的道路其实很漫长，在这一漫长的修习进程中，务必要用力改过，消释旧习，这样才能渐至精一之圣境。

当然，消除旧习是一个漫长的过程，对此不能着急，否则，又将陷入"起意"自缚的泥淖之中。杨简告诉门人说：

> 学不可躐等，亦不可操之太急。故虽息焉游焉，孙而顺之，无害于事，但于其间不失敬心，不失时敏之心，则厥修自然日进无疆。②

---

① 《慈湖遗书》卷15，《家记九·泛论学》，第846页。
② 同上书，第852页。孙，通"逊"；敏，奋勉。

"时敏"之说,语出《尚书·说命下》,即时时自我奋勉之意。杨简指出,"学不可躐等,亦不可操之太急",这一方法论同样适用于渐消习气的工夫。学者倘能持"息焉游焉,逊而顺之"的自然心态,反而更有助于德业的进步,只要在修习过程中"不失敬心,不失时敏之心",那么,就会心智益明,道德日纯,体现出"日进无疆"的一派生机。反之,任何刻意执着的欲念,其实都是"起意"的表现,不是陷于"我执",就是陷于"法执",都会增添心灵的负累,因此,修道进德"不可操之太急",这是杨简的忠告。

总之,杨简十分重视消除习气的工夫,他诚恳地告诫门人说:"此心虽明,旧习犹在;日用虽妙,旧习潜应。苟不用力,终失其道。"① 任何一位儒者在觉悟本心之后,依然需要长期的消除习气的心性涵养,这就是"知及仁守"的工夫,唯其如此,才能最终达到心通德纯的圣者境界。

三 格物"心"解

任何儒家学者在阐述心性修养工夫时,都必然涉及到儒家经典中的一些范畴和命题,出自《大学》篇章中"格物致知"一语,是宋明理学经常探讨的重要话题,杨简在阐述工夫论思想时也不例外。在杨简的工夫论思想中,一切以觉悟本心、保任本心为根本目的,这样一来,当他面对"格物致知"问题时,就很自然地依据他的心学理念,做出别开生面的阐释。

杨简所处的时代,程朱理学虽然尚为民间私学②,但是已形成广泛的社会影响,作为象山心学的嫡传,杨简自然对程朱理学的某些思想观念不能苟同。不过,他从来没有采取陆九渊在鹅湖之会上当面向朱熹发难那样的方式,而是在讲学和著述中表达自己独到的见解。仅以"格物"思想为例,由于涉及尊德性与道问学两条根本不同的治学进路,因此,杨简旗帜鲜明地阐述自己的"格物"思想,并以此委婉地否定了程朱理学的相关理论。

关于格物问题,程颐认为:"格犹穷也,物犹理也,犹曰穷其理而已也。"③ 又说:"知者吾之所固有,然不致则不能得之,而致知必有道,故曰'致知在格物'。"(同上)当涉及到格物的具体方法时,程颐这样表

---

① 《先圣大训》卷5,载《四库全书》,子部,第706册,第777页。
② 宋宁宗嘉定二年(1209年),朱熹得到平反,程朱理学地位逐渐隆升,在南宋后期具有准官学的地位,但正式成为官方哲学,是在1315年(元仁宗延祐二年)元朝重开科举制度之后。
③ 《河南程氏遗书》卷25,《伊川先生语十一》,载《二程集》,第316页。

述:"须是今日格一件,明日格一件,积习既多,然后脱然自有贯通处。"①作为河南程氏的三传弟子,朱熹深为服膺程颐的格物之说,他在《大学章句》第五章"格物"说《补传》②中,说了与程颐见解本质相同的一番话,节录于下——

> 所谓致知在格物者,言欲致吾之知,在即物而穷其理也。……是以大学始教,必使学者即凡天下之物,莫不因其已知之理而益穷之,以求至乎其极。至于用力之久,而一旦豁然贯通焉,则众物之表里精粗无不到,而吾心之全体大用无不明矣。③

《大学章句》一出,"即物而穷其理"便成为朱子格物说的明确释语,与程颐的思想一起,深深地影响着当时的儒家士人。对此,杨简颇不以为然,他直接批评程颐的"格物"论,并阐述自己的思想说:

> 格物不可以穷理言。文曰格耳,虽有至义,何为乎转而为穷?文曰物耳,初无理字义,何为乎转而为理?据经直说,格有去义,格去其物耳。④

杨简认为,"格物"二字,明明白白,程颐凭什么转解为穷理呢?正所谓"文曰格耳,虽有至义,何为乎转而为穷?文曰物耳,初无理字义,何为乎转而为理?"杨简不能赞同这种以己意断经的做法,他指出:理解"格物"的含义,应该"据经直说",其实"格物"的意思非常简单,"格有去义,格去其物耳"。这里的"格有去义",指的是古代汉语中,格通"革"字,有革去、革除之义,这一见解是可以成立的。例如,在《慈湖先生行状》中,就有这样一段话——

> 三年面对,有左曹郎官者为前班,上(宋宁宗)眷记先生,特格

---

① 《河南程氏遗书》卷18,《伊川先生语四》,载《二程集》,第188页。
② 据陈来《朱子哲学研究》一书考证,朱熹在淳熙初年(1174年)始已基本撰成《大学章句》一书,其补传亦在此时完成。参见陈来《朱子哲学研究》,华东师范大学出版社2000年版,第276—277页。
③ 《大学章句》,载《四书章句集注》,第7页。
④ 《慈湖遗书》卷10,《论〈论语〉上》,第784页。

下左曹。①

这段话记述的是，当三年君臣轮流召对的时候，本来排在杨简之前有一位左曹郎官，可是，宋宁宗因为眷记老臣杨简，特意格去这位官员，改让杨简首先发言。在此，"格有去义"的意思十分明显。又如，清代四库馆臣在撰写南宋王栐的《燕翼诒谋录》一书的《提要》时写道：

其书大旨以宋至南渡而后，典章放失，祖宗之良法美政俱废格不行，而变为一切苟且之治。②

"废格不行"一语，正符合杨简的"格有去义"之说。可见，在古代汉语中，格有革除、革去之意。据此，杨简重新诠释了"格物"范畴的内涵，他说：

格物之论，论吾心中事耳。吾心本无物，忽有物焉，格去之可也。物格则吾心自莹，尘去则鉴自明，滓去则水自清矣。天高地下，物生之中，十百千万，皆吾心耳，本无物也。……事物之纷纷，起于虑念之动耳。③

杨简的这段话，体现出鲜明的心学色彩。他认为，所谓格物之论，论的是主体心中之事，人心本来清莹澄明，无一物障之，"忽有物焉，格去之可也"。这里所说的"物"，是指足以障蔽本心的事物，对于这样的事物，只有把它从内心中清除出去，才能恢复本心清莹澄明的光彩，如"尘去则鉴自明，滓去则水自清"。早在太学循理斋读书时，杨简已悟到"天地万物通为一体，非吾心外事"④ 的奥秘，发现"元来某心体如此广大，天地有象有形有际畔，乃在某无际畔之中"⑤，终于相信本心有发育万物、范围天地的神妙功能，因此，只要保持本心清明澄然的状态，就不会有任何事物成为它的障蔽。在杨简看来，任何事物都不过是人类心体的诸多变

---

① 《慈湖遗书》附录，《宝谟阁学士正奉大夫慈湖先生行状》，第934页。
② （南宋）王栐：《燕翼诒谋录·提要》，载《四库全书》，上海古籍出版社1989年版，史部、杂史类，第407册，第713页。
③ 《慈湖遗书》卷10，《论〈论语〉上》，第784—785页。
④ 《慈湖遗书》附录，《宝谟阁学士正奉大夫慈湖先生行状》，第928页。
⑤ 《慈湖遗书》卷18，《炳讲师求训》，第898页。

现而已，如果本心清明澄澈，那么，其中无一物可言；反之，如果起意动念，种种事物便产生在内心之中；如果"虑念之动"愈甚，那么，事物便愈显纷然，最后障蔽本心，导致人们犯下种种的错误。

借用西方哲学的术语，杨简的"格物"思想，凸显出鲜明的主体性原则，即任何事物如果不经过主体心灵的感应，对于主体本身而言，就不构成任何有意义的存在。根据主体性原则可以推知，倘若一个人具有清明洒脱的品性，对外物一无牵挂或欲念，任何纷纭复杂的事物都不能扰动他的内心，或对他产生什么影响，那么，也就无法成为对主体有某种意义可言的事物。只有内心不净、意虑丛生的人，容易产生种种执着妄想，于是，他的内心才会有种种事物的搅扰，才会有种种烦恼的纠结，此时，才需要使用"格物"之功。从这个角度来看，的确是"吾心本无物"，而"事物之纷纷，起于虑念之动耳"。

由是可见，杨简所说的"物"，实际上指的是对主体具有某种影响力的事物，很像朱熹所说"物，犹事也"①，因此，所谓格物，就是格去障蔽本心、产生烦恼的各类事情。如果一件事情不会影响本心的澄澈清明，那么，这件事情就不需要去格，任其存在或自行消失好了。类似的观点，即使在北宋二程那里，也有所体现，程颐曾回顾其兄程颢（字伯淳）的往事，说：

> 伯淳在澶州日修桥，少一长梁，曾博求之民间。后因出入，见林木之佳者，必起计度之心，因语以戒学者："心不可有一事"。②

可见，即使世称"明道先生"的程颢，也因为亲身经历和教训，而告诫学者曰："心中不可有一事。"言下之意，心中有事就破坏了本心的清明澄澈，增加了心理负累，故而应当去之。这一见解，与杨简"吾心本无物，忽有物焉，格去之可也"的思想所见略同，后人将程颢视为宋代心学思想的滥觞，确实有一定的道理。对于程颢，杨简还比较尊重，称其"入德矣"③，不过，程朱理学的格物思想其实来自程颐，杨简颇不认同，他批评说：

> 格物而动于思虑，是其为物愈纷纷耳，尚何以为格？若曰"今日

---

① 《大学章句》，载《四书章句集注》，第4页。
② 《河南程氏遗书》卷3，《二先生语三》，载《二程集》，第65页。
③ 《慈湖遗书》卷13，《论〈大学〉〈中庸〉》，第825页。

格一物，明日又格一物，穷尽万理，乃能知至"，吾知其不可也。程氏自穷理有得，遂以为必穷理而后可，不知其不可以律天下也。①

杨简认为，程颐由自家穷理有所得，就以为这是每个学者都必须经历的事情，于是得出"今日格一物，明日格一物"的"穷理"之说，以此来解释"格物"，并要求天下学者效法，这是以己意强加于人的做法。后儒不察其谬，沿袭传承，于是便形成朱熹所谓"即物而穷其理"的格物之说。在杨简看来，"格"字的内涵十分清楚，就是格去之义，不让事物成为自己心灵的障蔽和负担，因此，"格物而动于思虑，是其为物愈纷纷耳，尚何以为格？"程朱"格物说"能否使人最终明白天理姑且不论，把人心搞得更加纷乱的负面作用倒是确然无疑，因此，这种"格物"说在杨简看来当然属于应该摒弃之列。

根据自己对"格"字的解释，杨简顺带举出许多例证来说明格物工夫在现实生活中的体现。仅以其父杨庭显的修身之功为例，就含有明显的保任清净本心、不为外物所扰的理念。杨简回顾说：

> 尝被窃盗。其明日，食罢，（先公）从容曰："吾夜来闻婢惊告有盗时，吾心止如此；已而告所亡物多，吾心亦止如此；今吾心亦止如此。"②

杨庭显晚年，心性修养已至"不动心"的境界，因此，当夜间家中出现盗贼，奴婢惊慌地前来报告有贼时，他却泰然自若，内心一无所动；到了第二天，奴仆清点财物，发现丢失财物甚多，杨庭显听了，心中也一无所动；后来，当他自己告诉亲人这件事情时，心中仍然一无所动。由这个事例可见，杨庭显晚年归依心学之后，发明本心，格去其物，外在的事物没有一件能够破坏他内心的平静，这其实就是杨简所说"格物"之功的体现。又如：

> 先公尝言："吾少时忿懥甚，知非力改。"简自童稚已见先公凡百容耐，其后见有极微之人无礼，先公怡然不以介意。③

---

① 《慈湖遗书》卷10，《论〈论语〉上》，第785页。
② 《慈湖遗书》卷17，《纪行训》，第896页。
③ 同上书，第897页。

杨庭显年轻时脾气并不好，很容易发怒，后来"知非力改"，到了晚年，任何事物都能容得下，足见其胸襟之广阔。据杨简自己回忆：虽然杨家后来门第已高，偶然也会碰上极微之人敢对其父无礼，按杨家的势力，本可以轻易地惩治这种人，但是，杨庭显"怡然不以介意"，也就是说，他如同孔子"六十而耳顺"一样，"凡物之逆乎我、阻乎我，亦不微动其意；顺逆一物，物我一体"。① 杨庭显能够做到凡事"不微动其意"，足见其心中已格去一切尘俗之物，始终保持着心灵的安详和宁静。除此以外，杨简还记载了其父生活中的一些小节，例如："先公平时常拱手，拱而寝，拱而瘖。一日偶跌仆，拱手如故，神色不动。"② 这段往事，陆九渊在为杨庭显作《墓碣》时记载得更为详细，他说：

> 公尝步行小跌，拱手自若，徐起翛然，殊不少害，从行异之。公曰："蹉跌未必遽伤，此心不存，或自惊扰，则致伤耳。"余闻之曰："所谓颠沛必于是。"③

杨庭显走路不小心摔了一跤。起来之后，他依然"拱手自若，徐起翛然，殊不少害"，旁人感到惊讶，他说："蹉跌未必遽伤，此心不存，或自惊扰，则致伤耳。"按照杨简的格物之说，杨庭显注重的始终是保持内心的常觉常明，不让任何事情惊动、干扰自己内心的平静，杨庭显认为，如果"此心不存，或自惊扰"，那才叫做真正的受伤。对此，陆九渊引用孔子的话评价说："所谓颠沛必于是"，④ 言下之意，杨庭显已然具有仁人君子的风范。

与其父相比，杨简的一生显得更加波澜迭起、曲折复杂。他胸怀大略，才高八斗，但是，屡次受到奸臣权相的排挤和陷害，换了一般人，难免愤世嫉俗或者自怨自艾，然而，杨简却始终保持着内心的常觉常明、安详宁静。因此，他从来不曾被困厄之境束缚，无论在朝或在野，都怀着一种既拿得起又放得下的人生态度，一心做好自己该做的事情——出仕时为官多任、屡出政绩，隐居时讲学著述，明道化人，无意之间，"遐方僻峤，

---

① 《慈湖遗书》卷10，《论〈论语〉上》，第775页。
② 《慈湖遗书》卷17，《纪行训》，第896页。
③ 《陆九渊集》卷28，《杨承奉墓碣》，第327页。
④ 孔子说："君子去仁，恶乎成名？君子无终食之间违仁，造次必于是，颠沛必于是。"参见《论语集注·里仁第四》，载《四书章句集注》，第70页。

妇人孺子，亦知有所谓慈湖先生，岿然天地间，为斯文宗主"。① 如果追溯其思想根源，在杨简的心中，最重要的事情莫过于保任自心的常觉常明，与之相比，任何障蔽本心的内外事物，都可以格去不留，唯其如此，心灵的安详宁静、神妙之用才有了可靠的保证。从这个意义上讲，杨简的格物之说在其话语体系内是可以自足成立的。

如果将慈湖格物说与程朱格物说相比，我们不难发现，慈湖格物说更加符合《大学》本身所言"自天子以至于庶人壹是，皆以修身为本"的理念，"格去其物"就是为了恢复和保任本心的清莹澄澈，这无疑体现出"以修身为本"的思想观念。相比之下，程朱理学的格物说，析心与理为二，然后心外求理，最终走上"道问学"之路，与"修身为本"的先圣理念渐行渐远。杨简与朱熹本是同时代的儒者，他用否定程颐的方式，委婉地批评了朱熹的格物思想，旨在告诉天下读书人：不要盲从权威，要善于独立思考，这样才能正确地理解先圣思想的原意，指导自己修好作圣成贤的德业。当然，如果从程朱理学的话语体系本身来看，其格物论也未尝不能自圆其说，笔者在研究宋代理学思想时，并不打算厚此薄彼，但是，能够从长期被湮没的慈湖心学中发掘另一种"格物"思想的面目和价值，这也是今天的哲学史研究者不容忽略的学术任务。

本节所论，乃是杨简工夫论思想的一些延伸性内容。杨简认为，只要不起意，就能保任本心，发挥妙用。在此"不起意"的工夫核心之外，当下改过、渐消习气，以及格去其物、保护心体等内容，都是需要修习践履的工夫条目。如果一个儒者能够笃实践履这样一些工夫条目，那么，何愁本心不明？何患道德不纯？因为"人心即道"，只要去除障蔽人心的诸种后天意念，心之本体将自然呈现，其神明不测的妙用也会即时发挥出来，因此，说来说去，"不起意"乃是杨简工夫论的核心要旨，而围绕这一核心思想，可以展开千变万化的工夫内容，融入生活日用中，令学者体会到心性修养工夫的实在性。

第三节　思与不思之辩

杨简的心性工夫论，注重的是修习践履和直觉体悟，与当时朱熹所倡导的注重学问思辨的治学方式有着明显的差别。那么，在心性修养工夫

---

① 《慈湖遗书》附录，《宝谟阁学士正奉大夫慈湖先生行状》，第942页。

中，直觉体悟和理性思维究竟各占什么地位，各起什么样的作用？这是一个需要认真探讨的问题，否则，我们就无法认清慈湖心学内在的思想特色。

一　"道非心思、言论之所及"

明代王龙溪在总结朱熹的治学理路时说："文公为学，则专以读书为穷理之要，以循序致精、居敬持志为读书之法。"① 很显然，这是一种"道问学"的治学方式，注重的是以理性思辨的方式去研究和诠释儒家经典。与之相比，慈湖心学更加注重的是修习践履。在修习践履的过程中，学者自然会体悟到人心先天原本的状态，这种心之本体即是"道"之所在，正如杨简所说："人之本心即道，故曰道心。"② 然而，这种先天本心虽然客观存在，但是无形无象，杨简称其为"道心无体，非血气，澄然如太虚。"③ 因此，任何后天的思维和语言都无法模拟它的形象和性状，从这个意义上讲，"道非心思、言论之所及"。④ 既然任何理性思辨和语言都不可能充分揭示"道"之本然面目，因此，杨简告诫学者：在修道、体道的过程中，更应该注重的是笃实地修习践履，从中自然会有真切的体悟，而不必枉费心思去苦思冥想，那样只能苦心伤神、徒劳无功。

杨简多次从否定的层面来描述"道心"超越言诠之状貌，他说：

道心之智（通"知"），如水鉴，如日月，光明洞照，何思虑凝滞之有？故曰："不学而能，不虑而知"。⑤
圣人之知，如日月之明，如水鉴之明，非思非虑，自明自照。⑥

如果借用道家范畴来表述，杨简所说的"道心之知"，实际上就相当于"元神"，指的是一种生而具有的良知良能，它对于世间诸物具有光明洞照的直觉能力，属于"生而知之"的天赋功能，与后天的思虑意识无关，所以杨简称之为"非思非虑，自明自照"。这种"生而知之"的"元神"，即使在儒家体系内，也并非杨简个人的发现。从先秦孔孟到宋代二

---

① 《王畿集》卷10，《答吴悟斋》，第259页。
② 《杨氏易传》卷5，《小畜》，载《四库全书》，经部，第14册，第51页。
③ 《杨氏易传》卷1，《乾卦》，载《四库全书》，经部，第14册，第11页。
④ 《慈湖遗书》卷18，《宋杨公伯明封志》，第912页。
⑤ 《慈湖遗书》卷9，《论春秋礼乐》，第748页。
⑥ 《慈湖遗书》卷15，《家记九·泛论学》，第851页。

程，再经陆九渊、杨简，直至明代的王阳明，都有所体悟，并予以程度深浅不同的揭示（当然，揭示得最清楚的当属王阳明、王龙溪一系的阳明心学）。例如，二程曾说：

> 良知良能，皆无所由，乃出于天，不系于人。①

王阳明则说：

> 心之良知是谓圣。圣人之学，惟是致此良知而已。②

王龙溪接着说：

> 良知虚寂明通，是无始以来不坏元神，本无生，本无死。③

一般人成年后，总以为思维活动是认识事物的唯一途径，这种理性思维，是在后天生活中逐步养成的，属于"学而知之"的范畴（道家又称为"识神"）。事实上，在一般的理性思维之外，人类还先天具有一种"非思非虑，自明自照"的意识功能，这就是杨简所说的"道心之知"。为说明这一先天存在、人人皆有的"道心之知"，杨简借助动物的本能比喻道——

> 鸡之知时，不以思而得之也。不思而自知，岂不足以证道心之寂然而无所不知乎？④

公鸡既然能够准时地打鸣报晓，说明公鸡生来具有一种"不思而自知"的天赋本能，结合自己所悟，杨简认为，人类也具有这样一种寂然不动而无所不知的"道心"。能够觉悟这一"道心"，便是所谓知者；觉悟之后能够保持常觉常明的状态，便是所谓仁者。所以，杨简明确地说：

---

① 《河南程氏遗书》卷2上，载《二程集》，第20页。按：这一句话未详是程颢或程颐所说，故曰"二程"。
② 《王阳明全集》卷8，《书魏师孟卷》，第280页。
③ 《王畿集》卷5，《天柱山房会语》，第119页。
④ 《慈湖遗书》卷9，《论春秋礼乐》，第747页。

> 知道之谓知，知非心思之所及，伊尹谓之觉。①
> 此知不属思虑，有思虑不可以言知。②

要想觉悟这样的先天本心，关键是要在修习践履中去体证，而不是用后天的理性思维妄作揣测。《周易·系辞下》曾记述孔子之言："天下何思何虑？"《诗经·皇矣》曾记述周文王："不识不知，顺帝之则。"在《论语·子罕》中，孔子亦自况曰："吾有知乎哉？无知也。"有了这些经典依据，杨简进一步诠释"道非心思之所及"的思想，他说：

> 孔子曰："天下何思何虑？"思虑，人以为不可无者，而孔子以为无庸（同"用"）焉。惟思虑动，而后始昏，始分裂，始乱义也，始不可告语矣。③
> 孔子曰："吾有知乎哉？无知也。"文王顺帝之则，亦自不识不知。况于某乎？况于四方之士乎？④
> 人心即天地之心。晦昧者以思虑为己之心，故纷纷扰扰，如云翳日，如尘积鉴。孔子曰："天下何思何虑？"箕子曰："无有作好，无有作恶。"好恶思虑不作，而本心无体，清明在躬。⑤

杨简认为，一般人错把后天的思虑活动当作心体之本然，其实这正是心地晦昧的表现，结果是迷失了本心的先天妙用，"如云翳日，如尘积鉴"。借用明代心学宗祖王阳明和高徒陈九川之间的对话，即是——"亦为宋儒（指朱熹一系）从知解上入，认识神为性体，故闻见日彰，障道日深耳。"⑥ 杨简虽然生活在王阳明之前数百年，对这一问题亦率先产生相同的看法，他从自己的修道实践中真切地感受到：一般人蒙昧了自己的先天本心之智，离心而起意，妄用后天的思虑分别，结果是"始昏，始分裂，始乱义也，始不可告语矣"。这种"以思虑为己心"的认识，就相当于"认识神为性体"的偏差，结果是"抛却自家无尽藏，沿门持钵效贫

---

① 《慈湖遗书》卷11，《论〈论语〉下》，第796页。
② 《慈湖遗书》卷11，《论〈论语〉上》，第794页。
③ 《杨氏易传》卷16，《鼎卦》，载《四库全书》，经部，第14册，第173页。
④ 《慈湖遗书》卷4，《祖象山先生辞》，第642页。
⑤ 《杨氏易传》卷12，《家人》，载《四库全书》，经部，第14册，第134页。
⑥ 《王阳明全集》卷34，《年谱二》，第1412页。这是陈九川的话，对此，王阳明答曰："然"。详见该页。

儿"。① 根据自己多年的修道体悟,杨简充分地认识到:人心即道,其中蕴含着无穷的道德内涵和智慧功能,只要直心而往,就能准确判断各种事情,做出正确的抉择,并不需要苦心伤神的思虑。他说:

> 自善性流出,顺达而无阻滞、无支离,则无思也。自仁自义,自礼自智,何故之有?何作为之有?何更以智为?何更以思虑为?②

应该承认,杨简所言"何更以思虑为"的观点,现代人往往难于理解。究其原因,是由于数百年来,在以物质技术为主导的社会文明发展趋势的影响下,人们已经习惯于用后天"识神"(理性思维)去判断事物,而忘却了自己心中具有生而知之的"无尽藏"。不过,杨简还是很坦然地表述了自己的观点,并且不讳言自己晚年已达到无思无虑的修养境界。他说:

> 兢业初无蹊径,缉熙本有光明。自觉自知自信,何思何虑何营?③

客观地讲,这种境界并非杨简一人独有,仅以其父杨庭显为例,晚年的心性修养也接近于此。杨简记曰:"(先公)晚年益简默,拱而行,拱而坐,湛然终日,几于无言。每曰:'吾今日一无思虑。'"④ 如果非要将这种"自觉自知自信,何思何虑何营"的境界和先圣相比拟的话,那么,大概只有孔子的"七十而从心所欲,不逾矩"(《论语·为政第二》)与之最为接近。究其实,这都是修道者经过多年修习和体证,已然纯任本心、无思无虑,从而获得一种自由自在的精神受用,在这种出神入化的境界中,营营思虑确实用不上了。由于一般人对这种"无思"的境界不甚明了,杨简勉为其难地诠释道:

> 无思,非冥然而昏,如日月无所不照,而非思也。孔子不知老之将至,暗暗乎不可尚已,纯然浑然,即此妙也;颜子三月不违仁,即此妙也。月至者终月如此,日至者终日如此。⑤

---

① 《王阳明全集》卷20,《咏良知四首示诸生》,第870页。
② 《慈湖遗书》卷14,《论孟子、诸子》,第834页。
③ 《慈湖遗书》卷6,《熙光》,第671页。
④ 《慈湖遗书》卷17,《纪先训》,第897页。
⑤ 《慈湖遗书》卷9,《论春秋礼乐》,第738页。

对于这种心地纯明、无所不照的精神境界，只要笃实地修习践履，自然会有所体悟（尽管深浅不一），反之，如果一定要用后天的理性思维去妄加揣度，结果只能是徒劳无功。杨简经常告诫门人说：

> 人心即道，神明广大，无所不通。①
> 谓之神者，言乎其不可以智知，不可以力为也。②

这些话翻来覆去，无非是告诉后人："道心之知"乃是先天"元神"的功能，与后天思虑无关；如果非要用后天的理性思维（"识神"）去加以揣测，只能是"愈知愈离，愈思愈远"。③ 要想发掘和应用这种"道心之知"，归根结底，还是要回到自信本心和"不起意"的道路上来，杨简说：

> 学者当自信（本心），毋自弃，毋自疑。意虑倏起，天地悬隔。不识不知，匪合匪离。直心而往，自备万善，自绝百非。虽无思为，昭明弗遗。④

总之，杨简所说的"道心之知"，是一种无知而无不知的先天智慧，"斯妙也可会而不可语"，"不索自获兮，愈思愈穷"。⑤ 领悟它的途径，必须超越言诠思维，用自己的修习践履，换来对这种"纯诚洞白之质""何思何虑之妙"⑥ 的真实体悟，这也是促使自我人格臻于仁圣之化境的必由之路。

二 思非劣，无思非优

对于心之本体，杨简虽然明确提倡"非思非虑，自明自照"的直觉体悟，但是，这不等于杨简否认学者在志学之初和日常生活中运用理性思维的必要性。一般人由于习惯了理性思维，在进行复杂的思维活动的过程中，人心的先天直觉功能有时也会突然迸发显现，令人有豁然开朗的感

---

① 《慈湖遗书》卷8，《论〈书〉〈诗〉》，第721页。
② 同上书，第722页。
③ 《慈湖遗书》卷4，《祖象山先生辞》，第642页。
④ 《慈湖遗书》卷2，《二陆先生祠记》，第620页。
⑤ 《慈湖遗书》卷6，《南园赋》，第666页。"可会而不可语"，原作"可言而不可语"，刻本有误，据文义改。
⑥ 《慈湖遗书》卷7，《己易》，第692页。

觉。从这个意义上讲，理性思维的作用也是客观存在的，因此，杨简同样提倡学者学会正确地思考，而反对不加区分的无思，诚如他所说"思非劣，无思非优"。

关于在学习中如何看待后天思维的问题，杨简遵循孔子所言"学而不思则罔，思而不学则殆"（《论语·为政》）的古训，他说：

> 当思不思则罔，不必思而思则赘。（学者）不可罔，亦不可赘。初学之思即成德之无思，成德之无思即初学之思。思非劣，无思非优，致优劣之见者，不足以学道。①

杨简的这段话，表明了在学习过程中理性思考和反躬自省的必要性。杨简认为，初学之思，已经包含对于本心的自我内省，一旦认清先天本心之后，就不再需要这种反复的思索，这便是"成德之无思"；但是，在纯熟自如的"成德之无思"中，又蕴含着学者起初的深入思考的结晶，从这个意义上讲，"初学之思即成德之无思，成德之无思即初学之思"。对于绝大多数学者而言，由于根器之故，初学之思是必不可少的，就是杨简自己，从志学之初开始，"积疑二十年"，②对于什么是本心一直在反复思考，最终在双明阁下，经由陆九渊的点化，才恍然大悟。由是可见，初学之始的思考活动是一项必要的探索过程，有鉴于此，杨简才说："思非劣，无思非优；致优劣之见者，不足以学道"，这样一来，就给某些溺于释道之说、崇尚玄虚之悟的学者敲响了警钟。

理性思维和直觉体悟之间的关系，这是一个很复杂的问题，不可一概而论。不过，就绝大多数人的学习过程而言：理性思维往往是直觉体悟的前奏（或预备功），经过深入思考之后，学者对于某一问题的关注已达到聚焦的足够"浓度"；随之而来的，可能是内心的灵光一现，令自己头脑豁然贯通，这便是"悟"，再往后，如果还需要进一步思考的话，那便是由于事物关系的复杂性，人们运用理性思维对于事物之间的复杂联系进行逻辑梳理，以证实自己所悟的正确性。由是可见，脱离了直觉体悟，理性思维就是在做无用功；而没有适当的思维方式和思考过程，直觉体悟也无从显现。对于这种思与悟之间的辩证关系，杨简看得很清楚，他承认对于一般人来讲思维活动的必要性，只是主张要学会正确的思考方法，在思考

---

① 《慈湖遗书》卷11，《论〈论语〉下》，第818页。
② 《慈湖遗书》卷2，《二陆先生祠记》，第621页。

过程中同样不可"离心而起意",他说:

> 太简则有简之意,太详则有详之意,皆非无意无必、大中至正之道也。是道也,初非绝思虑之谓。得此中,虽终日思虑,终年思虑,不可谓动心也;失此中,虽终日不思虑,终年不思虑,不可谓不动心也。①

杨简此处所说的太简、太详的问题,是源自《论语·公冶长》中的一段话——"季文子三思而后行。子闻之曰:'再,斯可矣。'"季文子为人非常小心谨慎,凡事必三思而后行,孔子听说后,批评道:"思考两遍,也就可以了。"季文子何以遇事必三思?究其实,是因为内心中有私意,所以显得过分谨慎。对此,杨简认为季文子"失之太详",其实就是内心私意凝滞的缘故。杨简认为,"随遇辄应,谓之太简;每事三思,谓之太详"(同上),都是一种偏颇,"太简谓之不及,太详谓之过"(同上),都是"离心而起意"的表现。两者的差别仅仅在于:"太简则有简之意,太详则有详之意"(同上),就其偏颇之根源而言,"皆非无意无必、大中至正之道也"。杨简主张:无论面对什么事情,只要遵循"无意无必、大中至正之道"以思之,就符合古圣所说的"思曰睿"(语出《尚书·洪范》;箕子语),这样的思考活动,即使终日为之、终年为之,也"不可谓动心",它对于人们认识事物、解决问题是有益的;反之,倘若有"意必固我"之私,执此念以应对事物,"虽终日不思虑,终年不思虑,不可谓不动心也"。

由于杨简明确主张对于心之本体必须直觉体悟,给人一种印象:仿佛他一概反对理性思维。对此,杨简尽量予以澄清,他说:

> 虽然,思亦何害于事?箕子曰:"思曰睿",孔子曰:"学而不思则罔",周公"仰而思之,夜以继日",思亦何害于吾事也?②

> 思曰睿,明乎思未尝不睿,未尝不妙,未尝不神,此不可以有无解,何复取乎无思哉?离思而取无思,是犹未悟百姓日用之即道也。③

---

① 《慈湖遗书》卷10,《论〈论语〉上》,第790页。
② 《慈湖遗书》卷7,《己易》,第691页。
③ 《慈湖遗书》卷15,《家记九·泛论学》,第849页。

"思曰睿"一语，出自《尚书·洪范》，乃是殷商贤臣箕子对周武王所进谏的修身治世之道的内容之一。睿者，明智、通达之意，这句话意思是说，思考问题要通达、明智，不能滞于狭隘、短视的眼光。在南宋时期，与理学思潮一样，佛道思想同样繁盛一时，在儒林之中亦有很多引为同调者。由于佛道二教向来注重禅悟、坐忘之类的修习工夫，因此，某些儒者也有过分崇尚直觉、"离思而取无思"的偏颇倾向。对此，杨简指出："思亦何害于吾事也？"先圣周公、孔子等人，不都是善于思考，而且阐述过思维活动应该注意的问题吗？如果完全排斥理性思维，而取无思之见，那么，何以应对日常生活中的种种事物？杨简认为，这种"离思而取无思"的观点，实际上是"犹未悟百姓日用之即道也"，这种机械的认识论并不足取，学者"当思不思则罔，不必思而思则赘"，该运用理性思维时，就应当积极开动脑筋，争取达到"思曰睿"的良好效果。

总体而言，在杨简的整个思想体系中，虽然也承认了理性思维的必要性，但是，客观地讲，他更看重的是直觉体悟，对于心之本体而言，惟有体悟才能真正领会其本然，如人饮水，冷暖自知。因此，后人在阅读《慈湖遗书》等著作之时，往往会产生杨简厚此薄彼的印象，对此，我们应该注意有所区分：杨简所说的思与不思，其实是就两个不同层面的对象立论的。对于本体，靠的是直觉体悟；对于经典学习和日常生活，杨简并不否认思维活动的作用。这种微妙的差别，我们只有反复阅读其著作，才能得出全面客观的结论。

第四节　杨简的工夫层次论

如果一位儒家学者按照杨简所说的"不起意"等工夫要领去笃实修习，有时候难免会发出疑问：自己目前究竟达到了什么样的道行层次？对此，杨简在讲述工夫论思想的过程中，也结合了儒家经典的相关内容，阐明一个儒者在修道进学的过程中可能经历的不同层次。依此对照，一个儒者可以很容易地确定自己目前所处实际道行的水平，这就是杨简的工夫层次论。

一　日至、月至与三月不违

如前所述，杨简的工夫论思想十分强调一个"觉"字，他以觉释仁，以仁释道，与章句训诂之学有着本质的区别。他以《论语》中经常出现的"知"与"仁"范畴为核心，运用心学理念予以诠释——

> 知道之谓知，知非心思之所及，伊尹谓之觉。①
> 仁者，道心常觉常明之称。常觉常明者，常不昏而已，非思也。②

杨简还强调指出："仁者，觉之谓。"③ 结合上述引文可见，无论是知与仁，都是觉悟本心的表现，而本心即道，因此，知者与仁者都是得道之人。不过，学者虽然悟道，并非修道事业圆满终结，杨简坦诚地说：

> 未得道者，以得道为难；而已得道者，又以尽道为难也。④

杨简认为，得道易，尽道难，甚至"亦有小人而觉者"⑤，但是，小人肆无忌惮，不肯改过，最终流于孔子所说"知及之，仁不能守之，虽得之，必失之"的境地。即使对于真诚向道的儒者而言，由于旧习之气等因素的作用，虽可一时觉道，实际道行仍然有着不同层次的差别。杨简指出：

> 道无先后精粗之间，而进德则有先后精粗之序。⑥
> 德者，得道之名。道非有物，初无实体之可得，谓之得者，姑以别夫昏不知者耳。⑦

根据这一划分可知：儒者在修道进德的过程中，确实存在层次高低的差别。杨简认为，其差别的具体表现，在《论语》的孔子相关言论中已有明确的区分。例如：《论语·雍也》记载了这样一些话语——

> 子曰："回也，其心三月不违仁，其余则日月至焉而已矣。"
> 子曰："知之者，不如好之者；好之者，不如乐之者。"

根据这些话语，杨简认为，一个学者道行的水平，大致可分为日至、

---

① 《慈湖遗书》卷11，《论〈论语〉下》，第796页。
② 同上书，第805页。
③ 《慈湖遗书》卷19，《孔子闲居解》，第924页。
④ 《慈湖遗书》卷11，《论〈论语〉下》，第803页。
⑤ 同上书，第818页。
⑥ 《慈湖遗书》卷10，《论〈论语〉上》，第776页。
⑦ 《慈湖遗书》卷11，《论〈论语〉下》，第800页。

月至和三月不违仁等三个层次。如果超出"三月不违"的水平，那就是一个真正的仁者了，只是这最后一点，孔子从未轻易许可过任何人。关于日至、月至和三月不违仁的内涵，杨简做过十分明确的阐释，他说：

> 孔门诸贤，孰不愿学？何独称颜子好学？日至者，终一日不动于意，纯明精一，是为至道；月至者，终一月如此，亦非众人之所能矣，犹不得谓之好学。盖比于三月不违仁者，勤惰有间矣。①

或许有人以为上述阐释尚嫌单薄不足，其实，杨简对于"日至、月至"的内涵，还做过很多更为详细的诠释。又如，他说：

> 日至，非果有所至，不动乎意，澄然昭然，一日之外，或动乎意，故曰日至；自古到今，知道者千无一，万无一，故学者以知道为至，圣人与人群居，不得不因人为言。月至，亦非有所至，澄然昭然，一月之外，或动乎意，故曰月至；颜子三月不动乎意，故曰三月不违仁。②

杨简明确指出："知道为至。"根据前文"知道之谓智"③的定义，可以推知，"日至"之人至少达到了智者的觉悟水平，只是为时甚短，仅仅能够将这种觉悟状态保持一天而已。日至之人，一旦觉悟本心，当下便可体会到虚静纯明、澄然昭然的状态，如果"不动乎意"，这种"澄然昭然"的状态便可一直保持下去，然而，由于旧习之气等因素的左右，日至者"一日之外，或动乎意"，便失去了这种本心澄澈的美妙体验，重新被后天的意欲、杂念所困扰。与之相比，月至者一旦觉悟本心，同样可以体会到虚静纯明、澄然昭然的美妙状态，由于习气较轻之故，他能在一月之内不动乎意，这种澄然昭然的状态可以保持一月之久，但是，"一月之外，或动乎意"，也会背离先天本心的状态，重新陷入到意欲丛生、杂念纷飞的困扰中。在孔门弟子中，只有颜回一人，用功最勤而习气最轻，当他觉悟本心之后，可以保持这种状态达到三月之久，客观地讲，这是一个相当长的时间了。虽然孔子门下弟子众多，而能臻此境者，独颜回一人而已，

---

① 《慈湖遗书》卷10，《论〈论语〉上》，第792页。
② 《慈湖遗书》卷5，《蒋秉信墓铭》，第655页。
③ 《慈湖遗书》卷10，《论〈论语〉上》，第770页。智，又写作"知"，参见《慈湖遗书》卷11，第796页。

因此，孔子对这个门人特别欣赏，屡次称其"贤哉"（《论语·雍也》）。

关于孔子门下诸弟子的心性修养水平，杨简有时又以"知之者"和"好之者"的层次差别加以区分，他说：

> 知道者有之，好学者难得。如闵子骞、冉伯牛、仲弓与夫曾子诸贤，不可谓无日至、月至，至于三月不违，非颜子不能。颜子纵有怒过，怒不迁而旋止，过不贰而旋释，意念微动，便自寝息。他人岂无志于学者？往往不能旋止旋释。怒过以暴露而不可掩，乃徐救之；或自以为小过无伤于义，姑纵而迟之，此皆怠惰之故。虽已至于道者犹有此病，则圣人谓独颜子一人好学，他人不与。①

杨简根据自己多年修道和教学的经验，指出"知道者有之，好学者难得"，这一现象，在孔子门下亦不例外。像闵子骞、冉伯牛、仲弓与曾子等诸贤，就属于日至、月至之人，而真正达到"三月不违"，唯有颜回一人而已。孔子曾经感叹说："有颜回者好学，不迁怒，不贰过。不幸短命死矣。今也则亡，未闻好学者也。"（《论语·雍也》）颜回的好学究竟表现在什么地方？孔子仅用了"不迁怒，不贰过"六个字来形容。杨简认为，这短短六个字，其实意蕴无穷。无论是迁怒还是贰过，都是后天之意妄动的表现。颜回过人之处，就在于勤学不息，善于及时发现这些意虑之动，并很快予以消除，杨简称之为"纵有怒过，怒不迁而旋止，过不贰而旋释，意念微动，便自寝息"。相比之下，其他日至、月至之门人，由于习气怠惰之故，有过"不能旋止旋释"，其具体表现是："怒过以暴露而不可掩，乃徐救之；或自以为小过无伤于义，姑纵而迟之。"他们虽然也曾觉悟本心，但是，"旧习久固，未精未一"②，时常妄起后天之意，致使自己陷入杂念纷飞、意欲丛生的心理状态，于是，各种过患由此而生，各种烦恼由此而现，他们对于先天本心的保任，只能是日至、月至而已。颜子能够做到"其心三月不违仁"，固然已是十分难得的表现，不过，毕竟还未达到常觉常明、无所间断的化境，超过三个月之后，颜回心中仍然可能泛起些许意虑杂念，尽管只如云气一般轻淡，但终究属于后天妄意的显现，好在颜回能够及时发现，"不远而复"③，意念寝息，重新恢复心体澄

---

① 《慈湖遗书》卷10，《论〈论语〉上》，第791页。
② 同上书，第782页。
③ 《周易译注》，《复卦·初九》爻辞："不远复，无祇悔，元吉"。第207页。

然昭然的先天原本状态，这就是颜回高于同门诸子的地方。如果上天假以年寿，颜回应该能够进一步提升修养，达到"浑然无间断"的仁者水平，与孔子别无二致。可惜的是，颜回年仅三十二岁而早夭，失去这样一位好学不怠的高徒，难怪孔子要"哭之恸"（《论语·先进》）了。

为了让世人明白儒者心性修养的真实内涵和不同层次，有时候，杨简甚至把孔子本人也纳入这种比较范围中，他说：

> 人皆有是明德，而不能以自明，能自明而又不能常明，有时乎昏，则不可以为仁。仁者觉之谓，……常觉常明，自觉自明，昼夜通贯，颜子进乎此，故曰"其心三月不违仁"；其余"日月至"者，如仲弓之徒，亦可以言仁；惟日月之外亦昏亦违，可以言仁，不可以言尽仁。颜子几于尽仁矣。孔子六十而耳顺，则江汉以濯之，秋阳以暴之，皜皜乎不可尚已。①

上述话语，首先阐明了"仁者觉之谓"的理念，目的是使世人明白究竟什么是仁。其次，表明了日至、月至的诸子，日月之外或可陷入昏昧的状态中，对他们的评价是"可以言仁，不可以言尽仁"；与之相比，颜回三月之中保持了"常觉常明，自觉自明，昼夜通贯"的状态，所以说"几于尽仁矣"。再次，就孔子本人而言，也是在六十岁之后，才达到"耳顺"的境界，对待外在事物，无论顺逆与否，都不复"微动其意"。杨简认为，孔子此时的心性修养，属于纯明无间的仁者境界，所以，借古语称之为"皜皜乎不可尚已"。

由于孔子曾说过"知之者，不如好之者；好之者，不如乐之者"（《论语·雍也》），杨简又根据自己的心学理念，加以诠释道：

> 此知不属思虑，有思虑不足以言知。知者，孔子谓"知及之"，好如颜子好学。日至月至者，可以言知之，不可以言好学；"不如好之者"，专为日至月至者发，言其怠也。若孔子，则好而乐之矣。②

虽然上述话语是借助诠释经典的途径表述出来的，但是，通过这些阐

---

① 《慈湖遗书》卷19，《孔子闲居解》，第924页。"皜皜不可尚已"一句，语出《孟子·滕文公上》。
② 《慈湖遗书》卷10，《论〈论语〉上》，第794页。

释，我们的确可以清楚地了解一个儒者的心性修养所达到的水平。对于孔子门下诸贤的修道层次，杨简用了这样一番话来评价，他说：

> 孔氏之门，学者不知其几，而日至者无几也；月至者又无几也；三月不违者，颜氏子一人而已。①
>
> 孔子大圣，其所启明，惟颜子三月不违；余则月至日至，当是闵子骞、冉伯牛、仲弓、曾子诸贤；余（者）不能强也。②

按照杨简的划分方式，一个学者可以很清楚地知道自己的心性修养处于什么水平线之上，如果亲炙于孔子门下，自己大致属于什么样的层次级别。也不难明白，即使身在千年之后，心性修养的基本途径和进步阶次仍然是大体相同的，因此，后代学者只有根据先圣之训，笃实践履，不断精进，方能使自己的心地彻底摆脱昏昧状态，至于"纯明不已"的仁者境界。

二 圣人进德之阶次

或许有人会问：以上所说是孔子门下诸徒的修道层次，那么，就孔子本人而言，他的修道事业又经历了怎样的进程，最终达到"既圣"的境界呢？对此，既有实践经验又精研典籍的杨简同样给出了明确的解答。

在《论语·为政》中，记载了孔子所说的一段话——"吾十有五而志于学，三十而立，四十而不惑，五十而知天命，六十而耳顺，七十而从心所欲，不逾矩"。对于这段话的内涵，朱熹曾在《四书集注》中做出了自己的诠释，然而，所言失之空泛，读者即使看过数遍，仍然不知其要旨所在。杨简与朱熹生同其时，自然不会完全认同朱熹的诠释，因此，他借助阐释经典相关内容的机会，向世人展示出一幅圣人修道进德之阶次的图示，给后代学者以启发，促使自己的修道事业也能沿着这样一个阶次步步升高，直至化境。

首先，我们仍需率先阐明杨简所说的"道"与"德"的内涵。孔子说："朝闻道，夕死可矣"（《论语·里仁》），孔子把"道"置于如此高的地位，他所说的"道"究竟指的是什么？其次，孔子也经常讲"德"，他所说的"德"与"道"之间又有什么样的关联？对此，杨简都有明确的解

---

① 《慈湖遗书》卷7，《己易》，第691页。
② 《慈湖遗书》卷18，《宋杨公伯明封志》，第912页。

答，他说：

> 人皆有是至灵至神、古今一贯之心，即天地之道，即礼乐之原，……而不自知贵，不自知爱，殊可念也！①

若将上述言语压缩成一句话，便是杨简所说的"人心即道"，那么，"道"的内涵究竟是什么？简而言之，仁而已矣。杨简曾说：

> 仁者，道心常觉常明之称。常觉常明者，常不昏而已，非思也。②
> 仁者，复其本心之清明，如鉴如日月，万物毕照，而未尝思为也。③

既然搞清了"道"的内涵，那么，"德"与"道"之间的关系又是怎样的呢？杨简认为，"道德非二"④，他进一步指出：

> 德者，得道之名。道非有物，初无实体之可得，谓之得者，姑以别夫昏不知者耳。⑤

在理顺了道、德的内涵及其关系之后，我们就不难明白：孔子的"志于学"，并不是有意求取一般意义上的闻见之知、泛泛之学，实际上就是"志于道"（《论语·述而》），而孔子的进德也正是其修道进程的体现，其所有工夫都是围绕着恢复和保任"其本心之清明"而展开的。明白了这一核心要旨，我们再来梳理孔子的进德阶次，就好懂多了。杨简首先指出：

> 道无先后精粗之间，而进德则有先后精粗之序。⑥

杨简认为，从孔子十五岁立志开始，他所志的"道"和七十岁已达圣境时所遵循的"道"没有本质的差异，"圣人至此，初无以异于志学之

---

① 《慈湖遗书》卷19，《孔子闲居解》，第923—924页。
② 《慈湖遗书》卷11，《论〈论语〉下》，第805页。
③ 《慈湖遗书》卷10，《论〈论语〉上》，第784页。
④ 同上书，第776页。
⑤ 《慈湖遗书》卷11，《论〈论语〉下》，第800页。
⑥ 《慈湖遗书》卷10，《论〈论语〉上》，第776页。

道。……如谓道果有先后精粗之不同，则何以谓一以贯之？"（同上）这里所谓"道"，实际上就是清明澄然的先天本心。杨简认为，这颗清明澄然的本心是天赋的，无须人为塑造，可惜一般人不知道它的存在，"百姓日用，不知不觉"。① 那么，"志于道"之人与普通愚夫愚妇有何区别呢？杨简指出：

> 不知故昏，昏故妄作而为无道。非果无道也，百姓日用而不知也。虽视听言动心思之皆道，而自昏也。此心即道，奚俟他求？既昏既妄，则不可不志于此，故曰"志于道"。②

根据这一说法，孔子十五岁时"志于道"，其实就是对清明本心恍然有觉，亦即有了初步的认识。既知其可贵，才能有志于此，于是立志沿着本心的启示去追求探索，以达到"尽道"的目标。如此"用力于仁"，到了三十岁左右，孔子终于达到使此道立于心中的水平，用杨简的话讲，便是——

> 困苦患难之足以动其心，非立也；富贵声名之足以动其心，非立也；白刃鼎镬之足以动其心，非立也。③

简而言之，所谓孔子"三十而立"，乃是对于"道"的体认变得更加清晰，对于"道"的价值更加确认、自信，此时，任何外在事物皆不足以动摇其修道进德的决心。关于这个"立"字，杨简特别指出，它不是从外面来树立的，而是主体牢固确立对本心固有价值的信念。他说：

> 立非强力之所能致也。以强力而立，立于暂，不至于久；不以强力而立者，吾心之所自有也。（同上）
>
> 立非孔子之所独能而他人无之也，人皆有之而未明也，未学也，是以未立也。④

当孔子更加清晰地看到"吾心所自有"之"道"的内涵以后，必然要

---

① 《慈湖遗书》卷6，《金明池》，第683页。
② 《慈湖遗书》卷11，《论〈论语〉下》，第800页。
③ 《慈湖遗书》卷10，《论〈论语〉上》，第774页。
④ 同上书，第774—775页。

在实际生活中与外物相接触，这样才能验证自己所体悟的"道"是否行得通。杨简说过："道也者，所以明其无所不通之称，……不通无以谓之道。"①需要指出，这里的所谓"通"字，是指思想上对待事物看得明、想得通，而不是指个人事业的通达与否。今天我们有时用"百事通"一词来形容一个人见多识广，其义就略与之相近。如果"通"字是指个人事业通达，那么，无论是孔子、孟子，还是朱熹、杨简，没有一人是仕途通达的，也就谈不上"明道"二字了。杨简认为，"明乎己故立，通乎物故不惑"②，孔子从"明乎己"到"通乎物"，也经历了十年左右的时间。在清明本心的指引下，经过很长时间的磨炼，孔子对于外界事物的认识已然非常清楚——"故凡物之情理，昭然自明；凡事之利害，晓然自辩"（同上），于是，孔子便逐渐达到"四十不惑"的境界。不过，尽管此时孔子的智慧已然"通乎物"，由于"旧习之气"的存在，孔子对于日用诸事，有时仍然把它看作后天人为造成的，没有透彻地理解到实际上都是天赋之性的内在驱动所致，这样一来，做起事来还不能完全随顺本性，直心而行，难免存在困知勉行、事倍功半之处，对此，孔子自然会自我反省，因此，在"通乎物"之后，孔子修道进德的脚步并未停止。如此不断精进，到五十岁时，孔子的道德修养又提升了一步，对天性本心有了新的认识，对此，杨简介绍说：

> 旧习之气或未能尽泯，感物而动，日用百为，犹有谓吾之所为，不知其为天也。非不知也，习气间兴而偶昏，则虽谓之不知天命，可也。孔子至五十则旧习之气消尽，无有或昏者矣，必至是而后可以言知天命。（同上）

从语义上讲，"天命"之"命"，既有赋予之意，又有规定之义。知天命，也就是对于本心的体认达到了一个新的高度，真正透彻地明白人性内涵背后的天命根源。由于有了对"天命之性"的充分觉悟，孔子再做任何事情，都是一任本心而为之，无论成败利钝，都能出乎自然，如"如四时之错行，如日月之代明"（同上），惟道义之所从，不再考虑人为因素的是非功过。

---

① 《慈湖遗书》卷1，《曾子序》，第609页。杨简说"道者，无所不通"的话甚多，在此仅举一例而已。
② 《慈湖遗书》卷10，《论〈论语〉上》，第775页。

虽然"知天命"已是一个质的飞跃，孔子修道进德的层次仍有继续提高的空间。在五十岁的前半期，孔子在政治上有所建树，曾在鲁国担任过中都宰、司空、司寇等职务，还短期地"行摄相事"，① 使得鲁国三月大治。可是，由于最高统治者鲁定公、季桓子等人昏庸无德，致使孔子五十六岁离职出走，周游列国。一般人以为孔子周游列国的目的只是向各国诸侯兜售自己的政治主张、以求得一官半职，结果到处碰壁，这是把孔子和苏秦、张仪等纵横家式的政客混为一谈。实际上，孔子周游列国，亦是为了像"木铎"一样，把儒家思想在中原各国传播开来，为此，他矢志不渝地坚持十三年之久。至于得君行道的政治目的，他早就说过："道之不行，已知之矣。"② 对于孔子欲将儒学传遍天下的志向，后儒亦有看得清楚的，如明代泰州学派王襞曾说：

> （夫子）辙环天下，盖欲木铎乎天下，上而邦君卿大夫，下而士庶人隐者，莫不欲接而与之，以通乎大道。此学不厌而教不倦、统位育之权也。③

在孔子周游列国、接引各类人等的过程中，难免会遇到思想见解不同、甚至挖苦讽刺之人，《论语》一书中记述的楚狂接舆、晨门隐士、长沮、桀溺等，都是这类人。面对外界的各种讽刺打击，到了周游列国的后期（孔子年过六旬之后），孔子已经付之一笑、见怪不怪了，这就是他自言"六十而耳顺"的表现。无论别人说什么，孔子觉得，自己只是按照良知本心这一"天命之性"去做自己该做的事情而已，至于现实结果如何，个人收益如何，孔子根本置之度外，因此，他晚年自况："发愤忘食，乐以忘忧，不知老之将至"（《论语·述而》）。对于孔子晚年凡事皆能"耳顺"的境界，杨简阐释道：

> 进德之纯，至于六十，则凡物之顺乎我，不复微动其意；凡物之逆乎我、阻乎我，亦不微动其意。顺逆一物，物我一体，明之非难，常明为难；常纯纯然而无间，则耳顺矣。④

---

① （汉）司马迁：《史记》，卷47《孔子世家》，中华书局1959年标点本，第1917页。
② 语出《论语·微子第十八》，《四书集注》以此为子路所言，但朱熹仍指出，另有写本作"子路反（同'返'），子曰：……，道之不行，已知之矣"。笔者以为这样于义更通。
③ 《明儒王东厓先生遗集》卷1，《上道州周合川书》，第220页。
④ 《慈湖遗书》卷10，《论〈论语〉上》，第775页。

值得注意的是，杨简所说的"耳顺"，绝不是那种脸皮甚厚、不问是非的市侩态度，而是指"进德之纯"达到"顺逆一物，物我一体"的境界。在这种境界中，主体对于任何外在事物的冲击都能做到"不微动其意"，你说你的，我做我的，纯任本心而行，心地常明无间，从外表看，仿佛事事耳顺一般。杨简认为，这是一种修养"纯乎纯"的表现，他进一步阐释说：

> 耳顺，则无不顺矣，无不纯一矣，而亦非一无所辨。如鉴焉，妍丑万状，纤微毕见，而鉴无动也。自志学而已默造斯妙矣，至是而纯乎纯也。（同上）

在此，杨简特意指出："耳顺"的工夫内涵实际上在志学之初已经初具，因为从那时起，学者对于本心之"道"已经恍有所见，于是"默造斯妙"，此后的修养工夫，只是将此觉悟一步步澄清、加深，使其在日用诸事中运用得日渐熟练，最终达到"纯乎纯"的境界而已。这样一来，我们又回到了前文杨简所说的话："圣人至此，初无以异于志学之道。……如谓道果有先后精粗之不同，则何以谓一以贯之？"① 在这里，杨简所说的"一以贯之"，指的是儒者所修之"道"自始至终是一个东西，亦即人人皆有、清明至善的先天本心。

孔子六十八岁回到鲁国，在生命的最后五年，致力于"六经"的整理、编订工作。此时的孔子虽然政治上并未得志，精神世界却愈加和谐自如，故而他自况说："七十而从心所欲，不逾矩。"对此，杨简未敢做详细的阐释，或许是觉得圣人的暮年境界，非后人可以妄加揣测，只是简单地说：

> 至七十，虽从心之所欲，未尝逾矩焉。纯乎纯不足以言之矣。至矣，尽矣，不可以有加矣。②

虽然杨简不肯做详细的阐释，但是，今人仍可以大致推测出孔子晚年的精神境界，通俗地讲，便是内心已然高度的虚明纯静，与外界事物达到和谐如一的状态。因其出神入化、炉火纯青，难以用语言表达，故而杨简

---

① 《慈湖遗书》卷10，《论〈论语〉上》，第776页。
② 同上书，第775页。

说"纯乎纯不足以言之矣"。如果非要进行某种比较，那么，这种精神境界略似于孟子所说的"充实之谓美，充实而有光辉之谓大，大而化之之谓圣，圣而不可知之之谓神"（《孟子·尽心下》）中的后两句，亦即圣神人格的化境。

杨简关于孔子一生进德之阶次的阐释，充分展现了他的心性工夫论的思想特色。他认为，即使是孔子这样的先圣，其心性修养工夫也是围绕着恢复和保任"其本心之清明"而展开的，在漫长的修习过程中，孔子的心灵也逐渐从后天昏昧返向先天本明，并从中获得愈加自由而快乐的精神受用。杨简的阐释隐含着这样一个启示：既然圣人如此，那么，后人的进德之路也是大同小异，任何人只要沿着这条道路走下去，都能实现作圣成贤的理想人格。

本章所论，是杨简的工夫论思想。杨简认为，心之本体即道，而体认、保任这一本体的有效工夫，就是"不起意"三字。由于先天本心清明纯然，只要去除障蔽人心的诸种后天意念，心之本体自然显现，其神明不测的妙用也会自动发挥出来。围绕着"不起意"的核心要旨，又有当下改过、渐消习气、格去其物等项工夫条目，体现出"不起意"工夫的普适性和实在性。在这种"不习之习"①的过程中，学者需用理性思维时，则用之；不必用时，则泯之，最终对本体的觉证则是一种直觉体悟，非言语心思之所及。从另一个角度讲，对于心之本体的体悟和涵养又可分日至、月至和"三月不违仁"等不同的层次，杨简通过分析孔门诸贤的修道工夫水平，向世人展现了心性修养的应有阶次；通过分析孔子一生道行的演进过程，也揭示出心性修养工夫的长期必然性。这些依托于经典内容的阐释，明白地昭示后人：只要沿着先圣指明的方向，笃实地修习践履，去除障蔽本心的后天意虑，便能返还先天的清明本心，成就自己的道行德业。当然，杨简的工夫论思想也有不足之处，从应用上讲，虽然它简易明白、直截了当，有"单提一路，不问其余"的特点，但是，这种教法不够圆融广大，尽管符合"即本体便是工夫"②的上乘之教，却没有照顾到更多根器普通者的实际情况，因此，在其传播过程中，容易引起一些不同学派之学者的误解和争议。

---

① 杨简说："习者，习此不习之道也。"参见《杨氏易传》卷2，载《四库全书》，经部，第14册，第24页。
② 《王畿集》卷1，《天泉证道纪》，第2页。按：这是借用天泉证道时王龙溪所说的话。

第四章 杨简的心学教育理论与实践

杨简不仅是一个思想家,而且是一个出色的教育家,无论是其教育活动,还是其教育理论,均有闪光夺目之处。在历史上,"政教合一"① 是儒家自古就有的思想传统。一个大儒在从政的同时,都会兼顾社会教育,往往亲登讲坛,传播儒学,旨在改造社会、化民成俗。当其归里赋闲之后,更以明道淑人为己任,构建书院,聚徒讲学,不计得失,乐此不疲。杨简的一生,除了修道明德、安顿自我的精神生命外,主要从事的就是这样一种化民成俗的教育事业,无论在官还是在野,皆为之不厌,持续终身。因此,杨简的教育哲学是其心学体系中不可分割的一个组成部分,值得后人认真研究、整理总结。

第一节 心之精神是谓圣

在《慈湖遗书》一书中,除了"明心即道""不起意"之外,"心之精神是谓圣"一语堪称出现频率最高的语句。这种情况本属正常,根据杨简的"人心即道"的本体论思想,可以很自然地推出"心之精神是谓圣"的理念,这是他的本体论思想的人格化,从而构成其教育哲学的基本理念。

一 "心之精神是谓圣"的由来

在本著第二章中,笔者援引过关于杨简本体论思想的一些代表性语句,兹再引述几条如下,以期有温故知新之效。他说:

> 善求夫子之道者,不求诸夫子而求诸吾之心。夫子之忠恕,固夫

---

① 这里的政教合一,指的是政治与教育活动相互融合,不是指政治与宗教结合为一体。

子之心也，亦吾之心也。天下同然者谓之心。①

此心之中，孝弟忠信、仁义礼智，万善毕备，惟所欲用，无非大道。其见于事亲则谓之孝，见于从兄则谓之弟，见于事君则谓之忠，见于朋友则谓之信，居家而见于夫妇则谓倡随，居乡而见于长幼则为有序。②

人之本心，是谓道心；道心无体，非血气，澄然如太虚，随感而应，如四时之变化。③

上述言语，概括起来就是一句话——"人心即道"。④ 在中国古代哲学中，虽然各家所理解的内涵不同，"道"都是一个最高层次的范畴，所以孔子才说："朝闻道，夕死可矣"（《论语·里仁》）。如果把得"道"者视为理想人格，那么，儒家崇尚的圣人、道家崇尚的真人、佛家崇尚的佛陀，实际上都是"道"的人格化表现。自古以来，儒家以"明道"为目标，与此同时，将这种"道"人格化为圣人，因此，在儒家思想体系中，"学为圣人"是与"明道"具有同等内涵的教育目标，这一思想趋势，在北宋理学兴起时已表现得十分明显。仅以理学开山祖周敦颐为例，他在《通书》札记中，自问自答道：

圣可学乎？曰：可。曰：有要乎？曰：有。请闻焉。曰：一为要……⑤

又以北宋程颐为例，他二十岁时初游太学，奉国子监直讲胡瑗之命作《颜子所好何学论》，开篇即说：

圣人之门，其徒三千，独称颜子好学。夫《诗》、《书》、六艺，三千子非不习而通也。然则颜子所独好者，何学也？学以至圣人之道也。圣人可学而至欤？曰：然。⑥

---

① 《慈湖遗书》卷10，《论〈论语〉上》，第786页。
② 《慈湖遗书》卷14，《论孟子、诸子》，第843页。
③ 《杨氏易传》卷1，《乾卦》，载《四库全书》，经部，第14册，第11页。
④ 《慈湖遗书》卷2，《二陆先生祠记》，第620页。按："人心即道"一语在《慈湖遗书》中出现次数甚多，此处仅举一例而已。
⑤ 《周敦颐集》，陈克明点校，卷2《通书·圣学第二十》，中华书局2009年第2版，第31页。
⑥ 《河南程氏文集》卷8，《颜子所好何学论》，载《二程集》，第577页。

可见，自北宋周程开始，理学一系就把学为圣人作为自己的修道目标，亦即从事教育的理想人格。这一思想传统传至南宋，杨简也不例外，在探索究竟是什么"道"的同时，他一直思考的问题就是：如何学为圣人？经历了循理斋、双明阁等"开悟"体验之后，又伴随着多年的思考，到了晚年，在古书《孔丛子》的启发之下，杨简终于确认——"心之精神是谓圣"。从此，他把这一理念贯彻于自己的教育活动中，直至八十六岁辞世。

需要率先说明的是，关于"心之精神是谓圣"一语的来历，杨简坦然地承认，他是从《孔丛子》一书中获得启发的，他说：

> 子思问于夫子曰："物有形类，事有真伪，必审之，奚由？"子曰："由乎心。心之精神是谓圣。推数究理，不以物疑，周其所察，圣人难诸！"孔子斯言，见之子思子之书，世又谓之《孔丛子》，世罕诵习。呜呼！圣人有如此切至之诲，而不载之《论语》，致学者求道于心外，岂不大害？简谨取而为集语，觊与我同志者，或未观《孔丛子》而偶见此书，庶早悟此心之即道而不他求也。①

杨简认为，《孔丛子》所记载的"心之精神是谓圣"一语，乃《论语》一书未录入的孔子原话。这一观点值得商榷。实际上，"心之精神是谓圣"一语最早的出典，是西汉初期儒者伏胜所著的《尚书大传》，其中有"子曰：'心之精神是谓圣'"②一语，但是，此语因为出自伏胜的《尚书大传》，究竟真是孔子所说，还是秦汉之际儒者的假托，已无从知晓。至于《孔丛子》一书，南宋朱熹就曾以语气软弱为由，质疑它的真实性，朱熹认为："《孔丛子》分明是后来文字，弱甚。"③ 目前，学术界一般把它当作三国时期王肃的伪作，有学者认为，曹魏的王肃（195—256年）为了反对前代郑玄的经学观点，搜集并臆造资料，伪造了《孔丛子》一书。在此书中，恰好出现了上述的那段话——

> 子思问于夫子曰："物有形类，事有真伪，必审之，奚由？"子曰："由乎心。心之精神是谓圣。推数究理，不以物疑，周其所察，

---

① 《慈湖遗书》卷15，《家记九·泛论学》，第850页。
② （汉）伏胜：《尚书大传》卷2，载《四库全书》，上海古籍出版社1989年版，经部，第68册，第405页。
③ 《朱子语类》卷84，《礼一·论修礼书》，第1964页。

圣人难诸!"①

虽然"心之精神是谓圣"一语广为人知，王阳明还曾经化用此语，提出了"心之良知是谓圣"②的著名命题，但是，它究竟是否为孔子本人所说，已不得而知。这是因为，关于《孔丛子》一书的真伪，在南宋时期就有不同的看法，朱熹多次批评《孔丛子》是伪作，杨简却奉之为真。杨简之所以坚持己见，思想根源在于：当自家有了修道实践的深邃体悟之后，需要寻找一部经典著作为经学依据。在其晚年，正好读到《孔丛子》一书中的"心之精神是谓圣"一语，颇有契合与共鸣，因此，将其奉为至宝，并传授给门下弟子。

关于杨简何时读到《孔丛子》一书，这是一个需要辨析的问题。如本著第二章所述，据当代两位学者合著③中的考证，认为杨简读《孔丛子》一书的时间在五十二岁至五十四岁之间。以笔者之见，这个考证不够严谨。杨简读到《孔丛子》"心之精神是谓圣"一语，应该比上述时间晚十年左右。在整个《慈湖遗书》中，首次出现"心之精神是谓圣"一语的文章是《申义堂记》，撰成时间明确记作嘉泰四年春，即1204年，此时的杨简已经六十四周岁了。在这篇文章中，杨简还不习惯把"心之精神是谓圣"一句放在前面，他只是说：

> 孔子曰："人者，天地之心。"又曰："心之精神是谓圣。"孟子亦每道性善，又曰："仁，人心也。"大哉斯言，启万世人心所自有之灵。④

如果通读《慈湖遗书》之后，读者便可发现，对于这段话语，杨简后来把它压缩简化，定型为一种习惯用语，其表述方式是：

> 孔子曰："心之精神是谓圣。"孟子亦曰："仁，人心也。"……⑤

---

① 旧题（汉）孔鲋撰《孔丛子》，卷上《记问第五》，上海古籍出版社1990年版，第16页。亦作"心之精神是乎圣。"
② 《王阳明全集》卷8，《书魏师孟卷》，第312页。
③ 郑晓江、李承贵：《杨简》，载傅伟勋等主编《世界哲学家丛书》，台湾东大图书公司1996年版，第33页。
④ 《慈湖遗书》卷2，《申义堂记》，第611页。
⑤ 《慈湖遗书》卷10，《论〈论语〉上》，第770页。

由此可见，杨简六十四岁时，在《申义堂记》一文中尚属比较早地引述"心之精神是谓圣"的话语，因此，把它放在孔子的其他言论之后。此时的杨简虽然早已觉悟本心，心性工夫已臻化境，但苦于没有圣人经典文献为据，因此，当他读到《孔子丛》中"心之精神是谓圣"一语，颇受启发。不过，对于这句话，他仍然需要消化、斟酌一段时间，因此，初用此语时，不得不小心一些。为此，他在此文中还做了一些附加的诠释：

> 大哉斯言！启万世人心所自有之灵。……"心之精神是谓圣"，果如吾圣人之言也，其有不然者，非其心之罪也。①

过了一段时间，杨简确信此语乃是孔子真传，再说此语时，就形成一种习惯定式，即"孔子曰：'心之精神是谓圣'，孟子亦曰：'仁，人心也'"，② 也不用再对此语做什么解释，而是接着往下讲述自己想说的内容。由是可见，所谓杨简在五十二岁至五十四岁之间偶然读到"心之精神是谓圣"一句而获得"大悟"的说法是站不住脚的，如果他五十四岁时读到如此重要之语，何以直到六十四岁时才在文章中直接引用呢？难道整整消化了十年吗？

宋明理学特别是心学一系，非常注重"受用"二字，不管"心之精神是谓圣"一语是否真的为孔子所说，反正杨简读了，内心颇有契会，这是一个明显的事实。正因为如此，他才把此语奉为自己教育哲学的核心理念，运用它来启迪门人，以为实现儒者的理想人格找到坚实的理论基础。

二 "心之精神是谓圣"的内涵

"心之精神是谓圣"一语，其内涵其实非常好理解，只要懂得了"人心即道"思想的内涵，那么，这个命题无非是换一个角度来讲述同样的道理罢了。不过，由于"道非心思言论之所及"③ 的缘故，杨简本身很少直接去阐释这一命题的内涵，而是令学者自己去体悟，这样一来，就难免使得信者信之，疑者疑之，莫衷一是。为遵循当下的学术研究规范，笔者仍然尝试从唯物主义的角度，来解释一下"心之精神是谓圣"这个命题的内涵——

---

① 《慈湖遗书》卷2，《申义堂记》，第611页。
② "孟子亦曰：'仁，人心也'"，这后半句经常省略。
③ 《慈湖遗书》卷18，《宋杨公伯明封志》，第912页。

按照中国古代"天人合一"的本体论观念，宇宙间万物均由元气构成，一气流通，贯彻天地。人体是宇宙元气"大生命"的缩影，亦即一个小宇宙，微缩了整个宇宙元气的生命信息，用明代王阳明的话来讲，便是"天地万物与人原是一体，其发窍之最精处，是人心一点灵明"①。人心这一点灵明，在宇宙间具有本体的地位，用杨简的话说，便是"三才一气，三才一体"②，或者说"三才无二道，道在人心"③，或者说"天人形若有异，而道无异。人心即道，故曰道心"④。从物质基础来讲，人心这一点灵明，本质上也是元阳之气在人体之中的体现；不过，从功能主宰和信息传递的角度来看，人心最宝贵的价值就在于它的精神内涵和能动性。人心最本原的内涵是什么？杨简认为，"人心自备众德，不学而能，不虑而知"⑤，又说："此心之中，孝弟忠信、仁义礼智，万善毕备，惟所欲用，无非大道。"⑥ 因此，人心先天地具备作圣成贤的内在道德素质和智慧功能。只要能够觉悟先天原本的心体，就自然圆成了圣者人格的人性基础。所以，当杨简偶然读到"心之精神是谓圣"时，不禁喜出望外，认为此语充分揭示了圣者人格的真实内涵，从此奉若圭臬，成为自己教育哲学的核心理念。

杨简认为，"心之精神是谓圣"一语是对人人都适用的，因此，人人皆有作圣成贤的道德素质和内在智慧。他说：

> 子曰："心之精神是谓圣。"人皆有是心，[心]皆具此圣。⑦
> 孔子曰："心之精神是谓圣"。人皆有是心，心皆具此圣，百姓日用而不知耳。⑧

当然，所谓"心之精神是谓圣"，是从成就圣者人格的潜在可能性来讲的，若从现实情况来看，往往是"百姓日用，不知不觉"，究其原因，不外乎"起意"二字。如第二章所述，先天本心具有普适性、公正性、无着性等特点，而后天意念则具有定向性、偏倚性和执着性等特点，如果再简化一点，可以说：有意即成私，有私更起意。这种后天意念一旦萌发，

---

① 《王阳明全集》卷3，《语录三》，第122页。
② 《杨氏易传》卷9，《复卦·象传》，载《四库全书》，经部，第14册，第97页。
③ 《慈湖诗传》卷16，《大雅一·皇矣》，载《四库全书》，经部，第73册，第260页。
④ 《慈湖诗传》卷16，《大雅一·文王》，载《四库全书》，经部，第73册，第245页。
⑤ 《慈湖遗书》卷10，《论〈论语〉上》，第772页。
⑥ 《慈湖遗书》卷14，《论孟子·诸子》，第843页。
⑦ 《慈湖遗书》卷2，《永嘉郡学永堂记》，第623页。
⑧ 《慈湖遗书》卷18，《翁埏之请书》，第898—899页。

便可能诱导人心从先天"大我"转向后天"小我",各种意虑杂念由此而起,进而导致现实生活中的种种问题与矛盾。对此,杨简非常感叹,认为众人皆有"与圣人同然之性",却自误自迷,妄生烦恼,实在是辜负了上天赋予自己的无价之宝,他说:

> 孔子曰:"心之精神是谓圣。"谓之圣,则聪明睿知,不假他求,唯以动意而昏,始失其明,无我则明矣。①

> 孔子曰:"心之精神是谓圣。"言乎人心之灵与圣人同也。深惜夫人皆有至善至仁与圣人同然之性,偶为利欲所昏,遂迷遂乱,遂惟利是从,而不顾夫大义也。②

从上述引文可见,杨简一再申明"人心之灵与圣人同也""人皆有至善至仁与圣人同然之性",这都表明,人们作圣成贤的道德素质和智慧功能都是内在的,根本无须外求,正所谓"谓之圣,则聪明睿知,不假他求"。可惜的是,在现实生活中,世俗之人由于动意而昏昧,迷失了内在的先天本明,因此,盲目追求利欲,甚至见利忘义、无所不为。然而,其结果又如何呢?虽然杨简没有明说,我们从古今历史和现实生活中处处可以看到:得意者毕竟是极少数,而且欲望满足之后伴随而来的是一种虚无感;至于不得意者,当然占绝大多数,由于欲壑难填,其生命历程中总是充斥着失落、愤懑等种种尘劳烦恼。对此,杨简怀着一颗仁者之心,循循善诱地向世人启发、劝勉,他说:

> 良心人所具有也,尧舜与人同耳,圣人先觉我心之所同然耳。孔子曰:"心之精神是谓圣。"孟子曰:"仁,人心也。"仁圣之性,人所同有,昏而蔽之,如丧其灵,如尘积鉴。本明犹在,一日启之,光烛天地。③

"仁圣之性,人所同有",其实就是"心之精神是谓圣"的同义语,杨简告诉世人:即使由于动意而昏,蒙蔽了先天本心,但是"本明犹在",

---

① 《慈湖遗书》卷11,《论〈论语〉下》,第819页。
② 《慈湖遗书》卷16,《论治道》,第867页。
③ 《慈湖遗书》卷15,《家记九·泛论学》,第853—854页。

一旦反躬自省，发现这一身中"至宝"，那么，仍然有望恢复心灵自神自明的状态，这种心灵的固有光明一旦开启，将烛照天地，指明人生的正途。

从教育的社会功能角度来看，杨简的"心之精神是谓圣"的思想，至少具有两方面的意义。

第一，指明了作圣成贤的人性基础是内在的，强调自立自主，摒弃了一般的外求途径或偶像崇拜。他说：

> 师者，所以传道也。道非自外至，所以启吾心之所自有也。教者岂能于学者所自有之外，别取一物而教之耶？亦使之复其所固有尔。若使之不由其诚，则所教者皆外物，无与学者事也。①

此语揭示了一个重要道理："道非自外至，所以启吾心之所自有也。"一个教师的职责是传道，但是，教师怎么可能在学者所自有的东西之外，"别取一物而教之耶？"如果真是那样，所教的东西都不过是外物，和学者固有的本性并不相干，这种教育能否令学者树立起对"道"的坚定信念，就十分可疑了。对此，杨简的结论是：教师的传道，不过是"使之复其所固有尔"。

这一思想与先秦孟子血脉相承。孟子曾说："仁义礼智，非由外铄我也，我固有之也，弗思耳矣。"(《孟子·告子上》)又说："学问之道无他，求其放心而已矣。"(同上)除了表述方式不同外，杨简的"道非自外至，所以启吾心之所自有也"的理念，几乎就是孟子思想的翻版而已。正是基于这一理念，杨简才明确地做出了"正学"和"伪学"的区分，他说：

> 此心之神，无所不通，光明如此，由此谓之正学，失此谓之伪学。②

第二，杨简"心之精神是谓圣"的思想，表现出对人性之善的充分信任与期待，对于后代学者起到积极的鼓励作用。他说：

> 人性自善，其德自明自敬。维动乎意，始昏始失。如云翳太虚，

---

① 《慈湖遗书》卷14，《论孟子、诸子》，第844页。
② 《慈湖遗书》卷12，《论〈孝经〉》，第823页。

及云敛，则太虚清明如故矣。①

意动情迁，始失其道，一能反正，即复道心。人虽至于大恶，特其昏尔，其本心之善，未始磨灭。②

杨简告诫学者，由于"人心即道"，其间蕴含着自善自明的先验道德素质。虽然因为意动情迁，致使人心背离先天原本的状态，但是，"其本心之善，未始磨灭"，只要消泯其意，人心自然会恢复"清明如故"的太虚之体，亦即"一能反正，即复道心"。从另一角度看，一旦恢复了"道心"，实际上就臻于圣贤人格，因为"心之精神是谓圣"，这是圣者人格的内在基础。学者既然明白了这一点，就应该充分信任自己，积极主动地养成圣者人格。

从历史影响来看，经典古籍中"心之精神是谓圣"的语句，也无意中启迪了明代中叶的王阳明（1471—1529年），促使他提出了"心之良知是谓圣"的命题，这两个相似的哲学命题，异曲同工，交相辉映。

从客观层面讲，王阳明对于宋代的杨简关注度并不高。在整个《王阳明全集》中，提到杨简的地方只有两处。按时间顺序排列，第一处是公元1520年（正德十五年）秋季，他在《与顾惟贤》信中提到：

承寄《慈湖文集》，客冗未能遍观。来喻欲摘其尤粹者再图翻刻，甚喜。但古人言论，自各有见，语脉牵连，互有发越。今欲就其中以己意删节之，似亦甚有不易。莫若尽存，以俟具眼者自加分别。③

判断这封信的时间，依据是其中提到"近得省城及南都诸公书报云，即月初十日圣驾北还"④，这是指明武宗在宸濠之乱后，南巡至南京，逗留甚久，终于北还之事。结合《王阳明年谱》中所提到的正德十五年农历七月王阳明重上江西捷音疏⑤，明武宗"始议北旋"⑥的记载，可以断定此信作于1520年农历七月之后。另外，在《明史》中，明确记载了"闰

---

① 《慈湖诗传》卷19，《鲁颂·泮水》，载《四库全书》，经部，第73册，第307页。
② 《慈湖诗传》卷5，《卫风·氓》，载《四库全书》，经部，第73册，第64页。
③ 《王阳明全集》卷27，《与顾惟贤》，第1100—1101页。
④ 同上书，第1100页。按："即月'原作'即日"，有误不通，据文义改。
⑤ 《重上江西捷音疏》的准确时间是七月十七日，见《王阳明全集》卷13，第480页。
⑥ 《王阳明全集》卷34，《年谱二》，第1407页。

(八)月癸巳，（帝）受江西俘。丁酉，发南京"①，因此，可以断定此信作于 1520 年闰八月，时在秋季。此时，王阳明已在酝酿提出"致良知"的学术宗旨，但是，由此信可知，王阳明此时还没有认真看过杨简的著作。第二处是在《传习录》第三卷中，自 1521 年八月归越之后，估计王阳明大致阅读了杨简的遗著，对他的评价是："杨慈湖不为无见，又著在无声无臭上见了。"②这句话由浙中弟子钱德洪所录③，可知它是王阳明在越期间说的。除了这两处外，整个《王阳明全集》中并未涉及杨简的任何内容。不过，就像门人问陆九渊："先生之学亦有所受乎？"他坦承："因读《孟子》而自得之。"④虽然陆九渊不可能亲炙于孟子，他的思想却与孟子血脉相连。与此相同，王阳明未必认真研究过杨简的哲学思想，但是，他提出的某一命题却与杨简有着惊人的相似。自提出"致良知"之教后，王阳明这样阐述道：

> 心之良知是谓圣。圣人之学，惟是致此良知而已。自然而致之者，圣人也；勉然而致之者，贤人也；自蔽自昧而不肯致之者，愚不肖者也。愚不肖者，虽其蔽昧之极，良知又未尝不存也。苟能致之，即与圣人无异矣。⑤

又说：

> 无知无不知，本体原是如此。譬如日未尝有心照物，而自无物不照。无照无不照，原是日的本体。良知本无知，今却要有知；本无不知，今却疑有不知，只是信不及耳！⑥

若与杨简的相关言论相对照，二者思想非常相近。这表明，心学一系的思想家，即使不在同一个时代，却可能提出精神实质完全一致的哲学命题，这是因为，无论是王阳明还是杨慈湖，二人对于先天本心均有真切的

---

① （清）张廷玉：《明史》卷 16，《本纪第十六》，中华书局 1974 年标点本，第 212 页。
② 《王阳明全集》卷 3，《语录三》，第 131 页。按：此即《传习录》第三卷的第 110 条。
③ 按：若细心读之，可知钱德洪所录在第三卷的第 60 条至 115 条。因为第 60 条中钱的名字首次出现，而第 115 条之后有钱的附记。
④ 《陆九渊集》卷 35，《语录下》，第 471 页。
⑤ 《王阳明全集》卷 8，《书魏师孟卷》，第 312 页。书中标注，此书作于"乙酉"，即 1525 年。
⑥ 《王阳明全集》卷 3，《语录三》，第 124 页。

体悟，在教学过程中又有着共同的目标，故而提出相似的命题，没有丝毫奇怪之处。两相比较，杨简"心之精神是谓圣"的命题，显得更加浑沦一体，而王阳明"心之良知是谓圣"的命题，其道德侧重性似乎更加明晰。不过，两者之间并没有本质的区别，后人在研究这一问题时，不妨记住杨简的一句话："圣贤之言，有时如此论，有时不如此论。要当会圣贤之意，不可执圣贤之言。"①

当然，杨简的"心之精神是谓圣"的命题，在后世（主要是明代中后期）也引起了一些争议，一些喜好章句训诂的儒者对它提出种种指责，而另有一些颇负盛名的儒者对它的思想价值则十分推崇。这些问题，笔者将在第八章"慈湖心学的历史评价和时代意义"中再做详细的探讨。

第二节 以忠信为主本

一 忠信为大道②

儒家思想的特色之一就是非常重视伦理道德修养，作为儒家思想的传人，杨简当然十分强调伦理道德的教育。在如何为人的问题上，他绍述、阐发孔子"主忠信"的思想，并把它上升到"忠信即大道"的高度。

在《论语》一书中，编者数次引述孔子提倡"忠信"之语，如：

子曰："君子不重则不威。学则不固。主忠信。无友不如己者。过则勿惮改。"③

子张问崇德辨惑。子曰："主忠信，徙义，崇德也……"④

子张问行。子曰："言忠信，行笃敬，虽蛮貊之邦行矣。言不忠信，行不笃敬，虽州里行乎哉？……"子张书诸绅。⑤

---

① 《慈湖遗书》卷10，《论〈论语〉上》，第789—790页。
② 《慈湖遗书》卷3，《学者请书》（一），第634页。
③ 《论语集注·学而第一》，载《四书章句集注》，第50页。按："主忠信"一句在《子罕》篇中重出。
④ 《论语集注·颜渊第十二》，载《四书章句集注》，第137页。
⑤ 《论语集注·卫灵公第十五》，载《四书章句集注》，第163页。

杨简指出，"忠信即道"① 这是先圣孔子昭示给后人的明白教诲，告诉学者如何为人的基本道理。可是，一般的儒者以为《论语》所记载的这些话十分浅显，不值得深究，于是，"舍浅而求深，离近而求远，置忠信于道之外，不知道一而已矣"（同上）。因此，他认为有必要重新阐释一下忠信之道，揭示为人处世的根本要旨，这是儒家道德教育必不可少的一环。

如前所述，杨简认为，"人心即道"，所以《尚书·大禹谟》又称之为"道心"，这是指人类共同的先天原本的心体，而不是指个人千差万别的后天意识。在这颗先天本心中，蕴含着至善的道德内涵和无穷的智慧功能，它总是随缘而应，表现出各种各样的高尚品质和道德行为，杨简说：

> 此心之灵，于亲则孝，于兄则悌，于君则忠，于友则信，于乡则和，于民则爱，一以贯之，无所不通。②

杨简告诉门人，在上述各种道德品质中，最重要的无疑是"忠信"二字。他根据《论语》所载孔子"主忠信"一语，认定："孔子曰'主忠信'，明忠信之为主本也。"③ 既以经典之语为依据，杨简又加以阐释道：

> 孔子曰"主忠信"，忠信者，诚实而已，无他妙也，而圣人以是为主本。或者过而索之，外而求之，故反失。忠信之心即道心，即仁义礼智之心，即不勉而中、不思而得之心。通乎一，万事毕，差之毫厘，缪以千里。④

对于杨简的这段话，不能机械地分析，应该辩证地理解。他说"忠信之心即道心"，其意是指忠信乃道心之体现，并不是说除了忠信之外，道心中就没有别的内涵了。这段话的关键是：明白了忠信即是道心的体现，即是仁义礼智之心的同义语，就能够真切地领会"道心"的内蕴，正因为如此，杨简才说"通乎一，万事毕，差之毫厘，缪以千里"。如果一个人内心没有忠信的品质，那么，任何其他的道德规范都无从确立，或者仅仅

---

① 《慈湖遗书》卷3，《学者请书》（二），第634页。按：两篇文章原有篇名相同，故作如此编次。
② 《慈湖遗书》卷2，《饶娥庙记》，第620页。
③ 《慈湖遗书》卷11，《论〈论语〉下》，第815页。
④ 《慈湖遗书》卷7，《己易》，第693页。

是做给别人看而已。

杨简以"忠信即道"传授门人的做法，一般的儒者未免会产生怀疑，因为他们觉得"忠信"二字过于浅近，似乎不足以称为"道"。对此，杨简看得十分清楚，也不厌其烦地做了大量的解释工作，他说：

> 夫忠信人所忽，以为至平至近，不可以为大道。而孔子大而言之，三辞而后言，且曰："大道不隐"，是明忠信之为大道也。呜呼！知忠信之为大道，则日用庸平无他之心皆大道也，喜怒哀乐皆大道也，是谓中庸。无所不通，用之不穷，刚健中正，虚明莹融，何思何虑，如镜如空。①

又说：

> 忠信即吾之心。吾心日用平常无诈伪，是为忠信，是即吾之主本，非吾心之外复有忠信也。人皆有此忠信之心，而不自知其为吾之主本，故孔子明以告之，使勿外求。②

关于"大道不隐"一语，出自《大戴礼记·小辩》，是孔子对鲁哀公所说的话。杨简认为，所谓"忠信"二字，不需要做什么深奥的训诂释义，其实就是"日用平常无诈伪"而已，或者叫做"不欺不妄、实直之心"。③ 这种忠信之心，人皆有之，是人类先天本心的体现，也是后世学者应该学习的目标。若从另一个角度来看，忠信也就是前文所说的"日用平常实直之心"，④ 凡事依此而行，便是"道心"的发用流行。可惜的是，一般人总是喜欢追求新奇玄奥，面对圣人传下来的"忠信"二字，往往不加重视，正如杨简所说——"夫忠信人所忽，以为至平至近，不可以为大道"，因此，杨简就是要把人们忽视的最平常而最重要的东西揭示出来，明白地告诉世人为学修道的根本宗旨。

杨简之所以强调"忠信为主本"的道理，首要原因是长久以来人们对它的忽视，导致各种悖道乱德的言行层出不穷。他坦率地指出：

---

① 《慈湖遗书》卷9，《论春秋礼乐》，第762页。
② 《慈湖遗书》卷10，《论〈论语〉上》，第771—772页。
③ 《慈湖遗书》卷3，《学者请书》（二），第634页。
④ 《慈湖遗书》卷4，《谒宣圣文》，第640页。

> 吾圣人之道所以至于今不明于天下，正以学者不知孝悌忠信即天下大道，夫是以圣人之道往往以平易见卑于高明之士，而异端空虚寂灭之论满天下。①

所谓"异端空虚寂灭之论"，指的是佛道二教的某些不符合儒家伦理道德的观念，自汉唐以来在社会上一直有广泛的影响，结果导致一些违背儒家伦理观念的风气蔓延甚至泛滥。对此，杨简十分忧虑，他曾说：

> 释徒多昏蔽，误读梵纲戒经，不礼拜君王父母，大悖逆，大坏人心，大败风俗。②

其次，除了佛道二教的异端之论之外，杨简不便明言的，就是儒家自身的许多学者，一方面以辞章、训诂之学来自我标榜，而在日常生活中，却见利忘义、寡廉鲜耻，完全丢弃了先圣所传的为人之道。仅以南宋的一些权相为例，黄潜善、汪伯彦、秦桧、史弥远等人，都是进士及第，可谓饱学之士，即使是外戚出身的韩侂胄，亦非不知学问的草莽之人，他们都受过系统的儒学教育，可是，一旦得志，便结党营私、胡作非为。他们长期把持朝政，别无善举，只知"猥持国柄，嫉害忠良"③，什么忠信之道、中庸之道，早就忘在了脑后。虽然其中大多数人下场也很悲惨，甚至被永远地钉在历史的耻辱柱上，但是，由于他们长期执掌政权，对于社会风气（尤其是儒林士风）的影响很大，因此，许多读书人只知以科举功名为念，或者埋头于章句训诂之学，对于先圣所倡导的为人处世的根本道理反倒置若罔闻，甚者以为浅近不足为学。对于这种社会风气，杨简一直痛心疾首，所以，在他的教育实践中，立志要恢复先秦儒学的道德人文精神传统。在儒家传承的伦理思想体系中，杨简认为"忠信"二字虽然浅近，但是最为重要，因此，杨简大力提倡"忠信即道"的思想，他说：

> 忠信之为德也，至矣乎！忠信之心，人皆有之。忠信无他奇巧，亦无思虑，直而行之，此正孔子所谓"天下何思何虑"者。其曰"主忠信"，言乎所谓主本者，忠信而已。忠信乃大道之异名，

---

① 《慈湖遗书》卷10，《论〈论语〉上》，第790—791页。
② 《慈湖遗书》卷11，《论〈论语〉下》，第810页。
③ 《宋史》卷473，《奸臣三》，第13745页。

而人不悟也。①

在杨简看来,"忠信乃大道之异名",是人心固有的先天道德内涵的体现,人人皆有,个个能行。遗憾的是,由于各种原因所致,世人大多不知不悟,言行举止往往背离忠信之德。实际上,儒家教育的基本目标就是"学为人"而已,而为人处世的根本道理,离开"忠信"二字,就失去了最起码的基础。杨简认为,一个真诚的儒家学者,无论是面对仕途、学业,还是各种生活问题,无须多虑,但能以"忠信之道"直而行之,就抓住了做人的根本;否则,学问再渊博,知识再宏富,也不过是外表华丽的装饰之物罢了。

既然提倡以忠信为本,其中实际上隐含着一个前提,那就是不能太计较个人的功利得失,这一点杨简自然看得很清楚。对于一个真诚的儒者而言,"君子义以为上"(《论语·阳货》),这是一个不言自喻的准则。就杨简而言,终其一生,他一直服膺先圣之教,而且以身作则,为其门人做了很好的表率。如果杨简有丝毫的投机取巧之心,那么,无论是韩侂胄,还是史弥远,都不会对他施以或明或暗的迫害和排斥,他在仕途上肯定将更为通达,然而,这样一来,历史上不过多了一个平庸圆滑的封建官僚,而少了一个真诚传承儒者之"道"的教育家。正因为如此,门人袁甫才做出了如下的评价——

先生自幼志圣人之学,久而融贯,益久而纯。平生践履无一瑕玷,处闺门如对大宾,在暗室如临上帝。……凡先生之所言者,言此而已;学者之所以学先生者,学诸此而已。②

后人或许可以对慈湖心学的本体论、工夫论有所指摘,但是,对于杨简的为人品格,从来没有异议。他向门人讲述"忠信即道"的思想,自身也一直如此奉行,由此获得"平生践履无一瑕玷"的赞誉。客观地讲,自先秦以来,对于任何儒者而言,恐怕再没有比这更为崇高的评价了。

二 杨简"忠信之道"的经典探源

忠信之道是先秦儒家就已倡导的道德规范,它并非杨简首创。在南宋

---

① 《慈湖遗书》卷18,《书表轴》,第899页。
② 《蒙斋集》卷14,《乐平县慈湖先生书阁记》,载《四库全书》,经部,第1175册,第499页。

时期，亦有许多名儒予以提倡，以陆九渊为例，他说：

> 忠信之于人亦大矣。欲有所主，舍是其可乎？……国以君为主，则一国之事莫不由君而出。……人能以忠信为主，则念虑云为，举一身之事，莫不由忠信而出，然而不能进于圣贤者，吾未之信也。①

虽然杨简经由陆九渊点化而觉悟本心，但是，关于忠信之道的重要性，却是"自家体贴出来"，而且，也不是直接从《论语》一书获得的思想启示。两宋时期的读书人，为了应付科举考试的需要，无不熟读包括《论语》在内的"十三经"，可是，很多人对经典读多了，背熟了，往往越发没了感觉，科举过关之后，很少有谁会认真地"反刍"经典中的思想，当然，杨简是一个例外。他因受权相韩侂胄迫害，奉祠赋闲十四年，专心以著述讲学为务，尽管后来再次出仕，除了知温州的二年外，大多时间也是担任没有实权的闲曹散官，因此，公务之余颇有闲暇时间去研读儒家经典。出于对程朱理学所倡导和诠释的经典著作的不满，杨简以一心向道的真诚态度，十分认真地重新研读儒家经典，特别是一些为当时名儒所不太重视的经典著作，如《孔丛子》《大戴礼记》等。结果，他从中颇有所得，发现了一些自认为被时儒所忽视的重要思想，如前文所述"心之精神是谓圣"一语，就是从《孔丛子》一书中发现的；至于对忠信之道的重视，则是从《孔子家语》和《大戴礼记》等书中获得的灵感启发。

在《孔子家语》一书中，记载了这样一篇寓言——

> 孔子自卫返鲁，息驾于河梁而观焉。有悬水三十仞，圜流九十里，鱼鳖不能导，鼋鼍不能居，有一丈夫，方将厉之。孔子使人并涯，止之曰："此悬水三十仞，圜流九十里，鱼鳖鼋鼍不能居也，意者难可济也。"丈夫不以措意，遂渡而出。孔子问之曰："子巧乎？有道术乎？所以能入而出者何也？"丈夫对曰："始吾之入也，先以忠信；及吾之出也，又从以忠信。忠信措吾躯于波流，而吾不敢以用私，所以能入而复出也"。孔子谓弟子曰："二三子识之，水且犹可以忠信之身亲之，而况于人乎？"②

---

① 《陆九渊集》卷32，《拾遗·主忠信》，第374—375页。
② 王盛元译注：《孔子家语》卷2，《致思第八》，上海三联书店2012年版，第104—105页。厉，以衣涉深水，即游泳过河。

这篇寓言,同样出现在《列子·说符第八》中,从名义上讲,《列子》成书当然早于《孔子家语》,① 然而实际上,《列子》一书大多为魏晋时期士人的假托之作,且属道家之作,因此,杨简只取《孔子家语》所言,而不问《列子》所记如何,亦不为错。读罢这则寓言,杨简颇有感慨,这位丈夫所说的渡过激流的技巧,竟然是"忠信"二字,于是,他"不胜起敬"而叹曰:

> 有如此切至之言,先圣许可而诸儒未有表而明之者,甚矣夫!道之不明也。不惟此章,虽孔子主忠信之旨,亦未闻有发而挥之者。②

当然,杨简也十分清楚,这毕竟只是一则寓言,渡河丈人当日所说的未必真的就是这样一番话,他坦承:

> 丈人当日之言,未必果曰忠信,往往曰:"吾出入于波流,吾心如是而已,无说也,无术也。始吾之入也,如是而入;其出也,如是而出。"世以如是而往、实直无他(一作"伪")之心,谓之忠信。忠信措吾躯(于)是波流之中,而不敢用其私焉,故能入又能出也。③

然而,杨简认为:无论何事,只要能像渡河丈人那样"以如是而往、实直无他之心"为之,这就是"忠信"的体现,必能促人成就一番德业,因此,他高度赞扬渡河丈人的忠信之德,并予以总结说:

> 忠信之为德也,至矣乎!忠信之心,人皆有之。忠信无他奇巧,亦无思虑,直而行之,此正孔子所谓"天下何思何虑"者。……丈夫者得全乎忠信,故出入乎波流之中若神使。(倘)微起计度意虑,即私矣,即不实直矣。忠信之为德也,至矣乎!④

---

① 学术界一般认为,《孔子家语》是曹魏时期王肃的伪作;也有个别学者认为,《孔子家语》由西汉孔安国编定,属于家学,未曾公开,至三国时期由后裔孔猛献于王肃,王肃作注之后得以公开流传。
② 《慈湖遗书》卷18,《书表轴》,第899页。
③ 《慈湖遗书》卷3,《学者请书》,第634页。按:此语在《慈湖遗书》卷9第763页又出,文字大同小异。
④ 《慈湖遗书》卷18,《书表轴》,第899页。

概而言之，杨简盛赞忠信之德，称其为"至矣乎"。实际上，杨简这里所说的"忠信无他奇巧，亦无思虑，直而行之"，就是他提倡的纯任本心、不起意虑的工夫论的翻版而已，两者的思想逻辑是完全一致的。

或许是异曲同工之妙，在读过《孔子家语》之后，杨简又意外地在《大戴礼记》中发现了类似的思想，于是，"不胜喜乐"，①"如获至宝"，②终于确定了"忠信即道"的价值理念，并广为传播。《大戴礼记》乃是由汉儒戴德所编撰，与其侄戴圣所编撰的《小戴礼记》并存于世。客观地讲，《大戴礼记》没有《小戴礼记》闻名，因为《小戴礼记》曾由汉儒郑玄作注，得以完整地保留下来，今本《礼记》就是《小戴礼记》，而《大戴礼记》半数已亡佚，仅存四十余篇。朱熹曾经精研《小戴礼记》，十分推崇其中的《大学》《中庸》二篇，单独列出，与《论语》《孟子》合成一帙，是为"四书"。然而，杨简对于《大学》《中庸》二篇并不十分认同（这一问题将在第六章"杨简的经学思想"中详述），因此，他深入钻研各类儒家经典，试图从中发现对自己的思想有启发、有佐证的内容。果然，在阅读《大戴礼记》时，他又有了令人欣喜的发现。

在《大戴礼记·小辩第七十四》中，记载了孔子和鲁哀公的一段对话，由于原文较长且语言晦涩，笔者不做全文引述。其大意就是强调忠信的重要性，其中，孔子特别说明："君朝而行忠信，百官承事，忠满于中而发于外，刑（同'型'）于民而放于四海，天下其孰能患之？"③对于《大戴礼记》中的这段对话，杨简深有共鸣，他反复品味，如实地记下自己的感受，例如：

> 简读孔子之书至此，不胜敬叹。大哉！圣人之善于明道如此！夫忠信人所忽，以为至平至近，不可以为大道。而孔子大而言之，三辞而后言，且曰"大道不隐"，是明忠信之为大道也。④

又如：

---

① 《慈湖遗书》卷3，《学者请书》，第634页。
② 《慈湖遗书》卷9，《论春秋礼乐》，第763页。
③ （汉）戴德：《大戴礼记》，卷11《小辩第七十四》，载《四库全书》，上海古籍出版社1989年版，经部，第128册，第514页。
④ 《慈湖遗书》卷9，《论春秋礼乐》，第762页。"大道不隐"一语亦出自《大戴礼记·小辩》，与上注同页。

  简尝读《大戴》所记孔子之言，谓忠信为大道，简不胜喜乐其深切著明，……简知人人本心皆与尧舜禹汤文武周公孔子同，得圣贤之言为证，以告学子，谓吾心即道，不可更求。①

又如：

  后读《大戴》记孔子忠信大道之言，如获至宝，盖深喜得圣言为证，（知）正平常实直之心即道。②

  总之，杨简读到《大戴礼记》中孔子所言，喜出望外，他多年以来内心一直把"忠信"视为"道之异名"，认为"忠信之心即道心"，遗憾的是，得不到先圣经典的充分佐证，虽然《论语》中也有"主忠信"的记载，但是言之寥寥，没有比较详细的阐释，容易为人所忽略。最终，在《大戴礼记》中，发现了孔子关于忠信之道的详细论述，杨简读后的心情"不胜喜乐"，"如获至宝"，这是完全可以理解的。由是，杨简大胆地向世人声明——忠信为大道！这就是先圣传授的为人之道，也是杨简教育哲学不可或缺的内容之一。

  通过杨简从《大戴礼记》中发现"忠信即道"的例证可见，心学一系十分看重主体当下的亲证性。杨简虽然博览群书，各种典籍中并非没有关于忠信的记载和论述，但是，对于杨简而言，并不契合本心，也就没有共鸣可言，唯独当读到《大戴礼记》的《小辩》一篇，他深受启发，不胜喜乐，终于奠定了自己的道德理念，进而也就明确了慈湖教育哲学的一项核心内容。其次，虽然心学一系看重亲证性，但是并未脱离经典依据，而是充分肯定它的重要性。有鉴于《大戴礼记》"世罕诵习"（同上）之故，杨简才不遗余力地"表而出之"，向世人宣讲此书的有关内容，使人明白"忠信即道"的根本道理。

第三节 再论心性修养工夫

  在确立了"心之精神是谓圣"和"忠信即道"的价值目标之后，杨

---

① 《慈湖遗书》卷9，《论春秋礼乐》，第762页。按：这是同页的另外一段话。
② 同上书，第763页。

简要教给门人的,便是如何达到这一目标的各项心性修养工夫,这是"作圣之功"的必由之路。客观地讲,这一节的内容和本著第三章"杨简的心学工夫论"有所重复,但是,本节是从教育哲学的角度出发的,与第三章论述的侧重点各自不同。不过,既然内容有所重复,本节只做略讲而已。

一 以"不起意"为修习要旨

杨简认为,"天下同然者谓之心",① 人类具有共同的先天本心,简称为"心"。这颗先天本心自神、自明、自善、自灵,只要依此本心而行,便可以正确应对生活中的各种问题。可惜的是,由于人类在生活中不自觉地萌生诸种后天意念,使得原本具有普适性、公正性、无着性等特征的"心"体受到障蔽,变成具有定向性、偏倚性和执着性的后天意识和欲望,于是,各种过患、烦恼由此而生。针对这种情况,杨简开出一个甚为简单明了的对治"药方",那就是"不起意",换句话说,就是直心而行,不计其他。只要笃实地按照"不起意"的要旨去做,任何生活中的烦恼和过患都可以烟消云散。

关于杨简所提倡的"不起意"工夫,必须注意几点事项——

首先,杨简的"不起意"工夫建立在对先天本心的觉悟基础之上,正因为如此,他才敢于说出"心之精神是谓圣"的名言。这种对人类本心的高度信任,有时容易被误解为"师心自用",事实上,这是儒、释、道先哲认识自我的深邃道行的体现,与一般意义上的主观唯心主义风马牛不相及。

其次,杨简巧妙运用了反向思维来论证"不起意"工夫的作用,他说:

> 圣人不能以道与人,能去人之蔽尔。如太虚未始不清明,有云气焉,故蔽之,去其云气,则清明之性,人之所自有,不求而获,不取而得,故《中庸》曰:"诚者自成也,而道自道也"。②

在此,杨简做了一个形象的比喻:"意"如太虚之中的云气,障蔽了太虚的清明本状,只要廓清云气,人们就可以恢复清明纯净的本性,并不

---

① 《慈湖遗书》卷10,《论〈论语〉上》,第786页。
② 《慈湖遗书》卷3,《绝四记》,第637页。

需要劳心费力、旁求外索,因此,"不起意"工夫也就自然成立了。杨简告诉诸生,对于"不起意"工夫的合理性,关键是要明白一点——

> 此心本无过,动于意斯有过。意动于声色,故有过;意动于货利,故有过;意动于物我,故有过。千失万过,皆由意动而生。①

既然千失万过都是由于"离心而起意"造成的,因此,把这个问题杜绝在源头,便是修道进德的实在工夫,也就是前文所说"即本体便是工夫"的思想。如上所述,杨简仍以反向思维方式加以说明——

> 人心即道,不必雕琢,特有以害之,故圣人之训,惟治其害。②

只要善于消除障蔽和危害人心的东西,本心自然可以恢复,因此,作圣之功无须搞得烦琐支离,也不需要经由别的路径才能到达。

再次,如果一个学者已经"起意",又应该如何对治呢?杨简给出的方法也十分简单——惟不继,意自消,他说:

> 意起为过,不继为复。不继者,不再起也,是谓不远复。意起不已,继继益滋,后虽能复,不可谓不远复。不远之复,孔子独与颜子。③

杨简通过自己的修道实践发现,无论什么意虑杂念,因其并无先天根柢,当它偶然生起之后,只要不再继之,便可使之自动消除(当然,这个过程可能是渐进的),这才是真正的"不起意";反之,如果心里总存着一个"不起意"的念头,试图强行地压制后天的意念杂虑,这本身就是"起意"的表现,其效果只能是顾此失彼、欲罢不能。因此,正确的方法就是对待任何杂念都"不继之",这样便能使之如无源之水、无本之木,渐渐干涸、枯萎。在《周易·复卦》中,讲述过"不远复"之功,杨简认为,"意起为过,不继为复",只要照着这样去做,任何人都可以达到像"亚圣"颜回那样的"不贰过"境界。

---

① 《慈湖遗书》卷2,《临安府学记》,第618—619页。
② 《慈湖遗书》卷11,《论〈论语〉下》,第813页。
③ 《杨氏易传》卷9,《复卦》,载《四库全书》,经部,第14册,第97页。

二　学道之极，终于改过

"不起意"无疑是杨简工夫论的核心要旨，围绕着这一要旨，又有当下改过、渐消习气、格去其物等项工夫条目，体现出"不起意"工夫的普遍性和实在性。在上述诸项工夫条目中，"改过"二字是杨简最为重视的，也是最有特色的。他的基本主张是：一方面，"学道之极，终于改过"；另一方面，"但要改过，不必正心"，或者说"过改即止，无庸他求"。

杨简之所以提出"过改即止，无庸他求"的主张，是基于他对于人类先天本心的深刻体悟，他认识到，先天本心"自备众德"①"万善毕备"②，具有一系列先验的美德和智慧蕴含于其中，这是一种"生而知之"的功能，凡事只要依照本心的内在要求去做，那么，就可以在日常生活中妥善地应对万事，而且成就自己的理想人格。从这个意义上讲，《大学》所倡导的"正心、诚意"之论，都是叠床架屋的"起意"之见。因此，杨简从来不对门人宣讲"诚意""正心"之说，只是告诉门人，"意起为过，不继为复"，学者应当勇于改过，但是，改过之后，恢复了先天本心的平常实直状态，就不必再做什么画蛇添足、自增负担的修养工夫了。这一点，杨简经常不厌其烦地讲述，他说：

> 孔子曰："心之精神是谓圣。"人皆有是心，心皆具此圣，百姓日用而不知耳。百姓所以不知者，自顾未能无过，安敢言圣？孔子曰："改而止"，改过即止，无庸他求。③
>
> 孟子切戒揠苗，取芸苗。芸苗，改过而已。学道之极，终于改过，无他奇功，然则改过者，圣贤之所尚，进德之极致。④

一般人可能觉得，杨简仅仅把"改过"视为"学道之极"，这个"道"未免太简单浅显了。坦率地讲，这正是杨简所说的"人情率厌常而喜新，玩平夷而尚奇伟，此自古学者通患"⑤的表现。事实上，"改过"二字绝非易事。首先，对于已经表露出来明显危害的过错，固然要及时改正，这本身就需要一种真诚的道义之勇，已属殊不易得。其次，对于那些

---

① 《慈湖遗书》卷10，《论〈论语〉上》，第772页。
② 《慈湖遗书》卷14，《论孟子、诸子》，第843页。
③ 《慈湖遗书》卷18，《翁埏之请书》，第898—899页。
④ 《慈湖遗书》卷16，《论治道》，第870页。
⑤ 《慈湖遗书》卷5，《宋舒子德彰墓碣》，第656页。

存于心中、尚未外露的潜在过患,杨简更强调要及时予以消除。他特别指出——"微动其意即谓之过"①,这种意虑之过虽然只是潜伏于胸中,却影响着一个人未来的言行举止和道路选择,因此,必须正视并及时予以消除。杨简还以《论语·宪问》中孔子的相关言论②为例,告诫门人不要轻视改过之功,他说:

(孔子)闻蘧伯玉使者寡过之言而叹美之,寡过之难如此!(同上)

如前所述,杨简告诉门人:"意起为过,不继为复",这就是他对治意念微动之过的有效方法。杨简认为,一个学者心性修养的过程,也就是不断改过、不断去意的过程,这种改过、去意的工夫,将贯彻学者修道进德的始终,因此,"学道之极,终于改过,无他奇功"。对此,杨简又说:

圣人知学道者率求之高深幽远,特曰"中庸"。庸,常也,平常也。③

关于"过改即止,无庸他求"的思想,杨简还经常与门人探讨,以帮助他们理解这一思想的正确性和适用性,例如:

先生曰:"人心何尝不正?但要改过,不必正心。一欲正心,便是起意。"(严)汲古对云:"此即孔子'毋意'。意一起,即有过;要无过,但不起意便了;意不起,则此心安然莹静虚明……"先生曰:"此说却是。"④

又如:

(桂)梦协谓:"心之精神是谓圣,此圣人之言,何敢不信?但学

---

① 《慈湖遗书》卷10,《论〈论语〉上》,第775页。
② 《论语·宪问》记载:蘧伯玉使人于孔子,孔子与之坐而问焉,曰:"夫子何为?"对曰:"夫子欲寡其过而未能也。"使者出,子曰:"使乎!使乎!"载《四书章句集注》,第156页。
③ 《慈湖遗书》卷5,《宋舒子德彰墓碣》,第656页。
④ 《慈湖遗书》卷15,《泛论学》,第851页。

者所造有浅深。"某（杨简自称）谓："道无浅深，先圣曰'改而止'，谓改过即止，无庸他求。精神虚明，安有过失？意动过生，道要在不动乎意尔。"①

除此之外，杨简还和门人曾熠数次书信往来，探讨去意改过的问题。由于这些书信篇幅过长，兹不赘引。其大意如下（杨简告诉曾熠）——"改邪，足矣。孔子曰'改而止'，邪改即止，不可正其心，反成起意，是谓揠苗；所谓芸苗，乃去恶草，即改过。"② 最后，曾熠终于明白个中道理，于是自述曰："熠反复敬诵老先生之言，乃知此心虚明，万物万化，尽在其中。君子所以用力于仁、学而不厌者，必有事焉，初非臆度料想之谓也。"（同上）

简而言之，在杨简的心性工夫论中，"改过"和"不起意"相当于同一个事物的两个方面，仿佛手心和手背的关系一样，在此无须赘述。但是，在杨简与门人的反复探讨中，我们可以充分感受到杨简作为修道事业的过来人对于后辈学者谆谆教诲的风范。他始终以平等相待的态度与门人进行交流，所言终于契合门人的本心，故而心悦诚服，如曾熠所说"敢不服膺，以无负老先生循循之诲"（同上），这种循循善诱、诲人不倦的做法，充分体现了杨简化民成俗、明道淑人的志向和能力，这也正是一个教育家所应有的人格气象。

第四节　杨简教化弟子的事迹与成效

儒家自古就有"政教合一"的传统，从杨简步入仕途的那一刻，他实际上就开始了化民成俗的教育活动，此后，他几乎毕生都致力于传道解惑、明道淑人的教育事业，亦因此名满天下。在杨简长达半个世纪的教育活动中，自然有许多成功的经验和范例值得总结，这就是本节所要阐述的内容。

一　杨简的生平教育活动概述

（一）富阳初事教化

乾道五年（1169年），杨简高中进士，被授予富阳县主簿的职务。到

---

① 《慈湖遗书》卷18，《书遗桂梦协》，第900页。
② 《慈湖遗书》卷19，《〈孔子闲居〉解·附录》，第926页。

任之后,他发现此地风俗崇尚经商致富,而不尚读书求学,史载:

> 先生之至富阳也,阅两月,无一士来见。怪问之左右,对曰:"是邑多商人肥家,不利为士,故相观望,莫之习也。"先生恻然。①

弄清缘由后,杨简立即向知县进言,说明振兴教育、培养人才的重要性。知县听了,表示赞同,于是增加县学生员的供给,扩充其名额。随后,杨简发挥自己所长,每天都到县学登坛讲课。由于杨简的教法生动活泼、引人入胜,他的讲学活动在当地引起很热烈的反响,"秀民自是欣奋,恨读书晚"。②值得一提的是,有一个来自当地山区的士子,名叫尤朴茂,前来问学。杨简根据其父的家传之法,对他说:"子姑习拱。"(同上;习拱,即学习礼仪)这表明,杨简从事教育,一开始就不满足于只做以科举为务的经师,而是努力传授带有实践性要求的先圣之道。尤朴茂学习礼仪数月之后,杨简说:"可矣。"这才开始给他讲述大学之教的内容,"与之语孜孜,穷日夜不厌"(同上)。淳熙元年(1174 年)春,杨简因为丁母忧而离职,尤朴茂有感于杨简诲人不倦的精神,"辄提篋以随,愿卒学"(同上),后来,尤朴茂学业有成,"擢第为名儒,邑人争相慕效。文风遂益振,故老至今德之"(同上)。在富阳的几年间,杨简小试牛刀,初步开展自己的教育活动,成效不错,这为他以后的教育实践奠定了基础,增加了信心。

淳熙三年(1176 年),杨简结束丁忧,重返政坛,至绍熙三年(1192 年,宋光宗唯一年号)为止,十六年间,他先后担任授绍兴府理椽、浙西安抚司干办公事等幕僚性质的职务。虽然这些职务与教育本身不相关,在此期间,他仍然在公务之暇接引、教化主动前来求学的读书人。例如:1187 年(淳熙十四年),其师陆九渊曾介绍临川士子张元度前来问学,杨简与之语,以"心本无妄"之说开导之,诲之不倦,最终使张元度"以为然矣"。③

(二)讲学碧沚书院

淳熙十五年(1188 年),杨简刚被任命为嵊县知县,闻其父杨庭显病故,回乡丁外艰。丧期结束后,杨简应致仕宰相史浩之邀,开始在碧沚书

---

① 《慈湖遗书》附录,《宝谟阁学士正奉大夫慈湖先生行状》,第 928 页。
② 同上书,第 929 页。
③ 《慈湖遗书》卷 3,《与张元度》,第 639 页。

院讲学,这是他首次在带有私学性质的书院讲学。史载:

> 文元之讲学于碧沚,以史氏也。先是,史忠定王馆沈端宪于竹洲,又延文元于碧沚。袁正献时亦来预。湖上四桥,游人如云,木铎之声相闻。竹洲在南,碧沚在北。① (史浩,殁后追封越王,谥忠定)

如前所述,杨简一生弟子众多,仅《宋元学案》记录在册的就有六十人。在众多门人之中,史氏家族的子弟占了很大的比例,这都是由于致仕宰相史浩督促子侄姻亲前来求学的缘故,后来,这些门人构成了以杨简为首的浙东心学学派的主力阵容。史浩是一个文化素养渊深且能够慧眼识才的封建士大夫,他对杨简和沈焕等人的青睐,等于在士大夫阶层中为他们弘扬声誉,使得杨简在儒林中获得了较高的名望,成为象山心学有力的后劲。可能是满足于在碧沚书院讲学的成就感,杨简在丁忧期结束后,并未返回朝廷销假,而是继续讲学于其中,从1188年至1192年(宋光宗绍熙三年),长达四年之久。

(三) 知乐平县的教育活动

绍熙三年(1192年),杨简被任命为江西乐平知县。他于该年二月莅职,到任后,发现此邑的县学"逼陋甚,危朽相枝柱,苟旦暮"②,一派破败不堪的景象。杨简对下属说:"教化之原也,可一日缓乎?"(同上)准备着手加以修葺。可是,此时乐平"县计大匮"③,官方根本拿不出这笔款项,于是,杨简发动全县乡绅士民捐钱捐物,出工出力,"同官协谋,邑人丕应"(同上),第二年,一座修缮一新的学宫就出现在人们的眼前。新学宫并不奢华,精巧实用,"因廊为斋,学者有安居之所"(同上),有了这样一个能使士人安心读书的地方,杨简便重新开始化民成俗的讲学活动。他登上讲坛,告诉诸生——

> 国家设科目,欲求真贤,实能共理天下;设学校,亦欲教养真贤,实能使进于科目,非具文而已。然士之应科目、处学校,往往谓取经义诗赋论策耳,善为是,虽士行扫尽,无害于高科,他何以为?

---

① (清)全祖望:《鲒埼亭集外编·杨文元书院记》,载《慈湖先生年谱》(四明丛书本)卷1,第6933页。
② 《慈湖遗书》附录,《宝谟阁学士正奉大夫慈湖先生行状》,第930页。
③ 《慈湖遗书》卷2,《乐平县学记》,第617页。

持此心读圣人书，不惟大失圣人开明学者之意，亦大失国家教养之意。①

这段话表明，杨简一开始就郑重告诫诸生不要把科举应试当成读书的唯一目的，那样就违背了国家立学校、设科举的初衷。读书人应该把进修德业放在第一位，不能做那种士行扫尽的蠹虫，用今天话来讲，这是一种崇尚素质教育的理念。那么，教育的目的究竟是什么？杨简明确地说：

教养兹邑，犹欲使举吾邑人皆为君子，况学者乎？（同上）

杨简又阐述了这一教育目标的人性论根据，他说：

人性至善，人性至灵，……是谓仁义之心，是谓良心，即尧舜禹汤文武周公孔子之心，即天地日月鬼神之心，人人皆有此心。②

既然"人人皆有此心"，那么，一个学者的基本任务，就是恢复和保任这一先天本心，这便是"时习"之道，循此修习，学者必可臻于圣贤的境界。杨简还告诉了诸生为学的乐趣和检验方法。他说：

意虑不作，其学常通；清明有融，故乐生其中。……圣人谓时习而悦，斯可言学。……时习而悦，此善学之验。③

值得一提的是，在乐平讲学时，杨简已经形成十分明确的"不起意"的工夫论思想，他借《论语》中的记载，告诫诸生说：

千失万过，孰不由意虑而生乎？意动于爱恶，故有过；意动于声色，故有过；意动于云为，故有过。意无所动，本亦无过。先圣所以每每止绝学者之意，门弟子总计之曰"毋意"，为是故也。（同上）

总之，对于讲学活动，杨简倾注了全部的热情和心血，他在公务之

---

① 《慈湖遗书》附录，《宝谟阁学士正奉大夫慈湖先生行状》，第930页。
② 同上。
③ 《慈湖遗书》卷2，《乐平县学记》，第617页。

暇,"入斋,舍昼夜,忘寝食"①,由此获得"远近为之风动"(同上)的反响。除了一般士民闻风向化之外,在乐平期间,杨简还收下几位颇为中意的门徒,包括邹元祥、邹鲁卿、曹叔达(余干人),都达到了觉悟本心的境界。

(四) 国子博士与奉祠期间的讲学

绍熙五年(1194年),五十四岁的杨简被诏为国子博士,他来到都城临安,入太学主讲《易》学,在当时级别最高的官学中讲学,也算是能够发挥其所长了。面对众多士子,杨简借《周易》阐述自己的哲学思想,"发人心固有之妙,欣欣然人自庆幸"(同上)。孰料第二年(庆元元年,1195年),他就被卷进由韩侂胄为迫害异己而发起的庆元党禁案。杨简仗义执言,上表章为赵汝愚辩护,结果被逐出朝廷,主管台州崇道观,成为一个有职无事的祠禄官。这次政治打击使得杨简落职赋闲长达十四年,但是,他的心性工夫已颇为稳定,回到家乡,专以讲学著述为事,丝毫不把个人的进退荣辱放在心上。史载:

> 其归自胄监也,家食者十四载。筑室德润湖上,更名慈湖。馆四方学子于熙光咏春之间而启迪之。于是始传《诗》《易》《春秋》,传《曾子》,始取先圣大训间见诸杂说中者,刊讹剔诬,萃六卷,而为之解。②

尽管在官场上受到贬黜,但是,由于忠义之名已传播开来,杨简在儒林士人阶层中反而获得更多的尊崇,有些儒者特意慕名前来向他求教。例如:"越之新昌张渭(字渭叔)",在杨简罢职之后,"不远数百里,与其兄弟皆至,愿抠衣焉。从容数月,未尝一语及举子事业",③ 这种真诚向道的态度,使得杨简十分高兴,于是倾其所学而教之,"渭叔领会无疑"(同上)。回到家乡后,嘉泰年间,明州人沈文彪(字明大,自号清遐居士),"尝筑亭馆石鱼之麓,名曰槃隐,招文元讲道其中",④ 于是,杨简和沈文彪成为忘年交。由于喜欢石鱼山一带的风光,杨简自己也建起一栋竹楼,名为石鱼竹房(简称"石鱼楼"),安心居于其中,专心讲学著述,心情依然惬意如常。正是在这一时期,杨简还一改象山心学"不立文字"的传

---

① 《慈湖遗书》附录,《宝谟阁学士正奉大夫慈湖先生行状》,第 930 页。
② 同上书,第 941 页。
③ 《慈湖遗书》卷 5,《铭张渭叔墓》,第 653 页。
④ 《慈湖先生年谱》卷 1,载《四明丛书》,第 12 册,第 6943 页。

统，认真地从事一些纯文本的学术研究工作，对古代儒家经典进行心学化的诠释和阐发。他的主要著作《慈湖诗传》《杨氏易传》《先圣大训》等纷纷问世，成为慈湖心学能与程朱理学分庭抗礼的代表作品。

（五）再次出仕之后的讲学活动

随着韩侂胄在政变中被杀，南宋的朝政出现了新的转机。嘉定元年（1208年），杨简结束了祠禄官的生涯，被正式任命为秘书郎，后转任朝请郎，不久又迁秘书省著作佐郎、兼权兵部郎官。此时的杨简已经六十八岁，身体依然硬朗，欣然前往都城临安任职。在朝堂之上，他利用君臣轮对的机会，提出一些改革政见，但是，始终未被采用，因此，杨简只好要求外放。嘉定三年（1210年），年过七旬的杨简奉诏出任温州知州。在温州的两年间，他进行了一系列兴利除弊的社会改革和治理活动，取得令人瞩目的成效。可惜朝廷规定的任期甚短，嘉定五年（1212年），杨简又回到临安，这时他已经七十二岁。回到朝廷后，杨简仍然担任郎官和大夫等职，再次向最高统治集团进言，仍然无人理会，因此，他决意归田，主动请求致仕。嘉定七年（1214年），杨简被任命为"直宝谟阁（学士）、主管成都府玉局观"①，这样一来，终于告老还乡。

回到家乡后，由于身体依然健硕，杨简继续从事讲学和著述活动，把浙东心学的气象搞得欣欣向荣。据《行状》记载：

> 其领玉局而归也，门人益亲，遐方僻峤、妇人孺子，亦知有所谓慈湖先生。肖然天地间，为斯文宗主；泰山乔岳，秋月独明也。②

由于杨简体健寿考，而其他同时代的著名理学家早已纷纷作古（如朱熹在1200年去世），于是，天下读书人纷纷前来求教，这也是情理之中的事情。这种晚年"门人益亲"的现象，使得"慈湖先生"的名声传遍天下，因此，他被门人誉为"斯文宗主""泰山乔岳"，并非夸张之语。

总而言之，杨简一生致力于讲学活动，目的在于明道淑人、化民成俗。无论是在官学还是在私学，无论是本职还是公务之暇，他都像先圣孔子一样，坚持有教无类、诲人不倦的原则，将传道解惑的教育事业进行到底，并且获得令人瞩目的成效，也收纳了一批虚心求道、觉悟本心的入室

---

① 《慈湖遗书》附录，《宝谟阁学士正奉大夫慈湖先生行状》，第940页。
② 同上书，第942页。

门人。因此,他被后人称许"为时儒宗"①,笔者认为,这是一个恰如其分的评价。

二 杨简点化弟子的事迹考证

杨简的教育思想与一般的章句训诂之儒的本质差别在于:他非常重视一个"觉"字,这是只有通过笃实的修习践履才能获得的心灵升华和精神受用。关于觉悟的重要性,杨简有一段论述,他说:

> 诵先圣之言者满天下。领先圣之旨者有几?先圣曰:"知及之,仁不能守之,虽得之,必失之。"知者觉之始,仁者觉之纯,不觉不足以言知。觉虽非心思之所及,而犹未精一。精一而后可以言仁。②

这段话既坦诚又精辟,道出了知者与仁者的层次差别。根据《论语》等经典的记载,杨简指出,"孔门觉者无几"(同上),因此,他的教育活动首要目标就是要促使学者觉悟,这是心学"得道"的基本标志。杨简本人是从陆九渊那里获得对本心的觉悟,他同样把这一"心法"传给其门人。

到了晚年,杨简对于自己启发和引导门人开悟的教育成效颇感欣慰,他经常在诗作中表述这一"自得"之情,例如:

> 比一二十年以来,觉者滋众,逾百人矣。吾道其亨乎!古未之见,天乎!③

又如:

> 学者多觉近二百,事体大胜于已前。学徒转相启告又未已,大道行乎讵非天?④

又如:

---

① (宋)黄震:《黄氏日抄》卷74,《缴申慈湖寿张行实状》,载《四库全书》,子部,第708册,第737页。
② 《慈湖遗书》卷2,《愤乐记》,第628页。
③ 同上书,第628—629页。
④ 《慈湖遗书》卷6,《慈溪金沙冈歌》,第681页。

> 比一二十年，觉者寖寖多，几二百人其天乎！①

类似的话语还有不少，兹不赘述。下面我们不妨分别来看一下杨简所点化的门人的事例，以明白慈湖心学及其教育思想的特色。

(一) 乐平三门人

杨简在任乐平知县期间，以忘我的热情投入教育事业，也收纳了几个优秀的弟子，他们分别是邹梦遇（字元祥）、邹近仁（字鲁卿）和曹夙（字叔达），这三个人的心性工夫，至少达到"知者觉之始"的层次。

杨简在回忆与邹元祥的交往经历时，涉及他的觉悟过程——

> 饶之乐平邹梦遇，字元祥。四明杨某之宰乐平也，梦遇与乡贡，自是相与从容，后某以职事至兰若（寺庙），梦遇见次，言近觉。某叩之，知其觉矣，而犹不无阻，随通之，自是益澄明。②

邹元祥本来是乐平的一名儒生，课业优秀（"与乡贡"）。杨简和他相识后，发现他的心灵已臻觉悟，受旧习之气影响，仍有所阻碍。杨简对他循循诱导，"剔其翳，刮其垢，涣然通贯"③，使得邹元祥心体益发澄明。后来，邹元祥对杨简的哲学思想深有契会，心性工夫也日益深邃。杨简记述道：

> 元祥曰："人皆以兀坐端默为静，吾独以步趋应酬为静；人皆以步趋应酬为动，吾独以兀坐端默为动。"其舅谓元祥色温言约，神定气和，喜愠不形，动容周旋，庄肃闲泰，其处事一于义理不可夺。④

杨简曾说："静者不动乎意而已，非止于兀坐。"⑤ 两相对比，邹元祥所言和杨简所言如出一辙。遗憾的是，邹元祥寿命不长，自杨简离开乐平之后，他本来希望与老师再次相会，却未能如愿，杨简记述道：

---

① 《慈湖遗书》卷6，《大哉》（古风体），第682页。
② 《慈湖遗书》卷5，《邹元祥碣》，第657页。
③ 《慈湖遗书》卷5，《邹德祥尊人墓碣》，第658页。按：这是杨简为邹元祥之父写的墓碣，其中涉及邹元祥求学及开悟的若干事情。
④ 《慈湖遗书》卷5，《邹元祥碣》，第657页。
⑤ 《慈湖遗书》卷2，《肖然记》，第630页。

嘉定四年（1211年）春，赴礼闱，罢而疾作，不可来。归而略平，孟夏三日，命二子扶坐艮斋，自谓气虽微而神则嘉，时斋明，喜甚，哦曰："嘉木扶疏兮，鸟鸣关关。暑风舒徐兮，庭中间间。起视天宇兮，浩乎虚澄。"还中堂，与家人茗饮，罢，就寝而殁。①

宋人已开始注意儒者的临终表现，这是考察一个人真实道行的最佳时机。邹元祥虽病笃，但是气微而神嘉，临终之诗竟然是这样的恬静安然，足见其心胸之纯明空廓了。对于这样的门人，杨简还有什么遗憾呢？于是，他应邹元祥之子的邀请，写下这样的墓志铭——"人心至灵，自通自明。元祥无能有所增，唯不动乎意，不昏其本灵"（同上），算是对这位爱徒的纪念。

邹鲁卿本是邹元祥的叔祖，住在邻邑德兴县。听说邹元祥拜了一位好老师，也慕名前来求教。杨简记述了与邹鲁卿的交往——

元祥之叔祖居德兴，名近仁，字鲁卿，又来访道。某与语从容，翌日，又与语良久，忽觉。厥后数款语，益信其果觉。嘉定二年（1209年）春，至行都，又从容累累，归未几而疾作，仲夏癸卯，忽盥手振衣而坐，召子曾曰："吾心甚明，无事可言，尔辈修身学道，则为孝矣。"言讫而瞑。②

由是可见，邹鲁卿也是经由杨简的点化而开悟的，此后通过长久的修习，达到静虚纯明的境界，临终表现也称得上安然洒脱。他虽然身上没有什么功名，但是，称得上是一位真诚修道、臻于觉悟的民间儒者。

曹凤（字叔达）也是杨简在乐平所收的一位门人，他本是邻邑余干人，慕名前来向杨简求教。杨简回忆说：

未得比邑余干之曹凤，字叔达，叔达留县庠，昼忘食，夜忘寝，旬有四五日而忽觉。呜呼盛哉！③

对于曹叔达，杨简非常的赞许，离开乐平后，一直惦念不已，他说：

---

① 《慈湖遗书》卷5，《邹元祥碣》，第657页。
② 《慈湖遗书》卷5，《邹鲁卿墓铭》，第656页。
③ 《慈湖遗书》卷5，《邹元祥碣》，第657页。

> 叔达笃志于道,昼忘食,夜忘寝,逾浃而忽觉。二千年来,觉者甚无几。比觉者虽滋众,而每思念吾党之士,叔达未尝不在怀中。①

后来听说曹叔达病故的消息,杨简十分悲伤,连呼"哀哉痛哉"。不过,作为一个教育家,他对于邹元祥、邹鲁卿和曹叔达三人,却有着共同的欣赏,因为三人确实达到了对本心"自知自信"的境界,他说:

> 自孔子殁,学者率陷溺于文辞论议,丧其本灵而事意说,寥寥二千载,其自知自信者有几?若三子者可谓自知自信,孔子曰:"心之精神是谓圣。"人皆有是心,百姓日用而不知,三子知之。②

(二) 奇异的开悟

在杨简门下,有些门人的开悟体验与《五灯会元》等佛典所记的高僧开悟十分相似,这也间接证明,所谓觉悟并非只是佛道二教的事情,一个有着入世价值取向的儒者,同样可以达到对先天本心的觉悟。

杨简曾经教诲过一个名叫王子庸的读书人,记载了他的开悟过程——

> 钱塘王子庸,予为浙西抚属时已识其人。予究其胸中,义理之谈无不晓析,而自谓其疑。予告之以不假更求,本无可疑者。子庸曰:"非不知之,而终疑。"自是或对诗,或致书,无他问。端所志,唯在道,所问未尝不疑,盖日积十八九年矣。忽二月之二十三,因见阳辉,跃然如脱如释,于是乎洞然自是,不复如前之疑矣。予闻其言,喜不能自已。③

关于王子庸的开悟,杨简明确地记下了时间——庆元二年(1196年)二月二十三日。王子庸长期与杨简交往,他陈述自己的情况是:虽然经书义理无不通晓,但是内心存疑,难以释然。于是,"端所志,唯在道",经过多年的摸索,这一天偶然目睹阳光的照射,恍然开悟,"跃然如脱如释,于是乎洞然自是,不复如前之疑矣"。听说了这个消息,杨简也非常高兴,不能自已。这个时候,正好是杨简遭遇庆元党禁之际,被韩侂胄以"主管

---

① 《慈湖遗书》卷18,《奠曹叔达》,第911页。浃,十日。
② 《慈湖遗书》卷5,《邹元祥碣》,第657页。
③ 《慈湖遗书》卷2,《王子庸请书》(一),第615页。阳辉,原作"杨辉",有误,据文义改。

台州崇道观"的名义逐出都城临安,他回忆道:"予得罪去国,将行"(同上),王子庸不顾严酷的政治形势,仍然前来向杨简求教请益,于是,在江边旅舍中,杨简特意为他写下了两篇文章,以阐明自己的道学思想,并对这位门人表示衷心嘉许。

杨简晚年,还收纳了一位爱徒,名叫叶祐之(字元吉),苏州人。他求学至诚,开悟体验也十分神奇,杨简记述道——

> 某之至契叶元吉,名祐之……某至吴,(叶)元吉来访,执礼甚恭。自言弱冠志于学,而未得其方。凡先儒所是者,依而行;所诃者,必戒,如是者十有七年,然终未相应。中间得先生《子绝四碑》,一读,知此心明白广大,异乎先儒缴绕回曲之说,自是读书行己,不敢起意。后寐中,闻更鼓声而觉,全身流汗,失声叹曰:"此非鼓声也,如还故乡。"终夜不寐,夙兴,见天地万象万变、明暗虚实,皆此一声,皆祐之本体光明变化,固已无疑。而目前若常有一物,及再闻先生警诲,此一物方泯然不见。①

这段记述表明:叶元吉求学向道十七年,虽然熟读经典、恪守先儒之训,但是内心"终未相应"。由于偶然的机缘,使他读到杨简所写的《绝四记》(被人刻成碑文,故称《子绝四碑》),明白"不起意"工夫的要领,于是摆脱"先儒缴绕回曲之说"的束缚,以此修行,精进不已。后来,叶元吉在睡眠状态中,"闻更鼓声而觉",其生理反应是全身流汗、终夜不寐,他感叹道:"此非鼓声也,如还故乡。"当然,此时叶元吉的开悟还有几分意相之扰——"目前常若有一物",当他向来到苏州讲学的杨简说起此事时,杨简对他稍加警诲,"此一物方泯然不见"。叶元吉的开悟,和杨简当初的觉悟与进德历程比较相似,加上他虚心求教,因此,杨简对他钟爱有加,称其为"至契"。

俗话说:孤证不立。"闻鼓声而觉"的并非叶元吉一人,杨简的弟弟杨簠(字机仲)有相同的经历,杨简记述道:"叔弟机仲,用改过之力于内,而人未之知,又其闻钟(声)发省,自此吐论超越。"② 由是可见,杨简及其门徒的开悟绝非个别的案例,而是有着共同历程和体验的成功实践。

---

① 《慈湖遗书》卷5,《叶元吉请志妣张氏墓》,第659—660页。
② 《慈湖遗书》卷2,《连理瑞记》,第624页。

(三) 家人共学，悟者比比

杨简生长在一个儒者家庭，其父杨庭显本人是一位笃志向学、道行有成的民间儒者。他一共有六个儿子，分别是长子杨筹（字伯明）、次子杨篆（字和仲）、三子杨简（字敬仲）及杨权卿（早夭）、杨簏（字机仲）、杨籍（字行仲），还有三个女儿，孙辈若干人。在这个大家庭中，除了受到杨庭显的熏陶之外，加上杨简本人高中进士，学养深邃，且长期为官，在家族中有很强的影响力，因此，杨氏家族形成一种志道明德的家学氛围。杨简评价说：

> 诸子雍雍，群孙济济，虽入德先后之序不同，不可枚数，而其大较质而不浮，从容乎先公道化之中，则同。①

或许有人会问：既然满门笃志向道，那么，除了杨简之外，杨氏家族中开悟得道者应该不止杨简一人？的确如此。杨简本人就记载下了家族中开悟得道的若干事例。首先是其伯兄杨筹。杨简记曰——

> 伯兄讳筹，字伯明。晚而顿觉，不勉不思，云为变化。易箦之言曰："昔犹今，今犹昔，有能觉斯，随意而适。"於乎！斯岂庸众所能知？②

杨筹的悟性可能不如杨简，但是，经过多年修习，"晚而顿觉"，心性工夫同样达到"不勉而中，不思而得"③的化境。杨筹在临终前留给子孙的遗言是："昔犹今，今犹昔，有能觉斯，随意而适。"无疑，这是一种超越时空、洒脱自在的悟境。对此，杨简感叹道："於乎！斯岂庸众所能知？"虽然长兄杨筹并未有任何功名在身，但是，其修道工夫确乎已臻化境。更为难得的是，杨筹有五子二女，其仲女也像其父一样开悟，杨简记曰：

> 孟女归颜衮。仲（女）归舒后，一日有觉，至晦日，又大通。於

---

① 《慈湖遗书》卷2，《连理瑞记》，第624页。
② 《慈湖遗书》卷18，《宋杨公伯明封志》，第912页。易箦之言，即临终之言，典出《礼记·檀弓上》。
③ 《中庸》第二十章说："诚者不勉而中，不思而得，从容中道，圣人也。诚之者，择善而固执之者也。"

乎！子孙皆觉，又皆兢业，仁守足以垂名于后，载之家传，亦垂不朽。(同上；归，嫁给)

这段话明白记述了杨筹之次女"一日有觉，至晦日，又大通"的例证。当然，杨简说"子孙皆觉"有些夸张，但是，这样一个典型的儒者家庭，"仁守足以垂名于后，载之家传，亦垂不朽"，确是不争的事实。

杨简本人娶林氏，生有二子三女。其中，次子杨憘早亡。长子杨恪，字叔谨，在杨简去世前任承务郎、沿海制置司准备差遣。杨恪"克承家学，勉进未艾"①，身为严父，杨简认可杨恪的进学成效，说："汝既于道有觉，又嗜欲淡薄，不以死生为畏，甚不易得。"② 同时，勉励他说："皋陶犹曰兢兢业业，汝切宜克艰，以守中庸。此守非思虑言语所及。可惜、可惜，敬之、敬之"（同上；可惜，犹言"珍惜"）。唯一的儿子德业有成，杨简应该感到很欣慰了，然而，令人称奇的是，他对儿媳冯氏的悟境更为嘉许。冯氏乃杨恪之妻，即杨简的长媳，名媛安，字婉正，估计出身于书香门第，因为一个妇女有名有字，这在古代是很少见的。冯氏于嘉定六年（1213年）去世，杨简在其墓铭中写道——

恪之妻冯氏，名媛安，字婉正。孝友笃至，静专，无故不出户；衣服不事华侈，口不言财利；宽厚慈惠；知过能改，明白不藏。袭病久，常情不堪，婉正语其子埜（同"野"）曰："我虽病，实未尝病；生如死，死如生"。③

既然儿媳冯氏恪守妇德，"无故不出户"，那么，她的觉悟从何而来呢？答案其实很简单，在家中和丈夫杨恪一起听父亲杨简讲学、训诲时得到的启示。这一点，杨简的一句评语可为佐证——"知过能改，明白不藏"，这是杨简经常提倡的工夫论思想，冯氏善于领会杨简的思想，故而躬行实践，被杨简看在眼里。当然，由于封建礼教所限，儿媳妇向公公问学，杨简不便向世人明言。冯氏"袭病久，常情不堪"，她却能坦然受之，临终前，留给儿子的遗言是："我虽病，实未尝病；生如死，死如生。"显然，已经将生死界限勘破，达到了生死一如的悟境。为此，杨简颇为感

---

① 《慈湖遗书》附录，《宝谟阁学士正奉大夫慈湖先生行状》，第940页。
② 《慈湖遗书》卷3，《送子之官》，第639页。
③ 《慈湖遗书》卷5，《冢妇墓铭》，第658页。

慨，为冯氏写下这样的墓铭——

> 呜呼冯氏，死生一致，至哉斯言！自古儒宗学子，不知其几千万，觉此者有几？不谓妇人而有此。（同上）

在杨简看来，能够参透生死、达到"死生一致"境界的人，即使是自古以来难以计数的儒宗学子，"觉此者有几？"即便站在男尊女卑的立场，杨简也不能不感叹——没有想到一个妇人竟有此深透的觉悟！

除了儿子、儿媳，杨简的侄子、外甥等亲戚中开悟得道者也不乏其人（包括妇人在内）。在此仅举二例以证之。首先，杨简的外甥孙谊（字子方），曾经虚心向杨简问学求道，终于得以开悟。杨简记曰——

> 吾甥始以梦中而觉，梦中已拱，达旦犹拱，自是心明，达于日用。舅刬余碍，喜甥之觉，妻甥以冢女。每每讲切，谓甥用力于仁，庶几乎仁。①

外甥孙子方通过修习，"梦中而觉"，"自是心明，达于日用"。身为舅舅的杨简又施以言教，把他心中尚存的隔碍铲除，使其心体洞彻澄明。因为喜欢这个外甥，杨简把自己的长女嫁给了他（当然，这是古代近亲结婚的旧习，并不可取）。后来，孙子方虽然官居宣教郎、知湖州德清县，依然笃志于学，用力于仁而不辍，杨简谓之"庶几乎仁"。可惜的是，孙子方"何寿之促"（同上），早于杨简离开人世，杨简"闻讣望哭"（同上），连呼"哀哉！"

杨简还有一个侄子，名叫杨绎，娶妻舒氏，为人颇有妇德。由于封建礼教所限，舒氏并未直接听过杨简讲学，不过，她从丈夫杨绎那里间接听闻了杨简讲学的内容，当下有所觉悟。杨简记曰——

> 近怪有觉，转以告妇，乃克领会，且曰："特以分严，有愿陈于叔舅之前，当益有启明之意。"②

---

① 《慈湖遗书》卷18，《奠孙甥子方》，第911页。"自是"，原作"目是"，有误，据文义改。刬，同"铲"。
② 《慈湖遗书》卷18，《祖奠侄妇舒氏》，第911页。叔舅，指叔辈的公公。

侄媳与儿媳毕竟不同,舒氏不可能像冯氏一样经常见到杨简,但是,她悟性甚高,丈夫杨绎听讲有所觉悟,把杨简所说的内容转述给她听,舒氏听了,当下领会,并说:"有愿陈于叔舅之前,当益有启明之意",表达了进一步求教于杨简的愿望。可惜的是,这个愿望还未实现,舒氏就病故了。如果不是杨简这样一位大儒为其作奠词,恐怕今天没有人了解到历史上还有这么一位由声闻而觉的妇人。舒氏悟道后,"妇秉礼严,默符先圣"(同上),杨简本来对此一无所知,还是侄儿杨绎讲述了这些事情,他这才知道本族之中竟有一位"有至德善行如此"的妇人,感慨之余,"辞噎莫继",于是为舒氏写下一篇祭文。

综合慈湖门人开悟得道的事例,有两个问题非常值得注意。一、由于"道非心思言论之所及,虽圣人不能强人之明"①,同理,"是妙也,惟觉者自知,而不可以语人,虽强言之,终不可以尽也"②,因此,对于儒者"开悟"得道的内蕴,后人不可强猜妄想,只有通过笃实的修习践履,才可能达到觉悟的境界,到那个时候,如人饮水,冷暖自知;反之,不去实修,"悬空期个悟"③,这种想法注定是徒劳无功的。二、儒家的修习工夫以"明道"为的,以"尽性"为本,并未像道家那样注重"性命双修",因此,杨简的许多门徒虽然觉悟本心,但是寿数不长,患病早亡,使得白发苍苍的杨简总是在一篇又一篇的祭文中寄托自己的哀思,这不能不说是儒家心性工夫理论的一个不足之处。

第五节　杨简教学艺术的思想特色

古往今来,一个优秀的教师,其教学活动往往呈现出艺术化的风采,杨简也不例外。无论在官在野,杨简都坚持以讲学明道为要务,在超过半个世纪的教育实践中,其教学艺术日趋高明,形成了独到的"慈湖"特色。概括而言,杨简的教学艺术特色主要体现在三个方面,本节将分别阐述之。

一　直指人心　简易直截

杨简坚定地认为,"圣贤德业归方寸"④,因此,他在教导弟子的时候,

---

① 《慈湖遗书》卷18,《宋杨公伯明封志》,第912页。
② 《慈湖遗书》卷13,《家记七·论大学中庸》,第829页。
③ (清)黄宗羲:《师说》,载《明儒学案》,第8页。按:这是黄宗羲本人的评语。
④ 《慈湖遗书》卷6,《寿倅生辰》(诗作),第679页。

始终抓住"人心即道"的根本宗旨,以此点化、启迪自己的门人,所言所教,简易直截,绝不拖泥带水,体现出心学思想家的固有特色。

杨简门下有一个弟子,名叫赵德渊(字与筹),恍然有觉,随后,他向杨简请教,杨简记述了两人之间的对话——

> 永嘉徐良甫与(赵)德渊至稔熟,……从容几日,德渊忽于早食前惊曰:"异哉!"良甫问状,于是知其有觉。某后见德渊,德渊曰:"与筹今于日用应酬都无一事,只未知归宿之地"。某曰:"不必更求归宿之地。孔子曰:'心之精神是谓圣。'人皆有是心,心未尝不圣,何必更求归宿?求归宿,乃起意,反害道。孔子每每戒学者毋意。"后再见德渊,果平平不动乎意。①

就像前文所说的王子庸、叶元吉一样,赵德渊的开悟也十分奇特,他是在吃早饭的时候突然顿悟的,连自己都吃惊地说:"异哉!"虽然已顿觉本心,而且日用无碍,但是,赵德渊并不自满,他向杨简请教说:"与筹今于日用应酬都无一事,只未知归宿之地。"杨简的回答也十分简洁,他告诉赵德渊:"不必更求归宿之地。孔子曰:'心之精神是谓圣。'人皆有是心,心未尝不圣,何必更求归宿?"这一答复,与双明阁下陆九渊回答杨简的话十分相似。当年杨简顿悟本心,"忽觉此心澄然清明",心中疑其未尽,向陆九渊问道:"止如斯邪?"陆九渊"竦然端厉",大声地说:"更何有也?"② 再无其他解释。后来,杨简回顾此事时说:"某感陆先生尤是,再答一语,更云云,便支离去。"(同上)经过多年的修习,杨简已具备和陆九渊一样的点化弟子的能力,因此,他在解答开悟门人的疑问时,没有长篇大论,只是寥寥数语,便把问题的实质讲述清楚。上文所说"心未尝不圣,何必更求归宿?"就是告诉赵德渊:你现在所悟的就是道之本原,不必再画蛇添足、旁求他物。随后,他又从反面告诫赵德渊:"求归宿,乃起意,反害道。孔子每每戒学者毋意。"赵德渊果然是颖悟之人,听了这番话,疑虑顿消。杨简又记述了他的改变,说:"后再见德渊,果平平不动乎意",这句话充分肯定了赵德渊的进步,说明他真正领悟了"即本体便是工夫"③ 的要旨。

---

① 《慈湖遗书》卷5,《书〈云萍录〉赵德渊亲书后》,第662—663页。
② 《慈湖遗书》附录,《宝谟阁正奉大夫慈湖先生行状》,第928页。
③ 《王畿集》卷1,《天泉证道》,第2页。此语乃王阳明所说,由王龙溪记述。

从杨简回答门人赵德渊的话语可见，面对天性颖悟的门人，杨简所言所教，直指人心，简易直截，体现出心学一脉的鲜明特色。当然，达到这一境界的前提是"以己昭昭，使人昭昭"，如果杨简自己没有真修实践的工夫，没有洞达透彻的觉悟，要想如此去点化门人，那简直是不可想象的。

二 耐心平和 诲人不倦

在杨简面对的门人中，并非所有的人都像赵德渊那样颖悟超凡，因此，有的时候，他必须耐心细致地向某些读书人阐释心学思想，以启迪这些读书人摆脱固有理论成见的束缚，明白圣学工夫的正途。

淳熙十四年（1187年），杨简尚在临安担任浙西抚属一职，有一个来自江西临川的读书人，名叫张元度，手里拿着陆九渊的引见书信，来到都城临安应试，并登门向杨简求教。杨简和张元度见面后，"接其辞气，已知其诚确可敬，及复见，益知其笃志已学，盖夜则收拾精神，使之于静"。① 静坐修习的工夫，在宋明理学中本是常见手法，张元度能够用功于此，已属可嘉之列。不过，杨简发现张元度过于执守静坐的形式，并未真正了解"人心即道"的真谛，于是，他对张元度说了一番话，因原文较长，择要而录之——

元度所自有，本自全成，何暇更求？……清明在躬，广大无际，精神四发，不疾而速，不行而至，收之拾之，乃成造意；休之静之，犹是放心。……吾心本无妄，舍无妄而更求，乃成有妄。②

在这段话中，杨简告诉了张元度"本自全成，何暇更求"的道理。张元度"夜则收拾精神，使之于静"的精神固然可嘉，但是，一味枯守于此，仍属于执于形式的"起意"表现。由于内心有这种追求，造成的结果是"收之拾之，乃成造意；休之静之，犹是放心"。杨简曾明言："静者，不动乎而已，非止于兀坐。"③ 对于初学者而言，静坐修习不失为一种入门筑基的工夫，但是，对于张元度这样的"笃志已学"的儒者而言，再拘泥于静坐的形式，那就是执相而求、自我束缚了。因此，杨简采取"直指人

---

① 《慈湖遗书》卷3，《与张元度》，第638页。
② 同上书，第638—639页。
③ 《慈湖遗书》卷2，《岂然记》，第630页。

心"的方式，告诉张元度：只要明白"人心即道"，做好"不起意"的工夫，不妨随缘而应用，处处都能体会到那种不学而能、不虑而知的清明本心；反之，"吾心本无妄，舍无妄而更求，乃成有妄"，这就好比有的人骑驴找驴一样，转来转去，竟然把地上由月光映照的驴影当成驴子本身，这就是"舍无妄而更求，乃成有妄"的可笑结局。

听了杨简的话，张元度虽然表示认可，但是"犹自以为未能无过"，[①]心里仍然不愿改变原有的修习方式，杨简又对他说："有过恶即改，元度精神，何罪而收拾之？"（同上）经此启迪，张元度"既以为然矣"（同上），总算接受了杨简的教诲。为了牢记教导，他在告别之时，"复求数语以归"（同上），实际上，如果张元度已然像赵德渊、钱时等门人一样真正觉悟，一个字的赠语都不需要，但是，面对张元度的诚恳请求，杨简还是答应了，"索之胸中，实无说足以称塞来意"[②]，想了片刻，杨简干脆写下这样一段话——

> 元度好贤乐善，孜孜如不及，某坚谓：元度自贤自善，何所更疑，而犹待他人为？（同上）

由上可见，张元度虽蒙杨简的启迪，实际上并未真正觉悟（只是达到理性思辨层次的理解而已），但是，杨简并不以此而有嫌弃之意，仍然本着"与其进，不与其退"（《论语·述而》）的态度，应其所求，为其写下赠语，以方便其日后反思自修之用。在现实生活中，像钱时、赵德渊那样颖悟者毕竟是少数，类似于张元度这种资质水平的学生显然更为普遍，然而，杨简一律耐心平和地予以指点，体现出一个教育家诲人不倦、有教无类的宽广胸怀。

三　随缘点化，因人施教

杨简生前，浙东心学已颇负盛名，因此，前来听讲的人物可谓三教九流、五花八门。除了一般的儒生以外，甚至还有来自佛门的炳讲师[③]、来自日本的和尚俊芿律师[④]等人。杨简在朝为官时，因为年长辈高，许多同僚也视如师长，经常与之交流学问。面对身份不同的听众，杨简一方面禀

[①]《慈湖遗书》卷3，《与张元度》，第639页。
[②] 同上。
[③] 参见《慈湖遗书》卷18，《炳讲师求训》，第898页。
[④] 参见《慈湖遗书》卷3，《日本国僧俊芿求书》，第638页。

持"有教无类"的开放态度,耐心细致地讲述;另一方面,注重随缘点化、因人施教,没有一般道学先生矜持、呆板的面貌,因此,在启发效果上反而更为理想。

在这方面,最为典型的事例莫过于他与真德秀的交往了。真德秀(1178—1235年),字希元,号西山,庆元五年(1199年)考中进士,嘉定初年,被召为秘书省正字兼检讨玉牒。当时,年过六旬的杨简正好也在秘书省任职,先为著作佐郎,后升任著作郎,二人成为同僚。真德秀回忆杨简的风采,说:

> (先生)平居接物,从容和乐,未始苟异于人。而清明高远,自不可及,同僚有过,微讽潜警,初不峻切,而听者常懔然。①

真德秀的这番话不是凭空而论,他是因为从杨简那里获得了真实的教益才做如是说的。有一次,杨简对真德秀说:

> 希元有志于学,顾未能忘富贵利达,何也?(同上)

听闻此语,真德秀一时间"恍然莫知所谓"(同上),出于虚心和礼貌,只好请杨简明言己过。杨简缓缓地对他说:

> 子尝以命讯日者,故知之。夫必去是心,而后可以语道。(同上)

所谓日者,即占候卜筮之人。杨简本来认为真德秀是一个真诚向道、堪成大器的晚生,偶然间发现真德秀向算卦先生占卜命运,由此知道他还存有功利侥幸之心,于是委婉地向真德秀指出,并告诫他:一定要去掉功利侥幸之心,才能把全部精力放在修道之事上,即所谓"必去是心,而后可以语道"。听了这话,真德秀不免羞愧,但是,他毕竟是素有学养之人,当下明白了杨简作为前辈的良苦用心以及对自己的期望。多年之后,他回忆说:

> 先生之于德秀,可谓爱之深而教之笃矣。惜其时方缪直(同"值")禁林,役役语言文字间,故于先生之学,虽窃闻一二,而终未

---

① 《慈湖遗书》附录,《文忠西山先生真公跋文元公行状后》,第942页。懔,敬畏貌。

获探其精微。……呜呼！先生已矣，德秀何所据以为进德之地也？（同上）

真德秀坦承，当时自己"方缪直禁林（指秘书省），役役语言文字间"，因此，对于杨简之学，虽然一鳞半爪地听了一些，但是"终未获探其精微"，至今想来，仍然颇感遗憾。真德秀说这些话时，是宋理宗宝庆三年（1227年），当时，杨简的门人傅正夫为其师撰成《行述》一文，请真德秀为之作跋，故而真德秀抚今追昔，写下了这些文字。真德秀在南宋晚期的政坛影响很大，虽然清代史学家全祖望批评他"晚节颇多惭德"①，但是，仍然肯定他早期政治上的作为，如"直声震朝廷"②，又如"党禁既开，而正学遂明于天下后世，多其力也"③。真德秀初入朝时，正好与杨简为秘书省同僚，受到杨简的学行感化是很正常的，因此，后世认为，真德秀的追忆发自真诚，他虽然没有正式拜杨简为师，但是从杨简身上真切感受到一些真儒的人格魅力。有鉴于此，全祖望在补修《宋元学案》时，把他列在《慈湖学案》中杨简的私淑弟子④之列。

除了对后学真德秀予以委婉告诫外，有时候，杨简还把这种随缘点化的教学艺术用在皇帝身上。如第一章所述，杨简晚年在朝时间甚长，虽然官品不高，因其年迈德韶，仍然受到宋宁宗的礼遇。嘉定三年（1210年），在君臣轮对时，二人之间就修道问题展开一次有趣的对话——

> 先生曩尝口奏："陛下自信此心即大道乎？"上曰："心即是道。"略无疑贰之色。（先生）问："日用如何？"（上）曰："止学定耳。"先生谓："定无用学，但不起意，自然静定澄明。"上曰："日用但勿起意而已？"先生赞："至善，至善。不起意，则是非贤否自明。"此日复奏："陛下意念不起，已觉如太虚乎？"上曰："是如此。"问："贤否是非，已历历明照否？"上言："朕已照破。"先生曰："如此，则天下幸甚。"⑤

---

① 《宋元学案》卷81，《西山真氏学案》，第2708页。
② 同上书，第2695页。
③ 同上书，第2696页。
④ 《宋元学案》卷74，《慈湖学案》，第2507页。按：从严格的师承渊源来讲，真德秀属于朱子学后裔，这一点全祖望并未否认，在其所撰《西山真氏学案》有明确阐述。
⑤ 《慈湖遗书》附录，《宝谟阁学士正奉大夫慈湖先生行状》，第935页。

在这次对话①中，杨简采取了启发式的教学方法，对宋宁宗谆谆开导。当宋宁宗对于修习工夫理解正确之时，杨简则适时地予以肯定或夸奖。这种循循善诱的点化，使宋宁宗也觉得自己掌握了照破万物的修道工夫、领悟了静定澄明的心体奥妙。这次对话还表明，在南宋时期，虽然心学仍属民间私学范畴，但已颇有社会影响，连在深宫中的皇帝也习得心学的一些工夫要领，因此，杨简和宋宁宗之间才有了可以交谈的共同语言基础。这次轮对，是杨简一生中与皇帝最为接近的一次，彼此都留下了很好的印象——"问答往复，漏过八刻。先生出，上目送久之"。②"漏过八刻"，说明这次谈话超过两个小时，杨简的谆谆教诲和适时点化，赢得了宋宁宗对他发自内心的尊重。

当然，教育不是万能的。在南宋中晚期，杨简对于宋宁宗、真德秀等人的劝导和教诲，虽然收到一时之效，但是，并未改变南宋小朝廷积贫积弱、苟安一隅的政治格局。对于儒家的教育思想和实践成效，我们应该有一个客观如实的评估，不必盲目崇拜。不过，作为一个教育家，杨简这种随缘点化、因人施教的教学艺术，古今皆可适用，这一点依然值得后人效法。

本章所述，主要是杨简的教育哲学及其实践活动。杨简的教育理论，首先挺立"心之精神是谓圣"为其价值目标，这是他的本体论思想的人格化；其次，标明"忠信即道"为根本的伦理准则；在这两项基本理念确立之后，进而展开以"不起意"为核心的各项心性修养工夫，其中尤其强调"学道之极，终于改过"的思想。杨简的教育理论，实际上就是他的心性工夫论在教育领域的延伸和体现，是为了成就学者的圣贤人格而展开的理论辨析和实践探索。有了这种明晰的教育理念为指导思想，杨简的一生，秉承儒家"政教合一"的原则，始终与教育事业为伴。他在长达半个世纪的时间里，无论在朝在野，坚持讲学传道、明德淑人，致力于化民成俗的教育实践活动，亲手培养出许多悟境超卓、道德醇厚的儒家人才，同时，在教育实践中还淬炼出富有心学特色的教学艺术。总之，杨简的教育哲学及其实践活动，其内容和成果都值得今人认真加以总结、汲取和借鉴，可为21世纪的教育事业提供更多新鲜的"源头活水"。

---

① 从"先生曩尝口奏"和"此日复奏"可知，这是两次谈话的内容。在此姑且笼统地视为一次。
② 《慈湖遗书》附录，《宝谟阁学士正奉大夫慈湖先生行状》，第935页。

第五章　杨简的政治哲学思想

从形式逻辑上讲，"心学"的外延比"哲学"的外延要广，因此，政治哲学属于心学范畴之内可以成立。自古以来，儒家的基本价值理念可以用一句话来概括——"内圣外王"，在这一点上杨简也不例外。如果说前文阐述的杨简心性哲学的本体论、工夫论属于内圣之道，那么，其政治哲学无疑是"治国平天下"的外王之道。杨简出仕五十五年，为官多任，有过担任知县和知州的地方执政经验，他的政治哲学并非纯然想象的空发议论，而是多年从政经验的思想总结。但是，杨简一生历经宋孝宗、光宗、宁宗和理宗四朝，所居部门多是闲曹冷署，担任的职务也大多是幕僚郎佐或宫观闲差，一身才华和抱负远未充分施展，因此，他并未真正得志用世，从这个角度来看，杨简的政治哲学也带有在野之人批评当世制度和执政者的意味，是对自己政治理想的抒发和阐述。

第一节　复古的理想主义

一般人研究杨简的政治哲学，大多是围绕他晚年所著《论治务》这篇政论长文展开论述，虽然这种研究路径并无过错，但是，失之表面化。笔者经过长期的研究发现，在探讨杨简的政治哲学时，首先应该关注其政治哲学的思想根柢——一种强烈的复古主义倾向和政治理想寄托，这是清代四库馆臣评价他"迂阔不达时势"[①] 的原因所在，也是其政治哲学的显著特色。其次，杨简的政治哲学，除了《论治务》这样的政论文之外，还体现在他对于《尚书》《礼记》等经学典籍的诠释中，这是他阐述自己政治哲学理论的基本途径。

---

① 《慈湖遗书·提要》，载《四库全书》，集部，第1156册，第605页。

一　向往三代之治

儒家有一个惯用的政治词汇——"三代之治"。从狭义上讲，指的是夏、商、周三个朝代。最早出于《论语·卫灵公》，孔子曰："斯民也，三代之所以直道而行也。"朱熹为之作注曰："斯民者，今此之人也。三代，夏、商、周也。"① 在《孟子》一书中，明确提到"三代"的地方也有两处：其一，孟子曰："夏曰校，殷曰序，周曰庠，学则三代共之，皆所以明人伦也。"（《孟子·滕文公上》）其二，孟子曰："三代之得天下也以仁，其失天下也以不仁。"（《孟子·离娄上》）朱熹又注曰："三代，谓夏、商、周也。禹、汤、文、武，以仁得之；桀、纣、幽、厉，以不仁失之。"② 即使在古代，熟悉历史的读书人都知道，夏、商、周三代，虽然创造了灿烂的奴隶制文明，有过较长和平安宁的时期，但是，最终都亡于暴君之手，在晚期同样是动荡不安。因此，"三代"并非绝对理想的社会形态，按照《礼记·礼运》的标准，夏、商、周三代顶多算是小康社会。不过，在夏、商、周三代之前，还有过唐尧、虞舜和夏禹的禅让时代，在儒家看来，这才称得上大同式的理想社会，包括杨简在内的儒者，出于仰慕之情，称为"唐虞三代"③。因此，从广义上讲，三代指的是包括尧、舜、禹三代的远古理想社会，并不只是夏、商、周三个朝代而已。对于远古的三代之治，杨简十分向往，而恢复三代之治，使天下达到民富国强、安宁和谐的局面，则是他的理想抱负所在。

儒家自孔孟开始，就有明显的崇古倾向，把"三代之治"予以美化。到了汉代，由于推行"罢黜百家，独尊儒术"的政策，董仲舒提出"《春秋》之道，奉天而法古"④ 的命题，更加巩固了这一思想，从此，崇尚"三代之治"的复古主义成为儒家的思想传统。到了南宋，无论是朱熹还是杨简，都是这一思想传统的继承者，在他们的心目中，三代之治是历史上由圣王开创的治世，非常值得后世效法。杨简对三代之治，予以多方面的描述，他说：

---

① 《论语集注·卫灵公第十五》，载《四书章句集注》，第167页。
② 《孟子集注·离娄上》，载《四书章句集注》，第282—283页。
③ 《慈湖遗书》卷8，《论〈书〉〈诗〉》，第717页。该语词在《慈湖遗书》重复出现次数很多，兹不赘述。
④ （汉）董仲舒：《春秋繁露·楚庄王第一》，载《董仲舒集》，袁长江主编，学苑出版社2003年版，第39页。

> 古者天下为公，惟让于德。三昭三穆，皆有德可宗，非如三代而下，天下为家，而传于子，三昭三穆未必皆（可）宗也。①
>
> 唐虞三代盛时，利用、厚生无非正德，礼乐刑政无非大道，左右有民，惧民之或失此极也。……上自朝廷，下达闾里，目之所见，无非中正之色；耳之所听，无非中正之音；身之所履，无非中正之行；无奸声乱色以贼其外，无异端邪说以贼其内，从容乎大道之中，不勉不强，而自有士君子之行。比屋之民皆可封，兔罝之夫皆好德。成人有德，小子有造。②

在杨简的心目中，三代是天下为公、以德为尚的治世，"利用、厚生无非正德，礼乐刑政无非大道"，人们生活在一个风气中正、淳和的社会环境中，既从容又惬意，是人类最理想的社会形态。有一次，当他阅读《孝经·孝治章第八》有所感悟时，觉得仿佛回到了三代之治的美好时代，他说：

> 简每诵此章，每每乐生，亦如春风和气，油然动于中，而自不能喻，如身在唐虞三代之盛世。③

由是可见，杨简对于"唐虞三代之治"极为推崇、真诚向往。正是因为具有这种崇尚三代之治的价值理想，杨简对于世人一般称颂的汉唐之治不屑一顾，认为汉唐两朝虽然号称强盛，国祚延绵亦有数百年，但是杂用霸道、学术不正，因而"治少乱多"，不值得儒者崇拜。他说：

> 士大夫不能举明主于三代之隆，而袭汉唐治少乱多、可耻之规摹，顾又不逮汉唐。殊可惜也！④

杨简对于汉唐之治的不满，首先表现在其对其基本治国方略的不认同上。例如，汉代自汉武帝之后，虽然名义上实行"罢黜百家，独尊儒术"的方略，但是，杨简认为，汉代诸帝王实际上根本没有完全采用儒家王道，而是杂用霸道，因而学术不纯，治道不正，他说：

---

① 《慈湖遗书》卷8，《论〈书〉〈诗〉》，第710页。
② 同上书，第717页。
③ 《慈湖遗书》卷12，《论孝经》，第824页。
④ 《慈湖遗书》卷16，《论治务》，第865页。

汉宣曰："汉家自有制度，本以霸王道杂之。"自汉迄唐，一律也。本以霸者，本以利也；以利为本，虽杂以王道，人心岂服？人心不服，危乱之道也。诚纯于王道，则人毕服，四海之内，仰之若父母矣，夫谁与之敌？①

汉宣帝的这段话，语出《汉书·元帝纪第九》，说的是汉元帝为太子时，曾劝其父汉宣帝慎用法吏，多用儒生，引得汉宣帝勃然变色，说："汉家自有制度，本以霸王道杂之，奈何纯任德教，用周政乎！"②杨简认为，虽然说出这段话的是汉宣帝一人，实际上，"自汉迄唐，一律也"，汉唐两朝几乎所有的帝王采取的都是这种"以霸王道杂之"的治国方略，可见其学术不纯，因而导致治道不正。杨简认为，王道以道义为本，霸道以功利为本，两者有着本质区别，杂糅在一起，必然导致人心不服，这就是危乱之道。在杨简看来，任用王道、疏离霸道，这是十分浅显的道理，而汉唐两代在治国方略的选择上，"本以利，杂以义"③，从头至尾存在严重的偏差，这便是其"治少乱多"的根源。

其次，杨简对于汉唐诸帝王的人品和作为明显不满。一般的平庸帝王自不必提了，就是颇负盛名的汉高祖和唐太宗，杨简也公开抨击其自私自利的人品和弑兄逼父的阴谋活动。据《史记》记载，刘邦夺取天下后，对其父刘太公说："当初您嫌我无赖，不能像二哥刘仲一样好好种地，置不下一点产业，现在您看看，我挣来的产业比起二哥来谁更多啊？"④引起群臣一阵哄笑。杨简认为，刘邦的这番话，表明他以天下为一己之私的用心，实在可鄙。他说：

有君如汉高（祖），出秦民于汤火之中，大惠也，大功也。独惜夫以利心为之，遂陶冶一世之心术，尽入于利欲。秦之祸，止于毒人之身；汉之祸，乃足以毒人之心。⑤

除了汉高祖，唐太宗李世民也是杨简抨击的对象。在杨简看来，李世

---

① 《慈湖遗书》卷16，《论治道》，第873页。按：《论治道》并非一篇完整的文章，而是若干札记的汇称。
② （汉）班固：《汉书》，卷9《元帝纪第九》，中华书局1962年标点本，第277页。
③ 《慈湖遗书》卷16，《论治道》，第869页。
④ 《史记》卷8，《高祖本纪第八》，第387页。
⑤ 《慈湖遗书》卷16，《论治道》，第868页。

民虽然英武有为,但是,公然发动政变,杀死胞兄李建成和胞弟李元吉,继而逼迫父亲唐高祖退位,其行径实在为君子所不耻。他说:

> 人咸以太宗为贤君,房杜为良相,一君二臣,非无善者,而总名之曰贤曰良,则未可也。以太宗为贤君,是教后世之君为悖为逆为奸乱,而文以饬之也;以房杜为良相,是教后世之臣为悖为逆为奸乱,而文以饰之也。①

> 世论有唐盛时房玄龄、杜如晦、魏征贤名特著,及考本末,房玄龄乃首发乱谋,如晦赞决。建成元吉谋害太宗,元吉秘计,又将并除建成。社稷倾危,民将涂炭,此固可诛也,然惟天吏则可以诛之,秦王安得而诛之?玄龄首谋,借周公以文其奸,其辞则周公也,其情则非周公也。②

从以上引言可见,杨简站在正统儒家的道义立场上,对于唐太宗和房玄龄、杜如晦等君臣进行了严厉的指责。他的批评之语,确有清代四库馆臣所说的"迂阔不达事势"的明显痕迹。其实,从夏代开始,历代王朝的建立都离不开强大武力为后盾,也免不了血雨腥风的厮杀。虽然李世民弑兄逼父的举动并不光彩,但是,在朝堂权力斗争的残酷环境中,他不这么做,可能就会成为他人的俎上之肉。如果依杨简之见,宋朝的江山社稷也是从后周柴氏皇族手中夺取的,宋朝的历代帝王又有何面目坐在龙椅之上呢?当然,我们也不难发现杨简在当时不便明言的想法——"古者天下为公,惟让于德",因此,宋朝的帝王也应该以德为准,将君位传给具有圣贤品格和才干的继承人。

杨简之所以推崇"三代之治",除了他头脑中的复古主义为根源之外,还和他在乐平、温州的地方执政经历有关。如前所述,杨简在三年知县、两年知州的任上,政绩颇为显著,临别时,百姓们对他依依不舍。杨简根据自己治理地方的成效,认为这不过是以"三代之治"为榜样的小范围实践而已,如果得志用世,必可将这种成效推广应用于天下。因此,他肯定地说:

---

① 《慈湖遗书》卷16,《论治道》,第868—869页。
② 同上书,第869页。

> 某末学，不敢企望三代诸圣贤，而中心所安，终不肯为汉唐规摹。始亦不敢自必，曩宰乐平，后守东嘉，略行己志，颇有验效，于是益信其可行。①

无论在时人看来有多么迂阔和不切实际，综合其平生所学和地方执政的成功经验，杨简明确地得出这样的结论——

> 图治而不本之三代之制，终苟道也。②

又说：

> 如欲生民之皆安，祸乱息，风俗善，国祚久长，则三代之制不可不详考熟讲，而图复之也。③

正是因为内心真诚憧憬这样的"理想国"，杨简才能做到一生与奸臣权贵绝不苟合，始终以自己的政治信念为指归，达则经世济民，穷则讲学著述，尽管其仕宦生涯并不通达，却能始终挺立起高洁、伟岸的独立人格，使自己成宋明理学史上被称为"平生践履无一瑕玷"④ 的罕见人物。杨简的一生，虽然"外王"之道并未实现，其"内圣"境界却始终为后人所景仰。

当然，杨简也并不主张全盘复古，他像孔子一样，对于古代政治制度也提倡有所损益改革。例如：他研究了周代的封建制（分封诸侯、建立藩屏之意）和秦汉以后的郡县制的利弊，得出的结论是：

> 封建有一利一害，利谓藩维固，可御寇；害谓久则有背叛相侵伐屠杀之祸。郡县亦有一利一害，利谓无背叛侵伐屠杀之祸；害谓藩维不固，寇至莫御。二者均有利害，而封建之害重难救，郡县之害轻，亦可使之无。⑤

---

① 《慈湖遗书》卷16，《论治务》，第865页。
② 《慈湖遗书》卷16，《论治道》，第866页。
③ 同上书，第866—867页。
④ 《蒙斋集》卷14，《乐平县慈湖先生书阁记》，载《四库全书》，集部，第1175册，第499页。
⑤ 《慈湖遗书》卷16，《论封建》，第876页。

在杨简看来,从总体上讲,郡县制优于封建制。如果实行"择贤久任"的制度,让那些德才兼备的贤士久任地方长官,不受任期的限制,那么,郡县制的一些弊端可以从根本上得到解决。他说:

> 郡县之害,何以能使之无?择贤久任,则亦可以固藩维,亦可以御寇,亦封建之意也。(同上)

唐宋时期,有一些士大夫(甚至包括唐太宗这样的帝王)视封建制为"古列圣之遗法",总想着恢复西周的封建制,虽然没有得遂其愿,但是这种复古的呼声是始终存在的。对此,杨简毫不客气地批评道——

> 不较是非利害、民被祸之轻重,而贪慕古之虚文,受执古之实祸,智者切哂。①

可见,杨简虽然崇尚三代,但是,在国家政体等重大问题上,还是具有直面现实的清醒头脑,并没有像宋襄公、王莽那样闹出食古不化、盲目复古的笑话来。因此,清代四库馆臣既批评其"迂阔不达时势",又承认他"明练政体",②这个评价还比较中肯。不过,纪昀等四库馆臣认为,杨简之所以这样崇古,其原因在于:"亦知三代之制至后世必不可行,又逆知虽持吾说以告世,世亦必不肯用,不虑其试之而不验,故姑为高论,以自表其异于俗学霸术而已。"(同上)按照这个评判,杨简似乎就是一个哗众取宠之人,喜欢以标新立异的高论来博得世人的关注,这未免太看低了杨简的人格层次。事实上,杨简的确以"唐虞三代之治"为理想而完美的政治制度,这也是他平生从政、讲学所追求的终极目标。如果细细品读《慈湖遗书》,我们不难发现杨简心中确有浓厚的崇古情怀,这种情怀浸润在他的整个生命血脉中,成为其政治哲学的根柢所在。

二 德治为本的执政理念

杨简之所以向往唐虞三代之治,是因为上古圣王以德服人、化成天下,据此杨简认为,治国之道,应以德为本,这是一个最基本的执政理念。早在先秦时期,儒家创始人孔子亦曾明确地讲述了这一要旨,作为服

---

① 《慈湖遗书》卷16,《论封建》,第877页。
② 《慈湖遗书·提要》,载《四库全书》,集部,第1156册,第605页。

膺先圣之教的儒者，杨简自然把以德治国的理念奉为圭臬。他说：

> 子曰："为政以德。"为政之道，无出于德。吾夫子以一语尽之，甚明白，甚简易，更无余论。①

当然，"为政以德"是一个总纲，它必须体现在礼乐、教化、刑政、选才、兵备等诸多政事之中。杨简认为，德治与政事不可分离，二者始终相互融合在一起，不明此理，不算懂得德治的真谛。他说：

> 谓德之外自有无穷之事，不惟不知德，亦不知事。政事不出于德，非德政也。政非德政，苟非安，即危乱矣。法令不出于德，则将以遏民之不善，反以长民之不善。②
>
> 礼乐不出于德，则礼文不足以导民心之正，而反以起民心之伪；乐音不足以导民心之和，而反以感民心之淫。任选不出于德，则我既无德，亦不知何者为德，以贤为不肖，以不肖为贤。③

在这两段话中，杨简告诫统治阶级："政事不出于德，非德政也。"德治必须体现在实际政务的方方面面，例如：政府制定的各项法令，必须以德治为根本的指导理念，否则，这样的法令就可能变成苛政峻法，成为民众反感甚至悖逆的东西，用杨简的话说，便是"法令不出于德，则将以遏民之不善，反以长民之不善"。同样的道理，礼乐、任选、教化等各项政策措施，都必须以德为本，这是明君贤臣执政的初衷，也应该成为根本的指导思想。如果不懂得以德为本，那么，无论是礼文、乐教，还是任选制度，都将变成徒有形式的东西，甚至可能违背初衷，走向"起民心之伪""以不肖为贤"的反面。

在杨简的德治为本的思想中，有一点非常值得注意，那就是为政者必须秉持"公正"原则。如前文所述，在杨简的心性工夫论中，有意即起私，有私即是意，因此，为政者若要无意，必须公正无私。他说：

> 合乎天下之公心而为政为事，则其政可以常立，其事可以常行；

---

① 《慈湖遗书》卷10，《论〈论语〉上》，第772页。
② 同上书，第772—773页。
③ 同上书，第773页。

不合乎天下之公心而为政为事，则其政不可以常立，其事不可以常行。①

西汉时期，为避汉文帝刘恒之名讳，"恒"字改作"常"，后来形成习惯用法，因此，在古代汉语中，"常"的意思多是指恒久。杨简认为，为政者出台的政策若能"合乎天下之公心"，其政策实施方可以持久，否则，必然是昙花一现的东西，不可能取得预期的成效。应该承认，杨简的这段话，即使放在今天，对于任何政治家而言，都是具有深刻警醒意味的箴言。

杨简之所以主张以德治为本，是因为他笃信性善论的缘故。如前所述，杨简认为"此心之中，孝弟忠信、仁义礼智，万善毕备"②，又说"人心自备众德"，③因此，道德教化可以启迪人心自有之善，可以促使人们自觉地为善去恶，促进社会生活走向康宁、和谐。杨简说：

> 是德之在人心，人皆有之，非惟君天下者独有也，圣人先得我心之所同然耳。得其所同然者谓之德，同然者，天下同此一心，同此一机。④

不过，在启迪人之善良本性的教化过程中，首先需要做到的是唤醒、发明君主本人的道德良知，一国之首脑有了德性之本，才能推己及人，直至博施于万民。对此，杨简做了明晰的阐述，他说：

> 治道之机缄，总于人君之一心，得其大总，则万目必随，一正君而国定矣。选任自明，教化自行，庶政自举，如水之有源也，何患其无流？如木之有本也，何患其无枝叶？（同上）

杨简的思路是这样的：倘若国君能够明白善性在己，就能自觉地推广德教，一国之君如此，众臣百官必然跟随效法，正所谓"得其大总，则万目必随"，因此，能够让国君明白以德为本的治国方略，那么，"选任自明，教化自行，庶政自举"，这就像水之有源、木之有本（根）一样，其

---

① 《慈湖遗书》卷8，《论〈书〉〈诗〉》，第729页。
② 《慈湖遗书》卷14，《论孟子·诸子》，第843页。
③ 《慈湖遗书》卷10，《论〈论语〉上》，第772页。
④ 同上书，第773页。

余的事情，就顺理成章，不足多虑了。据此，杨简认为，"治道之机缄，总于人君之一心。"在他漫长的仕宦生涯中，"三入修门，四经陛对"，①每逢君臣轮对之际，他总是进谏忠言，不是就事论事，而是全面阐述其政治哲学的基本理念，在此基础上，再针对某些现实问题直抒己见。他这么做的初衷，就是希望能够启迪君心，改过迁善、更化吏治，实现自己心目中的理想治世。对于那些因循世故、不敢直言的朝廷大臣，杨简从心眼里瞧不起，原因就在于认定其学问工夫不合格，他说：

> 自汉以来，罕闻正德之论，故论治者惟睹其难。德性人所自有，士大夫自明其德者寡，故无以启其君。②

在杨简看来，一般的士大夫连自己先天固有的良知本性都不能明白、都不足以自信，又怎么可能去启迪君王以觉悟其至善本心呢？从汉代开始，世间"罕闻正德之论"，统治阶级总是认为德教不足以治天下，越发偏重于刑名法家之术，这样一来，"论治者惟睹其难"，却不知道从自己身上找原因，不明白是自己的指导思想出了偏差。对此，杨简略带讽刺地说：

> 后世忿疾民之不驯，上之人既无德以感动之，乃为一切之政，峻令苛法以痛绳之，将以禁民之过，而反毒其良性，反作其不肖之心。迫夫治之不得，则曰："后世之民非唐虞三代之民也。世移俗改，日就浇漓，刑政已修，而民犹如此，亦付之无可奈何而已。"吁！此岂后世之民果不可比于三代之民也？岂后世之民果日就浇漓，果不可奈何也？善夫魏郑公之言曰："若谓古人淳朴，渐致浇漓，则至于今日，当悉为鬼魅矣。"③

上面这段话中，包含了一个典故。唐朝贞观初年，就在唐太宗面前，大夫魏征和秦王府旧臣封德彝之间展开了一场争论。魏征主张施行王道德政，封德彝认为："三代以后，人渐浇讹，故秦任法律，汉杂霸道，皆欲

---

① 《慈湖遗书》附录，《宝谟阁学士正奉大夫慈湖先生行状》，第939—940页。
② 《慈湖遗书》卷16，《论治道》，第873页。
③ 《慈湖遗书》卷8，《论〈书〉〈诗〉》，第718页。

理而不能，岂能理而不欲？若信魏征所说，恐败乱国家。"① 魏征反驳说："五帝、三王，不易人而治。行帝道则帝，行王道则王。……若言人渐浇讹，不及纯朴，至今应悉为鬼魅，宁可复得而教化耶？"（同上）唐太宗接受了魏征的建议，"每力行不倦，数年间，海内康宁，突厥破灭"（同上），因此非常感谢魏征，称赞其为切磋璞玉的"良工"。对于唐太宗、魏征的人品和作为，杨简站在理学家的立场上，一贯颇有微词，但是，他对于魏征实行王道德政的主张，却十分认同，因此，在阐述自己的政治哲学时，对其原话加以引述，以为历史佐证。

除了近古②可考的历史经验之外，杨简主张德治还源于自己在地方执政、担任知县和知州的成功实践，他说：

> 人心易感化，以其性本善故也。曩宰乐平，政事大略如常，间有施行，而人心率向于善，由是知人心果易感化。若先谓民顽不可化，则必无可化之理。③

如前所述，杨简在担任乐平县知县期间，曾经严惩当地把持狱讼的杨、石二恶少，又对他们谆谆教诲，"谕以祸福利害"，④ 结果，杨、石二人"咸感悟，愿终自赎"（同上），从此洗心革面，成为守法良民。当杨简奉调离开乐平时，"二人者大率众相随出境外，呼先生杨父，泣拜，恋恋不忍离"（同上）。同样，杨简在治理温州期间，以德为本，施政仁惠，即使一些受过他处罚的当地居民，也由衷佩服其人格力量。当他离任返京时，"有机户尝遭徒（刑），亦手织绵字，为大帷，颂德政"。⑤ 至于一般百姓，更是衷心爱戴，"去之日，老稚累累，争扶拥缘道，曰：'我阿翁去矣，将奈何？'倾城出，尽哭"。（同上）正是在乐平、温州的执政实践，令杨简清楚地看到人性本善、"果易感化"的事实成效，因此，他坚定地相信以德为政的正确性，并奉之为最基本的执政理念。

或许有人会提出疑问：即使是儒者执政，也不可能完全弃刑罚而不用，应该如何理顺德治与刑罚之间的关系？杨简的基本观点是：以德治为

---

① （唐）吴兢：《贞观政要》，姜涛点校，卷1《论政体第二》，齐鲁书社2000年版，第20页。
② 对宋朝而言，唐朝去时未远，故称"近古"。
③ 《慈湖遗书》卷16，《论治道》，第874页。
④ 《慈湖遗书》附录，《宝谟阁学士正奉大夫慈湖先生行状》，第930页。
⑤ 同上书，第938页。

本，以刑罚为辅，施用刑罚必须慎重，目的还是令人心归正。他说：

> 古先圣王之治天下，不得已而用刑，皆所以左右斯民，使归于正。①

左右，此处是指用特殊的手段夹持、帮助。杨简认为，古代圣王对待刑罚的一个基本理念是：不得已而用刑，其根本目的，还是在于以这种方法使百姓知耻而后归于正道。因此，施用刑罚必须慎重，尤其是死刑之类的判决，必须慎而又慎，这才符合爱民如子的德治理念。杨简曾说：

> 生灵皆吾赤子。今守令不能一一皆得其人，守令害虐小民，小民困苦无告，无所逃命，聚而为盗，未可遽取而戮之。当谕之平之，于再于三，虽于五于六可也，以上亦可也。万一有义不可不杀，如杀吾之子，则杀。②

当然，杨简所谓慎用刑罚，并不是对恶人姑息养奸、因循迁就。这种没有原则的妇人之仁，绝不是杨简所认同的。当遇到特殊情况，杨简同样会采用霹雳手段，来成就爱护百姓的菩萨心肠。在清人冯可镛所辑的《慈湖先生年谱》中，保留了一段时人董煟所记载的杨简处罚强盗的逸事——

> 绍熙四年（1193 年），乐平饥，村民携钱市米，山路遇亡命，缚而取之。邑宰杨简曰："此曹断刺则复为盗，配去则逃归。断一足筋，传部示众。"一境肃然，此虽苛切之政，然深合周公荒政除盗贼之意。③

这段记载讲的是杨简担任乐平县知县的第二年，县内遇上大旱，"自夏徂秋，不雨，年谷大损"，④杨简一方面积极进行抗旱救灾的工作，另一

---

① 《慈湖遗书》卷 8，《论〈书〉〈诗〉》，第 725 页。按："万一有义"，原作"万有一义"，有误，据文义改。
② 《慈湖遗书》卷 16，《论治道》，第 880 页。
③ （宋）董煟：《古今救荒活民书》，载《慈湖先生年谱》（四明丛书本）卷 1，第 12 册，第 6935 页。董煟，字季兴，江西德兴人，生卒年不详。绍熙四年（1193 年）进士，著《古今救荒活民书》三卷，时称治荒名吏，其书亦被誉为"南宋第一书"。
④ 《慈湖先生年谱》（四明丛书本）卷 1，第 12 册，第 6935 页。

方面也做好应对盗匪的准备。一批村民在外出购粮时，抓到一个抢劫财物的亡命徒，将他捆绑送至县衙。杨简审理案件完毕，说："这种亡命徒，即使在脸颊上刺字，他仍然要重新为盗，把他发配充军，他也会趁机逃回。既然一般的刑罚都不能阻止他继续为盗贼，那么，只有挑断他的一根脚筋，游街示众，这样才能阻止他继续犯罪，而且可以儆示有不法企图的人。"施刑之后，一境肃然，人们都知道了知县杨简不是只会讲学传道，而且敢于严惩盗贼，以绝后患。由于这个案例显得杨简施用刑罚有些残忍，为其《年谱》所不载，但是，与杨简同时期的"治荒名吏"董煟却把它记录在所著《救荒活民书》中，并且没有丝毫贬斥，反而认定符合"周公荒政除盗贼之意"。实际上，这正是杨简通权达变的地方，虽然刑罚必须慎用，但是，治乱世可用重典，亦是古今共识，如果对于怙恶不悛的惯犯盗贼有所姑息怜悯，那么，就意味着对大多数善良百姓的残害和漠视。由是可见，杨简对于德治与刑罚之间的关系，有着辩证而理性的认识，在实际执政的运用中，也十分老练，体现出一个儒者政治家的睿智头脑和卓越才干。

三　重视农耕立国

中国历代开明的政治家，都十分清楚农业生产的重要性，无论是否掌握政权，儒家先哲同样留下了许多强调农耕立国的言论。作为一个担任过知县和知州的儒者，杨简当然明白：所谓为政以德，如果脱离了农业生产，将完全变成一句空话，因此，他同先辈圣哲一样，高度重视农耕立国。

绍熙三年（1192年）二月，杨简到达乐平县，开始担任知县一职（全称是"宣教郎知饶州乐平县主管劝农公事"）。第二年，乐平县大旱，一场严峻的考验摆在杨简的面前。面对大灾之年，杨简全力以赴，指导当地民众抗旱自救，使之比较平稳地渡过灾年，没有出现流民四散的景象。史载：

> 自夏徂秋，不雨，年谷大损。（县）令杨简忧盗起，讲聚民之政。……曰籴、曰贷、曰济，次第具。举邑无可籴，责之民廪；邑无可贷，请之仓台；邑无可济，移之上供。岁虽饥，不害。①

---

① 《慈湖先生年谱》（四明丛书本）卷1，引述《乐平县志》（乾隆三十八年刊本）语，第12册，第6935页。

由是可见，杨简为了救助灾民，想尽一切办法，把公私仓廪中的存粮都拿出来作为供给，根据灾情的严重程度，有条不紊地予以发放，甚至于最后把寺庙中上供的那点食物也派上用场。其结果是"岁虽饥，不害"。在靠天吃饭的小农经济时代，灾荒之年能够做到这一点，殊为不易。

嘉定三年（1210年），杨简出任温州知州。到任之后，除了进行一系列铲除弊政的改革外，杨简高度重视的仍是当地的农业生产。在《慈湖遗书》中，留下了一篇珍贵的《永嘉劝农文》，这是杨简劝勉当地民众勤于农业生产、消除奢华风俗的告谕。此文开篇，杨简即开宗明义地说：

> 古者舜，大圣人也，而耕；伊尹，圣人也，而耕。耕者，常情之所贱，君子之所敬，尤为本朝列圣之所敬，故守令皆以劝农系衔。①

在文中，杨简道出了一个实情——"耕者，常情之所贱"，之所以如此，是因为农民从事耕作，十分辛劳，而且缴租纳税之外，所剩不多，因此，社会上流行视农夫为贱民的偏颇观念。与之相应的是，一般人趋附于重商拜金、好逸恶劳等不良社会风习，也持此俗论。对此，杨简从立国之本的角度，阐明了一个儒者的看法——"耕者，常情之所贱，君子之所敬，尤为本朝列圣之所敬，故守令皆以劝农系衔。"杨简所言倒也不虚，宋代开国以来，历代开明的皇帝和宰相都很重视农业生产，其表现之一是，在每个地方官的头衔上都加了"劝农公事"的称号。以杨简本人为例，作为温州知州，他的官衔全称是："朝请大夫发遣温州军州兼管内劝农公事"。既然身为一州长官，抓好农业生产就是责无旁贷的任务，因此，杨简在温州期间高度重视农业生产，同时劝导当地民众去奢趋俭、崇礼息争，通过劳动摆脱贫穷的生活处境。由于杨简的不懈努力，两年之后，温州一地"豪侈顿消，兼并衰止，闾巷雍睦，无忿争声诸色"②，呈现出治世的局面。唯一可惜的是，杨简在任时间只有两年，温州士民以之为憾，在怀念这位前任知州的时候还认为："当时真有三代之风，更久任，则一乘好矣。"③

关于农耕立国的思想，杨简即使返乡归隐之后，仍然在诠释儒家经典时予以阐明。例如：《尚书·舜典》记载了舜帝的一句话："食哉惟时。"④

---

① 《慈湖遗书》卷5，《永嘉劝农文》，第661页。
② 《慈湖遗书》附录，《宝谟阁学士正奉大夫慈湖先生行状》，第937页。
③ 同上书，第938页。
④ 《尚书正义》卷3，《舜典》，载《十三经注疏》，第1册，第273页。

大意是：粮食生产必须不违农时。对此，杨简阐释道——

> 民苟无食，虽有常性，饥困迫之，必至斯丧，故舜先食。①

这段话很好理解，类似于《管子》所说："仓廪实而知礼节，衣食足而知荣辱。"其实，中国古代先哲关于重视农业生产的话语甚多，对于熟读经典的杨简来讲，可以随意拾取，以为佐证，他说：

> 洪范八政，一曰食。孔子亦曰：所重，民食。孟子曰：救死不赡，奚暇治礼义？百亩之田，勿夺其时，数口之家可以无饥，为王道之始。②

《尚书·洪范》亦记载，殷商贤臣箕子向周武王陈述治国之道时，在确定职官的问题上，首先强调"一曰食"，③ 即慎选负责农业生产、管理民食的官员。在《论语·尧曰》中，孔子说："所重：民食、丧祭。"④ 孟子更是详细地阐明："无恒产而有恒心者，惟士为能。若民，则无恒产，因无恒心。苟无恒心，放辟邪侈，无不为已。……今也制民之产，仰不足以事父母，俯不足以畜妻子；乐岁终身苦，凶年不免于死亡。此惟救死而恐不赡，奚暇治礼义哉？"（《孟子·梁惠王上》）又说："百亩之田，勿夺其时，八口之家可以无饥矣。……老者衣帛食肉，黎民不饥不寒，然而不王者，未之有也。"（同上）先圣的这些话，杨简十分认同，他还从农业生产的实际情况出发，进一步加以论述：

> 农事之不可失时，惟农家知之；苟失其时，虽种不粒。既富，而后可以言教民；食足，而后可以言德化。⑤

杨简虽然是一个心学家，但是，在涉及农业生产的问题上，却一点"主观唯心主义"倾向都没有；相反，"既富，而后可以言教民；食足，而

---

① 《慈湖遗书》卷8，《论〈书〉〈诗〉》，第710页。
② 同上书，第711页。
③ 《尚书正义》卷12，《洪范》，载《十三经注疏》，第1册，第401页。
④ 当然，这句话也可断为："所重：民、食、丧、祭"，但杨简的句读方式亦通，参见注释⑤之原文。
⑤ 《慈湖遗书》卷8，《论〈书〉〈诗〉》，第711页。

后可以言德化"的话语，倒是体现出一种朴素唯物主义的理性认识。由于前辈圣贤论述农耕立国的言论甚繁，杨简没有必要过多地重复这一问题（因此，他在这方面的言论并不多），但是，今人在研究杨简的政治哲学时，有必要注意到他对于农耕立国的高度重视。虽然杨简怀有复古的理想主义，但是，在这方面却始终秉持严肃的现实主义态度，表明了其头脑的清醒，同时，重视农耕立国也是其德治理念的题中应有之义，因此，这是杨简政治哲学不可分割的组成部分。

第二节 论帝王之道

历代大儒有一个共性，无论其是否掌权，都有成为帝王之师的潜在愿望，诚如明代泰州学派的创始人王艮（心斋）所言："大丈夫存不忍人之心，……故出则为帝王师，处则为天下万世师。"① 这种得君行道、为帝王师的愿望，无论其是否自觉，在杨简的头脑中其实也存在，从他所论述的帝王之道来看，他的确有辅佐帝王、化成天下的理想。由于一生从政并不得志，因此，这种理想就转化为大量的文字著述，构成其政治哲学的富有特色的部分内容。

一 代天治民的君道观

在杨简所处的南宋时代，世界上所有的国家都实行君主制，在人们心目中，"国不可一日无君"，成为一种理所当然的制度。那么，君主莅临天下的权力和威信是从何而来的？对于一个严肃的思想家而言，这是一个不容回避的理论问题。杨简经过思考，得出了君主代天治民的君道观。

杨简认为，"天"是生化万物和人民的至上神，他在人间选择有德之圣贤成为君主，从而实现其代天理民的初衷。他说：

> 天能生斯民而不能教之，惟民生（同"性"）厚，因物有迁，无有以左之右之，使无越乎极，无失乎常性，则纵所欲往，大乱之道也。是故有君焉以代其任，谓之天子，则天之所以命人君者，非为君者设也。②

---

① 《王心斋全集》卷1，《语录》，第13页。
② 《慈湖遗书》卷8，《论〈书〉〈诗〉》，第717页。

杨简的这一论述，表明了他是一个民本主义思想家。虽然他把上天看成能生成万物的至上神，但是，上天"能生斯民而不能教之"，如果对世间万民不加治理，那么，必然会导致百姓"失乎常性"（即先天至善之本性），为所欲为，最终使天下大乱。因此，上天有意识地选择合适之人以代其治理万民的责任，这就是所谓"天子"的由来。杨简的观点很明确："天之所以命人君者，非为君者设也"，任何君主都要明白自己是代天理民的执政者，而不是凌驾于万民之上的独裁者，因此，天子必须懂得奉天为祖、以民为本。

可是，上天又是如何选择合适之人去代天理民呢？其标准如何？其过程又如何？对此，杨简阐述了自己的观点，他说：

> 人群生于天地之间，皆有血气生知，不能以无欲，欲则争，争则斗则伤，则杀其天性之美。稍公且正者，则足以服其比邻，比邻归之，凡百取平焉，则五有长，十有长，百有长，千有长，其德愈大，所服愈广，是故有小国之君，有大国之君。其为君为长者，地丑德齐，莫能相尚，其间有圣人出焉，举天下咸归服之，是为帝为王。夫所谓为君为长者，皆诸侯也。①

杨简的这段论述，多少含有历史唯物主义的因素。他承认在人类社会的发展过程中，人们因为欲望而争斗的事情层出不穷，在这种情况下，有德之人出来，凡事主持公正，"足以服其比邻"，在这个基础之上，"其德愈大，其服愈广"，从而为君为长。如果有一位圣人出世，像尧、舜、商汤或周文王那样，以德服人，主持公道，结果是"举天下咸归服之"，因此，统辖天下的帝王就应运而生了。当然，这种堪为天子的圣人本质上还是代天理民，而上天选择天子的标准，就是看他是否有德，越是道纯德盛，越能使更多的人衷心归服。之所以说杨简的这段论述中包含一点历史唯物主义因素，是因为杨简所言与一句古语大体相同——"天视自我民视，天听自我民听"，② 可见，上天选择代理人的落脚点，还是要看世间万民的自愿选择，正如孟子所说："得天下有道：得其民，斯得天下矣；得

---

① 《慈湖遗书》卷8，《论〈书〉〈诗〉》，第708页。"地丑德齐"，丑，类似之意。语出《孟子·公孙丑下》。
② 《尚书正义》卷11，《泰誓中》，载《十三经注疏》，第1册，第385页。按：这句话最早见于《孟子·万章上》，由孟子引用并说明出自《太誓》，表明其确实是《尚书》的原文，而非后来的《古文尚书》的伪托之辞。太，通"泰"。

其民有道：得其心，斯得民矣"。(《孟子·离娄上》)

由于坚持以民为本的根本理念，因此，杨简告诫在位的帝王：不要忘记"民为邦本"的古训，不要忽略民众的力量，他说：

> 民为邦本，厚敛于民，是自伐其邦本。民离国亡，君随以亡。爱民而后能使民以时，国君爱民，乃所以自爱其国，自爱其身。①

《古文尚书·五子之歌》中说："民为邦本，本固邦宁"，② 虽然这句话是出自《古文尚书》的假托之词，但是，历代的思想家都奉为至理名言。杨简以此语为出发点，告诫在位的帝王：国君必须爱民如己，这才是"以德配天"的表现；反之，无节制地从民众那里搜刮钱财来供奉自己的享乐，这是"自伐其邦本"的愚蠢行径。如果没有了人民，也就没有了国家；没有了国家，也就没有了君主的安身之地，因此，国君必须爱民（包括采取"使民以时"等具体措施），因为这实际上就是"自爱其国、自爱其身"的明智之举。

虽然杨简坚持"民为邦本"的思想，但是，在那个时代，他还不可能提出民主共和这样的政治理念来，更谈不上探究与之相关的民主法治的制度设计，因此，他明确地承认君主专制的合理性，并且高度重视"君心"的社会历史作用。这样一来，一端是民本主义，另一端是君主专制，杨简的政治思想就形成了包含内在矛盾的特殊结构。杨简认为，治天下之道，全凭君心的一念之发，如果是不忍人之心，就可以发为不忍人之政。他说：

> 治天下之道，本诸君心。古圣王以我所自有之本心，感天下所自有之本心。《书》曰："若有恒性，克绥厥猷，惟后。"礼乐刑政，皆所以维持斯事，今《周礼》一书可观也。③

在《古文尚书·汤诰》中，有一句出自商汤之口的训语："惟皇上帝，降衷于下民。若有恒性，克绥厥猷，惟后。"④ 大意是指：上天赐给下民善良的本性，只有顺从这一本性，稳妥地制定与之相应的各项礼法条文，这

---

① 《慈湖遗书》卷10，《论〈论语〉上》，第771页。
② 《尚书正义》卷7，《五子之歌》，载《十三经注疏》，第1册，第330页。
③ 《慈湖遗书》卷16，《论治道》，第873页。若，顺从；后，君王。
④ 《尚书正义》卷8，《汤诰第三》，载《十三经注疏》，第1册，第342页。

才是做国君的正确方法。杨简认为,商汤的这句古训,清楚地告诉了后代君王为政之道的要领。在杨简看来,治天下之道都是从君王的内心中发露流行出来的,"古圣王以我所自有之本心,感天下所自有之本心",任何礼乐刑政的制度和措施,根本目的都是要保任人心这一原本至善的面目。明白了这一点,治理天下并非甚艰难为之事,况且,先圣留下的《周礼》等经典中还明白地告诉后人这些道理,甚至包括一些具体的可操作性的方法,后代君主应该虚心学习。

关于君心的重要作用,杨简当然会多次阐述,又如:

> 夫惟国之庶政,皆自君心出。君心一正,则庶政咸正,而民[有]不被其惠者乎?其有不正,则庶政即随以乱,奸邪得志,善良无所告,民被其祸有不可胜言者矣。故君心者,民惠之大本,惟圣哲之主能用此以惠民。①

杨简指出,"惟国之庶政,皆自君心出;君心一正,则庶政咸正",这样一来,天下百姓就能够享受其恩惠了;反之,君心一乱,庶政皆乱,必然使奸邪小人得志,而善良之人却无从告冤,天下百姓受到的祸患就不可胜言了。因此,杨简的基本观点是,"君心者,民惠之大本",他对君主寄予这样的期望:国君要善用其心,尽量造福百姓,这样才称得上圣哲之主。

客观地讲,杨简代天理民的君道观,并没有什么独创之处,而是儒家一贯的政治理念的传承和体现。汉代董仲舒就曾说过:

> 天之生民,非为王也,而天立王,以为民也。故其德足以安乐民者,天予之;其恶足以贼害民者,天夺之。②

寥寥数语,和杨简代天理民的君道观如出一辙。虽然董仲舒和杨简都承认"民为邦本"的政治理念,但是,在那个时代,除了君主专制制度,他们似乎别无选择、别无依靠,因此,民本主义和君主专制两种看似对立的思想却相反相成地融合在了儒家政治哲学的理论体系中。无论是董仲舒还是杨简,都祈盼着圣哲之君的出现,然而,这种祈盼持续了数千年,愿

---

① 《杨氏易传》卷14,《益卦》,引自:《四库全书》,经部,第14册,第151页。原作"有不可胜言者是矣","是"疑为衍字,去掉之后,于义更通。

② (汉)董仲舒:《春秋繁露·尧舜不擅移、汤武不专杀第二十五》,载《董仲舒集》,第176页。

望往往落空,因此,我们不能不为历史上那些怀有真诚理想的儒者的命运而由衷叹息。当然,能够坚定地将一种理念薪火相传,这份责任感和使命感还是令人钦佩的。

二 克艰与"三事"

历史上的帝王,有不少人是从祖先那里继承的大统,自己没有尝过创业的艰辛,因此,把治理天下看得很容易,甚至怠于政事,荒淫无度。对于这样的君主,杨简语重心长地告诉他们两个字——"克艰",把它视为帝王之道的最基本规范,认为只有这样,才能使江山永固。他说:

> 禹曰:"后克艰厥后,臣克艰厥臣,政乃乂,黎民敏德。"……帝王之道,初无甚高难行之事,不过"克艰"一语而已,而遂可致庶政之咸乂,遂可致黎民之速化于德,可以使野无遗贤,可以使万邦咸宁。①

在《尚书·大禹谟》中,记载了舜帝和大禹(时为臣子)之身的对话。大禹向舜帝建言:如果一国之君把当好君王看得很难,一国之臣也把当好臣子看得不容易,那么,政事就会得到很好的治理,百姓也会勉力修德,趋于善治。杨简认为,大禹的这句话对后世之君颇有启迪意义。其实,帝王之道(特别是守成的君主)本来也没有什么甚高难行之事,只要牢记"克艰"二字就可以了。懂得了克艰,就不会把治理天下当成儿戏,就会勤勉理政、慎重行事,这样一来,就能够把天下各种政务处理得井井有条,也可以使黎民百姓服从德教、归化向善,进而可以臻于野无遗贤、万邦咸宁的大治局面。

杨简从经典中提炼出"克艰"二字,目的就是让在位君王懂得守住江山社稷的不易,因为除了开国帝王之外,后代君主大多长于深宫之中,被宦官和宫女所包围,锦衣玉食,养尊处优,一切享受都得来过分容易,因此,他们往往不清楚民间疾苦,不了解社会实情,登上大位以后,处理起政务来,免不了主观臆断、任性妄为,做出的决策往往违背民意,甚至倒行逆施,还自以为是,历史上这样的庸主、昏君实在为数不少。当然,在身为皇子时,这些帝胄也要读书,即使登上大位之后,身边也少不了太傅、侍读之类的顾问,因此,杨简特意把"克艰"二字提炼出来,进献给在位甚至未来的帝王,目的就是让他们明白守江山也需要付出艰辛的努

---

① 《慈湖遗书》卷8,《论〈书〉〈诗〉》,第714页。

力,这样才可能使金瓯永固、政治昌明。即使那些帝王一时间看不到这一点,至少让他身边的太傅、侍读学士清醒地看到,作为箴言讲给君王听,这样也可以起到辅导、劝化君王的作用。

在阐明"克艰"之训后,杨简认为,一个帝王的基本职责无非就是做好正德、利用和厚生三项任务而已。这三项任务也来自《尚书·大禹谟》,[①] 是先代圣王留给后人的精辟教诲,其中,利用和厚生是务实的,正德一项是务虚的,正因为它着意于务虚,所以显得尤为重要。杨简说:

> 《大禹谟》具言:正德、利用、厚生为三事,而鲜者已不知其说。利用,言器用之便利;厚生,言养生。凡民切身日用之事,无越斯二者。即斯二者,而皆有正德焉。如茅茨、瓦器、建造、漆器、权量均一之类,是利用之有正德也。老者衣帛食肉、斑白不负戴于道路之类,是厚生之有正德也。生民日用,非利用则厚生,非厚生则利用。今也咸有正德,则斯民耳目之所见,手足之所用,心思之所关,无非正德之事,不知其所以然而默化于德矣。[②]

杨简的这段话,比较通俗地阐明了"正德、利用、厚生"三事的内涵。其中,利用,即给人民创造、带来器用之便利;厚生,即使人民丰衣足食之类的养生之举。在杨简看来,从实存之物的角度讲,"生民日用,非利用则厚生,非厚生则利用",但是,利用和厚生中必然包含"正德"的要求。例如:官府督造各种常用器物,就要做到权量均一,这统一度量衡的做法,便是"利用之有正德"的要求,否则,因度量衡混乱而导致偷工减料、欺瞒消费者,便是失德的表现;同理,丰衣足食之后,"老者衣帛食肉、斑白不负戴于道路",便是"厚生之有正德"的要求,否则,这个社会缺乏尊老爱幼的基本文明风尚,也是失德的表现。杨简认为,正德虽然不像厚生、利用那样实在,但是更为重要,国君应该垂范于上,勉力于此,老百姓才能明白"正德"的意义,由此,"斯民耳目之所见,手足之所用,心思之所关,无非正德之事",渐渐达到"不知其所以然而默化于德"的大治局面。简而言之,"正德、利用、厚生"三事是国君的基本职责所在,国君应该努力做好这三项任务。在阐明"三事"的重要性之

---

① 《尚书正义》卷4,《大禹谟》,第283页。原文是:"正德利用厚生惟和",是大禹对舜帝的进言。
② 《慈湖遗书》卷8,《论〈书〉〈诗〉》,第716页。

后，杨简又以批判现实主义的态度，对三代之后的"为国者"进行了尖锐的批评——

> 欲化民而不由三事，未见其可。后世为国者，大概兵财而已，文物而已，教化无闻焉，故三事之说不传。（同上）

由是可见，杨简论述"三事"，始终以"正德"为本，这和他的"为政之道，无出于德"的理念是完全一致的。在杨简的心目中，尧、舜、禹、汤、文、武是理想的圣哲之君，后代帝王应该以他们为君道的榜样。

三 谨择左右大臣近臣小臣

俗话说，"一个好汉三个帮"，对于大国之君而言，不可能做到事无巨细皆亲力亲为，因此，选择好辅佐自己的大臣、近臣乃至照顾自己日常起居的内侍小臣，就成为一件关乎国家治乱的重要事情。对此，杨简有着十分清醒的认识，在他晚年所著的政论文《论治务》① 中，明确提出"方今治务，其最急者五"，其中第一条就是"一曰谨择左右大臣近臣小臣"。

熟读儒家经典的杨简，喜欢引经据典为自己的政治思想寻找理论根据。在论述"谨择左右大臣近臣小臣"的思想时，他引述了《尚书·立政》中周公旦对成王的告诫之语，原文是："王左右常伯、常任、准人、缀衣、虎贲。"② 常伯，即治民官，又称为牧人；常任，即治事官，又称为任人；准人，即执法官；缀衣，掌管国君衣服的侍臣；虎贲，负责王宫警卫的武官。这些人，有的属于大臣，如常伯、常任、准人；有的仅仅是内侍近臣，如缀衣；有的则是职位卑下的小臣，如虎贲。周公晚年，天下已定，准备还政于成王，他告诫周成王要慎重地选择左右大臣、近臣和小臣，对此，杨简深以为然。他说：

> 盖治道不远，近在王之左右，左右苟得其人，则君德乌得而不正？……使人君能忧虑乎左右之臣，则不肖无自而入，有治而无乱，有安而无危。③

---

① 此文中出现了"后守东嘉"（温州）等字样，可知此文是杨简从温州卸任之后所作，从其行文格式和语气来看，不属于奏章，可认定为杨简晚年所撰的政论文。参见《慈湖遗书》卷16，《论治务》，第865页。
② 《尚书正义》卷17，《立政》，载《十三经注疏》，第1册，第490页。
③ 《慈湖遗书》卷8，《论〈书〉〈诗〉》，第728页。

> 近治而后远治，近臣贤而后远臣贤。小臣虽卑贱，而人主之德性实熏染渐渍于左右亲近。孔子谓："居室出其言善，则千里之外应之；居室出其言不善，则千里之外违之。"治乱安危之机，皆自乎近，可不谨乎？①

在君主专制时代，国君的任何一项政令，都是由宰相、六部尚书等大臣会商协议、再供国君决策的；政令一旦发出，又是由各部大臣去分头执行，因此，选择大臣的重要性自然不言而喻。同时，由于君王长年处于深宫之中，一些与他日常接触最多的内侍近臣、小臣，很容易以近水楼台之便利，对国君的喜怒好恶产生熏染，进而影响到国家大政的方向，因此，选择一批忠厚老实、恪守其职的近臣、小臣也显得十分重要，故此，杨简才肯定地说："治道不远，近在王之左右，左右苟得其人，则君德乌得而不正？"如果国君善于选择忠信可靠的士大夫或者仆从留在身边，那么，必然会影响到整个朝廷乃至整个官场的风气，所以杨简才说："近治而后远治，近臣贤而后远臣贤。"对于选择左右大臣、近臣和小臣的重要性，杨简希望每个国君都要引起重视，"治乱安危之机，皆自乎近，可不谨乎？"这是关系到国家安危盛衰的切要之事。

在选择左右大臣、近臣的问题上，杨简特别强调要替君王选好经筵讲官，因为无论是储君太子还是在位的君王，都需要通过学习来增长知识才干，通过学习来加深对儒家经典的理论修养。杨简认为，"讲筵宜择有道盛德之士，使得从容问答"（同上），他之所以这么说，原因在于："夫人主长于深宫，辅而导之者，士大夫而已。"② 笔者在前文说过，在杨简的头脑（潜意识）中，他希望能够成为一位名垂千古的帝王之师，而那些一味抱残守缺、只知章句训诂的经筵讲官，实在不入他的法眼。他认为，儒者从事教育事业，不仅仅是化民成俗而已，对帝王的悉心教诲，也是一位儒者义不容辞的责任。

当然，关于如何辅佐君王特别是夹持他走在合乎儒家道义思想的正路上，杨简有时也会有一些不切实际的想法。例如，关于皇帝的起居注，这是由左、右二史来负责记录的皇帝的言行实录。杨简认为，"窃谓左右史不可轮日，所立之位不可去榻前远，二史因仍故事，失于厘正"，③ 由此可

---

① 《慈湖遗书》卷16，《论治务》，第861页。
② 《慈湖遗书》卷8，《论〈书〉〈诗〉》，第714页。
③ 《慈湖遗书》卷16，《论治道》，第875页。

见,慈湖有时确有"迂阔不达时势"之见,在君主专制时代,虽然《起居注》通过每天记录皇帝的言行起到一种警示的作用,但是,如果真像杨简所说,二史天天跟在皇帝身边,"所立之位不可去榻前远",连皇帝和妃嫔们的窃窃私语都记录下来,那么,身为天子的帝王颜面何在?岂能容许臣下这样窥测自己的隐私?本著第一章曾叙述过,从温州归来后,杨简改任将作监(主管工程)、兼国史编修官、兼实录院检讨官。嘉定七年(1214年),"两院进御集实录",① 或许是由于杨简坚持禀笔直书之故,这部实录比较如实地反映了宋宁宗的日常言行,不懂得"为尊者讳"而多做修饰之语,引起宋宁宗的不满,因此,杨简被免去国史编修官及实录院检讨官的职务,改为朝散大夫(从五品上),比起原职朝奉大夫来,等于降了一级,受到轻微的惩罚。可是,杨简依然痴心不改,认为记录皇帝起居注的史官就应该禀笔直书,对帝王起到劝谏、警示作用。无怪乎本来对他尊敬有加的宋宁宗也渐渐疏远了这位老臣,尽管内心依然肯定他对于赵宋江山的绝对忠诚。

本节所述,是杨简所倡导的帝王之道。公允地讲,杨简为历代帝王的考虑是周全的,有助于维护封建王朝的江山稳固。如果有一位圣哲的君王,选择杨简这样的大儒作为宰辅或帝师,那么,朝廷政务应当会走向清明,经济文化也会趋向繁荣昌盛。可叹的是,这个假设的大前提和小前提都不存在,因此,其结论也只能是幻想而已。我们在研究古代儒家的政治哲学时,固然不能否定其内在的积极因素,但是,对于其理论体系中的固有矛盾也绝不能视而不见。历代儒家本身缺乏直接夺取政权的实际能力,只能把希望寄托在圣君明主身上,然而,这样的圣君明主是罕见的,因此,他们所期望的理想治世也就很难实现。事实上,在封建专制时代,任何一个王朝的命运都摆脱不了"周期律"的束缚,即随着时间的推移,每个王朝的帝王总体呈现素质越发下降的趋势,与之相伴的是,国家政务日趋衰败、混乱,南宋王朝也不例外。因此,杨简等真诚的儒者所精心构建的帝王之道的博大思想,往往成为望梅止渴的空论。

第三节 务实的治世思想

在杨简的政治思想中,既有复古主义的理想和热情,又有直面现实社

---

① 《慈湖遗书》附录,《宝谟阁学士正奉大夫慈湖先生行状》,第939页。

会问题的勇气和理智,四库馆臣称杨简"本明练政体""非胶固鲜通者"。① 因此,阐述杨简务实的治世思想,是研究其政治哲学不可或缺的一环。

一 直面现实问题

杨简的从政生涯,从二十九岁入仕到七十三岁还归故里(1169—1214年,此后奉祠不计),虽然长达四十五年②,实际上,赋闲在野就有十四年之久(庆元党禁时期)。无论是在外任职还是在朝为官,无论是担任幕僚还是独当一面,在四十余年的仕宦生涯中,杨简亲眼目睹南宋社会政治、经济、文化等各方面的实际情况,对于社会现实问题,一直有着清醒的认识。由于其忠义耿直的性格,他敢于把所见所闻的社会实情反映给最高统治者。

当代有些历史学者,根据内陆出土文物或从海底打捞上来的文物,甚至仅凭《清明上河图》这样的画作,判断两宋的商品经济(尤其是内外贸易)十分发达,进而认定两宋时期的百姓生活得十分舒适。坦率地说,这是一种以偏概全的判断。事实上,尽管南宋有着发达的内外贸易,这些商品经济的成果却不是一般民众能充分享受得到的。除了宋孝宗时期以外,南宋王朝的整体情况与北宋十分类似,水旱蝗灾频发,民众时常流离失所,而赵宋王朝冗官成堆、机构重叠,效率低下,官吏的贪腐行为也十分严重。因此,尽管有着繁荣的商品贸易,却始终满足不了庞大的军队和官吏的开支,朝廷财政总是捉襟见肘,积贫积弱的情况较北宋没有根本的改观。有的民众为生计所逼,被迫铤而走险,啸聚于山林或湖泽中为匪为盗,成为令官府头疼的社会问题。对于这些严酷的社会实情,一般圆滑诡谲的官僚不敢向上禀报,但是,素信"忠义即道"的杨简则不然,他敢于把民间的困苦如实报告给皇帝,而且不计利害,始终如此。

嘉定元年(1208年),赋闲十四年的杨简回到临安,担任秘书省著作佐郎、兼权兵部郎官。正逢君臣轮对,杨简一口气上了三道奏章。在第一份奏章中,杨简道出了"近在辇毂之下"的临安城外饥民饿死、沉子于江的民间疾苦,以及淮河流域饥民相食的惨况。杨简告诉宋宁宗:

---

① 《慈湖遗书·提要》,载《四库全书》,第1156册,第605页。
② 杨简于宝庆二年(1226年)以宝谟阁学士正式致仕,为官食禄时间总计有五十七年,两者计算方式不同。

第五章　杨简的政治哲学思想　257

> 望陛下急诏大臣，集群臣详议：内外多少财赋陷没于赃吏之手？多少财赋徒费于送迎？多少财赋费坏于科举，取浮薄昏妄、背理伤道之时文？诸军虚籍，不知其几？以虚籍之费济饥民，何为不可？①

杨简所说的皆是实情，仅以"诸军虚籍"为例，南宋无论是正规军（又称"禁军"），还是地方军（又称"厢军"），员额甚多，实际人数却不足，多出来的名额及其军饷，都被上上下下的将领和军校贪污了。杨简认为，应当查处"诸军虚籍"的真实情况，用"虚籍之费"来赈济灾民。

除了私下的贪污行为，官场上公开的消费用度也十分奢靡，对此，杨简看得十分清楚，他在第二份奏章中说：

> 在外官司，以污为常。公取窃取，对送互送，一会至送千缗，彼此本库自支。生辰有送，子生若孙有送，子弟又有送。今国家患无财，束手无策。②

杨简毫不留情地指责当时的官场风气：无论是生辰寿诞还是生子生孙，各级官员总是巧立名目，互相赠送金钱和礼物，"一会至送千缗"，反正都是从公家的金库中支取，个人毫不心疼。另一方面，政府却苦于财政收支严重失衡，虽然不断增加税收，却总是入不敷出，以致束手无策。

嘉定二年（1209年）秋九月，宋宁宗祀上帝于明堂，礼成之后，各级官员按例纷纷做诗赋以称颂。时任秘书省著作佐郎兼权兵部郎官的杨简，忧国心切，也写下这样一首"道贺"之诗。然而，这首诗真实地描写了当时南宋王朝内忧外患的社会情况，结果是"后不上"。③ 至于为何"不上"的原因，《慈湖遗书》没有说明，估计是被秘书省的主管官员④扣了下来，因为这样的诗作呈上去，无论是宋宁宗还是宰相史弥远，都无法容忍其言辞剀切。

我们只需看一看这首《明堂礼成诗》的部分内容，就会理解它为何会被扣压下来，同时，也能理解杨简对社会现实的清醒认识——

> 去腊陈三札，兹秋奉九筵。群英俱有赋，孤迹敢无篇？……近骇

---

① 《慈湖遗书》附录，《宝谟阁学士正奉大夫慈湖先生行状》，第932页。
② 同上书，第933页。官司，泛指各级政府及其官吏。
③ 《慈湖遗书》卷6，《明堂礼成诗·引言》，第668页。
④ 秘书省的正副长官分别为秘书省监和少监，详见《宋史》卷164《职官四》。

> 边烽急,前惊内寇连。……咸谓公私杂,希闻宰辅贤。积深千万弊,任止二三年。苟且姑循旧,嗟咨亦屡传。旱蝗难熟视,殍殣惨相连。寒后裘方索,薪间火已燃。冕旒几咫尺,轩陛隔天渊。善颂无谀语,愚衷有至虔。①

在这首诗中,杨简如实地讲出了当时南宋朝廷所面临的各种政治和社会问题。"近骇边烽急,前惊内寇连"一句,指的是开禧北伐失败后,金军一度南过淮河,危及南宋半壁江山,同时,由于战事需要大量财力、物力,各地官府催讨赋税手段严酷,导致一些民众无以为生,聚为匪盗与官府相抗衡。"旱蝗难熟视,殍殣惨相连"一句,指的是各地因旱灾、蝗灾而发生严重饥荒,饿殍随处可见的悲惨现象。在陈述了这些社会现实问题后,杨简感叹道:自己身为朝廷郎官,不能时常面见皇帝直陈己见,真有"冕旒几咫尺,轩陛隔天渊"的感觉,所以借此明堂礼成、诸臣献诗之际,大胆地把一些真实情况讲述出来,希望皇帝能够体谅自己的一片忠诚,正所谓"善颂无谀语,愚衷有至虔"。

嘉定三年(1210年),又逢君臣轮对之际,时任将作少监的杨简又上了三道奏章。在第二份奏章中,他直言不讳地说:

> 今江淮湖湘之寇并作,由贤不肖溷淆。监司守令而下,多非其人。是非颠倒,克虐不恤,故下民怨咨,聚为群盗。陛下当精择众所推服、正直不挠之人,巡行天下,黜陟监司守令。②

这段话中有一个专门的名词词组——"监司守令"。监司,指的是南宋各路(相当于省)的主管官员,如转运使、提举常平、提点刑狱等,统称为监司;③守,指的是州(府、军)一级的行政长官,如知州、知军等;令,即指县令,是基层的行政长官。在这篇奏章中,杨简坦诚地分析了"江淮湖湘之寇并作"的原因,这是因为"监司守令而下,多非其人。是非颠倒,克虐不恤"。由这样的昏官、庸官来主政地方,是非颠倒,黑白不分,百姓的疾苦得不到一点体恤,所以民怨沸腾,只好聚为群盗,公开与朝廷为敌。杨简的这番话,道出了一般的封建官员很难讲得出口的一个

---

① 《慈湖遗书》卷6,《明堂礼成诗》,第668—669页。希,通"稀"。
② 《慈湖遗书》附录,《宝谟阁学士正奉大夫慈湖先生行状》,第935页。
③ 宋代对地方的管辖是不完整的三级治,即路、州、县。路一级没有集众权于一身的行政长官。

道理——百姓为盗的根本原因在上而不在下,都是官逼民反、逼上梁山的。在揭示百姓造反真实缘由的基础上,杨简认为,事情并非不可挽回,他建议皇帝"精择众所推服、正直不挠之人,巡行天下,黜陟监司守令",只要解决好吏治腐败问题,天下自然归于康宁和平。

嘉定五年(1212年),杨简结束了温州知州的职务,奉调回京,任工部员外郎。适逢朝堂议政(不是君臣轮对),他获准上殿言事,说:

> 民怨吏,卒怨官,遂怨及朝廷。臣大惧中外积怨之久,一夫吠呼,从之者如归市。今圣朝虽有善政,犹以一杯水救一车薪之火,节节盗起,皆乘民怨。①

在此,杨简毫无遮掩地讲出社会舆论的实情,即"民怨吏,卒怨官,遂怨及朝廷"。并接着说出自己的担忧——"臣大惧中外积怨之久,一夫吠呼,从之者如归市",如果真的到了那一步,宋江、方腊式的农民起义就将形成燎原之势,不可阻挡了。据此,杨简建议皇帝本人及掌权大臣要切实改过、举善除弊,只有这样,才能使"民怨自消,祸乱不作"(同上)。

除了上述有时间可考的对社会现实问题的揭露外,杨简还在政论文、札记中表述自己对于南宋官场真实状态的认识,例如:

> 虽间得其人,而亦无几,仕宦大概:惟群饮,惟求举,惟货惟色,惟苟且,甚者民思寝处其皮而食其肉。②

这句话描绘了当时南宋官场的真实生态(一般官员的大致情形)——许多官员成天就知道大吃大喝、盘算着如何被提拔、想着多捞一些财物和美色,整天就是混日子,得过且过。至于那些贪得无厌、为害一方的昏官,老百姓对待他们的态度是恨不能"寝处其皮而食其肉"。如此坦率剀切之语,很难想象是由一个在位的封建官员自己说出来的,但是,杨简的确做到了。

综上所述,杨简对于南宋中期的社会实际情况有着清醒的认识,对于各种制度性的弊政及其危机也有着深刻的忧患。当然,杨简不是只有批判

---

① 《慈湖遗书》附录,《宝谟阁学士正奉大夫慈湖先生行状》,第938页。
② 《慈湖遗书》卷16,《论治务》,第862页。

性思维而没有建设性思维的"狂儒",他根据自己的平生所学,对于上述各项政治与社会问题都提出了自己的解决方案,无论其是否实现,都体现出一位真诚的儒者"先天下之忧而忧"的济世情怀和安邦定国的深谋远虑。

二 主张择贤久任

南宋的疆域,虽然比起北宋来减少了约三分之一,但是,仍有十六路,下辖二百个府(州、军),如何管辖这片面积依然不小的疆域,是中央王朝不可轻忽的问题。早在北宋时期,宋太祖为防止唐代后期"藩镇割据"局面的重演,就制定了"强干弱枝"的政策,逐渐演化成为固定的制度。各地路、州、县,都由中央朝廷派出具有任期制的官员加以管辖,在路一级,分别由安抚使、转运使、提点刑狱和提举常平分管军事、财政、司法、农田水利等职责,统称监司。州、县二级则委派文官担任知州和知县,任期"三年一替"。[①] 宋代政体的特点是机构庞大臃肿、官员人数众多,效率低下,在这种叠床架屋、冗员众多的官僚体系内,自然会出现"员多缺少"的普遍现象,因此,中央朝廷又以此频繁轮换地方官员的岗位,既防止某些官员形成独霸一方的势力,又解决了"员多缺少"的岗位问题。然而,这种制度长期沿袭,到了杨简所处的南宋中期,已形成这样的惯例——"郡守例二年为任,知县三年余"。[②] 如此短暂的任期,使得一些清正廉明的官员在某个州县的治理措施刚刚有所起色,尚未形成深厚的基础,便被迫调离,结果是"人存政举,人亡政息",如果来了一个新的庸官(或昏官),很快会把该地方搞得一团糟,前任的辛苦和成果也就付之东流了。而且,随着封建王朝寿命的延长,官场上论资排辈、因循苟且的风气就越发严重,如杨简所揭露的那样——"吏部注授,专以资格,不考才德"[③],为的就是让大批只靠熬资历来混日子的官员有一个升迁外放、捞取好处的机会,真正有德有才的贤能之士反而得不到出头之日,无法实现其安邦定国、经世济民的理想抱负。

杨简担任过三年的乐平知县和两年的温州知州,执政颇有成效,但是,一到时间,朝廷便下令将其调任,尽管士民百姓依依不舍,泣拜而别,但是,朝廷的调令不容商量,杨简只能致政离任。如果是一个混日

[①] (宋)文天祥:《文山集》,卷13《龚知县帅正录序》,"今之县,三年一替",可为佐证,载《四库全书》,上海古籍出版社1989年版,集部,第184册,第593页。
[②] 《慈湖遗书》附录,《宝谟阁学士正奉大夫慈湖先生行状》,第939页。
[③] 同上。

子、熬资历的庸官，对此当然无所谓，无非异地为官，接着再捞取油水而已，可是，对于杨简这样的胸怀经世志向的大儒而言，事情刚刚做出点眉目，便被迫放手，这种遗憾是不言而喻的。放眼南宋疆域内，凡十六路、二百零六州皆是如此，因此，他经过长期的观察和思考，得出了要想天下大治，必须择贤久任的基本主张。从嘉定元年（1208年）返回朝廷任职始，至嘉定七年（1214年）奉祠回乡养老为止，他"四经陛对"，每次都提出"择贤久任"的主张，并称之为"上策"。① 此外，在其政论文《论治务》中，论及"方今治务，其最急者五"时，把"择贤久任中外之官"② 列为第二位，可见他对此问题的高度重视和迫切要求。

如果按时间顺序排列，我们可以清楚地看到杨简对于"择贤久任"的主张是多么坚定而执着，因为这是他心目中的治国"上策"——

嘉定元年（1208年），赋闲十四年的杨简回到朝廷，担任秘书省著作佐郎。适逢君臣面对的机会，杨简呈上三札，其二言：

> 臣自知学以来，熟思治务，惟有一策：每路择一贤监司，使监司各辟本路郡守，守辟县令。……既得贤，必久任。择贤久任，则百事成，不择贤久任，则百事废；择贤久任，则社稷安，不择贤久任，则社稷危。③

嘉定三年（1210年），又逢君臣面对，杨简再上三札，其二言：

> 臣深念时务莫先于择贤久任，所任既贤，则余不肖乃害民败国之人，不足深恤。④

嘉定六年（1213年），再逢轮当面对的机会，有人问时任工部员外郎的杨简将有何建言，他坦率地回答：

> 五十年深思熟虑，无出择贤久任之上策。既累告于上矣，他何言？即此说行天下，事自无不治。此而未竟，又将旁举细务，姑尝试

---

① 《慈湖遗书》附录，《宝谟阁学士正奉大夫慈湖先生行状》，第938页。
② 《慈湖遗书》卷16，《论治务》，第860页。
③ 《慈湖遗书》附录，《宝谟阁学士正奉大夫慈湖先生行状》，第933页。
④ 同上书，第935页。

具奏牍，某不能是也。①

于是，他再次详细地写出奏章，阐明择贤久任的重要性，然而，得到的回答只是"除军器监，兼工部郎官"（同上）。

嘉定七年（1214年），杨简改任朝散大夫（从五品上），第四次当君臣面对之际，七十三岁的杨简仍然痴心不改，上奏直抒己见——

> 方今上策，无过择贤久任。累白庙堂，（皇上）亦已寝知择贤久任之味云，且有验矣。但朝廷承袭久例，科举取士，专尚虚文，大坏士子心术。吏部注授，专以资格，不考才德。郡守例二年为任，知县三年余。京官选人，各有定例，不肖者前后踵接，故妄作害民，致怨招祸，大盗累起，朝廷又惮改作，甚非祖宗所望圣子神孙之意。②

这是杨简最后一次在君臣面对时直陈择贤久任之策，不久，他就被以"宝谟阁学士，主管成都玉局观"的名义遣返故乡，从此告别了政坛。

杨简为什么如此重视择贤久任？因为他担任过两次地方主政官员，深谙为官任期太短、难除旧弊的缺憾。在晚年的《论治务》一文中，他比较详细地阐述了宋代沿袭已久的地方官制的诸种弊病。他说：

> 郡邑无久远安固之备，其患不可胜言。送往迎来，徒劳徒费；居官不为长久之计，贪墨以为待缺之资。虽间有贤者，方谙物情利病，又已将代而治归装。守御无素备，寇至辄溃。民知其不久于位，（亦）不服从其教令。奸顽好讼，俟新更诉；幸新至未谙情伪，姑肆其欺，扰害善良，无有已时。使久任，则不敢矣。③

由于吏部挑选官员时"不问贤不肖"④，只以资历为标准，大批的庸官充斥着数百个州府和上千个县份。加之任期甚短，不过二三年而已，这些庸官、昏官"居官不为长久之计，贪墨以为待缺之资"，因此，各地州县"无久远安固之备，其患不可胜言"，碰到规模大一些的盗匪，根本守不住城池，呈现出"守御无素备，寇至辄溃"的败象，更不用说抵抗金兵这样

---

① 《慈湖遗书》附录，《宝谟阁学士正奉大夫慈湖先生行状》，第938页。
② 同上书，第939页。
③ 《慈湖遗书》卷16，《论治务》，第861页。贪墨，贪污；幸，希冀，或作侥幸，亦通。
④ 《慈湖遗书》附录，《宝谟阁学士正奉大夫慈湖先生行状》，第938页。

强大的入侵之敌了。由于任期太短,即使偶尔有贤能的官员在位,刚刚熟悉了本地的"物情利病",任期一到,不得不交印走人。对于这样的上司,地方上一些"奸顽好讼"的刁民和衙役,总是趁着新任官员不熟悉本地情况,加以欺瞒,而一般的百姓也因为州县官员在任不能长久,往往"不服从教令"。反之,如果有一位贤明的官员能够长久任职,那么,这些"地头蛇"就不敢再猖狂,各种问题都可以得到解决。

既然事情的利弊如此明显,那么,为什么多年来吏部官员和主政大臣不加以解决呢?杨简毫不留情地指明其原因——

> 今夫官不择贤不久任之害,人皆知之,所患员多缺少。今选人三年为京官、二年为任,吏部犹病其冗,而况于久任?则何以处夫至多之员?故士大夫一闻久任之说,不复长思,辄以为不可行。不思国家设官分职,将以治民治国,非徒欲给养天下逐逐群群、无德无行之士也。士大夫不念夫下民被害,怨及朝廷,苟曰久任之不可行,盖不以国事为家事,视国之利害终不如己家利害之切,故不复深思。亦其人自度其德之非贤,其才之无能,知其必不在选用之内,故决然以久任为不可。①

杨简认为,宰相及吏部官员之所以不敢支持和建立择贤久任制度,原因在于担忧员多缺少,仅以二三年为任期,还有大批的冗官得不到安置,何况久任一地呢?归根结底,这些掌权大臣"不念夫下民被害,怨及朝廷",只是一味地因循苟且,不敢实行择贤久任的改革。其次,杨简还坦率地指出:有些官员私下里"自度其德之非贤,其才之无能",如果实行择贤久任制度,自己一定不在选用范围内,出于一己之私,所以坚决地反对实行择贤久任。

但是,不实行择贤久任制度,不解决机构臃肿、冗员众多的问题,南宋王朝积贫积弱的局面将一直持续,最终恶化而不可收拾。杨简说:

> 吏弊滋蠹,民病滋深,怨积于中,安保他日无一夫大呼,同声相应,祸有不可言者!是故当今治务(以)择贤久任为急。(同上)

杨简认为,圣君贤相应当懂得在利弊之间正确地取舍,为了国家的长

---

① 《慈湖遗书》卷16,《论治务》,第861页。

治久安，必须痛下决心改变因循苟且的作风。他说：

> 择贤久任诚为当今大利。或者惮于改为，姑循其旧，守宰数易，曾无固志，岂不思沿边诸州军守臣，果能固守以当他日数百里之敌骑乎？不能乎？甚可畏也。而犹惮于改为，岂不误国家大事乎？缺少员多，为今论治者之巨患，而贤能之员，殊不多也，吾犹惧其不足以充数。缺少员多，非所患也。①

杨简关于择贤久任的主张，除了源于对现实的政治弊端有着直接的感受之外，还和他对于历代中央统辖地方的制度模式的深入思考有关。在杨简之前，中国的历代王朝统辖地方的制度模式无非两种——封建制②和郡县制。在秦始皇统一中原之前，一直实行分封制，以西周的分封制最为著名；秦汉之后，郡县制逐渐取代封建制成为主流。杨简认为，对于维护国家的统一和稳定而言，封建制和郡县制其实各有利弊，应区别对待。他说：

> 封建有一利一害。利谓藩维固，可御寇，害谓久则有背叛相侵伐屠杀之祸。郡县亦有一利一害。利谓无背叛侵伐屠杀之祸，害谓藩维不固，寇至莫御。二者均有利害，而封建之害重难救，郡县之害轻，亦可使之无。封建之害难救，考之春秋战国可睹已。……郡县之害何以能使之无？择贤久任，则亦可以固藩维，亦可以御寇，亦封建之意也。③

杨简清楚地看到，实行封建制的好处是以诸侯作中央王朝的藩屏，可以外御贼寇，其弊端在于：时间长了，各地诸侯难免坐大，不服从中央王朝的调遣，割据一方，各自为政，而且互相攻伐，"有背叛相侵伐屠杀之祸"，春秋战国时期的诸侯纷争、长期战乱正是根源于此。与之相比，郡县制的好处在于国家统一，内部不存在"背叛侵伐屠杀之祸"，弊端在于各地郡县长官任期有限，因此，治理措施上只顾短期行为，无法实施长效机制，结果导致"藩维不固，寇至莫御"。两相比较，封建制和郡县制各有其利弊，不过，"封建之害重难救，郡县之害轻，亦可使之无"。杨简认

---

① 《慈湖遗书》卷16，《论治道》，第867页。
② 这里的封建制，是指封邦建国的分封制，和今天人们批判的"封建思想"中的"封建"含义不同。
③ 《慈湖遗书》卷16，《论治道》，第876页。

为，消除郡县制弊端的方法就在于"择贤久任"，使其既能发挥巩固藩维、抵御外寇的作用，又不至于割据一方，与朝廷分庭抗礼。由是亦可见，尽管杨简有着浓厚的复古主义理想，但是，在国家体制问题上，他保持着清醒的头脑，并没有像某些一味崇古的思想家那样主张恢复封建制，他非常清楚封建制长久施行之后带来的弊端——"久则有背叛相侵伐屠杀之祸"，春秋战国的诸侯纷争和长期战乱已是明显的例证，因此，他说："不较是非利害、民被祸之轻重，而贪慕古之虚文，受执古之实祸，智者切哂。"①

那么，如何做到择贤久任呢？首先，根据德才兼备的标准，由朝廷（宰相）在每路选择一个贤明的监司（不必再有转运司、安抚司、提举常平司、提点刑狱司的分权），"但一路择得一贤明监司，使监司择一路郡守，使守择诸邑令，则得人久任而无不治矣"。②其次，按照一定的标准对路、州、县官员进行考核，"苟非其人，则罢去，无古者诸侯难制之患"。③也就是说，地方行政长官也有任期考核，但不再是任满一届就必须轮换岗位，"其甚贤有功者，有褒焉，有赐焉，有增秩焉，有贴职焉，虽终其身可也"（同上）。如果某个地方官员确实政绩突出，老百姓舍不得他离开，那么，可以让他在该地干一辈子，实实在在地把地方政务搞好。当然，"终其身"是最长期限，不能再像分封制那样传子传孙，否则，就又回到封建制的老路上去了。再次，杨简主张"凡州皆得专达于朝"（同上），亦即抬升州（府、军）长官的级别，使之能够与中央朝廷直接对话交流，免去了监司（路）这一级中转媒介，使得下情上传更加通畅，不致蔽塞受阻。以杨简在温州的执政经历为例，虽然他理政勤勉，为官清廉，所行措施也打开了局面，但是，毕竟只有两年时间，只是初见成效而已，用当地士人的话来形容："当时真有三代之风，更久任，则一乘好矣。"④可以说，杨简是带着满腹遗憾离开温州的，如果真能够让他多干几年，很可能会出现儒家经典中所记载的安居乐业、风俗淳和的理想治世。然而，现实是严酷的，在去温州之前，杨简早已经看清南宋王朝为官短暂、冗员相替的局面，因此，他在诗作中疾呼："积深千万弊，任止二三年。苟且姑循旧，嗟咨亦屡传。"⑤作为一个儒者，杨简深刻感受到现行制度的弊端，又没有能力去改变它，只能发出"嗟咨亦屡传"的无奈感叹。

---

① 《慈湖遗书》卷16，《论治道》，第877页。
② 同上书，第875页。
③ 《慈湖遗书》卷16，《论治务》，第862页。
④ 《慈湖遗书》附录，《宝谟阁学士正奉大夫慈湖先生行状》，第938页。
⑤ 《慈湖遗书》卷6，《明堂礼成诗》，第669页。

关于择贤久任的思想，并非杨简一人之孤鸣独见。早在北宋时期，范仲淹在庆历新政（1043 年）之际，就提出了"委路自择知州，委州自择知县，仍久其官守，异政者就与升擢"①的政策主张，惜乎庆历革新只有短短的一年，因此，范仲淹的有关制度设计很快就被人淡忘了。在南宋时期，与杨简同一时代的老臣、孝宗、光宗时曾经两任宰相的周必大，当宋宁宗即位伊始，诏求直言，周必大上奏四项要务："一曰圣孝，二曰敬天，三曰崇俭，四曰久任。"②事实上，早在乾道七年，尚为权礼部侍郎的周必大就向宋孝宗建言——

> 曰久任监司郡守，责事功之成。夫数易之弊深矣，且以二年为任者论之，到官半年，始知风俗，去替半年，已怀归志。其间留心政事仅有一岁，若又不待满而迁易，则弊何由不生乎？簿书缘绝，将迎劳费，特其小节耳。臣愿陛下坚持久任之说，深鉴数易之害。③

由是可见，择贤久任之说绝非杨简一人的哗众取宠之见，宋朝历代名臣中均有人看到这一问题的重要性。然而，自宋太祖开始，便实行强干弱枝的统治方略，唯恐诸臣久居地方，形成尾大不掉之势，因此，宋朝的历代皇帝（包括宋孝宗这样的明主）都不愿改革地方官员任期短暂的旧制，因循既久，使得地方政务愈发糜烂，而冗官堆积、机构重叠的痼疾一直持续，直至南宋灭亡为止。在冷酷的现实面前，杨简一片忠贞爱国的热情被泼了一桶凉水。

或许有人会问：以上所述主要是涉及官员"久任"的内容，即使从理想层面上讲，贤明的皇帝可以从众多大臣中择贤而任宰辅、公卿等要职，那么，基层的"择贤"问题又该如何解决呢？要回答这个问题，我们自然就要过渡到杨简的另一项主张——"罢科举而乡举里选贤者能者"了。

三 罢科举而行乡举里选

杨简在其《论治务》一文中，把"罢科举而乡举里选贤者能者"列为

---

① 《慈湖遗书》附录，《宝谟阁学士正奉大夫慈湖先生行状》，第935页。原文详见《范文正集·补编》卷1，《论转运得人许自择知州》，载《四库全书》，集部，第1089册，第808页。这段话是杨简的概括之语。

② 《宋史》卷391，《周必大传》，第11971页。

③ （明）杨士奇等编：《历代名臣奏议》，卷49《治道》，载《四库全书》，上海古籍出版社1989年版，史部，第434册，第367页。

"方今治务"的第三条"最急者"。为什么杨简如此反感科举制度？以至于强烈主张要废除之呢？这要和他年轻时从学应试的经历联系起来。

在第一章中，我们已经介绍过，杨简自幼学习勤奋，"逾弱冠，入上庠，每试辄魁",① 也就是说，他二十一岁考入都城临安的太学，在那里也一直保持着良好的课业成绩。然而，杨简的科举之路并非一帆风顺，尽管他"为文清润峻整，务明圣经"（同上），但是，由于"不肯规时好，作俗下语"（同上），亦即不愿意按照当时通行的考试文体、文风来作文章，因此，他数次参加会试，都名落孙山。到了乾道五年（1169年），杨简终于"以一经冠南宫，选登乙科"（同上），博取了读书人梦寐以求的进士功名，此时他已经二十九岁。根据三年一科的制度，从二十一岁到二十九岁，杨简身在太学，一共参加过三次春闱会试。由于所作文章一直不能符合当时科举考试通行的文风与格式，总是被考官排除在青选之外。与之相比，一些品行不端却擅长应试的士子反而金榜题名，然后扬扬自得、炫耀于众，因此，对于科举考试能否选拔忠贞爱国的有用之才，杨简产生了强烈的怀疑。当杨简步入政坛后，发现大批科举出身的官员既无真才实学，又无忠信美德，反而在官场上混得如鱼得水，由是深为厌恶，特别是在一些重大事件（如庆元党禁）发生时，那些只会撰写诗赋策论的"饱学之士"敢于挺身而出、仗义执言的寥寥无几。经过多年的官场生活，通过无数的耳闻目睹，杨简最终得出这样的结论——科举考试不足以选拔有用人才，应该完全废黜，代之以古代的乡举里选制度，这样才能为国家挑选出德才兼备的有用人才。

关于科举制度的弊端，杨简在其《论治务》一文中做了若干辨析，揭示了宋代科举制度不可克服的内在缺陷。他说：

> 本朝虽不废经史，而虚文陋习，尚踵余风。士子所习，唯曰举业，不曰德业，高科前列，多市井无赖子弟，笃实端士，反见黜于有司。②

> 文华而尊荣，相师成风，沦肌浃髓，欲使事君而君获其忠，使临民而民不被其害，可得哉？（同上）

> 学子习举业时文而已，轻浮纵逸，往往戏侮圣言，以为有司不以

---

① 《慈湖遗书》附录，《宝谟阁学士正奉大夫慈湖先生行状》，第928页。
② 《慈湖遗书》卷16，《论治务》，第862页。

是去取。①

杨简认为，虽然宋代科考也包含经史等内容，但是，无论是考诗赋，还是作策论，都是以当道者的政治观点为标准，"虚文陋习，尚踵余风"。在这种科举考试"指挥棒"的左右下，"士子所习，唯曰举业，不曰德业"，本质上就是一种应试教育，一切以科考过关为目标，因此，古代先圣口传心授的道德人文精神几乎被湮没在科举考试的题海中。在这种选拔体制内，那些擅长应试的考生总是名列前茅，然而，考察其实际德行与才干，"轻浮纵逸"，实在令人忧虑甚至不屑，所以，杨简以有所夸大的口气说："高科前列，多市井无赖子弟，笃实端士，反见黜于有司"（估计是杨简亲眼见过某些道德败坏的太学生率先考上进士，故有此说）。杨简认为，"忠信即道"，国家选拔人才，首先看重的是德行，而德行是在平时的生活历练中逐步练就和体现的，科举考试只能考出一个人的辞章记诵和文学才华，"何以德行为？"② 因此，通过这样的方式选拔出来的官员，"欲使事君而君获其忠，使临民而民不被其害，可得哉？"

杨简一生为官食禄五十余载，亲眼目睹了南宋官场因循苟且、贪腐成风的真实生态。他认为，从源头上讲，这都和科举制度选拔出一批又一批不合格的进士有关，即使偶然选出几个好的，也难以改变整个封建官场的腐朽面貌，因此，他十分鄙夷地说："虽间得其人，而亦无几。仕宦大概：惟群饮，惟求举，惟货惟色，惟苟且，甚者民思寝处其皮而食其肉。"（同上）那么，如何从根本上改变这种官员队伍的选拔方式呢？杨简认为，只有恢复古代的乡举里选制度，才能使贤者和能者脱颖而出，成为国家的干臣。他说：

> 古者设官分职，得贤久任，行乡举里选、德行道义之法，是以比闾族党之制修，而有长有师，皆儒士。故《周礼》曰："师以贤得民，儒以道得民。"使其法复行于今，则士民亦何敢为不善？而德行孝悌之俗自成，三代之治复见于今，此势之所必至也。③

从先秦晚期至两汉时代，一批崇古的儒生撰写了《周礼》《仪礼》

---

① 《慈湖遗书》卷8，《论〈书〉〈诗〉》，第724页。
② 《慈湖遗书》卷16，《论治务》，第862页。
③ 《慈湖遗书》卷9，《论春秋礼乐》，第766页。按："师以贤得民，儒以道得民"，出自《周礼》卷2，《天官·太宰之职》，载《四库全书》，经部，第90册，第41页。

《礼记》等著作，在这些著作中，他们把"唐虞三代之治"理想化，认为上古时代的圣王实行"设官分职，得贤久任"的统治方略，而且，在选拔人才上实行"行乡举里选、德行道义之法"，即按照德行道义的标准，公开地由各地推荐人才，上达朝廷，成为国家的栋梁。而且，各级地方政府也按照德行道义的标准，普施教化，比闾族党皆然，整个社会呈现出"德行孝悌之俗"有成的治世景象。按照《周礼·地官司徒第二》的记载："五家为比，使之相保；五比为闾，使之相受；四闾为族，使之相葬；五族为党，使之相救。"① 也就是说，五家为比，二十五家为闾，百家为族，五百家为党，道德教化覆盖了城乡基层的各级组织。如前所述，杨简是一个怀有浓厚的复古主义理想的儒者，他深信三代之时这种按照德行道义标准乡举里选贤能之士的制度的有效性，与当时的科举制度相比，杨简认为，如果"行乡举里选、德行道义之法"，那么，有德有才的儒者必将脱颖而出，在社会公众的推举和监督下，成为社会的管理人才。这种乡举里选的制度公开、公正，比起科举制度来，利益不啻百倍，如果真的能够得到恢复，那么，"德行孝悌之俗自成，三代之治复见于今"，理想的治世将重新出现。

当然，杨简也考虑到他人的疑问："乡举里选，善矣。任选之官牵于私，压于势，贤者不举，不肖者举矣，能者不选，无能者选矣？"② 对此，他认为，乡举里选之法必须和择贤久任制度结合起来，他说：

> 既择贤，则举选之官贤矣。自无私，私则罢黜，终其身不得复用，敢乎哉？况监司贤，察官贤，敢私乎哉？况今日罢科举，行乡举里选之制，天下士心即趋于善，而况于举选之官乎？（同上）

由是可见，杨简头脑中的乡举里选制度，必须和择贤久任制度配套进行，以确保其公正性和公开性，所以他才说：

> 诚使乡举里选、德行道义之法复行于今，则士民亦何敢为不善？县令苟徇私，则废之，终身将不复，亦何敢以私？比闾族党之制行，则德行孝悌之俗成，三代之治复见于今。国祚之长亦可数百年，汉唐

---

① （汉）郑玄注，（唐）贾公彦疏：《周礼注疏》卷10，《地官司徒第二·大司徒之职》，载《四库全书》，上海古籍出版社1989年版，第90册，第191页。
② 《慈湖遗书》卷16，《论治务》，第862页。

之祸可息也。①

客观地讲，中国古代虽然没有民主政治的理念，但是，在如何确保社会制度公平和公正的问题上，仍然存在一套源远流长的理论设想（至少是思想萌芽）。在《周礼》《尚书》等古籍中，包含着很多关于如何建立公正制度、和谐社会的理论探讨，当然，有一些是后代儒者假托先代圣王之口说出来的，实际在历史上并未实现（或者说未能充分实现）。然而，在具有复古主义思维倾向的很多儒者（包括杨简在内）看来，这些由古代圣王确立的政治制度曾经在历史上创造了辉煌的盛世，后世之人应该诚心尊崇和切实效法，因此，《周礼》等古籍中记载的择贤久任和乡举里选等制度也应该恢复和弘扬。杨简认为，只要恢复了择贤久任和乡举里选制度，宋代科举取士的各种弊端将自动消泯，官场的各种腐败和低效能现象也将烟消云散，"德行孝悌之俗成，三代之治复见于今"，南宋王朝的江山至少可以延长数百年，不会再重蹈汉唐二代的覆辙。

杨简关于废黜科举考试、恢复乡举里选的制度设想，显得和时代趋势格格不入，体现出儒者对于理想社会制度的带有空想性的渴望。从逻辑上讲，要实现杨简所说的择贤久任和乡举里选之制，首先必须有圣王在世立法，其次必须有素质较高的广大民众参与，而后方能公开推举、逐级选拔各种贤能之士。可是，在封建时代，这个大前提几乎是不存在的，除了极少数开国皇帝之外，秦汉之后，能够当得起"圣明"二字的帝王屈指可数，大多数是庸主，但是，在维护家天下的原则性问题上，这些帝王无论多么昏庸，又显示出惊人的一致性，因此，择贤久任不可能实现。同时，在地方上，除了少数士绅和读书人以外，广大民众文化素质甚低，不具备参政、议政的能力，因此，具有广泛群众基础的乡举里选也不可能实现。即使出于善良的意愿，仿照上古的制度而行事，最终也会使这些制度走样、变质，完全走向了初衷的反面。

以两汉政治为例，从汉文帝开始，就已经下诏求贤良方正，后来渐渐演变为察举制，到了东汉时期，又细化为由各地官府推荐茂（秀）才和孝廉两种人才的制度。诚然，这些制度在实行之初，确实为统治阶级选拔了不少循吏能臣，然而，在东汉豪强地主把持地方政务的社会环境中，这种察举制度越到后来越变味走样，到了东汉晚期，竟出现了"举秀才，不知

---

① 《慈湖遗书》卷16，《论治道》，第878页。

书；察孝行，父别居"① 的滑稽结果。曹魏时期，魏文帝曹丕为了使人才选拔制度化、合理化，设立了九品中正制（又称九品官人法），即选择"贤有识鉴"的中央官吏到各州、郡、县担任中正官，负责察访、荐举本地的人才（其品分为九等）。起初，这种选拔人才的制度还能体现"唯才是举"的精神，到了后来，由于各地世家大族把持地方政权，结果使这种制度完全沦为为士族阶层服务的工具，形成"上品无寒门，下品无士族"的格局。因此，到了隋代，最高统治者发现源于察举制的九品中正制已无法为统治阶级选拔合格有用的人才，不得不下令废黜，代之以科举制，这是中国古代官吏选拔制度的重大改革，唐代继之，使得士族阶层把持人才上升渠道的垄断局面被打破，庶族寒士和士族子弟获得了公平竞争的机会。在宋代，统治阶级对科举制度进一步加以改革，使之呈现出前所未有的繁荣局面。北宋时期，对科举考试进行一系列制度化的完善，如实行锁院制、封弥制、誊录制，等等，有效地减少各种作弊的可能性，加强了考试的公平性。其次，宋代科举考试的录取名额较唐代增长了近十倍②，而且在考中进士之后，不需要像唐朝那样守选候职，而是"释褐即授官"，这些改进措施，使得大批寒素出身的读书人有了出人头地的机会。今人所熟悉的许多名家，如范仲淹、欧阳修、苏轼、王安石、曾巩以及南宋的朱熹、陆九渊等人，都是通过科举渠道，从默默无闻的民间儒者一跃成为天下闻名的士大夫，连杨简本人也不例外。因此，从总体上讲，宋代科举制度为统治阶级选拔了大量的人才，其公平性和普适性一直为人所称道，直到今天，仍然为现代社会的文官（公务员）选拔制度提供着有益的借鉴。

当然，任何一项制度都难免存在正反两个方面的作用。科举制度可以通过诗赋策论的方式考查一个士子的辞章记诵和写作才能，但是，不足以考查出一个读书人的内在德行和实际才干。在宋代，除了选拔出范仲淹、欧阳修等名臣之外，科举考试也选拔出了像章惇、蔡京、黄潜善、汪伯彦、秦桧等许多奸佞小人，这些人后来都平步青云，位极人臣，却极尽谄媚君王、陷害忠良之能事。杨简在官场五十余年，亲眼目睹了南宋王朝在一些进士科甲出身、行若狗彘之属的士大夫的掌控之下，造成国势积贫积弱、官场腐朽萎靡、社会动荡不安的局面，因此，他对于科举制度的有效性产生了强烈的怀疑。在复古主义思想的影响下，杨简提出了要以乡举里

---

① （东晋）葛洪：《抱朴子·外篇》，卷2《审举》，载《四库全书》，上海古籍出版社1989年版，子部，第1059册，第156页。

② 大体而言，唐代进士科一次录取三十人左右，而宋代进士科一次录取平均多达三百人。

选之法取代科举制度的政策主张,当然,这个主张带有比较明显的空想色彩,注定无法实现。从一定意义上讲,汉代的察举制和魏晋南北朝的九品中正制,也算是"乡举里选"思想的制度化设计,然而,在实际的操作过程中,日趋变味走样,最终被科举制度所取代。毫无疑问,统治阶级不可能采纳杨简"乡举里选"的人才选拔办法,因此,杨简的这一设想只能滞留在自己的著述中,成为儒者"为万世开太平"的一种理论"成果"。

公允地讲,杨简对于科举制度弊端的揭示并非一人独见,在两宋,许多有见识的士大夫都看到了这些问题。例如,王安石曾说:

> 今以少壮时,正当讲求天下正理,乃闭门学作诗赋,及其入官,世事皆所不习,此乃科法败坏人才,致不如古。①

王安古看到了当时的科举制在考试内容上的缺陷,因此,当他担任宰相之后,于熙宁年间②实施多项改革,如:取消诗赋考试,改为策论和经义,以自己主编的《三经新义》为教材;新设"明法新科",培养士大夫的法律意识和断案能力。比起杨简来,王安石无疑幸运得多,因为他有幸成为皇帝所信任的主政大臣,可以在国家政务中推行自己的主张,然而,由于守旧派的阻挠以及各项改革措施的不完善,变法最终失败。从王安石变法的结局出发,我们不妨联想一下,即使杨简能够得君行道,最终结果是否也会与安石相同呢?

在南宋,与杨简同样看到科举之弊的士大夫也不止一人。以杨简特别尊崇的老师陆九渊为例,他一样认为科举不合乎古制,他说:

> 取士之科,久渝古制,驯致其弊,于今已剧,稍有识者必知患之。然不徇流俗而正学以言者,岂皆有司之所弃,天命之所遗?先达之士由场屋而进者,既有大证矣。③

虽然陆九渊和杨简同样怀有崇古的价值倾向,但是,在对待科举问题上,陆九渊比杨简看待问题更加辩证,并没有将科举制度一概否定。他认为,如果一个儒者不循流俗而坚持正学,能够秉持这样的态度进入考场,

---

① (元)马端临:《文献通考》,卷31《选举考四》,载《四库全书》,上海古籍出版社1989年版。
② 宋神宗第一个年号,从1068年到1077年,凡十年。
③ 《陆九渊集》卷19,《贵溪重修县学记》,第237页。

也未必总是名落孙山,自唐宋以来,那么多先达之士都是由场屋而进身仕途的,这就是充分的证明。以陆九渊本人为例,他年轻时参加进士考试,也是考过两次才高中①。陆九渊认为,关键是如何摆正参加科举考试的心态,他说:

> 吾自应举,未尝以得失为念,场屋之文,只是直写胸襟。②

陆九渊说的全是实话,正是因为他心无挂碍,应试文章一气呵成,浑然一体,方才引得同考官吕祖谦击节赞赏,称:"此文超绝有学问者,必是江西陆子静之文,此人断不可失也。"③ 从二十四岁至三十四岁,陆九渊的科举之路也走了整整十年(只获得过两次送解资格,亦即参加过两次会试),不可谓不长,但是,他并没有得出杨简那样对科举制度完全否定的结论。

在学术理念上和陆九渊大相径庭的朱熹,在对待科举考试的问题上却与陆九渊的观点基本相似。首先,他承认科举制度的弊端,说:

> 科举累人不浅,人多为此所夺。但有父母在,仰事俯育,不得不资于此,故不可不勉尔。其实甚夺人志。④

不过,朱熹认为,只要能持正确的应试态度,科举制度并不会把人拖垮,仍然可以成为读书人立志求学的道路。他说:

> 举业亦不害为学。前辈何尝不应举?只缘今人把心不定,所以有害。才以得失为心,理会文字,意思都别了。⑤
>
> 非是科举累人,自是人累科举。若高见远识之士,读圣贤之书,据吾所见而为文以应之,得失利害置之度外,虽日日应举,亦不累也。居今之世,使孔子复生,也不免应举,然岂能累孔子邪!(同上)

---

① 陆九渊第一次参加进士考试是宋孝宗隆兴元年(1163年),第二次是在乾道八年(1172年)。具体细节可参见《陆九渊集》卷36,《年谱》,第485—487页。
② 《陆九渊集》卷34,《语录上》,第409页。
③ 《陆九渊集》卷36,《年谱》,第487页。
④ 《朱子语类》卷13,《学七》,第218页。
⑤ 同上书,第219页。

由是可见，朱熹和陆九渊一样，并没有完全否定科举制度的意义，也没有否认读书人通过科举来治学修道的可行性。与之相比，杨简认为科举制度考不出人的内在品德和真实才干，故而予以彻底的否定，希望代之以上古的乡举里选制度。从理论层面讲，乡举里选制度体现了选拔人才的公正性、公开性和合理性，但是，从实际操作层面上讲，其前提必须是上有圣王在世、下有素质较高的广大民众参与，而这两个前提在整个封建时代其实都不存在。因此，杨简对于乡举里选制度的推崇和向往，只能是他个人的复古主义政治理想的一厢情愿而已，无论是从逻辑上，还是从历史发展的实际进程来看，直至20世纪初期，在中国社会中都没有实现的可能。不过，我们仍应该看到，即使在这种带有空想性的政治理论中，依然有一些合理的思想因素，如选拔人才应以德为本、德才兼备，消除门第特权，扩大荐举人才的民众基础，等等，虽然这些思想还不能和现代的民主理念画等号，但是，无疑包含了可以相通的思想元素。从这个意义上讲，杨简的"行乡举里选之制"的复古主义政治理想，不失为一位儒者为谋求天下大治而做出的精心设计，其良苦用心和真诚意愿仍然是值得肯定的。

四 革除扰民之苛捐杂税

杨简在《论治务》一文中提出，"方今治务，其次急者八"，其中第四条是："渐罢和买、折帛、暨诸续增之赋及榷酤，而禁群饮。"① 这里所说的和买、折帛和榷酤，都涉及宋代的税收及行业制度，究其实，都是为了维持南宋王朝庞大的军备和官僚队伍而施行的法外苛征。杨简主张，民为邦本，本固邦宁，应该以渐进的方式去掉这些扰民、害民的苛捐杂税。

和买，又称预买、和预买。最初，它起源于北宋，当时，官府在春季贷款给农民，到夏秋时令农民以绢（帛）偿还，谓之和买。北宋真宗咸平三年（1000年）户部判官马元方建议："方春民贫，请预贷库钱，至夏秋，令以绢输官。"② 试行之后，"公私果便，因下其法诸路。"（同上）关于和买政策，需要说明两点：其一，农民在夏秋所交纳的绢帛、本是为供应人数众多的宋朝军队的军衣之用；其二，这种由官府预支费用、农民夏秋归还的方式，具有贷款的性质，本是帮助百姓渡过春荒的一种善举，而且是由民户自愿预买，才能达成协议。可是，到了宋仁宗以后，和买变成

---

① 《慈湖遗书》卷16，《论治务》，第860页。
② 《宋史》卷301，《马元方传》，第9986页。

一种在各地硬性摊派预买绢帛匹数的制度，还增加了一定的利息，官府把和买收纳的绢帛与正税（田赋）收纳的绢帛一并计算，称之"常赋"。到了南宋，连春季发放的贷款本金也没有了，直接作为一种赋税向农民收取，成为"白取"，于是，和买完全演成为一种附加税。

折帛制度也源于北宋，又称为折变、折纳。北宋承袭唐代两税法，在征收田赋时，"其入有常物，而一时所须，则变而取之，使其值轻重相当，谓之折变"。① 例如，在折变的过程中，谷物可以折价转换成价值相当的绢帛，也可以折换成铜钱（铁钱），还可以转换成价值相当的麦或豆等常用农产品。从宋太祖开始，折变制度就已经推行，最初，由官府协同商户来评估某样商品的市场价格，每十天进行一次，称为"时估"，一般是取每月三次时估价的中间价，这样比较接近商品的实际价值。然而，这种"时估"到北宋中叶就已流于形式，最后完全由官府独家说了算，官府常常以远低于市场价的价格（往往只有几分之一）来折变百姓所缴纳的实物，于是，百姓所承担的赋税往往是原来的数倍。折变制度演变成官府刻意盘剥百姓、加重负担的又一种法外苛征。

南宋时期，除了宋孝宗曾对一些苛捐杂税进行过清理、减免外，各种名目的法外苛征层出不穷。对此，杨简无情地予以揭露——

> 所谓和买，初未尝不给钱，今直取于民，又不止于直取而已，又俾纳折帛。每匹六贯五百，其价大过于绢值；至于夏税折帛，则每匹七贯。以折为名，实强取，多此类，何可殚举？②

在这段话中，"每匹六贯五百，其价大过于绢值"一句，大意指的是，如果官府以收取铜钱为准，命令用绢帛折抵铜钱，那么，他们就会压低绢帛的价钱，让百姓多缴绢帛；反过来，如果官府以收取绢帛为准，命令用铜钱来折抵绢帛，那么，他们就会大大抬高绢帛的价格，让百姓多交钱。总之，都是让老百姓增加负担，因此，杨简批评说："以折为名，实强取。"

榷酤，又称酒榷，是历代封建王朝所实行的酒类专卖制度。自汉武帝天汉三年（公元前98年）开始实行，由官府控制酒的生产和流通，独占酒利，不许民间私人酿造买卖，目的是增加官府财政收入（主要用于北伐

---

① 《文献通考》卷4，《田赋考四》，载《四库全书》，史部，第610册，第127页。
② 《慈湖遗书》卷16，《论治务》，第864页。

匈奴的军费)。汉武帝死后,榷酤制度在汉昭帝始元六年(公元前 81 年)的盐铁会议上遭人反对,从此取消,改征酒税。汉代以后,历代王朝对待酒榷制度的态度不一,有的沿袭,官酿官卖,寓税于价;有的废除,允许民间自由酿造,税而不榷;有的则实行宽严不等的专卖制度。两宋时期,为了增加财政收入,特别是供应庞大的军费开销,施行的是有甄别性的酒榷制度。大体而言,在京城、州县诸城邑中"置务酿酒"(务,机构),①实行严格的官府专卖;在乡镇和农村,则"募民掌榷"(同上),由当地某些商人承办酒坊,酿酒酤卖,不许他人插手,自身则向官府定额纳税,具有委托专卖的性质。南宋时期,由于官府和军队规模庞大,开支甚巨,因此,靠酒类专卖来"创收"是扩大财政收入的一项重要途径。然而,无论是何种形式的专卖制度,长期实行之后,必然弊端丛生,例如,许多地方官府长期施行的"设法",就是一种引诱百姓饮酒消费的方式。在此不妨介绍一下,南宋学者王栐在其史学著作《燕翼诒谋录》中作了这样一番描述——

> 官榷酒酤,其来久矣。……新法既行,(酒课)悉归于公。上散青苗钱于设厅,而置酒肆于譙门。民持钱而出者,诱之使饮,十费其二三矣。又恐其不顾也,则命娼女坐肆作乐以蛊惑之。小民无知,争竞斗殴,官不能禁,则又差兵官列枷杖以弹压之,名曰设法卖酒,此设法之名所由始也。②

这段话记述了所谓"设法"的由来。北宋自熙宁变法之后,刻意扩大财政收入,一些地方官府利用酒类专卖的垄断权利,在城门内设酒肆,又命娼女盛妆冶容,吹拉弹唱,引诱无知的小民前来消费。一些农民刚从官府领取了青苗钱(相当于农业贷款,计百分之二十的利息),随即被这些设厅的娼妓引诱,进入酒肆中大吃大喝,一顿饭的工夫就花费了十分之二三。由于官榷酒酤可以直接增加官府的收入,长期沿袭下来,人们对这种"设法卖酒"大多习以为常,可是,在杨简这样的正直人士看来,这简直是饮鸩止渴的荒唐之举,他说:"榷酤虽非强取,而坏乱人心为甚。"③ 因此,他坚决主张罢除之。

---

① 《宋史》卷 185,《食货下七》,第 4513 页。按:该卷第一部分都是讲述宋代酒业及管理制度的。
② 《燕翼诒谋录》卷 3,载《四库全书》,史部,第 407 册,第 731 页。
③ 《慈湖遗书》卷 16,《论治务》,第 864 页。

不仅如此,杨简还依据《尚书》中"禁群饮"的古训,主张在社会上禁止聚众饮酒,以净化社会风气。据《尚书·酒诰》记载:周公命令其弟康叔担任卫国的国君,由于卫国乃是殷商故地,纣王曾建酒池肉林,放纵淫乐,引得当地风俗变得奢华无度,人们喜好酗酒乱德。故此,周公告诫康叔说:"厥或告曰:'群饮',汝勿佚,尽执拘以归于周,予其杀。"① 其意是说,如果有人向你报告,殷人又在聚众群饮了,你不能放纵他们,要把他们都逮捕起来送到京城,我会把他们统统杀掉。酒是一种特殊的饮料,如果饮用过多,必然伤身乱性,聚众饮酒更容易导致场面失控,引发许多无可挽回的事故,杨简认为,"世以酒为狂药",② 当时的社会风俗崇尚奢靡,尤其是聚众群饮,导致了许多的社会问题,因此,本着爱护百姓的初衷,必须禁止"群饮"。只有在重大祭祀、节庆活动中,需要用到酒时,才可以依礼而饮,这就叫"禁群饮不禁礼饮"。③

对于"榷酤"这种带有垄断性的行业制度,杨简主张渐罢,主要是因为这种垄断性行业把持商品价格,牟取暴利,起着盘剥百姓的作用,与和买、折帛一样,实际上是一种法外苛征。当然,杨简并非没有考虑到榷酤之盈利主要是为了"国家方资以给军,未能省费"④ 的现实需要,但是,他担任过两任州县地方官员,深知施行榷酤、设法带来的弊端,相比之下,从长远来看,罢去榷酤、设法,并不会减少国家正常的酒业税收,他说:

> 然某究知情状利害曲折甚久,行都诸库设法,课利反少;诸店不设法,课利顾多,以饮者惮库设法支费多。某为乐平,为东嘉,皆罢设法,酒禁亦宽,而酒课无损。⑤

可见,杨简所提出的政策主张并不是在野书生的大言空谈,而是有着事实依据的理性认识。杨简认为,"民为邦本,本固邦宁,士大夫当爱护邦本,爱护人心,使毋致于坏乱",⑥ 对于"榷酤"这样的制度,杨简认为应当渐渐罢除,恢复酒类产业本来的面貌,使百姓过上正常的生活。

---

① 《尚书正义》卷14,《酒诰》,载《十三经注疏》,第1册,第441页。
② 《慈湖遗书》卷16,《论治务》,第864页。
③ 同上书,第864—865页。
④ 同上书,第864页。
⑤ 同上书,第863页。
⑥ 同上书,第864页。

南宋时期由于特殊的时代背景，导致了和买、折帛和榷酤这样一些奇怪的赋税和行业制度的延续，究其实，都是法外苛征。作为一个真诚期望恢复"三代之治"的儒者，杨简当然要把革除这些扰民、害民的苛捐杂税作为自己的一项政治目标，这也是其德治思想的题中应有之义。

五　重视教育及思想统一

《礼记·学记》说："建国君民，教学为先"，"化民成俗，其必由学。"① 作为一位毕生讲学的大儒，杨简虽然不认同《小戴礼记》中的很多观点，但是，对于教育的重要性，却有着完全一致的见解。杨简认为，人性本善，只要通过适当的教育，可以达到人人君子的社会状态，他说：

> （某）信古者成人有德，小子有造，亦非高绝不可企及之事。考诸古书，固自有其道也，固自有其政也，举而措之尔。人性无古今，感之斯应。②

关于治世之道，杨简在《论治务》一文中表述得十分详细，其中，直接与教育相关的是"次急者八"中的第五条，他明确提出——

> 择贤士聚而教之于太学，教成，使分掌诸州之学；又使各择邑里之士聚而教之，教成，使各掌其邑里之学。③

由是可见，杨简关于教育问题的考虑，不仅是自己做好一个明德淑人的教师，而且从教育制度上进行整体的设计。他希望在中央太学聚集天下之贤士（以德为本）而教之，待其德业有成后，使其分掌各州府之学；同样，各州府又聚集邑里之士而教之，待其学成归里，使其分掌各邑里之学。这样一来，便形成一个纵横八方的教育网络，使天下士民都能受教成德。

不过，在建立起完善的教育体系之前，还需要解决一个用什么思想学说来教育士民百姓——思想统一的问题。两宋时期，政治环境比较宽松，思想学术繁荣，尤其是南宋孝宗执政时期，思想学术最为活跃，形成难得

---

① （汉）郑玄注、（唐）孔颖达疏：《礼记正义》，卷36《学记第十八》，载《十三经注疏》（嘉庆刊本），（清）阮元校刻，中华书局2009年版，第3册，第3296页。
② 《慈湖遗书》卷16，《论治务》，第865—866页。
③ 同上书，第860页。

一见的"百家争鸣"的局面,包括蜀学、新学、理学和事功之学(以陈亮、叶适为代表)在内的各家各派均有理论建树,并相互辩难。即使是理学内部,也存在程朱理学和象山心学、慈湖心学的差异和争论。学术争鸣一方面体现了思想界的繁荣开放,另一方面也使执政者在选择治世之道上莫衷一是,对此,杨简认为,必须统一思想学术,用合乎先圣之道的学说来教育士民百姓,这样才能真正起到教化人心的作用。对于学界众说纷纭的现象,杨简做出了描述——

> 自孔子殁,学者异说到于今,不胜其纷纷,似是而非,似正而邪,各狥偏孤,罕由中正。不得大贤教救之,则刑名者自刑名,清静者自清静,杨者自杨,墨者自墨,任侠者自任侠,文华者自文华,议论者自议论。①

晚年的杨简,是一个有着完整思想体系的大儒。在他看来,当时的南宋社会异说邪论纷呈,"似是而非,似正而邪,各狥偏孤,罕由中正",因此,他认为必须统一思想学术,剔除异端邪说,以合乎先圣之道的"正学"来教育士民百姓。他一生辛勤从事的明道淑人的教育活动,就是以这种"正学"来教化后生,对于其社会效果,杨简还是颇为自得的,他说:

> 一二十年来,觉于道者浸多,古未之见,幸多笃实,吾道其亨乎!(同上)

类似的话在《慈湖遗书》中出现过不止一次,可见,杨简对于自己讲学传道的成效十分肯定,正是据此,他才委婉地表达了一个观点:"惟大贤可以司教"(同上)。如前所述,杨简内心希望成为帝王之师,同时,他还真切地盼望能够用自己体悟的心学思想来教化天下苍生,因此,杨简在重视教育的同时,强调要完成思想学术的统一。在杨简看来,当时的学界"惑乱人心"的思想和著作太多,必须加以整顿,因此,他在《论治务》一文中提出"修书以削邪说"的主张,并把它放在了"次急者八"的最后一条。他说:

> 何谓修书以削邪说?夫聚贤士而教之,固已明圣道之大体,指异

---

① 《慈湖遗书》卷16,《论治务》,第865页。

说之谬误。而经子史集差失已久，其惑乱人心已深，不修成书，则邪说不衰熄，正道不开明，（致）人心乖乱。人心乖乱，则祸作国危。①

从小到大，杨简熟读儒家经典，在庆元党禁之后的十四年，他赋闲于慈湖故里期间，更是对汗牛充栋的儒家经典进行了深入系统的研究，结果，他发现如此骇人的问题——"经子史集，差失已久"。在众多解释、阐发经典的著作中，充斥着各种各样的错误，学校沿用这样的经典教材来教导众生，结果当然是"惑乱人心已深"，因此，杨简主张，必须修成书以削邪说。如果不及时修订经典教材，那么，"邪说不衰熄，正道不开明"，倘若仍用这样的教材去教导士子百姓，只能导致人心乖乱，而这正是危害国家的思想根源。

关于经典著作中存在的谬误，杨简做了深刻的剖析，本著将在第六章"杨简的经学思想"中加以阐述。在此且举一例以证明，杨简说：

《易·大传》多非圣言，害道者多；《左氏》《公羊》《穀梁》三传，《春秋》虽因是有考，而失圣人之志不一；诸子史集，是非混殽，蠹人心为多，可削者甚多。（同上）

经过多年研究，杨简发现，无论是《易传》，还是"《春秋》三传"，这些经典都存在着各种各样的问题。《易传》的内容"多非圣言，害道者多"，"《左氏》《公羊》《穀梁》三传"虽然有助于考证《春秋》一书的思想和史料，但是"失圣人之志不一"。至于其他子、史、集类的著作，更加是非混淆，然而，它们却长期流传，惑乱人心，因此，必须以朝廷之名义加以删削。只有对经典教材删繁就简、去伪存真，才能真正起到教诲人心、化民成俗的作用。

杨简对于所处时代异说纷纭的情况十分不满，主张统一思想学术，用合乎先圣思想的"正学"来教化天下苍生，这一理念和汉代董仲舒有些相似。董仲舒在黄老之学流行六七十年之后，统治阶级需要整合各种思想学说、以统一的意识形态治理国家之际，大胆地向汉武帝建言——

今师异道，人异论，百家殊方，指意不同，是以上无以持一统，法制数变，下不知所守。臣愚以为诸不在六艺之科、孔子之术者，皆

---

① 《慈湖遗书》卷16，《论治务》，第866页。

绝其道，勿使并进。邪辟之说灭息，然后统纪可一，而法度可明，民知所从矣。①

汉武帝采纳了董仲舒的建议，从此，"罢黜百家，独尊儒术"成为汉代长期实行的统治方略。自古以来，思想的多元并存和意识形态的统一是一对相反相成的矛盾。在中国古代，为了维护君主专制的需要，往往要确定一种思想学说成为官方意识形态，同时，为了体现自己开明大度的胸襟，有些统治者又允许在一定范围内的学术争鸣和多元繁荣。当这种百家争鸣超出了统治阶级所容许的范围，或者影响了国家大政方针的确立，自然会有人出来提倡要收束争鸣，统一思想。杨简所处的时代，经过了较长时间的多元繁荣和百家争鸣，各种思想学说已经较为充分地展现出自己的精神特质，因此，杨简站在维护国家长治久安的立场上，主张统一思想学术，提出了与董仲舒十分相似的见解。有所不同的是，董仲舒的主张得到了最高统治者的认可，而杨简的主张始终是作为一个在野的封建士大夫的个人思想存在于其著作之中，显然，杨简没有董仲舒那么幸运，他的"为万世开太平"的良苦用心并没有得到统治集团的采纳。

六　端正社会风气

两宋时期，商品经济发达，影响到社会生活形态的变化和人们的精神面貌。在诸城市之中，坊和市的界限早已消除，瓦肆勾栏林立，市民阶层的娱乐生活也显得丰富多彩。虽然宋朝政府始终面临着积贫积弱的困境，而封建官僚、士大夫阶层的生活却一直奢华不减，这种情况一直持续到南宋灭亡。在其精神领域，一种追求情感适意甚至欲望满足的观念遍布于许多士大夫的头脑中。在这方面，最突出的例证就是宋代婉约词的流行，虽然宋词中亦有豪放一派，但是，婉约词始终占据主导地位。从许多著名的士大夫或者儒生所作的婉约词中，可以看出当时人们真实的思想面貌。例如，北宋柳永（987—1053年）在考试落第之后，填了一首《鹤冲天》的词，其内容节录于下——

黄金榜上，偶失龙头望。……才子词人，自是白衣卿相。烟花巷陌，依约丹青屏障。幸有意中人，堪寻访。且恁偎红倚翠，风流事、

---

① （汉）董仲舒：《天人三策》（三），载《董仲舒集》，第28页。辟，通"僻"，邪僻。

平生畅。青春都一饷。忍把浮名，换了浅斟低唱。①

这首词虽然一向被视为"浮艳虚薄之文"，然而，它流行于士大夫阶层之中，成为很多人考场或官场失意之后的精神寄托。除了柳永，秦观（1049—1100年）的词作也是这种生活态度的典型反映。例如，他在年轻时爱恋过一名歌妓，因而写下《满庭芳》一词，仅录后半阕于下——

销魂，当此际，香囊暗解，罗带轻分。谩赢得、青楼薄幸名存。此去何时见也？襟袖上、空惹啼痕。伤情处，高城望断，灯火已黄昏。②

除了柳永、秦观这样的浪漫之士外，甚至连范仲淹这样的身居高位之官僚，也会留下一些儿女情长的词作，如《苏幕遮·秋思》——

碧云天，黄叶地。秋色连波，波上寒烟翠。山映斜阳天接水，芳草无情，更在斜阳外。黯乡魂，追旅思。夜夜除非，好梦留人睡。明月楼高休独倚，酒入愁肠，化作相思泪。③

这种追求情感适意甚至欲望满足的风气一旦形成，便成为众多士大夫在讲述"子曰诗云"之外真实的生活情趣和精神寄托。到了南宋时期，士大夫阶层的奢靡风习并未因亡国之痛而有丝毫的改变，相反，追逐奢华、贪图享乐成为一种时尚，正如诗人林升讽刺的那样——"暖风熏得游人醉，直把杭州作汴州"。大多数南宋王朝的官员，没有柳永、秦观的文笔和才华，但是，在纵欲享受方面却丝毫不让前辈，对此，杨简毫不客气地指出——

仕宦大概：惟群饮，惟求举，惟货惟色，惟苟且，甚者民思寝处其皮而食其肉。④

俗话说，上行下效。由于士大夫阶层风气如此，整个社会的生活习俗

---

① 夏承焘等编著：《宋词鉴赏辞典》，上海辞书出版社2013年版，第90页。
② 同上书，第573页。
③ 同上书，第21页。
④ 《慈湖遗书》卷16，《论治务》，第862页。大概，即大致情况。

也向着浮华、奢侈方向倾斜——娼妓合法、淫乐流行、聚众狂饮，都是具体表现。作为一个真诚的道德理想主义者，杨简对于这样的社会风气自然痛心疾首，因此，他大声疾呼要端正社会风气，并以此作为自己治世之道的具体方略之一。在杨简的《论治务》一文中，他多次谈及这一问题。

首先，他在"方今治务"的"次急者"中，第三条即明确主张"罢妓籍婢之从良"。① 对于娼妓存在的社会危害性，杨简做了如下描述：

> 坏乱人心，莫此为甚。盛妆丽色，群目所瞩，少年血气未定之时，风俗久坏，其能寂然不动者有几？至于名卿才士，亦沉浸其中，不知愧耻，每每发诸歌咏，举世一律，不以为怪。人心蠹坏，邪僻悖乱，何所不至？②

用今天的话来讲，娼妓的合法存在，对于青少年的负面影响尤其恶劣，因为"盛妆丽色，群目所瞩"，面对这种情况，血气未定的年轻人非常容易沉迷于此，从而妨碍学业，也耽误了正常生活。更为可笑的是，有些地方官府为了增加财政收入，直接纵容官属婢女从事与娼妓一样的活动，为此，杨简气愤地指出："群官婢盛妆丽服，饰花木之房，导民为淫。"③ 此外，一些名卿才士，也沉浸在柳巷青楼的淫荡生活中，"不知愧耻，每每发诸歌咏"，误导了整个社会的思想观念，使得不正常的东西"合法化"，导致"举世一律，不以为怪"。杨简认为，这种社会风气的危害在于蠹坏人心，使得邪僻悖乱的价值观和生活方式得以猖獗，长此以往，还有什么事情不可能发生呢？

杨简从历代王朝兴亡更替的角度，向统治阶级发出了警告，他说：

> 前代乱亡之祸，皆基于人心之不善。周家德行道艺之俗成，而绵祚八百，后世君臣，胡得无惧？而官僚士夫，中怀大欲，袭循流俗，重于罢去，致国家受末流之祸。呜呼痛哉！④

如前所述，杨简在担任州县官员期间，曾经整治过娼妓问题。例如，

---

① 《慈湖遗书》卷16，《论治务》，第860页。
② 同上书，第864页。
③ 同上书，第863页。
④ 同上书，第864页。

在温州，他到任之时即命众多娼妓"具状来"，随后"皆判从良去"，① 在巡视各属县时，他均张贴布告"罢妓籍"（同上）。可是，娼妓的合法存在在南宋王朝是一个相当普遍的现象，杨简卸任回朝后，无法再贯彻自己的主张，因此，只有向最高统治集团建言，力求正视并解决这一问题。杨简认为，正是一些当时的官僚士大夫沉溺物欲、贪图享受，因此，对于到处存在的娼妓现象听之任之、不闻不问，根本不考虑这种社会毒瘤的危害性，这种现象蔓延下去，必然蠹坏人心，势必使国家将来受此"末流之祸"。为此，杨简提醒最高统治者——"前代乱亡之祸，皆基于人心之不善"，如果人心颓然萎靡，那么，维系国家的精神支柱就将崩溃，任何王朝都可能从内部瓦解。有鉴于历代王朝的兴亡教训，杨简告诫说："后世君臣，胡得无惧？"遗憾的是，杨简的这一主张并没有得到统治集团的回应，南宋王朝依然"袭循流俗，重于罢去"，直至被元朝灭亡为止。

其次，杨简在"方今治务"的"次急者"中，第七条主张"禁淫乐"，② 也就是禁止酒肆勾栏中流行的淫词艳曲。众所周知，宋词中的各种词牌本来就是可以供人咏唱的，由于婉约词的广泛流行，酒肆勾栏中的歌妓传唱的往往是一些讲述男女情爱之类的曲调，大多格调不高，属于靡靡之音。对此，杨简从化民成俗的角度出发，主张"禁淫乐"，他说：

>孔子曰："移风易俗，莫善于乐"。盖声音之感人也易，其入人心也深。今之妓唱与夫双韵鼓板之属，其气志不为之浮动者有几？某初入太学，闻太常古乐，庄敬中正之心油然而生，移风易俗于是乎切，是故淫乐宜禁。③

杨简对于音乐感染力的认知是正确的，"声音之感人也易，其入人心也深"，这恰恰体现了艺术的魅力。即使是淫词艳曲，对于一般人来讲，"其气志不为之浮动者有几？"同样的道理，中正和平、积极向上的德音雅乐也能感染人，杨简以亲身经历为证——"某初入太学，闻太常古乐，庄敬中正之心油然而生。"正是基于音乐具有正反两方面的作用，杨简认为，应当禁止淫乐，提倡中正和平之古乐，才能使得世人的心境恢复中和自然的状态。杨简提出这样的主张，其实是他的治世之道的具体表现，目的在

---

① 《慈湖遗书》附录，《宝谟阁学士正奉大夫慈湖先生行状》，第936页。
② 《慈湖遗书》卷16，《论治务》，第860页。
③ 同上书，第866页。

于移风易俗,从现实的社会生活入手,提倡一种庄敬、中正、和平的审美观,从而奠定社会秩序稳定和谐的内在思想基础。或许有人认为杨简的艺术审美观过于古板,有封建卫道士的味道,笔者在此不作展开,关于杨简的美学观点,将在第七章中具体论述。

再次,杨简在《论治务》一文中,两次提到"禁群饮"的问题。一是"方今治务"之"最急者"的第四条"罢设法导淫",① 二是"次急者"的第四条"渐罢榷酤而禁群饮"(同上)。聚众群饮,本是一种民间自发的社会生活习俗,原不足为怪,不过,在南宋时期,许多地方官员时常"群饮",犹如今天批判的大吃大喝,这样的官员,论个人享受则处处占先,办起公务来却苟且敷衍,留给民众的印象极差,因此,杨简说"甚者民思寝处其皮而食其肉"。② 在这些官员的带动下,民间聚众群饮、攀比消费的风气也日益滋长。众所周知,酒是一种多饮则易伤身乱性的特殊饮料,就像今天的酒后驾车造成严重事故一样,聚众群饮之后,很容易引发一些难以控制的祸乱,如打架斗殴、酒后淫乱等。因此,杨简对于当时的群饮之风甚为厌恶,坚决主张禁绝之。他说:

  《酒诰》谆谆禁群饮,至于杀,今反导之群饮。世以酒为狂药,民为邦本,本固邦宁。士大夫当爱护邦本,爱护人心,使毋致于坏乱。③

在《尚书·酒诰》一文中,周公对准备前往卫国担任国君的弟弟康叔说:"厥或告曰:'群饮',汝勿佚,尽执拘以归于周,予其杀。"④ 其意是说:如果有人报告你——殷人又在聚众群饮了,你不能放纵他们,要把他们都逮捕起来送到京城,我会把他们统统杀掉。周公之所以讲出如此严厉的话来,是因为卫国乃是殷商故地,纣王曾建酒池肉林,放纵淫乐,引得当地之人(主要是殷商贵族)喜好酗酒为乱,因此,周公颁布了严厉的禁酒令,并告诫康叔要严格执行。杨简认为,酒为狂药,这是大家公认的事情,而"民为邦本,本固邦宁",⑤ 这也是先圣传下的至训,为政一方的士

---

① 《慈湖遗书》卷16,《论治务》,第860页。
② 同上书,第862页。
③ 同上书,第864页。
④ 《尚书正义》卷14,《酒诰》,载《十三经注疏》,第1册,第441页。按:《酒诰》属于《周书》中的一篇,故杨简省称为《周书》。
⑤ 语出《尚书·五子之歌》。这是《虞夏书》中的一篇,属于古文尚书。

大夫应当爱护百姓的身心健康，这也是爱护邦本的具体表现，因此，需要节制民众饮酒的习俗，"使毋致于坏乱"，而在具体措施上，就是要禁止群饮。在撰写《论治务》一文时，杨简已从温州任上解职还朝，对于当时群饮成风的现象，虽无力改变，但深恶痛绝，他说：

> 《周书》痛禁群饮，至于杀之。《汉律》犹禁群饮，罚金四两；施大恩则弛其禁，谓之酺。至五代犹有酺，知其犹有禁也。今既纵民群饮，又群官婢盛妆丽服，饰花木之房，导民为淫。盖自夫犒设军将之法尝用官婢，今乃用以导民群饮，官司沿袭，不知愧耻，殊可怪叹。①

在这段话中，杨简引经据典，表明禁止群饮是古已有之的法制，在宋代，原本只有对得胜归来的将士才予以犒赏，允许其聚饮庆功，孰料久而久之，聚众群饮演变成一种官员带头公款吃喝的惯例，甚至把娼妓婢女也纳入进来，"导民群饮"，以增加官方的酒榷收入，实在是"不知愧耻，殊可怪叹"。面对这种"凡是现实的，都是合理的"的庸众思维方式，杨简偏不认邪，坚决主张恢复古礼，禁止官方和民间的群饮行为，以端正社会风气。

当然，杨简也考虑到饮酒是一种不可避免的饮食习惯和社交方式，因此，他理性地提出——"禁群饮不禁礼饮"。② 其意是说：在重大节日、庆祝、祭祀等场合，可以依礼而饮，但不可过量。虽然杨简没有明说，凡是熟悉儒家经典的人们都知道孔子的一句名言——"惟酒无量，不及乱"（《论语·乡党第十》）。在宋代，蒸馏酒的度数已经很高，绝非先秦时期可比，因此，控制饮酒量是十分必要的事情，即使杨简不说，人们也应该明白这个道理。

从表面上看，杨简关于"禁群饮"的主张似乎真的有些"迂阔不达时势"，③ 人们尽可以质疑其如何操作、如何界定群饮人数的多少等诸多问题。但是，如果我们把视域放在一个更广阔的界面，不难发现，杨简禁群饮的主张其实是和他的取缔娼妓、禁止淫乐等治世之道紧密联系在一起的。一个社会的健全发展，除了发达的物质文明之外，还需要和先进的精神文明相配套，这已成为现代社会的共识，从这个意义上讲，早在南宋时

---

① 《慈湖遗书》卷16，《论治务》，第862—863页。酺，音 pú，古时候官方特许的表示欢庆的聚会饮酒。
② 同上书，第864—865页。
③ 《慈湖遗书·提要》，载《四库全书》，第1156册，第605页。

期，杨简所提出的端正社会风气的各项措施，至少可以成为当代社会治理工程有益的思想借鉴。

七 重视武备的思想

南宋是一个边患严重的国家，北方先有强敌金国，后有更强大的蒙古，始终对南方虎视眈眈，在其疆域之内，由于统治阶级的剥削和压迫，小规模的农民暴动在各处时有发生。面对这种内忧外患并存的政治局面，作为一个怀有恢复"尧舜三代之治"理想的儒者，杨简不可能对军事问题漠不关心，相反，他吸取了历史上"儒者不知兵"①的教训，十分重视军事、国防等问题，形成自己独特的武备观，从而构成杨简治世思想的一个重要环节。

杨简认为，士大夫研究治世之道，必须重视武备和国防。他说：

> 孔子曰："我战则克。"学者不可不讲习。他日得君行道，有文事而无武备，不可。②

杨简所引述的孔子之语，出自《礼记·礼器第十》，原文是：子曰："我战则克，祭则受福，盖得其道矣。"③ 客观地讲，这是秦汉之际的儒生对孔子才能的推崇和过誉。事实上，孔子虽然博学多能，主要精通的是诗书礼乐之类，一生的确不太关注军事问题，据《论语·卫灵公》记载——

> 卫灵公问陈（通"阵"）于孔子。孔子对曰："俎豆之事，则尝闻之矣；军旅之事，未之学也。"明日遂行。

到了杨简所处的时代，由于国家安全形势的紧迫，一个儒者想不知兵也不行，杨简认为，对于国家而言，有文事而无武备，这是不可接受的；同理，对于儒者而言，举凡战阵之事也"不可不讲习"。杨简一生虽然始终是个文官，但是，武备之事却一直是他关注的焦点。在本著第一章中，笔者谈及杨简在担任浙西抚属④之时，曾经偶然涉足军事指挥，不妨回顾

---

① 《慈湖遗书》卷16，《论兵》，第879页。按：《论兵》是一系列札记短文，非一篇文章。
② 《慈湖遗书》卷16，《论治务》，第864页。
③ 《礼记正义》卷23，《礼运第十》，载《十三经注疏》第3册，第3106页。
④ 时在1184—1188年，全称是浙西安抚司干办公事（简称"浙西抚干"），驻地临安。详见第一章。

于下——

> 畿甸灾,(民)意汹汹叵测。白尹宜戒不虞,遂委督三将兵。接以恩信,得其心腹,出诸葛武侯正兵法,调拟习之,军政大修,众大和悦。①

如上所述:某年临安郊外出现了灾荒,一些百姓有聚众起事、打劫州府的企图。杨简向按抚使张构禀告要做好应变准备,张构命令他临时掌管三将兵马。杨简奉命整训这支部队,他对众军士"接以恩信",得到衷心拥戴,同时,他以自己所研究的诸葛武侯正兵之法来训练军队,使其面貌焕然一新,上下级对此都非常满意,最终平稳地渡过这次危机,这是杨简一生掌管军队的唯一经历。此后,他虽为文官,却对武备之事一直留意,既注意向军中武将虚心求教,又不时与门人讲习探讨,还将有关军事著作刻印推广,究其动机,就是为了他日"得君行道"之际,以文武兼备的才能治理好国家和社会。

杨简一生对军事问题的关注,最突出的表现在他晚年在温州任上,利用手中的权力刻印了南宋名臣陈规所著的《守城录》一书,并将此书四处推介宣传。陈规(1072—1141年),字元则,密州安丘人(今山东省安丘市),进士出身。1140年(绍兴十年)夏五月,担任顺昌知府(今安徽阜阳),与路过的宋军大将刘锜共同守卫顺昌,以不满二万的兵力大败金军十万,史称"顺昌大捷"。《宋史》卷377有传,称赞"自绍兴以来,文臣镇抚使有威声者,惟规而已"。②陈规生前将自己防守城邑的战术心得,撰成《守城录》一书,可是,此书既没有得到统治集团的重视,也未曾广泛流传。杨简偶然间看过此书遗稿,颇受启发。当他担任温州知州时,另一位官员待制陈公(不详其名)曾经"镂版于九江",知道杨简很重视此书,于是将整个书的刻版都送给他。获得刻版后,杨简十分欣喜,立即命令多多印刷,广为分送。为此,杨简专门作序,说:

> 某有志于武备逾四十年,前数年始得陈规《守城录》,其言条理至详,某于是于守备顿省。怀虑待制陈公初镂版于九江,今士大夫罕

---

① 《慈湖遗书》附录,《宝谟阁学士正奉大夫慈湖先生行状》,第929页。拟,原作"疑",有误,据文义改。

② 《宋史》卷377,《陈规传》,第11645页。

见此书，见亦未必以为意。待制知某爱此书，取诸九江，以纳东嘉郡库。某即命多为帙，将以分遗士夫，以广国家武备。①

在此序言中，杨简表明自己"有志于武备逾四十年"，也就是说，从考中进士步入仕途开始，他就开始留意武备之事。南宋中期之后，由于国力所限，对于北方的金国只有采取守势（韩侂胄贸然进攻，结果大败而归），这样一来，城池要塞防御之术就显得非常实用，因此，杨简十分看重陈规所撰的《守城录》一书，并不讳言自己从前无知，而在读过此书之后，"于守备顿省"。杨简有感于当时的士大夫大多沉醉于歌舞升平之中，对于《守城录》这样的珍贵书籍不以为意，因此，当获得此书刻版之后，立即下令翻印多套，分送给所认识的官员士大夫，以推广陈规等前辈用鲜血凝结而成的战术方法。

除了翻印《守城录》这样的军事典籍，杨简对于武备之事的关注还体现在一些细节琐事上。例如，当时的军队普遍穿戴铠甲，一般是铁制，对此，杨简感到奇怪，为什么蛮夷部落的甲胄用皮革制成，而宋朝大军的甲胄都是铁制的呢？他向军中武将请教后，得到了明确的答案——

（严）汲古问："古之兵用皮为甲，秦汉以来，改用铁。岂非后人多好战，故以铁为之乎？"先生曰："函人为甲，犀甲、兕甲、合甲，革坚者支久，惟甲之足以当矢刃者，以其柔胜刚也。后世易之以铁，岂古圣不如后人之智？尝以问诸军将，曰：'蛮人用皮甲，若大国用之，则不威重尔，实不如革也'。"②

通过虚心向职业军人求教，杨简明白了甲胄之所以能够防止刀箭穿透，"以其柔胜刚也"，因此，穿上铁制铠甲虽然威风凛凛，其实防止刀箭伤害的效果并不如皮制甲胄，多年之后，他转而向门人严汲古讲述了这个道理。对此，我们是否可以设想，如果杨简得志掌权，像当年范仲淹一样指挥某一方面的军队，那么，南宋军队所穿戴的就不再是笨重不堪的铁甲，而是轻便适用的皮甲，这样一来，将士们在战场上的伤亡率可能要降低许多。

由于并未得志用世，杨简对于武备之事的留意，只能更多地体现在他

---

① 《慈湖遗书》卷1，《陈规守城录序》，第610页。东嘉，即温州。
② 《慈湖遗书》卷7，《泛论易》，第700页。

所撰写的政论文或者是他与门人的讲习探讨之中。例如：在《论治务》一文中，杨简把"教习诸葛武侯正兵之法，以备不虞"① 当作"方今治务，其最急者五"的第五条，又把"募民屯田以省养兵之费"（同上）当成"其次急者八"的第一条。此外，他还把与门人讨论的一些语录写成札记，内容涉及到择帅、始谋、谕敌、军法、赏罚等多个方面，均收录在《慈湖遗书》第十六卷之中，由此可见，作为一个胸怀天下的士大夫，杨简对于武备之重视是发自内心的。关于杨简的武备思想，笔者以为不必做太过细致的研究，因为杨简一生并未真正从事军旅之事，更没有参加过实际战斗，因此，他所表述的一些军事思想，未免是书生空谈者居多。不过，有两点还是值得介绍一下。首先，杨简的武备思想体现出儒家崇尚道义的价值观，绝非权谋之士的用兵论。他说：

> 孔子曰："君子喻于义，小人喻于利。"君子于武事，每求诸义，每喻于义，得义之趣；小人于武事，每求诸利，每喻诸利，得利之趣。②

> 孔子曰："好谋而成"，非谋为诡也，正直之道中，自有深虑远计。③

其次，杨简的武备思想重在确立"不可败之法"。他非常崇拜抗金名将岳飞的战术，认为就是先为不可败之法。他说：

> 岳飞用兵，有胜而无败。闻其欲有所举也，必尽召诸统制官环坐饮食之，而与之谋。先谋夫敌之所以败我者，至于六七，备谋详虑，竭智共攻，而终于无败也，乃行，故飞每战无败。④

在具体战术方法上，杨简任浙西抚属时，临时受命掌管军队，他以自己所研究的诸葛武侯正兵之法来训练士卒，并以此为"不可败之法"。概而言之，就是若干名军士结成一个战斗小组，相互支援，共同对敌；在此基础上，整个部队也形成一个共进共退、四方应敌的战斗团体。他说：

---

① 《慈湖遗书》卷16，《论治务》，第860页。
② 《慈湖遗书》卷16，《论兵》，第877页。
③ 《慈湖遗书》卷16，《论兵·生直》，第881页。
④ 《慈湖遗书》卷16，《论兵》，第878页。

军法本于伍，五人为伍，四人为隅，（伍）长居其中，即四人之将也。……击其左则左应，击其右则右应，击其后则后应。以后为前，以前为后，四头八尾，触处为首，此不可败之法也。①

杨简认为："正兵者，不可败之法也。"② 他在浙西运用这套方法训练军队的效果是："军政大修，众大和悦"。③ 但是，杨简毕竟没有上过战场，因此，这套战术究竟是否能够在实际作战中发挥积极作用，我们就不得而知了。总体而言，杨简的武备思想可以用一句话来概括——"夫武备不可已，而非所尚也"。④ 虽然其中不乏空想，却浸润着一份报效国家的真挚情怀。即使在今天，"国虽大，好战必亡；天下虽平，忘战必危"，⑤ 加强国防意识教育依然是一项必要的普及工作，因此，杨简重视武备的思想仍然值得今人借鉴。

本节所述，是杨简在直面社会现实问题的基础上，根据自己的政治理念和从政经验，提出了一系列改良社会政治的制度设计和政策主张。杨简的治世之道的内涵十分丰富，包括：择贤久任中外之官、乡举里选贤能之士、废除各项苛捐杂税、加强教育及思想统一、端正社会风气、重视武备、改进训练，等等。由于杨简并非朝廷掌权重臣，因此，他的很多设计和主张不免带有一些空想的成分，特别是与他的复古主义理念相适应，有的明显不切实际。不过，通过研究杨简的治世之道，我们不难体会到一位儒者"先天下之忧而忧"的济世情怀和"明练政体"的聪明睿智。同时，由于杨简所揭示的某些政治及社会问题至今仍然存在，不容忽视，因此，在他的各项主张中，我们依然可以汲取和借鉴一些有参考价值的思想内容，为建设一个富强、文明的现代化国家服务。

本章所论，是杨简的政治哲学的基本内容。在杨简的政治哲学中，最为突出的便是他推崇"唐虞三代之治"的复古主义理想，在此基础上，他坚持民为邦本、崇尚德治、重视农耕、提倡教化，并笃信君主代天治民的政治观念，又为心目中的明君阐述了各项治国理民的帝王之道。此外，他所提出的一系列改良政治的制度设计和政策主张，直面现实，见解犀利，

---

① 《慈湖遗书》卷16，《论兵·军法》，第880—881页。
② 《慈湖遗书》卷16，《论治务》，第863页。
③ 《慈湖遗书》附录，《宝谟阁学士正奉大夫慈湖先生行状》，第929页。
④ 《慈湖遗书》卷16，《论兵》，第878页。
⑤ 《史记》卷112，《平津侯主父列传》，第2594页。按：这句话出自春秋晚期齐国司马穰苴的兵法。

也不乏思想的闪光点。不过，杨简虽然长期为官，实际上并未得志用世，因此，他的政治哲学带有一定的主观空想性，这是历史上很多思想家的通病，今人应当予以理解和注意。总体而言，杨简是一位真诚地追求天下大治的儒者，有着对社会实情的清醒认识和深入思考，因此才能提出见解独到的政治理论和治世主张，既有批判性思维，又有建设性瞻望。他的政治哲学是儒家"外王"之道的体现，和他的心性哲学的本体论、工夫论一起，构成了一套儒家"内圣外王"之道的完整体系。

第六章　杨简的经学思想

对经典文献的研究是儒家自先秦之时就已经存在的一种学术传承模式，在孔子的众多弟子中，"子夏传经"被视为儒家经学的肇始。儒学自西汉中期被尊崇为官方哲学之后，经学研究更是成为儒家思想传承、流衍的一项必要手段。虽然在经学的发展过程中，出现了大量的伪经，令人莫衷一是，同时，各种版本的经典也存在诸多的相互矛盾和内在舛误，但是，对于经典的重视和探讨，是任何儒家学者都不能回避的问题，即使以心学闻名的陆九渊、杨简也不能例外。因此，在杨简漫长的学术生涯中，经学研究及其丰硕成果也构成了其思想体系的重要组成部分。不过，本章所论，并不专注于阐释杨简的经学思想的具体成果，而是旨在从中揭示其相关的哲学理念和思想特色。

第一节　以心解经

杨简一生，对于卷帙浩繁的儒家经典有着深入的研究，但是，他并没有成为一般意义上的经学家，因为他研究儒家经典，注重的是以心学的根本理念来阐释先圣之说，因此，有着鲜明的"以心解经"的思想特色。

一　"通乎一，万事毕"①

众所周知，杨简的思想根柢来源于陆九渊。在经学思想上，陆九渊一贯秉持"六经注我"的精神，因此，一生注重口授心传，不立文字，今天存世的《陆九渊集》（中华书局1980年版），也只是一册五百多页的书籍而已。然而，就在这本书中，记载了陆九渊对于儒家经典的根本态度——

---

① 《慈湖遗书》卷7，《己易》，第693页。按：此语本身与经学无关，此处是借以表明杨简经学的思想特质。

> 学苟知本，六经皆我注脚。①

又如：

> 或问先生："何不著书？"对曰："六经注我？我注六经？"②

陆九渊的哲学思想以"发明本心"为宗旨，他向来把"六经"都当作是从不同角度对于本心之内涵的阐发，因此，在六经与本心之间，明确地坚持以心为本，而把经籍文字看成第二义的东西。顺带指出，在中华书局出版的《陆九渊集》中，点校者简单地把陆九渊的原话句读为"六经注我，我注六经"（同上），这是不够妥当的。因为这样的句读方式，把"六经注我，我注六经"视为一种并列的东西，使读者不明其侧重点，遮蔽了陆九渊的本意，因此，笔者在此将其改为"六经注我？我注六经？"这样一改，使得这句话成为一种表示选择性的反问语气，并内含了"六经注我"的侧重点，方才体现出陆九渊的思想原意。此外，在其《年谱》中，还有一段可以佐证的材料——

> 或谓陆先生云："胡不注六经？"先生云："六经当注我，我何注六经？"③

由是可见陆九渊对待儒家经典的态度，明确地持有"六经注我"的根本理念。这一思想被杨简所继承，虽然他一生亦不辞辛劳地做过许多经籍文字的研究工作，但是，在经典思想的来源上，秉持与陆九渊一样的理念，把六经看成对于本心内涵的描述和阐发。例如，他说：

> 知吾心所自有之六经，则无所不一，无所不通。④

以杨简注重的《礼经》为例，他认为无论是经礼三百，还是曲礼三千，其实都来源于人心，都是人心对于某种道德品质的认同，他说：

---

① 《陆九渊集》卷34，《语录上》，第395页。
② 同上书，第399页。
③ 《陆九渊集》卷36，《年谱》，第522页。
④ 《慈湖遗书》卷1，《诗解序》，第608页。

> 经礼三百，曲礼三千，皆吾心所自有。于父母自然孝，于兄弟自然友恭，于夫妇自亲敬，于朋友自信，出而事君自竭忠，与宾客交际自然敬，其在乡党自谦恭，其在宗庙朝廷自敬。复者，复吾所自有之礼，非外取也。①
>
> 夫三百、三千，条目虽多，为礼则一；三百、三千，非自外至，皆由人心以生者也。②

经礼，指的是常行之礼；曲礼，指的是涉及细枝末节的礼仪，日常用得较少。杨简认为，无论是忠孝，还是信敬、谦恭等各种品质，都是人心所固有的道德内涵，在现实生活中，它们自然会表现为经礼、曲礼等各种各样的行为规范。从表面上看，人们有时也需要通过学习才能掌握这些规范，而实际上，正是因为它们"皆吾心所自有"，一旦理解和掌握，就会感到这是发自内心的东西，在各种场合中自然地表现出相应的行为举止，一点也不会错位。正是从这个意义上，杨简才说：复（礼）就是"复吾所自有之礼，非外取也"。

由于秉持"六经"乃"吾心所自有"的观点，杨简在撰写《先圣大训》等经学著作时，特意标明了自己的心学宗旨，他说：

> 六经，一经也；六经，一旨也。③

杨简用如此简洁的语言，把"六经"的内涵和宗旨一语道尽。归根结底，六经都是对本心的阐发，先圣只不过是从不同的角度来阐释，把人心在不同场合中应该表现出来的态度和举止予以说明而已。有鉴于此，今人研究杨简的经学思想，不能忘记一个根本原则——"通乎一，万事毕"，也就是说，杨简研究经学的出发点完全是以心学的基本理念为指导思想的。

既然高举着"六经注我"的思想旗帜，因此，杨简对于许多经学家一味训诂考据的学风表示不满。他认为，这样的做法必然泥迹失神，反而丢失了先圣经典中所传递的真精神。他仍以礼为例，说：

---

① 《慈湖遗书》卷2，《复礼斋记》，第629页。
② 《慈湖遗书》卷11，《论〈论语〉下》，第798页。
③ 《先圣大训》卷1，载《四库全书》，子部，第706册，第625页。

> （夫礼者）是岂以有文与献而存？无文与献而亡？近在人心，本非外物。贤献知之，愚众惑之。唯孔子自知自信，故自能言，但无文策可证，无贤献能证，则庸众必疑，必不信也。然则礼岂礼家之所能知？①

文，指文字材料，献，指熟悉掌故之人。在《论语·八佾》中，孔子说："夏礼，吾能言之，杞不足征也。殷礼，吾能言之，宋不足征也。文献不足故也，足，则吾能征之矣。"对此，杨简感到十分无奈，他发现，即使是孔子这样的大圣人，当"无文策可证，无贤献能证"之时，虽然自知自信，但也无法使庸众之人相信上古之礼的本来面貌。可是，杨简坚定地认为，礼这个东西，"岂以有文与献而存？无文与献而亡？近在人心，本非外物。"如果一味地以经籍文献为准，那么，当缺乏文献资料佐证时，难道人们就不会说话办事，也不会行礼揖让了吗？礼的根源来自人心，而不是古代的文献资料，据此，杨简认为，"礼岂礼家所能知？"就因为他们陷入了训诂考据的泥淖不能自拔。

杨简又以体"仁"为例，批评了北宋程颐以来的经学思想，他说：

> 或问仁。程正叔曰："此在诸公自思之，将圣贤所言仁处，类聚观之，体认出来。"虽然，使未有《论语》《孟子》时，无可类聚，又将若之何？孔子未尝教人类聚，类聚体认，无非意路。②

程颐（字正叔）的这段话，出自《二程遗书》卷十八的开篇段落③。程颐所说乃是一种理性主义的治学方式，即将《论语》《孟子》等经典著作中关于"仁"的言论，"类聚观之"，然后辨析其义。在杨简看来，这种方法不过是到经典中去寻章摘句而已，并非体认仁德的合适途径。杨简自幼熟读儒家经典，可是，这些文字读得再多，不过是隔靴搔痒，对于什么是本心这样的问题，他始终也没有真正的体证，直到与陆九渊相会，在富阳县双明阁下，当处理完扇讼案件后，经陆九渊适时提醒，才恍然大悟。因此，杨简批斥程颐的观点为"类聚体认，无非意路"，对经典看得多了，加以归类整理，就以为自己懂得了"仁"的内涵，实际上，这不过

---

① 《慈湖遗书》卷10，《论〈论语〉上》，第780页。
② 《慈湖遗书》卷15，《家记九·泛论学》，第847—848页。
③ 《河南程氏遗书》卷18，《伊川先生语四》，载《二程集》，第182页。

是一厢情愿的"意路"而已。杨简曾说："知与仁一也，皆觉也。惟常觉而后可以言仁。"① 在此没有说出来的意思，便是要到日用常行中去觉悟本心，那才是"道"之所在，亦即仁德的渊源。

杨简关于六经皆"吾心所自有"的观点，不仅是对陆九渊"六经注我"思想的继承，实际上也是整个心学思潮的共同见解。以在陆九渊、杨简之前的心学先驱者张九成（1092—1159年）为例，他曾说：

> 六经之书焚烧无余，而出于人心者常在，则经非纸上语，乃人心中理耳。不然，则（扬）子云、韩愈、董仲舒、刘向之徒何以得传其书？②

张九成认为，"经非纸上语，乃人心中理耳"，当初秦始皇焚书坑儒，严厉推行，六经之书尽付于火堆，然而，后世依旧可以绍述先圣遗训，如果不是人们内心对于某些道理有着一致的认同，那么，扬雄、韩愈、董仲舒、刘向等人凭什么把搜集来的材料认定为先圣之书而加以流传呢？

直至明代，"六经"出自人心的观念，在心学阵营中依然保持着一致的看法。王阳明（1472—1529年）在《尊经阁记》中说：

> 六经者非他，吾心之常道也。故《易》也者，志吾心之阴阳消息者也；《书》也者，志吾心之纪纲政事者也；《诗》也者，志吾心之歌咏性情者也；《礼》也者，志吾心之条理节文者也；《乐》也者，志吾心之欣喜和平者也；《春秋》也者，志吾心之诚伪邪正者也。③
>
> 故《六经》者，吾心之记籍也，而《六经》之实则具于吾心；犹之产业库藏之实积，种种色色，具存于其家。其记籍者，特名状数目而已。④

由是可见，从张九成到陆九渊、杨简，再到明朝中叶的王阳明，关于"六经"出于人心的观点是一脉相承的。客观地讲，王阳明对此问题表述

---

① 《慈湖遗书》卷11，《论〈论语〉下》，第801页。
② （宋）于恕编：《心传录》卷上，载《四库存目丛书》，齐鲁社1995年影印本，集部，第563册，第215页。按：张九成曾经谪居江西南安军，他的两个外甥于恕、于宪不远千里前来听其讲学，将其语录汇编成书，即《心传录》。
③ 《王阳明全集》卷7，《稽山书院尊经阁记》，第254页。
④ 同上书，第255页。

得最清楚、完整，不过，如果没有张九成、陆九渊和杨简等先驱者的思想铺垫，王阳明一人也不可能轻易地得出如此明确的结论。综观杨简的整个经学体系，以"六经"为"吾心所自有"乃是其确凿无疑的出发点。只有搞清了这一问题，后人对于杨简经学思想的把握，方能达到"通乎一，万事毕"的效果。

二 精研"六经"及其学术成果

虽然杨简认为"六经"出自人心，但是，他并没有放松对于儒家经典的研究和诠释工作，个中原因主要有两个方面。

首先，对于一般人而言，直觉体悟是一件易讲而难及的事情，况且今天去古人已远，无由面识，能够初步地了解古代先哲的思想概况的方法，只能是阅读古人传下来的经典原著，这是一个为学的基础，因此，对经典文献的学习和掌握是一项十分必要的手段。即使如陆九渊那样的聪明颖悟之人，年轻时仍然离不开对经典文献的学习。例如：当门人詹阜民问他："先生之学亦有所受乎？"陆九渊坦诚地回答："因读《孟子》而自得之。"①

其次，从传播学的角度讲，如陆九渊、杨简等心学家，要想向世人证明自己所悟的正确性，仍然需要一定的经典文献为佐证，否则，一般人难以认同其所述的修道结论，也就谈不上进一步实地修习践履，更谈不上像他们一样豁然大悟了。虽然依托于经典文献的理性分析方法有时难免泥迹失神，但是，这种经学研究方式对于任何儒家学者而言，都是必不可少的治学工夫。作为心学的开创者，陆九渊秉持"不立文字"的讲学方式，固然令人耳目一新，使人了解到心学独树一帜的思想风貌，但是，也难免令世人有所讥诮，以为陆九渊不善文字。作为陆的嫡传弟子，杨简非常清楚地看到了这一问题，因此，他发愤用功，甚至不惜皓首穷经，对于"六经"诸典倾注了很深的研究工夫，力图从儒家经典中找到能够佐证心学思想的文献依据，这份苦心，即使陆九渊在世，亦当为之首肯。关于经典文献的重要性，杨简看得十分真切——即使如孔子那样的大圣人，也坦然地承认："夏礼，吾能言之，杞不足征也；殷礼，吾能言之，宋不足征也。文献不足故也。足，则吾能征之矣。"（《论语·八佾》；征者，证也）对此，杨简评述说，"（礼）近在人心，本非外物。贤献知之，愚众惑之。唯孔子自知自信，故自能言，但无文策可证，无贤献能证，则庸众必疑，必

---

① 《陆九渊集》卷35，《语录下》，第471页。

不信也"，① 由是可见经典文献的重要性。就杨简自身而言，他所体悟的"人心即道""忠信即道"等思想，虽然简洁明了、自知自信，但是，一般士人对此不敢贸然相从，因此，杨简感到迫切需要经典文献的佐证，由此出发，他甚至意识到重新解释整个儒家经典系统的必要性。例如，在阅读《大戴礼记》的过程中，杨简从《小辩第七十四》章中发现了孔子所说"明忠信之备，而又能行之，则可立待也"以及"大道不隐"② 等言论，与自己所体悟的"忠信即道"的思想如出一辙，因此大喜过望，认为找到了充分的经典依据。后来，他不止一次地说过这样的话——

> 某观戴德所记，先圣谓忠信大道，某不胜其喜且慰。以某自幼而学，壮而始觉，觉此心澄然，虚明无体，广大无际，日用云为，无非变化，乃即日用平常实直之心即大道。而不敢轻以语人，惧其不孚且笑侮，及观戴德所记圣言以为证，曰："乃今可以告学者矣。"学者亦因是多觉。③

又如：

> 简常读《大戴》所载孔子之言，谓忠信为大道，简不胜喜乐其深切著明。……后读《大戴》记孔子忠信大道之言，如获至宝。盖深喜得圣言为证，正平常实直之心即道。④

又如：

> 某尝读《大戴》所记孔子之言，谓忠信为大道，某不胜喜乐。……得圣贤之言为证，以告学子，谓吾心即道，不可更求。⑤

当杨简阅读《大戴礼记》有所契合时，如获至宝，"深喜得圣言为证"，因为这使得他的所悟有了儒家经典的理论依据，从此可以大胆地讲给世间学者听。可见，杨简充分意识到以经为据的必要性。借用当代学者

---

① 《慈湖遗书》卷10，《论〈论语〉上》，第780页。
② 《大戴礼记》卷11，《小辩第七十四》，载《四库全书》，经部，第128册，第514页。
③ 《慈湖遗书》卷4，《谒宣圣文》，第640页。
④ 《慈湖遗书》卷9，《论春秋礼乐》，第762—763页。
⑤ 《慈湖遗书》卷3，《学者请书》（一），第633页。

的话来说，这相当于一种"以经明心，以经印心"①的学术立场。

又如：如第四章所述，杨简还从《孔丛子》一书中找到了"心之精神是谓圣"这样的先圣之语，发现和自己所悟的"人心即道"十分契合，因此，终身奉为圭臬，成为他的教育哲学的核心要旨，也是整个《慈湖遗书》中重复率最高的一句话。由于前文已有详述，此不赘言，由此足以展现杨简对于以经为据的高度重视，也成为他致力于经典诠释工作的动力来源。

杨简一生，虽然长期食禄为官，但是，奉祠赋闲的时间很长②，因此，他颇有时间对儒家经典文献进行详细的考证和校订。在此过程中，他逐渐形成对儒家经典系统的整体性认识，与当时流行的章句训诂之学颉颃上下，成为独具一格的慈湖经学。据其门人钱时所作的《行状》记载：

> 其归自胄监也，家食者十四载，筑室德闰湖上，更名慈湖。馆四方学子于熙光咏春之间而启迪之。于是始传《诗》《易》《春秋》，传《曾子》，始取《先圣大训》间见诸杂说中者，刊讹剔诬，萃六卷而为之解。③

这段文字讲述的是，自1195年（宋宁宗庆元元年）始，杨简因受到韩侂胄的政治迫害，从太学（别称"胄监"）博士一职上奉祠归里，赋闲整整十四年。在此期间，他除了讲学之外，主要从事对儒家经典的校订、整理工作，其中特别值得一提的是，他把历代所传的孔子言论校核勘正，汇为一帙，撰成《先圣大训》一书（共六卷、五十五篇），今收录在《四库全书》（子部儒家类）之中。对于此书，杨简特意阐明自己撰写的动机，他说：

> 祗惟先圣大训，自《论语》《孝经》《易》《春秋》而外，散落隐伏，虽间见于杂说之中而不尊，不特有讹有诬。道心大同，昏明斯异，毫厘有间，虽面觌无睹，明告莫谕。是无惑乎圣言则一，而记者不同也。又无惑乎承舛听谬，遂至于大乖也。夜光之珠，久混沙砾，日月之明，出没云气，不知固无责，有知焉而不致其力，非义也。是

---

① 陈立胜：《如何守护良知——陆王心学工夫中"自力"与"他力"辩证》，《哲学研究》2017年第10期，第38页。
② 第一次长达十四年（1195—1208年），第二次长达十三年（1214—1226年），于宝庆二年（1226年）正式致仕，旋于该年三月病逝。
③ 《慈湖遗书》附录，《宝谟阁学士正奉大夫慈湖先生行状》，第941页。

用参证群记，聚而为一书，刊诬阙疑，发幽出隐，庶乎不至滋人心之惑，非敢以是为确也。①

对于此书阐扬的哲学观点，四库馆臣站在程朱理学立场上有所贬抑，对杨简所下的经学考证工夫，却予以充分的肯定，说：

《先圣大训》，宋杨简撰。（简）搜辑孔子遗言，排纂为五十五篇，而各为之注。简出陆九渊之门，故所注多牵合圣言，抒发心学。然秦汉以来，百家诡诞之谈，往往依托孔子，简能刊削伪妄，归于纯正，异同舛互，亦多所厘订，其搜罗澄汰之功，亦未可没焉。②

是书往往借以抒发心学，未免有所牵附。然秦汉以来，百家诡激之谈、纬候怪诞之说，无一不依托先圣为重，庞杂芜秽，害道滋深。学者爱博嗜奇，不能一一抉择也。简此书削除伪妄而取其精纯，刊落琐屑而存其正大。其间字句异同、文义舛互者，亦皆参订斟酌，归于一是。较之薛据集，语颇为典核，求洙泗之遗文者，固当以是为骊渊矣。③

治经之学需要花费大量的时间和精力，搜集材料，考证校订，堪称一项极其劳苦的学术工作，然而，杨简不惮其烦，"刊削伪妄，归于纯正"，把自己所认可的孔子之语一一记录下来，并做好旁注。单从文献意义上讲，连思想保守的四库馆臣亦承认——"（其）语颇为典核，求洙泗之遗文者，固当以是为骊渊矣。"所谓骊渊，即骊龙之渊。《庄子·列御寇》中有一个典故——"千金之珠，必在九重之渊，而骊龙颔下。"④ 可见，四库馆臣很看重杨简所著《先圣大训》的经学价值，视之为"骊龙之渊"，亦即无价珍宝的来源之地。

嘉定七年（1214年），七十三岁的杨简再次奉祠归隐，名义上"除直宝谟阁，主管成都府玉局观"⑤，直至八十六岁去世，再未入朝为官。门人钱时叙述了杨简在这十三年间的学术贡献，他说：

---

① 《〈先圣大训〉原序》，载《四库全书》，子部，第706册，第586页。
② 《钦定四库全书简明目录》卷9，载《四库全书》，第6册，第156页。
③ 《钦定四库全书总目》卷92，载《四库全书》，第3册，第41页。按：宋人薛据，字叔容，永嘉人，生卒年不详，官至浙东提举常平。尝为《孔子集语》二十卷。
④ 《庄子集释》卷10，《列御寇第三十二》，第1056页。
⑤ 《慈湖遗书》附录，《宝谟阁学士正奉大夫慈湖先生行状》，第940页。

> 其领玉局而归也，门人益亲，遐方僻峤、妇人孺子，亦知有所谓慈湖先生，肖然天地间，为斯文宗主，泰山乔岳，秋月独明也。始传《古文孝经》，传《鲁论》，而厘正其篇次。平生多所著述，片言只字，无非发明大道。①

可见，杨简不顾年高，仍然孜孜不倦地考订、整理儒学的有关典籍，继续完善自己的经学体系。与陆九渊"不立文字"的风格相比，杨简"平生多所著述"，但是，不是为了扬名立万，他的目的十分明确——"片言只字，无非发明大道"。关于杨简的著作，钱时做了简要的统计整理，他说：

> 散落海内，未易遽集。方裒之其已成编者：《甲稿》《乙稿》，及《冠记》《昏记》《丧礼家记》《家祭记》《释菜礼记》《石鱼家记》，皆成书。②

显然，这个统计是很不完整的，例如，《杨氏易传》二十卷，是杨简易学思想的重要成果，这部著作却未被统计在内。又如：《慈湖诗传》二十卷，也是杨简对于《诗经》一书的诠释著作，四库馆臣称其"考证颇详，而大旨归本于无邪，要不悖于圣人之义"。③这些著作在杨简的经学体系中都占有重要的位置，每一部著作都足以令人领略到杨简沉潜而翔实的经学工夫。关于杨简的经学研究成果，借用四库馆臣对其《慈湖诗传》的一段评价来加以综述，似乎可以窥见其整体学术价值之高低，纪昀等清代官方学者评价说：

> 简之学出陆九渊，故高明之过，至于放言自恣，无所畏避。其它笺释文义，……间有附会穿凿。然其于一名一物、一字一句，必斟酌去取，旁征远引，曲畅其说。其考核六书，则自《说文》《尔雅》《释文》以及史传之音注，无不悉搜；其订正训诂，则自齐鲁毛韩以下，以至方言杂说，无不博引，可谓折衷同异，自成一家之言。④

---

① 《慈湖遗书》附录，《宝谟阁学士正奉大夫慈湖先生行状》，第942页。
② 同上。裒，聚集。
③ 《钦定四库全书简明目录》卷2，载《四库全书》，第6册，第32页。
④ 《钦定四库全书总目》卷15，载《四库全书》，第1册，第331页。

这些评价表明,杨简的文字训诂和材料搜集能力都达到了"斟酌去取,旁征远引,曲畅其说"的高水平,因此,四库馆臣承认杨简的治经之学"可谓折衷同异,自成一家之言"。正是因为有了扎实的文字训诂和考据工夫,杨简才得以撰成如此丰富的著作,从而形成博大精深的经学体系。

不过,本著所论重点并不是杨简具体的经学内容,而是通过这些治经之学的学术成果来揭示杨简哲学思想的内涵和特色。例如:治经之学必须广泛阅读古代典籍,对于读书,杨简形成了一套辩证而灵活的思想方法,主张学者在读书时要慎思明辨,防止被书本中的错讹所误导。他说:

> 诚虽读孔子之言,奚可不精而思之,熟而复之?今天下非圣人之书何限?无非惑乱人心之具。孔子之言出于古者所记录,犹或失真,而况于非圣人之书,其害道者多矣。①

虽然杨简对于孔子极其尊崇,但在多年读书治学的过程中,他屡次发现:许多古书所记录的孔子话语,明显失真,而一些非常有价值的孔子言论,却没有被收录在《论语》这样的重要经典之中,因此,学者必须以博学、审问、慎思、明辨的态度来对待经典古籍。由于相信"人心即道",因此,杨简告诫学者,每当遇到古籍中所载的孔子言论时,也必须"精而思之,熟而复之",不可盲从,以避免被"非圣人之书"的错误所迷惑、误导。

总之,对待经典文献,杨简一方面主张"六经"根于人心,"乃吾心所自有",另一方面又承认以经为据的必要性,因此,他毕生从事经学研究,目的是"得圣贤之言为证",给自己的心学思想寻找坚实的经典依据。在此基础之上,他形成了辩证而灵活的读书观,反对盲从古人、迷信经典。这些源于经学研究的哲学思想,都为后人的学术探索提供了宝贵的思想借鉴。

第二节 对"五经"的重新诠释

本著的重点并非研究杨简具体的经学成果,因此,笔者无意于全面而详细阐述杨简经学思想的理论体系,不过,通过有选择性地介绍杨简对儒

---

① 《慈湖遗书》卷15,《家记九·泛论学》,第845页。

家经典重新诠释的某些成果片段①，有助于今人对杨简经学思想的风貌窥其一斑，从而进一步理解杨简哲学思想的深邃内涵和独到之处。

一 慈湖论《诗经》

《诗经》是"六经"之一，其思想价值体现在哲学、文学、政治等多个方面。杨简著有《慈湖诗传》二十卷，可见其对于《诗经》的重视和所下的工夫。在杨简之前，《诗经》研究已经有了相当丰富的成果。秦汉之际，已形成鲁诗、齐诗和韩诗三家，西汉初期，毛亨、毛苌叔侄俩（合称"毛公"），以《诗经》为本，形成著名的"毛诗学"，"自谓子夏所传"，②与之并立为四家。到了东汉，卫宏③又以毛诗为本，作《毛诗序》，马融作《毛诗传》，郑玄作《毛诗笺》，毛诗之学益加兴旺。隋唐时代的陆德明（约550—630年），著《经典释文》三十卷，其中叙述了《诗经》注释的传授史，声明：鲁诗、齐诗和韩诗三家皆已式微，"唯《毛诗》郑笺独立国学，今所遵用"。④这样一来，唐宋时代人们所读的《诗经》，实际上就是毛公和卫宏所流传下来的著作。杨简曾经熟读《毛诗》及卫宏之序，发现无论是毛公还是卫宏，都有解释不当之处，因此，他"逆潮流而动"，指出了其中一些讹误，告诫当世学者不要盲目信从古人之书。

首先，杨简对卫宏的《毛诗序》提出了尖锐的批评，认为此文虽然立于学官，实际是一篇臆度穿凿、牵强附会之作。他举例说：

> 今夫所谓毛诗序者，是奚知此旨？求诸诗而无说，无说而必求其说，故委曲迁就，意度穿凿，殊可叹笑。孔子曰："《关雎》乐而不淫，哀而不伤。"此言关雎之音也，非言关雎之诗也。为序者不得其说，而谓《关雎》："乐得淑女，以配君子，忧在进贤，不淫其色。哀窈窕，思贤才，而无伤善之心。"今取《关雎》之诗读之，殊无哀窈窕，无伤善之心之意。⑤

杨简的批评是符合事实的。虽然《诗经》经过秦朝的焚毁，但是其开

---

① 杨简的易学思想在本著第二章第四节已有介绍，故此节略之。
② 《汉书》卷30，《艺文志第十》，第1708页。
③ （南朝）范晔：《后汉书》，卷79《儒林列传》，中华书局1965年标点本，第2575页。
④ （唐）陆德明：《经典释文》，卷1《序录·注解传述人》，载《四库全书》，上海古籍出版社1989年版，经部，第182册，第368页。
⑤ 《慈湖遗书》卷8，《论〈书〉〈诗〉》，第731页。

篇之作,人们一般不容易忘记。《关雎》一篇,本质上就是一首情歌而已,表达的是贵族男子对于河边窈窕淑女的爱慕之意。可是,在汉儒的眼中,这实在有悖于封建礼教,因此,如何解释这首诗就成了一个令人头痛的难题。于是,毛苌、卫宏等汉儒曲为之解,说《关雎》之诗的要旨在于讲述贤德之后妃"乐得淑女,以配君子,忧在进贤,不淫其色。哀窈窕,思贤才,而无伤善之心"。① 对于这种解释,历代儒者沿袭已久,直至朱熹,仍然持其旧论,他说:

> 《关雎》言"窈窕淑女",则是明言后妃之德也。②
> 《关雎》一诗文理深奥,如乾坤卦一般,只可熟读详味,不可说。③

朱熹的解释,第一句话是沿袭卫宏旧说,认为《关雎》一诗歌颂的是贤惠后妃的美德,甚至专指周文王的后妃太姒。朱熹还说:"《关雎》形容后妃之德如此,又当知君子之德如此……人君则必当如文王,后妃则必当如太姒,其原如此。"④ 第二句话则有故弄玄虚之嫌,把《关雎》视为"文理深奥",认为此诗"只可熟读详味,不可说"。对于卫宏乃至朱熹这种牵强附会之论,杨简当然不敢苟同,他毫不客气地指出:"今取《关雎》之诗读之,殊无哀窈窕,无伤善之心之意。"而且,他还根据自己的音律知识,指明卫宏曲解了孔子所说"《关雎》乐而不淫,哀而不伤"(《论语·八佾第三》)的本意,杨简向世人说明:"此言《关雎》之音也,非言《关雎》之诗也。"先秦时期的诗作都是可以咏唱的,卫宏忽视了这一点,强为之解,结果与孔子原意相去十万八千里。站在现代人的认识高度,我们不难发现,杨简对于《关雎》的理解更符合其诗的本意,今天学术界早已公认,《关雎》不过是一首情诗而已,以其感情真挚无邪,故而孔子把它保留在《诗经》之中。如果某人非要说它是什么关乎"后妃之德"的作品,那么,未免过于迂曲缴绕,只好请他去向卫宏、朱熹等古人讨教个中奥妙了。

根据上述辨析,杨简对于《毛诗序》得出一个结论——"今夫所谓

---

① 《诗序》卷上,载《四库全书》,上海古籍出版社 1989 年版,经部,第 69 册,第 6 页。
　按:《诗序》作者是谁,历来有争议,故此不标明。
② 《朱子语类》卷 81,《诗二》,第 1885—1886 页。
③ 同上书,第 1881 页。
④ 同上书,第 1883 页。

《毛诗序》者,是奚知此旨?求诸诗而无说,无说而必求其说,故委曲迁就,意度穿凿,殊可叹笑"。在此,杨简不便明言的是,作《毛诗序》的汉儒卫宏固然"殊可叹笑",同理,未加审辨而绍述其言的朱熹其实也是一位"殊可叹笑"的宋儒。至于卫宏等人为何会犯这样的错误,杨简也做出辨析——

> 为序者不知孔子所删之旨,不知无邪之道,见诗辞平常无说,意圣人取此必有深义,故穿凿迁就,委曲增益,虽傍依礼义,粲然典雅之文,而孔子之本旨亡矣。毛氏之学,自言子夏所传,而史氏又谓卫宏作序,自子夏不得其门而入,而况毛苌、卫宏之徒欤?子夏之失未必至如此甚,盖毛、卫从而益之。①

简而言之,卫宏等人"不知孔子所删之旨",看到一篇平常无奇的诗篇,便臆测圣人"取此必有深义",于是,"穿凿迁就,委曲增益",做出一些表面"粲然典雅"的阐释,实际将孔子删述《诗经》的本旨丢弃得一干二净。那么,孔子删述《诗经》的取舍标准究竟是什么呢?杨简认为——

> 孔子删《诗》三百篇,未尝作序,惟以一言蔽之曰:"思无邪。"简取《诗》咏歌之,不胜和乐融畅,如造化发育,醇然粹然,不知天地之在彼,万(物)之不齐也。不知其所始,不知其所终也。呜呼至矣!及考《序》文,大失本旨,如云翳日,如沙混金。《诗》中无邪之妙,自足自全,虽不知何世何人所作,无损于斯妙也。况《序》亦不能尽知其世与其人,其间乖谬良多。②

杨简之所以敢于指斥《毛诗序》"其间乖谬良多",其根据在于孔子删述《诗经》之时,有意识地将历代积留的原诗从三千首之多删节至三百零五首。《史记·孔子世家》说:"古者诗三千余篇,及至孔子,去其重,取可施于礼义,……三百(零)五篇孔子皆弦歌之,以求合韶武雅颂之音。"③ 对自己删述《诗经》的准则,孔子曾用一句话来形容——"诗三

---

① 《慈湖遗书》卷8,《论〈书〉〈诗〉》,第731页。
② 同上书,第732页。
③ 《史记》卷47,《孔子世家》,第1936页。

百,一言以蔽之,思无邪"(《论语·为政》)。这一概括非常精辟,也体现出孔子删述《诗经》时的取舍标准。杨简认为,只要懂得了"思无邪"这一根本宗旨,对于整个《诗经》的理解,就算抓住了肯綮。可是,汉儒毛苌等人喜好穿凿附会,强为之注,已经泥迹失神,而卫宏其人更是画蛇添足,作一篇《毛诗序》,其效果是"大失本旨,如云翳日,如沙混金",后世学者如果不善于独立思考,读完《毛诗序》之后,反而对于《诗经》诸篇的思想宗旨陷入一片迷茫之中,甚至被误导而不自知。

其次,杨简揭示了《诗经》来源于社会生活,肯定了广大劳动人民在创作《诗经》的过程中起到的积极而有益的初始作用。他说:

《诗》三百篇,多小夫贱妇所为,忽然有感于中,发于声,有所讽,有所美。虽今之愚夫愚妇亦有忽讽忽美之言,苟成章句,苟非邪僻,亦古之诗。夫岂难知?惟此无邪之思,人皆知之而不自知(所)起。①

杨简坦陈,《诗经》中大多数的诗歌(主要是《国风》部分)都是民间不知名的小夫贱妇所为。这一观点,带有朴素的历史唯物主义色彩。众多的底层民众在日常生活和生产劳动之中,"忽然有感于中,发于声",这便是国风的来源。这些民间歌谣"有所讽,有所美",被朝廷的采风官搜集而去,成为《诗经》的原始素材。如果没有这些民间歌谣为素材,孔夫子再有才华,仅凭一人之力,也不可能编著出如此之多流传久远的经典诗歌来。

例如:《诗经·周南》中有一篇名为《桃夭》,原诗如下:

桃之夭夭,灼灼其华;之子于归,宜其室家。桃之夭夭,有蕡其实;之子于归,宜其家室。桃之夭夭,其叶蓁蓁;之子于归,宜其家人。②

关于这首诗的作者,根本无从可考,就是先秦时期婚庆之时人们对于出嫁少女的祝福赞美之辞,完全是民间歌谣。卫宏在《诗序》中牵强地解

---

① 《慈湖遗书》卷8,《论〈书〉〈诗〉》,第730—731页。
② 《毛诗正义》卷1,《周南·桃夭》,载《十三经注疏》,第1册,第587页。蕡,音fén,形容果实硕大;蓁蓁,枝叶茂盛貌。

释说："《桃夭》后妃之所致也。不妒忌，则男女以正。婚姻以时。国无鳏民也。"① 杨简还此诗的本来面目，直接阐明了此诗的原本含义，他说：

> 此夫妇和乐之正情也，非邪僻也。归妹，天地之大义也，说（通"悦"）以动，归妹也。妹，少女也。虽说而非邪，正心也，道心也。为序者不达是道，必于诗外推及后妃所致，又及不妒忌，不妒忌诚善，而于《桃夭》之诗言之，则为赘，则为不知道。②

杨简认为，年轻姑娘出嫁（"归妹"），乃是"天地之大义"，人们在此时为她祝福歌唱，一派喜气洋洋，这是"和乐之正情"，这种正情"虽悦而非邪，正心也，道心也"。而卫宏作《诗序》时，非要说什么"《桃夭》，后妃之所致也。不妒忌，则男女以正"，实在是画蛇添足的赘言，根本不能理解什么是"道"。在杨简看来，不管是小民百姓，还是圣人君子，这种发自本心的真情实感都属于"道心"的体现，用他自己的话说，便是"人之善心也，道心也，无邪僻之思也。孔子取此，取此道心也"。③ 正因为如此，先圣孔子并不介意这种诗篇出自小夫贱妇之口，仍然把它们收录在自己精心编定的《诗经》之中。

《诗经》是先秦现实主义文学的代表作，根源于社会生活。杨简非常清楚地看到这一点，而且进一步指出，"虽今之愚夫愚妇亦有忽讽忽美之言，苟成章句，苟非邪僻，亦古之诗"，这一见解当然合乎实际。据此，我们可以推想，即使是在技术先进、信息发达的现代社会，如果有人认真搜集、整理一些有价值的民间歌谣，那么，也会形成一部别有意趣的现代《国风》。

再次，既然否定了盲目考证《诗经》诸篇作者的必要性，那么，后人学习《诗经》的终极意义何在呢？杨简认为——

> 然观《诗》者正不必推求其人。三百篇中，或诵或歌，皆足以兴起人之道心，此孔子删诗之大旨，而人知此信此者亦寡。④

杨简认为，经过先圣删述的《诗经》诸篇都具有"思无邪"的思想内

---

① 《诗序》卷上，载《四库全书》，经部，第69册，第7页。
② 《慈湖诗传》卷1，载《四库全书》，经部，第73册，第14页。
③ 《慈湖诗传》卷6，载《四库全书》，经部，第73册，第75页。
④ 《慈湖诗传》卷1，载《四库全书》，经部，第73册，第12页。

涵，因此，后人诵读《诗经》，真正的作用在于"兴起人之道心"，这也符合孔子所说"兴于诗，立于礼，成于乐"（《论语·泰伯》）的古训。这样一来，杨简便超越了一般经学家埋头于训诂考据的狭隘视域，把《诗经》作为明道淑人、化民成俗的教化工具，使其发挥端正世风的积极社会作用。

例如：《邶风·燕燕》一诗，叙述了一对好姐妹送别时的情景，原文如下：

> 燕燕于飞，差池其羽；之子于归，远送于野；瞻望弗及，泣涕如雨。燕燕于飞，颉之颃之；之子于归，远于将之；瞻望弗及，伫立以泣。……仲氏任只，其心塞渊；终温且惠，淑慎其身。……①

《诗经》研究者大多认为，这首诗描写的是卫庄公之妻庄姜送别庄公之妾戴妫之时所作。大致原委如下：正妃庄姜"美而无子"，②庄公之妾戴妫自愿将己子完过继给她，庄公死后，公子完即位（即卫桓公），不久为公子州吁所杀。州吁篡位后③，逼迫戴妫返回故乡陈国。无力反抗的庄姜只好送别戴妫，姐妹之间依依不舍。对于两个弱女子的悲伤离别，杨简评述说：

> 夷考是诗，宛然有庄姜送戴妫之状。……则是诗固不必定指，而一篇相送之情，哀伤不已之意。念仲氏之善，塞渊温惠，皆正也，善也，至今读之，使人闵（同"悯"）伤之心隐然以生，而非邪僻也。④

关于《燕燕》一诗的由来，杨简并不否认一般的说法，即"庄姜送戴妫之状"，但是，他又明智地指出："是诗固不必定指"，就其一篇大意而言，体现的是姐妹"相送之情、哀伤不已之意"。这种真挚的姐妹之情自然属于"思无邪"的范畴，更何况是在君权压迫下的无奈分别。站在读者

---

① 《毛诗正义》卷2，《邶风·燕燕》，载《十三经注疏》，第1册，第627—628页。仲氏，指戴妫；只，语气助词。
② （春秋）左丘明原著、（晋）杜预注：《春秋左传正义》卷3，《隐公三年》，载《十三经注疏》，（清）阮元校刻，中华书局2009年版，第4册，第3742页。
③ 后来州吁因为残暴无道，被老臣石碏设计由陈国国君捉住杀掉，卫国民众共立公子晋为国君。
④ 《慈湖诗传》卷3，《邶风·燕燕》。载《四库全书》，经部，第73册，第32页。

的角度，杨简认为，"至今读之，使人悯伤之心隐然以生"。这一点评简明扼要，充分道出了读者的真切感受，而且，这种感受是跨越时空的，即使在今天，当我们读到《燕燕》之诗时，即使不知其背景为何，依然能够体会到那种纯诚的情怀。在此基础上，杨简进一步概括《诗经》的宗旨说："呜呼，三百篇一旨也。有能达是，则至正至善之心，人所自有，喜怒哀乐，无所不通，而非放逸邪僻，是谓寂然不动、感而遂通天下之故。"（同上）这样，又回到了心学的思想立场上来。

杨简关于《诗经》的独到见解还有很多，例如：《诗经》有很多从表面上看纯属情诗的作品，杨简指出："凡诗言美人，皆称其贤。"① 这一解释，如同《楚辞》中以香草幽兰比喻君子一样，一下子将《国风》中许多作品的境界提高了一大截。又如：杨简在阐释《大雅·文王》一诗的结尾说："作是诗者，其周公乎！圣人之言也。"② 表明他对于《文王》这首长诗内含的哲理具有非常深刻的体认，最后竟然能够猜出此诗的作者是谁，堪称点睛之笔。如是等等，不一而足，由于受本著主题和本节篇幅所限，杨简关于《诗经》的许多真知灼见不宜过分展开，只好留待在其他的研究成果去详细探讨了。

二 慈湖论《礼经》

广义上的《礼经》，包括：《周礼》《仪礼》和《礼记》三部，合称"三礼"。杨简对"三礼"均有深入的研究，其认识大致是：特别崇尚《周礼》，相对看重《大戴礼记》，不满于《小戴礼记》中的许多谬误。

首先，杨简特别崇尚《周礼》一书，并把它视为自己的复古主义政治理想的理论依据。需要说明的是，《周礼》原名《周官》，为西汉古文经学家刘歆所发掘整理，王莽改制时方立于学官，更名为《周礼》。《周礼》记载的是西周时期的"六官"制度，依此可以考见古制，对后世影响很大，成为一些政治家托古改制的理论蓝本。杨简对《周礼》一书特别推崇，他说：

> 人心皆善皆正，惟上之所以治其民者，反以坏乱之，故虽有本善之性，如金混沙，如云翳月矣。必如《周礼》所以治其民者治民，而

---

① 《慈湖诗传》卷6，《郑风·野有蔓草》，载《四库全书》，经部，第73册，第84页。
② 《慈湖诗传》卷16，《大雅·文王》，载《四库全书》，经部，第74册，第245页。

后庶几乎!①

在杨简的《论治务》一文中,认为"方今治务","其次急者八",其中,第六条便是"取《周礼》及古书会议熟讲,其可行于今者,三公定其议而奏行之"。② 对于杨简而言,在众多儒家经典中,唯有《周礼》一书堪为其政治思想的理论指导,所以有此倡议。总之,杨简对《周礼》一书是由衷赞叹的——"呜呼!《周礼》之书,至矣!"③ 由是可见其浓重的复古主义思想情怀。

其次,杨简相对看重《大戴礼记》,而不满于《小戴礼记》中的许多谬误。西汉时期,儒者戴德编定《礼记》八十五篇,史称《大戴礼记》,其侄戴圣则编撰了《礼记》四十九篇,史称《小戴礼记》。东汉时期,经学大师郑玄给《小戴礼记》作了详细注释,使其广泛流传,《大戴礼记》渐渐不为后人重视,后代传抄研习的一般是《小戴礼记》。由于从《大戴礼记》中发现了"忠信为大道"的思想,杨简对此书还比较看重。至于《小戴礼记》,无论是其思想观点还是文字表述,杨简颇不认同,多予指摘和批判。例如,《小戴礼记》开篇《曲礼上》有一段文字:"傲不可长,欲不可从,志不可满,乐不可极。"④ 又讲:"博闻强识而让,敦善行而不怠,谓之君子。"⑤ 对此,杨简加以批判说:

> 戴圣何人?其为《曲礼》,《记》首言"傲不可长",亦可有而不可长欤?是何言欤?又叙博闻强识于善行之先,皆衰世小人之言,此类奚可不削?⑥

杨简的批判之语过于简洁,后人可能会认为他有些吹毛求疵,在此笔者亦不想过多评论。只是需要说明,在杨简看来,《小戴礼记》的这些问题是不可忽略的,他认为"经子史集差失已久,其惑乱人心已深,不修成书,则邪说不衰熄,正道不开明"(同上),因此,杨简在《论治务》一文的最后一条主张就是"修书以削邪说"。既然他把戴圣在《小戴礼记》

---

① 《慈湖遗书》卷16,《论治道》,第874页。
② 《慈湖遗书》卷16,《论治务》,第860页。
③ 《慈湖遗书》卷16,《论治道》,第874页。
④ 《礼记正义》卷1,《曲礼上第一》,载《十三经注疏》,第3册,第2661页。
⑤ 同上书,第2702页。
⑥ 《慈湖遗书》卷16,《论治务》,第866页。

中的某些言论视为"衰世小人之言",所以,当然把它列入"奚可不削"的"邪书"之列。

再次,《小戴礼记》中的某些名篇,如《乐记》《学记》等等,杨简亦指摘其瑕疵,认为它们"非知道者作"①。且以一言为例,《礼记·乐记》中说:"乐由中出,礼自外作。"② 对此,杨简深加挞伐,他说:

> 礼在人心,故虽先王未之有而可以义起者,义生于人心之所同然也。……智者即心而言礼,愚者自外而言礼,曰"礼自外作"者,非圣人之言也。③
>
> 礼亦非己外之物。礼者,我之所自有,凡礼之所有,皆我心之所安。复我本有之礼,斯已矣,复何所为?④
>
> 礼者,道心之发见,于文为之名。"经礼三百、曲礼三千",皆吾心所自有,以动乎意而放逸,始失之。⑤

类似的话还有很多,兹不赘述。总之,杨简认为,"礼非自外至,人心之所自有也",⑥ 先王只不过是根据人心所自有的东西加以品制节文而已,绝不能说"礼自外作",这是一个原则性的问题,不容混淆。

又如:《礼记·学记》中说,"九年知类通达,强立而不反,谓之大成",⑦ 表述的是学者必须经过长期学习,九年后方能臻于"大成"境界的进程。对此,杨简亦不以为然,他批评说:

> 《学记》亦非知道者作,泛泛外务,谓"知类通达,强立而不反",辞气非真通达,果通达,岂九年所可限?⑧

作为一个心学家,杨简所信奉的是"明心即道",只要觉悟人心之中先天蕴含的至明至善的美德,就可以随心所欲、运用自如,处理好生活中各种事务。而《学记》所说的是"知类通达,强立而不反",明显带有后

---

① 《慈湖遗书》9,《论春秋礼乐》,第752页。又见该书第751页。
② 《礼记正义》卷37,《乐记第十九》,载《十三经注疏》,第3册,第3315—3316页。
③ 《慈湖遗书》9,《论春秋礼乐》,第738页。
④ 《慈湖遗书》卷11,《论〈论语〉下》,第811页。
⑤ 同上书,第812页。
⑥ 《慈湖遗书》卷9,《论春秋礼乐》,第741页。
⑦ 《礼记正义》卷36,《乐记》,载《十三经注疏》,第3册,第3296页。
⑧ 《慈湖遗书》卷9,《论春秋礼乐》,第751页。

天塑造、泛应外物的意味，因此，杨简对此不免鄙夷，认为《学记》作者本身就是"非真通达"之士，否则，不会出此生硬、勉强之论。杨简认为，无论是《学记》还是《乐记》的作者，出现这些偏差的原因在于"由乎其本心之未明"①，其后果是以己昏昏，使人昏昏。然而，这些存在问题颇多的经典却堂而皇之地列于学官，成为科举考试的功令，实在是贻误后人，对此，杨简愤慨地说：

> 《礼记》之言，有是有非，而后世一尊之。今以为经，以此取士，违尔者黜，故学士大夫千载一律，意说纷然，道心滋蔽。吁！可痛矣。②

杨简对于《小戴礼记》的批评，并不是为了表现自己经学造诣的高深，而是面对一些"似高深而实不知道，徒惑乱后学"③的所谓经典，力图以自己的努力来明道正辞，根本目的还是要阐明"礼乐刑政之原"，④从而为自己的治国主张找到源远流长的理论根据。虽然杨简在政治上并未实现得君行道的理想，但是，由于多年的经学研究积累，他无意间成为一位南宋时期不可忽略的经学家，打破了世人对于心学一系"不读书、不穷理"的误解和指责。

三　慈湖论《尚书》

杨简的经学造诣，不仅体现在善于阐发儒家经典的微言大义，而且更多地体现在音韵训诂等"小学"工夫上。四库馆臣称之曰："其于一名一物、一字一句，必斟酌去取，旁征远引，曲畅其说。其考核六书，则自《说文》《尔雅》《释文》以及史传之音注，无不悉搜。"⑤这个评价绝不是凭空妄言，我们仅从他对《尚书》中一个字读音的校订就可以窥其一斑。

先秦时期，职官表中有大宰小宰、大师小师（乐官）、大祝小祝（主持祭祀之官员）、大史小史（史官）以及太师、太傅、太保（"三公"）等称谓。对于这些官职名称，后人读起来，一般"太"和"大"不分。但是，长期研究经典的杨简却慢慢地发现了其中的问题，他说：

---

① 《慈湖遗书》卷9，《论春秋礼乐》，第752页。
② 同上书，第745页。
③ 同上书，第754页。
④ 《慈湖遗书》卷16，《论治道》，第873页。
⑤ 《钦定四库全书总目》卷15，载《四库全书》，第1册，第331页。

> "尽信《书》，不如无《书》"，诚哉是言！简自总角读书，音大为太者多也，率从陆德明音，从旧从众，不复考究。今老，始致疑而考焉。《周礼》大宰小宰、乐官之大师小师、祝官之大祝小祝、史官之大史小史，若此类皆当如字，大小相对。《尚书·周官》"立太师、太傅、太保，兹惟三公，论道经邦，燮理阴阳，官不必备，惟其人。少师、少傅、少保曰三孤，贰公弘化"，礼之太牢、少牢，若此类，皆当音太，太与少对。三公所以音太者，"三公论道经邦，燮理阴阳，官不必备，惟其人"，乃任之、尊之至，故音太。牢祀天神，亦尊其称音太。以三少、少牢推之，则三公、太牢音太可知矣。①

在这段话中，杨简回顾自己少小读书时也是按照唐代名儒陆德明的注音，"从旧从众，不复考究"，对于许多古代官职名称，都念了"太"字，没有想过正确与否。到年迈之后，发现古书中的大宰小宰、大师小师、大祝小祝、大史小史等名称，应该读"大"音，表明大小相对之意。而《尚书·周官》一文中，有"立太师、太傅、太保，兹惟三公"以及"少师、少傅、少保曰三孤，贰公弘化"之语，这里的"三公"（太师、太傅、太保）的确应该念"太"音，与"少"字相对，而且含有至尊之意；同理，"礼之太牢、少牢，若此类，皆当音太，太与少对"，也含有敬天尊神之意。杨简指出，古书中类似的错误很多，原因在于先儒校订典籍时误读，后儒沿袭而不加深究，例如：

> 今世所传《尚书》，凡太史皆音"太"者，晁错汉儒，随俗苟称，而不考诸《周礼》也。②

这里包含了一个历史典故——汉文帝时期，大夫晁错奉朝廷之命前往山东向年迈的儒者伏胜学习、整理《尚书》，根据伏胜口授，编成用隶书体撰写的《今文尚书》。晁错抢救、整理古代文献的行为固然功不可没，但是，书中存在各种各样的舛误也在所难免。后儒大多不经慎思明辨，呆板地沿袭旧说，结果产生音韵训诂等多方面的问题。难得到了杨简这里，连一个字的读音也不放过，可见其治学态度之严谨缜密了。对于历史上晁错、陆德明等人的错误，杨简得出了一个结论——"'尽信《书》，不如无

---

① 《慈湖遗书》卷15，《家记九·论字义》，第855—856页。
② 同上书，第856页。

《书》',诚哉是言!"(语出《孟子·尽心下》)告诉后代学人一个道理:凡事要用自己的心去感受和辨别,盲目相信古人之书是不行的。无疑,这是一个蕴含心学导向的思想命题。

四 慈湖论《春秋》

《春秋》是孔子根据鲁国史官所记述的史料而删定编成的编年史。记事起自鲁隐公元年(前722年)至鲁哀公十四年(前481年)之间,凡二百四十二年。由于是私人修史,孔子自谓"知我者其惟《春秋》乎!罪我者其惟《春秋》乎!"(《孟子·滕文公下》)由于《春秋》一书行文简洁,仅有1.6万字,后人在阅读《春秋》的过程中,无论是对于史实,还是对于其中可能蕴含的"微言大义",都不甚明了。因此,先秦时期便有儒者专门为《春秋》作传,最著名的有三部:从史实角度来丰富《春秋》内容的,是《春秋左氏传》,从阐发微言大义角度来讲述《春秋》思想宗旨的,是《公羊传》和《穀梁传》。"春秋三传"成书并流行之后,《春秋》本书则不再单行。对此,杨简指出——

> 《左氏》《公羊》《穀梁》三传,《春秋》虽因是有考,而失圣人之志不一。……扫云翳,昭日月,斯任至重。①

正是因为不迷信"三传"对于《春秋》本经所做的解释和阐发,杨简才狠下工夫,长期从事《春秋》一书的研究和校订,得出了自己对于《春秋》一书的看法。由于本节篇幅所限(且不致走题),笔者在此仅就其两个方面加以介绍。首先,关于《春秋》一书的思想宗旨,杨简明确地说:

> 《春秋》借二百四十二年之行事以明斯道,非为春秋之君臣设也,为万世设也。《春秋》为明道而作,所以使天下后世知是者是道,非者非道。而诸儒作传,不胜异说,或以为尊王贱霸,或以为谨华夷之辩,或以为正名分,或以为诛心。凡此固《春秋》所有,然皆指其一端,大旨终不明白。②

站在心学家的立场上,杨简指出,后世诸儒虽然熟读《春秋》,并为

---

① 《慈湖遗书》卷16,《论治道》,第866页。
② 《慈湖遗书》卷9,《论春秋礼乐》,第735—736页。

之作了各种传（远不止"三传"而已），纷纷阐释孔子作《春秋》一书的目的，实际上都失之片面，仅能指其一端而亡其大旨。杨简认为，孔子作《春秋》一书，根本目的在于"为明道而作"，不过"借二百四十二年之行事以明斯道，非为春秋之君臣设也，为万世设也"。从这个意义上讲，《春秋》一书所褒扬的正人君子，所鞭挞的奸佞小人，都可以为后世所效法或借鉴，正因为如此，人们才说"孔子成《春秋》而乱臣贼子惧"（《孟子·滕文公下》）。至于什么是"道"，就得回顾本著前几章所讲的内容——"人心即道""忠信即道"……在杨简看来，这些内容不仅是个人修身的要领，也是君子治国平天下的理论指南。

其次，杨简也像其他经学家一样，细致地考订和阐发了《春秋》中某些文字所隐含的"微言大义"，例如，他和门人有一段对话——

> 汲古问："《春秋》经有书'王正月'，有不书'王正月'，此是略缺文否？"先生曰："十一公之元年皆书'王正月'，唯桓公三年而后不书'王'，定公元年不书'正月'，而书'王三月'"。汲古云："未达其义"。先生曰："不书者，非脱阙也，孔子削之也。子曰：'知我者，其惟春秋乎？罪我者，其惟春秋乎？'即此类也。盖《春秋》其甚严而亦甚宽。鲁桓弑君，周王当诛之，至三年而王不能诛，始不书'王'。鲁昭公之见逐于三家，薨于乾侯。逐虽轻于弑，既七年矣，故定公元年不书'王正月'，明王不能正三家之罪而讨之。"①

如果结合《春秋》本经来阅读这一段话，就会发现确如门人严汲古所说，有的地方写明"王正月"，有的地方则不写"王正月"，对此，有些细心的学者自然会猜想这是否为文字脱缺之故。杨简指出：在《春秋》一书中，共记载了鲁国十二个君主的历史，"十一公之元年皆书'王正月'，唯桓公三年而后不书'王'，定公元年不书'正月'，而书'王三月'"，这不是文字脱缺之故，而是孔子有意这么写的。原因在于：春秋早期，鲁桓公的君位乃弑庶兄鲁隐公而得，按道理，周天子应该讨伐，但是，东迁洛邑之后的周天子根本没有实力征讨诸侯，"至三年而王不能诛"，完全失掉了天子的尊严和威信，因此，孔子在这里将"王正月"改写成"正月"，去掉"王"字，表明微讽之意。同样的缘故，春秋晚期，鲁昭公被同姓之"三桓"（季孙氏、叔孙氏、孟孙氏）逐出国境，在外流离七年之

---

① 《慈湖遗书》卷9，《论春秋礼乐》，第736—737页。

久，最后于公元前510年冬十二月己未之日死于乾侯（地名），其弟被三家拥立为国君，是为鲁定公。鲁昭公本是堂堂国君，被三家大夫逐出国境，死于外邑，对于周天子而言，"不能正三家之罪而讨之"，没能尽到天子的职责，同样失去了天子的权威，因此，孔子作《春秋》时，在鲁定公元年之际，有意不写"王正月"初始之事（旧君新丧，其冤未伸），而直接记述"王三月"之后的事情，仍然是表明微讽之意。杨简的这番话，展示了他对于《春秋》一书中所含"微言大义"的理解，由此我们不难发现，杨简对于《春秋》实在太熟悉了，熟到对"一名一物、一字一句"都能"斟酌去取，旁征远引，曲畅其说"的水平。

第三节 对"四书"的评价与诠释

与陆九渊、杨慈湖同时，另一位大儒朱熹也在毕生从事儒家思想的传播和对儒家经典的诠释，其代表作之一就是《四书集注》。关于《论孟集注》，朱熹大致完成于淳熙丁酉（1177年），《朱子年谱》中明确记载："四年丁酉，四十八岁。夏六月，《论孟集注》《或问》成"①。至于《学庸章句》，朱熹花了很长的时间，最终定本是在淳熙己酉年（1189年），如果我们去阅读《四书集注》中的《大学》《中庸》两篇的朱子原序，就会发现末尾有明确的时间标识。朱熹生前已名满天下，他的《四书集注》问世之后，自然也会引起其他儒家学者的关注。由于杨简享年比朱熹长了二十六年，因此，他晚年颇有时间对于有重大社会影响的《四书集注》进行研究，但是，杨简绝非像一般士子那样只是盲目记诵而已，而是在诠释"四书"的过程中表达自己独到的认识和看法。

一 慈湖论《论语》

对于先圣孔子的思想，杨简当然是极其尊崇的，但是，他并不迷信《论语》一书所记录的孔子言论。杨简认为，《论语》一书，乃有子（若）的门徒所集记，既把一些重要的孔子言论忽略，又把一些似是而非的话语收录进来，因此，阅读《论语》也要"精而思之，熟而复之"。② 例如，

---

① （清）王懋竑：《朱子年谱》卷2，载《四库全书》，上海古籍出版社1989年版，史部，第447册，第282页。
② 《慈湖遗书》卷15，《家记九·泛论学》，第845页。

他说：

> "心之精神是谓圣"，乃孔子所以告子思。此可谓圣人至言，而《论语》不载。首篇乃多载有子之言。有子乃曾子之所不可者，则记《论语》者固不足以知圣人之至言也。①

杨简认为，"心之精神是谓圣"一语乃是孔子的至理名言，但是，有子之门徒（集记《论语》者）却没有收录进去，可见其认识水平有限。杨简对《论语》一书并不太满意，因此，他专门编撰《先圣大训》（六卷）一书，目的就是把自己有契会的各种书籍所记载的孔子言论汇为一处，成为孔子语录的范本。不过，杨简对《论语》一书并没有全盘否定，他说：

> 夫《论语》乃有子之徒所集，有子尚不为曾子所可，而况其徒乎？……使颜子记集，必专记孔子之言，必不失本真。今记集者见识乃出有子之下，则何以知圣言之本旨？所幸大圣之言，虽纪录有差，大体犹在。②
>
> 所幸圣言本无瑕，故记者虽差，亦可默会。③

杨简认为，有子之徒见识有限，"何以知圣言之本旨？"不过，"虽记录有差，大体犹在"，只要学者善于读书，对于孔子言论之本旨"亦可默会"。由是可见，杨简对于《论语》这样的经典还是持肯定的态度，这样一来，他和当时的其他儒家学者就有了对话交流的基础。不过，杨简对于程朱理学一系解释《论语》一书的某些思想并不认同，指出其瑕疵所在，并说明了充分的理由，这一点体现出心学思想家独到的辨经工夫。例如，他说：

> "子所雅言，诗、书、执礼，皆雅言也。"雅者，文雅之谓。雅言谓非俗语乡音，乃雅正之音也。④

---

① 《慈湖遗书》卷10，《论〈论语〉上》，第794页。
② 《慈湖遗书》卷11，《论〈论语〉下》，第819—820页。
③ 同上书，第820页。按：此语乃《论〈论语〉下》一章的末尾之语。
④ 同上书，第803页。

第六章 杨简的经学思想

"子所雅言"一语出自《论语·述而第七》，朱熹这样解释："雅，常也"，① 并引述程子之言说："孔子雅素之言，止于如此。若性与天道，则有不可得而闻者，要在默而识之也。"（同上）对于朱熹的解释，杨简并不认可，他指出："雅言谓非俗语乡音，乃雅正之音也"。如果用现代话语来解释，所谓雅言，即与方言相对，"非俗语乡音，乃雅正之音"，亦即今天所说的普通话（过去亦称"官话"）。在春秋时期，虽然各国方言不一，但也通行着官方"雅言"，于是，各国之间的外交活动、各地的文化交流，便有了合乎规范的共同语言。作为鲁国人，孔子平时当然会说鲁国方言，但是，每逢诵读《诗》《书》，或者执礼之时，则使用雅言，以示规范和庄重之意。可见，比起朱熹释雅言为"雅素之言"来，杨简的解释显然更加合理，也与现代许多语言学家的认识相同②。

又如：《论语·颜渊》中有一段名言——颜渊问仁。子曰："克己复礼为仁。一日克己复礼，天下归仁焉。为仁由己，而由人乎哉？"颜渊曰："请问其目？"子曰："非礼勿视，非礼勿听，非礼勿言，非礼勿动。"颜渊曰："回虽不敏，请事斯语矣。"对于这段话，朱熹的解释是："克，胜也；己，谓身之私欲也。复，反也。"③ 从字面上讲，朱熹的解释亦称通顺，但是，杨简在解释"克己复礼"一语时，表现出与朱熹截然不同的理解。他说：

> 克有二训：能也，胜也。左氏谓"楚灵王不能自克"，继以孔子"克己复礼"之言为证，是谓克为胜，而未必孔子本旨果尔也。以颜子粹然之质，加以屡空之学，虽未能至于无过，过亦微矣，何俟于克而胜之也？《诗》《书》所载多以克为能，况此孔子又继曰"为仁由己"，殊无克胜其己之意，且一己字无二义也。大哉己乎！由孔子而来至于今千有余岁，知其解者鲜矣。④

他还进一步辨析说：

> 倘如诸儒谓"克去己私"则为仁，"由己"又非己私？况（颜

---

① 《论语集注·述而第七》，载《四书章句集注》，第97页。
② 杨伯峻：《论语译注》，中华书局2009年版，第70页。杨伯峻先生对"雅言"解释便是"普通话"。
③ 《论语集注·颜渊第十二》，载《四书章句集注》，第133页。
④ 《慈湖遗书》卷11，《论〈论语〉下》，第811页。

子）已启发洞觉，虚明无我，本无己私可克。仁守之道，蒙养而已，非礼勿视听言动，初不必求诸外。①

杨简承认，"克"有两种解释：能也，胜也。在《左传》中，有"楚灵王不能自克"②之语，这里的"克"字确实是胜的意思。但是，在《论语》的这段话中，以克为胜未必符合孔子的本旨。原因如下：其一，颜渊乃是孔子的高徒，已有"粹然之质"，且胸中无成见（屡空之学），很善于学习，这样的资质，即使偶有过错，也是很细微的，哪里用得着非要痛下决心、战胜自我才得以进步呢？在《诗经》《尚书》等经典中，"多以克为能"，例如：《尚书》首篇《尧典》就说尧帝"克明俊德"③，"克"在此处训为能。孔子说这段话的意思，是嘱咐颜渊要能够自觉地依礼而行，这便是为仁之道，显然，这样的解释更适合颜渊的道行水平。其次，在同一句话中，孔子又说："为仁由己"，表明了为仁需要自觉践履的意思，并无克胜自己之意；在短短的一句话中，前面说"克己"，后面说"由己"，"一己字无二义也"，因此，克己之意并非战胜自我，而是能够自觉地依礼而行。笔者以为，如果对原文多读几遍，杨简的解释显然更为合理。

就在上述话语中，杨简评价"以颜子粹然之质，加以屡空之学，虽未能至于无过，过亦微矣，何俟于克而胜之也？"其中的"屡空之学"，与朱熹的解释也大不相同。原话出自《论语·先进》，孔子说："回也其庶乎，屡空。赐不受命，而货殖焉，亿则屡中。"（亿，通"臆"，猜测）朱熹的解释是："屡空，数至空匮也。不以贫窭动心而求富，故屡至于空匮也。"④按照朱熹的解释，孔子的这段话令后代学者不能不产生疑惑——颜回如此高的德行，却屡至空匮贫困，子贡（姓端木，名赐）不受天命，跑去做生意，对商品行情预测往往很准，因而致富，那么，我们何必要学颜回的德行？还不如去学子贡的生意经呢！可见，训"空"为贫困（空匮），难免会导向与儒家价值观相反的结论。相比之下，杨简说的"屡空之学"意思与之完全不同。他虽然没有具体解释，但是，我们可以联想到"屡空"是指颜子"已启发洞觉，虚明无我"，"空"是"虚明无我"之意，只有这样的胸怀，才能不抱成见，进一步学习掌握孔子的仁守之道。关于"空"

---

① 《慈湖遗书》卷11，《论〈论语〉下》，第812页。
② 《春秋左传正义》，卷45《昭公十二年》，载《十三经注疏》，第4册，第4483页。
③ 《尚书正义》卷2，《尧典》，载《十三经注疏》，第1册，第250页。
④ 《论语集注·先进第十一》，载《四书章句集注》，第128页。

字的内涵，杨简虽然没有详述，在原话中已意趣分明，一目了然。

再如，杨简认为，儒家教育素以德行为本，其余项目都是围绕这个核心而展开的，可是在《论语》一书中，有的地方明显违背了这个核心宗旨，因此，不能视为孔子的思想言论。《论语·先进》记曰："德行：颜渊、闵子骞、冉伯牛、仲弓。言语：宰我、子贡。政事：冉有、季路。文学：子游、子夏。"对此，朱熹在《论语集注》中注释道："弟子因孔子之言，记此十人，而并止其所长，分为四科。孔子教人各因其材，于此可见。"① 一般人读到朱熹的注释，不会觉得有什么问题，可是，杨简却能发现其中的瑕疵。他说：

> 晦翁《集注》："弟子因孔子之言，记此十人，而并目其所长。"某因其书字不书名，此非孔子之言，然分为四科，又害道。②

杨简的辨析是很有道理的。首先，如果这几句话真是孔子本人所说、再由弟子记录，那么，孔子可以直接称呼这些弟子的名字，而不用尊称其表字——颜回，字子渊；闵损，字子骞；冉耕，字伯牛；冉雍，字仲弓；宰予，字子我；端木赐，字子贡；冉求，字子有；仲由，字子路（又称"季路"）；言偃，字子游；卜商，字子夏③——根据这种"书字不书名"的行文格式，杨简认定，这句话"非孔子之言"。其次，孔子素以德行为本，这句话将孔门弟子之杰出者并列分为四科，违背了儒家崇德之理念，故有"害道"之嫌。例如：在《论语》一书中，宰予其人是经常受到孔子批评的，孔子厌恶他爱睡懒觉（昼寝）的坏习惯，直斥为："朽木不可雕也，粪土之墙不可杇也。于予与何诛？"（《论语·公冶长》）有时候，孔子还直斥"（宰）予之不仁也！"（《论语·阳货》）以宰予这样的品质，孔子怎么可能把他和颜回并列在一起视为高足呢？由此断定，这段话乃是有子门徒在集记《论语》时所做的评判，把它视为孔子本人的言论，是不妥当的。至此，我们不得不佩服杨简熟读经典并且慎思明辨的治学风格，如果没有这种学问功底，一般人是很难发现《论语集注》中这些微小错误的。

值得注意的是，杨简对朱熹《论语集注》中各种错误的批评，都是不

---

① 《论语集注·先进第十一》，载《四书章句集注》，第124页。
② 《慈湖遗书》卷11，《论〈论语〉下》，第809页。
③ 以上人名及表字，可参见《史记》卷67，《仲尼弟子列传》，朱熹在《论语集注》中亦有注释。

着痕迹进行的,未曾有一语涉及朱熹本人的名字。这就表明,虽然学术立场不同,杨简仍然很尊重朱熹,即使对他的著作指摘错误,也不点明其人(当世学者当然知道所指为谁)。杨简身为陆九渊的嫡传门人,晚年亦享盛名,但是,并不因学术见解之异而自是非彼、党同伐异,相比之下,朱熹的嫡传门人陈淳,却一味捍卫师门,指责"杨、袁贵显,据要津唱之,不读书,不穷理,专做打坐工夫"①,不仅所言不符合事实,而且其处世风度也较杨简相去太远。

总之,杨简十分看重《论语》一书,并且对其详加评述,在《慈湖遗书》十九卷中,专门有两卷是论述《论语》的,包括其文字训诂、思想内涵等多个方面。杨简认为"《论语》乃有子之徒所记","有子、子夏之徒之言,害道多矣",②因此,《论语》一书存在着诸多问题。不过,杨简认为《论语》一书"虽记录有差,大体犹在",只要后来者善于阅读、慎思明辨,仍可从中获取莫大的教益。至此,杨简关于《论语》一书的辨经思想已大略彰明。

二 慈湖论《大学》

《大学》本是《礼记》中的一篇短文。对于程朱理学来讲,非常重视《大学》这篇文章。北宋程颐与门人有一段对话——

> 问:"初学如何?"(伊川)曰:"入德之门,无如《大学》。今之学者,赖有此一篇书存,其他莫如《论》《孟》。"③

朱熹绍述程颐的观点,在《大学章句》开篇即说:

> 子程子曰:"《大学》,孔氏之遗书,而初学入德之门也。"于今可见古人为学次第者,独赖此篇之存,而《论》《孟》次之。学者必由是而学焉,则庶乎其不差矣。④

朱熹认为,古本《大学》篇次混乱,且有文字脱缺,因此,他将《大学》分为经一章和传十章两个部分。朱熹认为,"经一章,盖孔子之言,

---

① 《北溪大全集》卷23,《与陈寺丞复一》,载《四库全书》,集部,第1168册,第686页。
② 《慈湖遗书》卷11,《论〈论语〉下》,第820页。
③ 《河南程氏遗书》卷22上,《伊川先生语八上》,载《二程集》,第277页。
④ 《大学章句》,载《四书章句集注》,第3页。

而曾子述之。其传十章，则曾子之意而门人记之也"。① 此外，他还根据自己的理解，补齐了传之第五章，即释格物致知之章。朱子学派生前虽为民间私学，但影响广大，在其去世后九年（1209年），便被朝廷平反昭雪，其学亦渐具准官学的地位，据《宋史》记载："熹没，朝廷以其《大学》《语》《孟》《中庸》训说立于学官。"② 这样一来，他倾注心血而注释的《大学章句》便成为广大士子儒生所精心研读的教材。然而，对于《大学》一文，杨简有着完全不同的看法，他站在心学的立场上，根据自己所体悟的易简工夫，对于《大学》一文的工夫论采取明确批判的态度，否定其起意之教法，鄙视其支离之进路。他说：

> 自近世二程尊信《大学》之书，而学者靡然从之。伊川固出明道下，明道入德矣，而（伊川）尤不能无阻，惟不能无阻，故无以识是书之疵。③

> 作是书（指《大学》）者，固将以启佑后学，非欲以乱后学。而学者读之，愈积其意，愈植其山径之茅，愈丧其正也。④

那么，杨简何以如此鄙夷《大学》所提倡的工夫论呢？对此，我们有必要回顾一下杨简自己的本体论和工夫论思想，就可以知其端倪。在杨简的哲学思想体系中，"天下同然者谓之心"⑤，心是人类共同的先天本体，从这个意义上讲，"人心即道"，人心之中先验地蕴含了种种美德和智慧，只要觉悟此心，这些先验的美德和智慧就得以充分展现和自如运用，而觉悟此心的关键，在于"不起意"。在杨简的哲学体系中，"意"是指后天生成的具有定向性、偏倚性和执着性的种种念头，虽然"意之为状，不可胜穷"，⑥ 都会蒙蔽或偏离人心灵明至善的本体，因此，只要不起意，一切纯任本心所发，就会自然地恢复并保任人心先天原本的状态，同时，也造就了原本内在的圣贤人格。根据这样的工夫论思想，当杨简阅读到《大学》所提倡的修习进路时，发现不是失于支离烦琐，就是妄起后天之意，因此，无法认同其思想的正确性。首先，他说：

---

① 《大学章句》，载《四书章句集注》，第4页。
② 《宋史》卷429，《道学三·朱熹本传》，第12769页。
③ 《慈湖遗书》卷13，《论〈大学〉〈中庸〉》，第825页。
④ 同上书，第827页。
⑤ 《慈湖遗书》卷10，《论〈论语〉上》，第786页。
⑥ 《慈湖遗书》卷3，《绝四记》，第637页。

> 《大学》曰："欲治其国者，先齐其家；欲齐其家者，先修其身；欲修其身者，先正其心。"判身与心而离之，病已露矣，犹未著白；至于又曰："欲正其心者，先诚其意；欲诚其意者，先致其知；致知在格物。"噫！何其支也！孔子无此言，颜曾亦无此言，孟子亦无此言。孔子曰忠信，曾子曰忠恕，孟子亦曰："天下之本在国，国之本在家，家之本在身"而已，他日又曰："仁，人心也"。未尝于心之外起故作意也。①

杨简认为，儒家的修道工夫向来易简明白，根本不需要像《大学》这样的支离烦琐，明显是在"心之外起故作意"。人心浑然一体，可是，《大学》一书却"取人大中至正之心，纷然而凿之，岂不为毒？"② 如此支离烦琐的工夫进路，听起来似乎条理清晰、言之凿凿，实践中却令人身心疲惫、最终不知所云，因此，学者应该坚决地摒弃《大学》一书所提倡的修习方法。

其次，杨简根据《尚书·洪范》中箕子所言"无偏无陂，遵王之义；无有作好，遵王之道；无有作恶（wù），尊王之路。无偏无党，王道荡荡；无党无偏，王道平平；无反无侧，王道正直"③ 之语，认定《大学》一书所提倡的诚意、正心等工夫乃是"起故作意"之论，他说：

> 人心即道，作好焉，始失其道；作恶焉，始失其道。微作意焉，辄偏辄党，始为非道，所以明人心之本善，所以明起意之为害。而《大学》之书则不然，曰"无所不用其极"，曰"止于至善"，曰"必正其心"，曰"必诚其意"，反以作意为善，反蔽人心本有之善，似是而非也，似深而浅也，似精而粗也。④

杨简认为，人心即道，本来至善，起意即妄，乃为害心，而《大学》偏要提倡"正心"，心何须正？又提倡"诚意"，意何用诚？因此，《大学》一书所倡导的修习工夫，"反以作意为善，反蔽人心本有之善，似是而非也，似深而浅也，似精而粗也"，其效果只能是"无益于明道，而反

---

① 《慈湖遗书》卷13，《论〈大学〉〈中庸〉》，第825—826页。
② 同上书，第826页。
③ 《尚书正义》卷12，《洪范》，载《十三经注疏》，第1册，第403页。
④ 《慈湖遗书》卷13，《论〈大学〉〈中庸〉》，第826—827页。

雍之"。①

再次，根据自己的心学理念，杨简阐释了自己的格物观，他说：

> 格物不可以穷理言。文曰格耳，虽有至义，何为乎转而为穷？文曰物耳，初无理字义，何为乎转而为理？据经直说，格有去义，格去其物耳。②

> 格物之论，论吾心中事耳。吾心本无物，忽有物焉，格去之可也。物格则吾心自莹，尘去则鉴自明，滓去则水自清矣。天高地下，物生之中，十百千万，皆吾心耳，本无物也。……事物之纷纷，起于虑念之动耳。③

显而易见，杨简的格物说，是指格去纠结于心中的各种事物之念虑，根本不是"即物而穷理"的意思。杨简认为，"吾心本无物"，因此，没必要到心外去穷尽物理，相反，正是因为起意之故，心中有了诸物的牵挂，蒙蔽了人心至灵至明的先天本性，所以应当格除之，他坚信："物格则吾心自莹，（犹如）尘去则鉴自明，滓去则水自清矣。"与朱熹所补《格物致知》一章相比，二人的观点可谓相去霄壤。因第三章已有论述，故此不赘言。

最后，对于和朱子思想的巨大差异，杨简不仅从逻辑上论证自己的观点，还从文献学的角度来论证自身观点的正确性，他说：

> 故《大学》无子曰者，非圣人之言。孔子曰："心之精神是谓圣。"孟子道性善。心未始不正，何用正其心？又何用诚其意？又何须格物？④

杨简的说法确有一定的道理。在《大学》一书中，有的引文明确地说"子曰"，而开篇之经文并无"子曰"二字，后人当然有理由质疑：朱熹等人以《大学》开篇经文为孔子所言的观点，明显证据不足。如果真的是孔子所说，为什么连最重要的"子曰"二字都给忽略了呢？因此，杨简可以认定"《大学》无子曰者，非圣人之言"。类似的话他说过很多次，

---

① 《慈湖遗书》卷13，《论〈大学〉〈中庸〉》，第827页。
② 《慈湖遗书》卷10，《论〈论语〉上》，第784页。
③ 同上书，第784—785页。
④ 《慈湖遗书》卷13，《论〈大学〉〈中庸〉》，第827页。

例如：

> 故知《大学》非圣人之言，益可验者，篇端无"子曰"二字。①
> 《大学》非孔子之言，……《大学》曰"正其心"，又曰"先诚其意"，"先致其知"，又曰"在格物"，皆意也。益可验者，篇端无子曰。②

对于杨简批判《大学》的思想，当代学者可以见仁见智，自成一家之言。不过，需要注意的是，由于前章所说"名同而实异"之故，杨简所说的"心"和"意"其内涵都特有所指，不搞清楚这一点，就不能理解杨简的"人心即道"和"不起意"的工夫论，也就更不可能明白他何以要批判《大学》一书的原因所在了。客观地讲，在自己的话语体系中，《大学》一书所提倡的"格物、致知、诚意、正心"的工夫论是可以成立的，但是，在实践层面上，究竟有几个人去笃实践履过，以自己的切身体验来证实或证伪呢？与朱子之学偏重于"道问学"的治学方式相比，陆九渊、杨简等心学家有着更为深湛的心性修养工夫和真实体悟，他们对于朱子学的种种批评，有着实践根据，而非凭空之论，因此，杨简对于《大学》一书的工夫论的批亢捣虚，后人不应等闲视之。

三 慈湖论《中庸》

《中庸》也是《礼记》中的一篇长文，相传为孔子之嫡孙子思（孔伋，字子思）所作，朱熹根据文义，将其断为三十三章，作《中庸章句》。对于《中庸》一书，杨简并没有像对待《大学》那样完全持否定态度，而是根据自己的心学理念加以解释，他说："古先圣人深明此心之即道，故曰中庸，庸，常也。"③ 在此基础上，对于子思所作《中庸》一书，他一方面肯定"子思，贤者之言也"④，另一方面认为，《中庸》其书"不无瑕病"⑤。

在杨简看来，子思是一个"觉焉而未大通"⑥ 之人。究其原因，还是

---

① 《慈湖遗书》卷13，《论〈大学〉〈中庸〉》，第828页。
② 《慈湖遗书》卷19，《杨先生回翰》，第925页。
③ 《慈湖遗书》卷3，《詹亨甫请书》，第636页。
④ 同上书，第637页。
⑤ 《慈湖遗书》卷14，《论孟子、诸子》，第840页。
⑥ 《慈湖遗书》卷13，《论〈大学〉〈中庸〉》，第829页。

内心有意、有我，故不能大通。他引述《孔丛子》之例说：

> 子思年十六，而辱宋大夫乐朔，几不免。曾子亦谓其有傲世主之心。老莱子亦言其性大刚而傲不肖。然则子思亦未能无我矣。惟未能无我，故《中庸》之书，亦不能无意。孔子每戒学者曰"毋意"，又曰"毋我"。①

需要指出，如同对待《论语》一样，杨简并非对《孔丛子》记述的任何言语都无条件接受，他有时会明确质疑："呜呼！是殆非子思之言也。"②在《孔丛子》一书中，记载了这样一段子思年少时的行迹——

> 子思年十六，适宋，宋大夫乐朔与之言学焉。……（子思）曰："昔鲁委巷亦有似君之言者，伋答之曰：'道为知者传，苟非其人，道不传矣。今君何似之甚也'。"乐朔不悦而退，曰："孺子辱吾。"其徒曰："鲁虽以宋为旧，然世有雠焉，请攻之。"遂围子思。宋君闻之，驾而救子思。③

在同一卷中，又有这样的记载——

> 曾子谓子思曰："昔者吾从夫子游于诸侯，夫子未尝失人臣之礼，而犹圣道不行。今吾观子有傲世主之心，无乃不容乎？"……④

在该书第三卷中，又有记载——

> 子思见老莱子。老莱子闻穆公将相子思。老莱子曰："若子事君，将何以为乎？"子思曰："顺吾性情，以道辅之，无死亡焉。"老莱子曰："不可顺子之性也。子性惟太刚而傲不肖，又且无所死亡，非人臣也"。……⑤

---

① 《慈湖遗书》卷14，《论孟子、诸子》，第840页。大，通"太"。
② 同上书，第839页。
③ 旧题（秦）孔鲋撰：《孔丛子》，卷2《居卫第七》，载《诸子百家丛书》，汪晫编校，上海古籍出版社1990年版，第23页。
④ 同上书，第21页。
⑤ 《孔丛子》卷3，《抗志第十》，第31页。

这些记载，都表明子思具有一种刚直简傲、容易与物相忤的性格。杨简认为，这说明子思"未能无我"，有我则有意，有意必生我，在子思的思想中，仍然有一些意、必、固、我之类的毛病，对此，杨简评论说："惟未能无我，故《中庸》之书，亦不能无意。"① 例如，子思在《中庸》中有"分精粗、裂本末"②的倾向，杨简根据自己的修道体验，加以指摘，他说：

> 子思曰："喜怒哀乐之未发谓之中，发而皆中节谓之和。中也者，天下之大本也，和也者，天下之达道也。"孔子未尝如此分裂，子思何为如此分裂？此乃学者自起如此意见，吾本心未尝有此意见。方喜怒哀乐之未发也，岂曰此吾之中也？谓此为中，则已发之于意矣，非未发也；及喜怒哀乐之发也，岂曰吾今发而中节也？发则即发，中则即中，皆不容私。大本达道，亦皆学者徐立此名，吾心本无此名。学者放逸驰骛于心外，自起藩篱，自起限域，孔门惟曰："吾道一以贯之"，未尝分裂也。③

一般人对于《中庸》的开篇之语非常熟悉，很少有人想过存在什么问题。但是，杨简根据自己修道的成功体验，明白"吾心浑然无涯畔、无本末"（同上）的道理，指出子思分裂本末的毛病。这段话，非有修道实践之深造实得者，不能明其蕴奥，多加辩诘，亦成无用之论，故此不赘言。

又如，杨简根据自己的开悟体验，对子思所言提出质疑，说：

> 予自微觉，而已深疑子思之言曰："夫妇之愚，可以与知焉，及其至也，虽圣人亦有所不知焉；夫妇之不肖，可以能行焉，及其至也，虽圣人亦有所不能焉。"以予所觉，心中初无浅深前后精粗之异，而子思异之，殊觉其碍。此乃予未觉之日所见，既觉，则无是见也。乃悟孔子曰："吾道一以贯之。"又曰："吾有知乎哉？无知也。"若孔子之言，若合符契。④

杨简回顾自己的开悟体验，发现"以予所觉，心中初无浅深前后精粗

---

① 《慈湖遗书》卷14，《论孟子、诸子》，第840页。
② 《慈湖遗书》卷13，《论〈大学〉〈中庸〉》，第831页。
③ 同上书，第829页。
④ 《慈湖遗书》卷14，《论孟子、诸子》，第840页。

之异",因此,他总是说"人心即道",并告诉学者:"此无俟乎辨析而知之,本如此也,自觉自信,匪思匪为",① 但是,子思偏要说圣人亦"有所不知""有所不能",可见其内心对于"道"之本体尚未能自觉自信,令读者"殊觉其碍",杨简认为:"此乃予未觉之日所见,既觉,则无是见也。"附带指出,在《孔丛子》一书中,记载了子思在十六岁时作的《中庸》——

> 子思年十六,适宋。宋大夫乐朔与之言学焉。……遂围子思。宋君闻之,驾而救子思。子思既免,曰:"文王厄于牖里,作《周易》;祖君屈于陈蔡,作《春秋》。吾困于宋,可无作乎?"于是撰《中庸》之书四十九篇。②

虽然《孔丛子》所言未必绝对可信,但是,在《史记》一书中,司马迁也只是说"尝困于宋,子思作《中庸》"③,并没有说明子思撰写《中庸》的具体时间,因此,《孔丛子》所言可备一考。如果比较子思所言与杨简所悟,就会发现:子思在《中庸》一书中加进了较多的理性思辨的成分,与杨简对于"道"的直觉体悟确实不可同日而语。就一般理性认识的发展规律而言,子思所说并没有过错,但是,当我们再来看看杨简的直觉体悟时,就不难发现子思所言乃"未觉之日所见",如果真的觉悟大道,就不会再出此言了。据此,我们可以推想:后世流传的《中庸》一书有可能不是子思年轻时的定本,而是经过一生的修改逐步完善的,但其中依然存在着子思年轻时的一些思想痕迹,因此,杨简只好说他"觉焉而未大通者也"④,甚至批评"其言多害道"⑤。

虽然杨简视子思为"觉焉而未大通"之人,但是,这并不意味着他否定《中庸》一书的思想主旨的正确性,事实上,他对于中庸之道是完全认同的,并且经常从心学的角度加以诠释。例如,他说:

> 中庸(之中),不偏不倚之谓。……学者往往以中为实体而致意

---

① 《慈湖遗书》卷13,《论〈大学〉〈中庸〉》,第832页。析,原作"柝",有误,据文义改。
② 《孔丛子》卷2,《居卫第七》,第23页。按:牖里,一般作"羑里"。
③ 《史记》卷47,《孔子世家》,第1946页。
④ 《慈湖遗书》卷13,《论〈大学〉〈中庸〉》,第829页。
⑤ 《慈湖遗书》卷6,《大哉》,第682页。

焉，则有所倚，倚即偏，非中也。尧舜"允执厥中"，亦不过不偏不倚耳。意微动则偏倚，即谓不中。既曰中矣，而又曰庸，何也？至哉圣言！可谓深切著明矣。庸，常也。中道初不深远，不过庸常而已。而智者自过之，愚者又自不及，贤者自过之，不肖者又自不及，切实言之曰：庸常而已矣。①

在这段话中，杨简告诉学者：中即不偏不倚之谓，但是，"意微动则偏倚，即谓不中"，因此，在修养工夫上还是要以"不起意"为功。"庸，常也。中道初不深远，不过庸常而已"，可是，对于日用平常之心，智者起意，因而过之，愚者懒散，所以不及。关于中庸之道，杨简素来强调，表明它就是人心先天原本的功用，就体现在日用平常之心中。如前所述，他说：

孔子之言曰："心之精神是谓圣。"孟子（曰）："仁，人心也"。人心即道，故舜曰道心，日用平常之心即道，故圣人曰中庸，庸，常也。②

为了让后人更好地理解中庸之道，杨简还重释了《中庸》第十三章"道不远人，人之为道而远人，不可以为道"一句，他说：

孔子曰："道不远人，人之为道而远人，不可以为道"。至哉圣言！破万世学者心术之蔽，可谓切中。人心即道，学者自以为远。《易》曰："百姓日用而不知"，惟其不知，故人以道为远，则求道于心外，不免于有所为。道在我而求诸彼，道不俟于为而求诸为，夫是以愈求愈远，愈为愈远。万古之学者，其蔽一也。舜曰道心，明心即道；易曰日用，奚俟复求？弃心而之外，弃道而入意，意虑纷然，有作有为，而益昏益妄矣。至于昏妄，是谓"百姓日用而不知"。是终日怀玉而告人以贫，终日饮食而自谓其饥渴也。③

杨简认为，"人心即道，学者自以为远"，许多人热衷于刻意勉强，到

---

① 《慈湖遗书》卷13，《论〈大学〉〈中庸〉》，第828页。
② 《慈湖遗书》卷5，《铭张渭叔墓》，第653页。
③ 《慈湖遗书》卷13，《论〈大学〉〈中庸〉》，第831—832页。

心外去求道，结果是愈求愈远，愈为愈远，这些学者不懂得人心即道、不俟他求的道理，"弃心而之外，弃道而入意"，试图靠着奋力追求来接近道，却不知这种做法使自己"益昏益妄矣"。这种状态就是"百姓日用而不知"，即不知"人心即道"，就体现在日用平常的生活诸事之中。那种靠着刻意作为来修道的人，恰恰是"终日怀玉而告人以贫，终日饮食而自谓其饥渴也"。

那么，这种"有作有为，而益昏益妄"的错误，其根源究竟在哪里？杨简认为，还是因为起意之故，迷失了内在的"道"。他说：

> 至近而自以为远，自有而不自认其有。夫其所以不自知者，昏也。所以昏者，动乎意也，如水焉，挠之斯浊矣。不动乎意，则本清本明之性，自不昏矣；变化云为，如四时之错行，而自不乱矣。①

如果进行一个纵向比较，杨简所说的"人心即道"略似于明代阳明后学中所提倡的"良知现成"思想，即心之本体纯然至善，只要正确体认，就会发现人心之中的先天固有之道。如前所述，"天下同然者谓之心"，②这样的人心，具有普适性、公正性、无着性等特点，但是，如果人心一旦起意，便转向了定向性、偏倚性和执着性，由先天之"大我"沦为后天之"小我"，有意斯有我，有我必有意，就像有人搅动平静清澈的水面，会使它变得波浪起伏、混浊不堪，只要放弃这种无谓的搅扰，那么，水面依然会恢复平静清澈。因此，只要"不动乎意"，"则本清本明之性，自不昏矣"，本心中内涵的道德和智慧，自然会指导人们做好日常生活中的种种事情，"如四时之错行，而自不乱矣"。

由于习气之故，有时候人们在生活中难免起故作意，或者由此犯下种种错误，那么，这个时候应该怎么办？杨简根据《中庸》第十三章所引孔子的一句话——"改而止"三个字，提出了自己的主张，他说：

> 孔子于是又曰："改而止。"有过则改，如有病则加之药，病去则药可止。人欲已尽，则用力可止。③

---

① 《慈湖遗书》卷13，《论〈大学〉〈中庸〉》，第832页。
② 《慈湖遗书》卷10，《论〈论语〉上》，第786页。
③ 《慈湖遗书》卷13，《论〈大学〉〈中庸〉》，第832页。

杨简认为，有过当然要改正，但是，正如"有病则加之药，病去则药可止"，只要及时改正过错，就可以恢复人心原本的状态，此后，就不可再妄用人为之力了。因为本心既复，便是道之体现，依此日用平常之心，足以指导人们应对生活中的各种事务。如果过已改而不知止，必然从另一角度再次起意，又将背离人心的本然状态，因此，孔子所说"改而止"三字，乃是至理箴言。总之，杨简以"中庸"为道之所在，而且指明：对于"道"的体悟，靠的是"自觉自信，非思非为"（同上），而不是一般意义上的理性思辨。

四 慈湖论《孟子》

对于孟子其人其书，杨简所论不多，原因或许在于他不像其他宋代儒家学者那样非常推崇孟子。在儒家先圣系列中，杨简对孟子并不太看重，他对于孟子的评价可以用一句话来概括——"孟子正矣而犹疏"。①

杨简经常将孔子和孟子的两句话连在一起引用，如：

> 孔子之言曰："心之精神是谓圣。"孟子曰："仁，人心也。"人心即道，故舜曰道心，日用平常之心即道。②

又如：

> 孔子曰："心之精神是谓圣。"孟子曰："仁，人心也。"后世学者率求道于心外，不悟吾心之即道也。③

又如：

> 孔子曰："心之精神是谓圣。"孟子曰："仁，人心也。"仁圣之性，人所同有，昏而蔽之，如丧其灵，如尘积鉴。④

类似的话还有很多，兹不赘述。既然孟子能够点明"仁即人心"⑤的

---

① 《慈湖遗书》卷14，《论孟子、诸子》，第840页。
② 《慈湖遗书》卷5，《铭张渭叔墓》，第653页。
③ 《慈湖遗书》卷8，《论〈书〉〈诗〉》，第724页。
④ 《慈湖遗书》卷15，《家记九·泛论学》，第854页。
⑤ "仁，人心也"一句，出自《孟子·告子上》，载《四书章句集注》，第340页。

道理，那么，他的学术思想就属于圣学范畴，就是正学。不过，除此之外，杨简还是指出了孟子思想的某些瑕疵。例如，他说：

> 孟子有存心养性之说，致学者多疑。惑心与性之为二，此亦孟子之疵。①

存心养性之说是孟子非常著名的一段话，原文如下——"尽其心者，知其性也。知其性，则知天矣。存其心，养其性，所以事天也。殀寿不贰，修身以俟之，所以立命也。"（《孟子·尽心上》）对于这段话，很少有人提出异议，但是，杨简从他的心性不二论出发，表达了不同的观点，他说：

> 性即心，心即道，道即圣，圣即睿。言其本谓之性，言其精神思虑谓之心，言其天下莫不共由于是谓之道，皆是物也。②

在杨简看来，心、性、道三个范畴，只是从不同角度来讲述同一事物，不必如此分殊，因此，"惑心与性之为二，此亦孟子之疵"。杨简对孟子的这一批评，其实是站在心学立场上，不同意将心、性分开来对待而推导出来的结论。实际上，在孟子的话语体系中，心与性还是有所区别的。如朱熹在《孟子集注》中所说："心者，人之神明，所以具众理而应万事者也。性则心之所具之理，而天理之所从以出者也。"③ 换用现代语言来讲，人身之主宰谓之心，而心中所具之理则是性（天命之性），一个是从主宰功能角度来讲的，故谓之神明，一个是从心之内涵角度来讲的，故谓之性，二者不宜混淆。对此，我们不妨回顾一下本著第二章所说的一些内容——语言分析是研究古代哲学的辅助手段，而在语言分析中，只有抓住"名同实异"和"名异实同"这两项关键问题，才可能正确地诠释古代哲学某些范畴和命题的真实内涵。杨简固然悟境高卓，非常人可及，但是，却忽略了其他人的思想命题在其话语体系中可以自足成立这样一个道理，因此，他指点古今，激扬文字，却难免落入主观主义的窠臼。

又如：杨简引述孟子之言曰："我善养吾浩然之气。……以直养而无

---

① 《慈湖遗书》卷8，《论〈书〉〈诗〉》，第724页。
② 同上。
③ 《孟子集注·尽心上》，载《四书章句集注》，第356页。

害，则塞乎天地之间。"(《孟子·公孙丑上》)在肯定了孟子"既明固有之心，渐复本体之广大"①的修道成果之后，他对此评论说：

> 然而非也。性体本大，因蔽而小，复因蔽去而大，其实复我本有之大耳，非体有消长也。（同上；的，确实）
>
> 凡是皆人性所自有，惟众人蔽之，君子明之，其蔽也似无，其明也似有，非众人本无也。（同上）

杨简之所以指摘孟子之瑕疵，是因为有的学者在修习过程中容易着"文字相"，以为这一广大无际的体验是凭借后天修习而人为获得的，因而产生执着追求的心理，这便是意想之病；实际上，这种浩然之气人人都内在具有，只是因为昏蒙之蔽，才不知道自家心体如此广大，所以，杨简明确地告诉世人："众人蔽之，君子明之，其蔽也似无，其明也似有，非众人本无也。"

或许是怕别人不能正确理解自己的思想，杨简又加以诠释说：

> 孟子据其所亲历而言，惟睹曩之桔束，诚觉其小，今之开豁，诚见其大。不知浑然一贯之妙，初无形气之殊，人自昏执，人自狭小，其蔽渐释，故觉渐大。其实不然，譬之鉴有尘翳之，乃失其明，渐去其尘，其明浸广，非本明之有小大，由去尘之有次第也。②

在这段话中，杨简首先肯定"孟子据其所亲历而言"的实践基础，又指出其不足，即以自己前后不同的感觉来描述浩然之气，其实，"气之实未尝曩小而今大也"（同上）。杨简又以镜子蒙尘为喻，表明随着"渐去其尘"的过程，人们会感觉到"其明浸广"，实际上，人心之本明乃是"浑然一贯"的，并无大小之别，只是修习的前后次第给人带来了不同的感觉而已。

"浩然之气"说是孟子哲学的著名命题，杨简对于这一思想的指摘，一方面体现出他对于孟子之学"正矣而犹疏"的不满，另一方面也是为了让学者能够明辨修习过程中的微妙感受与真实情况。不过，如此细致的区分只有在对人对境的情况下才能起到教诲之益，对于一般只满足于科举过

---

① 《慈湖遗书》卷14，《论孟子、诸子》，第833页。
② 同上书，第836页。

关的读书人而言，哪里顾得上这些真实体会和实践认知？所以，杨简对于孟子（也包括其他圣贤）的某些批评，难免给人留下标新立异、自是人非的误会。

杨简对于"四书五经"的诠释和解析，当然远不止上文所述的内容，由此我们足以看出他对儒家经典的熟悉和重视程度，以及独立思考的学术探索精神。杨简深入研究经典的目的，就是因为流传下来的各种经典著作"是非混殽，蠧人心为多，可削者甚多"①，因此，他几乎倾注了后半生的心血，进行重校和再释儒家经典的工作。对于一个思想已成体系的儒家学者而言，这种经典的整理校订工作的确很有必要。无论人们对于其经学思想是否认同，杨简不计个人功利、一心彰显圣学之真谛的努力，还是非常值得后人尊敬的。

第四节　对先儒的点评

在根据心学理念来诠释经典文献的过程中，杨简也顺带点评了自先秦以来的许多儒家先贤。当然，这种点评不是系统化的，而是对先儒的优点或缺点以简要的笔墨加以勾勒，类似于独断论的文体。通过这些点评先儒的文字，我们可以看出杨简在品鉴人物方面的独到见解和心学特色。

一　评品先秦儒者子夏

在杨简的心目中，孔子是"大圣"，门下诸徒只有颜回、曾参得其心传，其余虽然"日月至焉"，都不足以传承孔门心法。因此，他发出这样的感叹："自孔子殁而大道不明，自曾子殁而道滋不明。孟子正矣而犹疏，荀卿勤矣而愈远。"② 在一般世儒看来，孔子门下七十子各有所长，尤其是子夏传经，其功称伟。对于这种影响久远的传统观点，杨简全力予以抨击。

卜商，字子夏，孔门弟子之一。《论语》一书说："德行：颜渊、闵子骞、冉伯牛、仲弓。言语：宰我、子贡。政事：冉有、季路。文学：子游、子夏。"（《论语·先进》）把他列为擅长文学（泛指经典文献）的贤者。孔子在世时，亦称赞他举一反三的能力，说："起予者商也，始可与

---

① 《慈湖遗书》卷16，《论治务》，第866页。
② 《慈湖遗书》卷14，《论孟子、诸子》，第840页。

言《诗》矣"。(《论语·八佾》)《史记》等典籍记载：孔子去世后，子夏迁居魏国西河一带，授徒讲学，尤其注重传授儒家的经典文献，此说汉代以来几成定论。如：

> 自孔子卒后，七十子之徒散游诸侯，大者为师傅卿相，小者友教士大夫，或隐而不见。……子夏居西河，子贡终于齐。如田子方、段干木、吴起、禽滑釐之属，皆受业于子夏之伦，为王者师。①

又如：

> 《诗》《书》《礼》《乐》，定自孔子；发明章句，始于子夏。其后诸家分析，各有异说。②

对于世儒推崇的经学大师子夏，杨简颇不以为然。他根据《论语》《礼记》等典籍的记载，认为"子夏非知道之士"③。虽然他的传经之功不可一概抹杀，但是，无论其人其学，皆未能传先圣之道。他说：

> 毛公之学，自谓本诸子夏。而孔子曰："汝为君子儒，无为小人儒。"盖谓子夏。又曾子数子夏曰："吾与汝事夫子于洙泗之间。(汝)退而老于西河之上，使西河之民疑汝于夫子，尔罪一也；丧尔亲，使民未有闻焉，尔罪二也；丧尔子，丧尔明，尔罪三也。"夫子夏之胸中若是，其学可以弗问而知。④

这段话涉及两个典故。其一，《论语·雍也》记载——子谓子夏曰："汝为君子儒，无为小人儒。"虽然语境不详，仍可以看出，这是孔子对子夏的告诫之语，原因很可能是子夏在为人处世上有悖君子之道，故孔子对其谆谆教诲。其次，《礼记·檀弓上》记载：子夏晚年丧子，哭之甚哀而丧其明。同门曾参前来吊唁，怒斥子夏有三罪，第一条就是：子夏在西河一带讲学传经，使西河之民把他比作孔夫子加以崇拜，曾子认为，孔子的境界是同门中任何人都不可比拟的，子夏这样做，乃是沽名钓誉之举，此

---

① 《史记》卷121，《儒林列传》，第3116页。
② 《后汉书》卷44，《徐防列传》，第1500页。
③ 《慈湖遗书》卷9，《论春秋礼乐》，第744页。
④ 《慈湖遗书》卷1，《诗解序》，第608页。疑，通"拟"。

为罪一；……听了曾子的一番批评，子夏甚为忏悔，投其杖而拜曰："吾过矣！吾过矣！吾离群而索居，亦已久矣。"① 虽然子夏精通经典文献，但是，在心学家看来，如果本心不明，没有了"道"的内在精神支撑，再多的文献知识也是外在的装饰品而已，因此，杨简坚定地认为，"夫子夏之胸中若是，其学可以弗问而知"，毛苌、毛亨等人的经学"自谓子夏所传"，② 也无足珍贵，因为他们都有泥迹失神、舍本求末之蔽。

杨简鄙薄子夏的另一个原因是根据《孟子·滕文公上》的一段记载——"昔者孔子殁，……他日，子夏、子张、子游以有若似圣人，欲以所事孔子事之，强曾子。曾子曰：'不可，江、汉以濯之，秋阳以暴之，皜皜乎不可尚已'"。据此，杨简认为，子夏之徒根本没有认识到孔子的人格境界之高卓，竟然盲目地把一个外貌、言语略似孔子的同门有若奉为儒家的正宗传人，实在是因为自己见识狭小、修养浅薄之故，倒是曾子（参）其人，能够讲出"江汉以濯之，秋阳以暴之，皜皜乎不可尚已"之类的话，反倒体现出他对孔子的学问与修养有一个比较透彻的认识。杨简认为，子夏之徒根本谈不上对孔子之道的传承，真正继承了孔子心法的，是曾子、子思与其后的孟子一系。他说：

> 孔子大圣，其所启明，惟颜子三月不违，余则月至日至，当是闵子骞、冉伯牛、仲弓、曾子诸贤，余不能强也。他日，子夏、子张、子游以有若似圣人，欲以所事孔子事之。曾子曰："不可，江汉以濯之，秋阳以暴之，皜皜乎不可尚已。"厥后孟子得不学而能之良能，寥寥千载，无所考见。③

总之，杨简对于子夏这位先儒的评价是："道之不明于天下也久矣……子夏随随俗为说，孔子固尝鄙之曰：'汝为君子儒，毋为小人儒。'子夏非知道之士。"④ 又说："有子、子夏之徒之言，害道多矣。"⑤ 他之所以这样旗帜鲜明地批评被视为经学大师的子夏，其用意就是呼吁人们从章句记诵、训诂考据的烦琐治学模式中解脱出来，用简易直截、切合实际的方式

---

① 《礼记正义》卷7，《檀弓上》，载《十三经注疏》，第3册，第2778页。
② 《汉书》卷30，《艺文志第十》，第1708页。
③ 《慈湖遗书》卷18，《宋杨公伯明封志》，第912页。暴，通"曝"；皜皜，洁白之意；尚，加。
④ 《慈湖遗书》9，《论春秋礼乐》，第744页。
⑤ 《慈湖遗书》卷11，《论〈论语〉下》，第820页。

去体察"人心即道"这一即体即用的普遍规律,从而达到人心归正、臻于圣境的根本目的。

二 对汉儒的评价

汉代名儒甚多,居于第一位的,当然是提出"罢黜百家、独尊儒术"的主张的"儒宗"① 董仲舒。董仲舒精研《春秋公羊传》,著《天人三策》《春秋繁露》等名篇,可谓汉代经学之翘楚。但是,杨简对董仲舒的某些经学思想亦不甚满意,提出了明确的批评。例如,他说:

> 董仲舒学不知道,《三策》所陈,虽皆正言,不达大本,不能启导君心固有之善,唯曰"仁义礼智信,所当修饬"而已,不知如何而修饬也。又曰"设诚于内而致行之",夫诚者,人心之所自有,何以设为?②

> 董仲舒号汉儒宗,而曰:"道者所由适于治之路也,仁义礼乐皆其具也。"曰:"仁义礼智信,五常之道,王者所当修饬也,五者修饬,故受天之佑"。……(董)仲舒支离屈曲,不知仁义礼乐乃道之异名,而以具言,则离之矣;不知仁义礼智信皆人心所自有,不假修饬。③

董仲舒在《天人三策》中向汉武帝陈言:"道者所由适于治之路也,仁义礼乐皆其具也。"④ 又说:"夫仁义礼智信,五常之道,王者所当修饬也,五者修饬,故受天之佑。"⑤ 又说:"愿陛下因用所闻,设诚于内而致行之,则三王何异哉!"⑥ 对于董仲舒的思想主张,杨简站在心学立场上分别提出了批评。总的来讲,杨简肯定了董仲舒《三策》所陈都是"正言",但是,由于其本人"不达大本,不能启导君心固有之善",因此,不算"知道"之言。

首先,董仲舒说"仁义礼智信,五常之道,王者所当修饬也",这句

---

① 《汉书》卷36,《楚元王传》,楚元王之后刘向曰:"董仲舒为世儒宗,定议有益天下。"第1930页。
② 《慈湖遗书》卷8,《论〈书〉〈诗〉》,第714页。
③ 《慈湖遗书》卷14,《论孟子、诸子》,第840页。
④ (汉)董仲舒:《天人三策》(一),载《董仲舒集》,第6页。
⑤ 同上书,第10页。
⑥ (汉)董仲舒:《天人三策》(二),载《董仲舒集》,第17页。

话说明董仲舒不懂得仁义礼智信其实就是"道"之异名，没有了这五常，哪里还有具体的"道"可言呢？究其实，董仲舒是把仁义礼智信当成工具（"以具言"）来看待的，根本不懂得五常之道乃人心所自有，需要的只是自觉自信、随缘运用而已，并非要通过外在的修饰行为来塑造。这种把仁义礼智信当成外在工具的观点，恰恰说明了董仲舒"学不知道"，或者说"不明己心"。

其次，董仲舒希望汉武帝"设诚于内而致行之，则三王何异哉"，杨简认为，"诚"是人心先天固有的内涵，哪有"设诚于内"的道理？如果有意去"设诚于内"，那么，等于内心无诚而巧用装饰，这恰恰违背了儒家先圣所提倡的"诚"德。因此，杨简尖锐地批评董仲舒的"设诚"说乃不明道之言，他说："此道人心之所自有，何以修饰设为？其不达大本如此。"① 又说："呜呼！诚岂可设也？设则非诚，仲舒尚不明己之心，何以启君之心？"②

除了董仲舒之外，杨简还对史学家司马迁提出了批评。原因在于：在先秦上古之时，尚无经、史的明确分别，"以事言谓之史，以道言谓之经"，③ 因此，具有浓厚崇古倾向的杨简把司马迁也纳入自己的品评范围中来。首先，他不满意于司马迁以纪传体的方式来修史，认为应该遵循孔子作《春秋》之例，用编年之体例，使读者通过读史而知善恶、明大道。在担任国史院编修官（兼实录院检讨官）时期，杨简向执政者提出这样的主张，他说：

> 孔子作《春秋》，书某年某月某日某事人，读之以为是者道也，以为非者非道也，如此而书，大道自明。自司马迁改编年为纪为世家列传，使后世见事见人而不见道，（司马）迁不知道，故敢顿废先圣法度，后人又靡然从之，故道不明于天下。某等不敢苟从，以坏圣朝大典。④

如前所述，杨简怀有浓郁的复古主义倾向，他对于先秦孔子作《春秋》的编年史体例极为推崇，以此为据，他强烈反对司马迁开创的纪传体史书，认为此类史书的缺点在于"使后世见事见人而不见道"。杨简认为，

---

① 《慈湖遗书》卷14，《论孟子、诸子》，第844页。
② 《慈湖遗书》卷16，《论治道》，第873页。
③ 《王阳明全集》卷1，《语录一》，第10页。这里是借用王阳明之语。
④ 《慈湖遗书》附录，《宝谟阁学士正奉大夫慈湖先生行状》，第935页。

司马迁乃"不知道"之人,贸然地废弃先圣法度,而后世诸儒不加思考,"靡然从之",使得纪传体史书通行于历朝历代成为正史,这样一来,像《春秋》中原有的褒善贬恶的功能明显削弱,这是一个极大的缺憾,因此,杨简要求朝廷"改史法,从编年之旧"(同上)。当然,在因循保守的南宋小朝廷中,这种影响重大的建议不可能得到最高执政者的积极回应,于是,杨简只得请求外放温州。

杨简断定司马迁"不知道"还有另一个原因,那就是司马迁不理解音乐的魅力,以及其中包含"与天地自然默同"的道化流行的内蕴。众所周知,孔子精通六艺,博学多能,是春秋晚期的一位音乐大师。《论语·述而》记载:"子在齐闻韶,三月不知肉味,曰:'不图为乐之至于斯也!'"对于这句话,司马迁在《孔子世家》中改作——"孔子适齐,……与齐太师语乐,闻韶音,学之,三月不知肉味。齐人称之。"① 在司马迁看来,听了一首乐曲而三月不知肉味,未免过于夸张,因此,加了"学之"两字,表明这是孔子发愤忘食、学习韶乐过程中的状态。对于司马迁的这一"微调",杨简不以为然,他说:

> 常情莫晓乐之为道也,尤其莫晓闻韶而三月不知肉味也。司马迁莫晓,故于三月上加"学之"二字。(司马)迁于道无觉,尚何望其纯明?后学皆迁之徒,故或从其说。②

杨简指出,世俗常情不懂得音乐中所蕴含的"道"的内涵,因此无法理解孔子"三月不知肉味"的心理状态。实际上,当一个人真正领悟了古圣之德音雅乐的内在韵味之后,确实会与乐曲本身"妙合感通",达到"三月不知肉味"的境界。杨简认为,司马迁本人"于道无觉",心地尚未恢复先天纯明的状态,因此,对于孔子三月不知肉味的精神状态不能理解,这很正常,而后世之人同样不能理解音乐的魅力,于是盲目地跟从司马迁之说,以讹传讹。就杨简本人而言,自从双明阁大悟之后,依然保持"立志也刚,进学也勇"③ 的初衷,到了晚年,"习久益熟,遂造纯明之盛"(同上),有了这样的道行,再去欣赏德音雅乐,自然会有"和乐融融,何思何虑,无始无终"④ 的体验,因此,他在晚年能够理解孔子"三

---

① 《史记》卷47,《孔子世家》,第1910—1911页。
② 《慈湖遗书》卷11,《论〈论语〉下》,第802页。
③ 《慈湖遗书》附录,《宝谟阁学士正奉大夫慈湖先生行状》,第941页。
④ 《慈湖遗书》卷11,《论〈论语〉下》,第802页。

月不知肉味"的心境,这也是顺理成章的事情。正是因为本身有了这样的欣赏水准,杨简才能对司马迁发出不懂乐理的批评之语。

汉代经学大盛,名儒辈出,但是,有一个共同的特点是烦琐支离、穿凿附会,杨简对此颇为不满,他以汉代经学大师中声名最著的郑玄(127—200年)为例,寥寥数语,就勾勒出汉代经学一个重要的缺陷所在,他说:

> 康成礼学详审,然不无差失,其甚病者,不善属文而好穿凿牵合。①

关于郑玄(字康成)的解经之误,杨简列举了很多的事例。由于涉及的内容十分枯燥,且无甚现实意义,因此,笔者不拟赘述,仅举一例为证,读者便可知其大概。例如:《尚书·尧典》说:"协和万邦。"②《春秋左氏传》说:"禹会诸侯于涂山,执玉帛者万国。"③这两段话中的万邦和万国,一般人都应该明白,这不是一个准确的实数,只是形容数量之多而已。杨简对此亦持清醒的认识,指明了所谓万邦与万国,只是一个大略之数,他说:

> 《尧典》"协和万邦",《春秋传》"禹会诸侯于涂山,执玉帛者万国",此皆言其大略尔。使不满万,亦可以言万;其不止于万,或倍万,亦可以言万。犹言万物,物奚止于万耶?(言)万民,民奚止于万耶?皆举其大略而言尔。④

可是,汉代郑玄等经学家,喜欢穿凿附会,"故必欲整"(同上),偏要计算出实际数目,于是,做了如下的解释——

> 州十有二师者,州立十二人为诸侯师,盖百国一师,州十二师,则州千二百国也。八州九千六百国,余四百国在畿内。⑤

---

① 《慈湖遗书》卷9,《论春秋礼乐》,第755页。
② 《尚书正义》卷2,《尧典》,载《十三经注疏》第1册,第250页。
③ 《春秋左传正义》卷58,《哀公七年》,载《十三经注疏》第4册,第4697页。
④ 《慈湖遗书》卷8,《论〈书〉〈诗〉》,第707页。
⑤ 《春秋左传正义》卷58,《哀公七年》,载《十三经注疏》第4册,第4698页。又见《慈湖遗书》卷8,《论〈书〉〈诗〉》,第707页。

对于郑玄这种计算方法和结果,杨简不无讥讽地说:"整整恰恰为万国,不少一,不多一。吁!可哂哉!"① 毫无疑问,杨简的这一批评是正确的。上古夏禹为帝之时,名义上有九州万国,实际上所谓国,不过是一些大大小小的氏族部落而已,具体数字根本无法确切统计。郑玄所做出这样的解释,明显是穿凿牵合之举,只会令稍具历史常识的人们感到可笑。

当然,郑玄在今古文经学方面的精深造诣是不可抹杀的,史籍称之曰:"括囊大典,网罗众家,删裁繁诬,刊改漏失,自是学者略知所归。"② 不过,号为"通儒"的郑玄又确有一些汉代经学家的通病,杨简对此毫无顾忌地指了出来,并说:"康成为汉儒宗,余可观矣。"③ 其意是说,郑玄号称汉代儒宗,尚且有穿凿附会、牵合可笑之弊,其余汉代经学著作中存在的各种毛病就可以想见了。杨简对于郑玄经学著作的质疑态度,反映出宋代心学家绝不盲从迷信先儒经典著作的独立思考精神。这种勇于质疑和独立思考的精神又被后代的心学家继承,成为心学一系的共同思想特征。例如:明代两位著名的心学思想家陈白沙和王阳明,都对郑玄的思想提出了质疑。陈白沙(1428—1500年)主张学贵"自得",曾在诗中说:"莫笑老慵无著述,真儒不是郑康成。"④ 王阳明亦有诗曰:"影响尚疑朱仲晦,支离羞作郑康成。"⑤ 无论是杨简,还是陈献章和王阳明,都对郑玄的经学著作提出了批评,体现出心学一派独到的经学理念。

三 对北宋"五子"的评价

北宋"五子"是被后世公认为理学奠基人的五位思想家的合称,分别是周敦颐、程颢、程颐、张载和邵雍。南宋朱熹在构建自己的理学体系时,对"五子"中的前四子尤为推崇,后人遂并称为"濂、洛、关、闽之学",视为理学的正宗。南宋后期,理学影响日广,作为心学一脉的嫡传,杨简在解经的过程中必然涉及到对北宋五子的评价,除了邵雍之外,杨简站在心学立场上,对周敦颐、二程和张载分别做出评价,体现了自己的学术理念。

在杨简心目中,除了陆九渊之外,北宋五子在倡导理学上虽然功不可没,但都存在着一些思想学术上的问题,他说:

---

① 《慈湖遗书》卷8,《论〈书〉〈诗〉》,第707页。
② 《后汉书》卷35,《张曹郑列传》,第1213页。
③ 《慈湖遗书》卷8,《论〈书〉〈诗〉》,第708页。
④ 《陈献章集》,孙通海点校,卷5《再和示子长》,中华书局1987年版,第456页。
⑤ 《王阳明全集》卷20,《月夜二首》(二),第787页。

我宋邵康节、程明道至矣而偏，象山陆夫子生而清明。①

由于邵雍（康节）对理学发展的影响较小，因此，杨简对他的评价一笔带过，语焉不详。对于其他四子的思想学术，他都做了较为详细的评述，并且分析其论著中的各种问题和缺陷。本著限于篇幅，只择其要者而言之，读者已自可明白其观点，理解杨简对于周、程、张等人的品鉴之言。

周敦颐（1017—1073年），字茂叔，世称濂溪先生，著有《太极图说》《通书》等著作，被视为理学的开山祖师，朱熹和张栻对其都极为推崇，在南宋已经享有盛誉。然而杨简认为，周敦颐书中存在一些不易发觉的分裂、穿凿之弊，必须以指出，否则将贻误后人。他说：

濂溪《通书》亦尚有疵。自明乎道者观之，可以一见，决不劳多议。今自二程尊师之，其书盛行乎天下，不得已，姑指众人之所未晓者言之。②

随后，杨简举了几个例子，以证明《通书》存在的瑕疵。由于所涉及内容比较复杂晦涩，在此，笔者仅选取其中一个内容相对简明的例证以阐述之（以下仿此），在《通书》中，周敦颐曾说：

寂然不动者，诚也；感而遂通者，神也；动而未形者、有无之间者，几也。诚精故明，神应故妙，几微故幽。诚、神、几，曰圣人。③

《通书》是周敦颐对于《周易》义理的阐发之作，由于使用语录式文体，行文十分简洁。但是，杨简认为，即使在这样一部语言简明的著作中，仍然存在着用理性分析取代直觉体悟的思辨倾向，破坏了"道"的浑沦一体的特性，导致了分裂整体、穿凿牵强的毛病。他说：

（濂溪）曰："诚精故明，神应故妙，几微故幽。"异哉！裂一道而三之，诚未始不精，何必更精？诚即神，神即几。或曰诚，或曰神，或曰几，皆所以明道心之妙，如言玉之莹，又言其白，又言其

---

① 《慈湖遗书》卷18，《宋杨公伯明封志》，第912页。
② 《慈湖遗书》卷15，《家记九·泛论学》，第848页。
③ 《周敦颐集》卷2，《通书·圣第四》，第17页。

润，非有三物。人之道心未尝不诚，未尝不神，其动之始曰几，此万古人心之所同，非圣人独有之。今周子又谓"诚、神、几曰圣人"，是谓众人无之，此正孟子所谓"谓其君不能者，贼其君者也，谓民不能，是贼其民者也"。孔子明道，未尝有精粗之论，乃起于后学之意说。孔子每每戒学者"毋意"，为是之类也。①

杨简认为，人心即道，本来就具有诚、神、几等特性，都是不同角度来描述"道"的内蕴与功能罢了，"诚即神，神即几，或曰诚，或曰神，或曰几，皆所以明道心之妙"，周濂溪根本不必如此分殊，使学者误以为这是三样不同的东西。他还打了一个比喻：就像一块玉石，"言玉之莹，又言其白，又言其润"，所谓晶莹、洁白和圆润，都是从不同角度来描述玉石的特性而已，千万不要以为这是三样各自独立、互不相干的特性。杨简又说：人心即道，"此万古人心之所同，非圣人独有之"，可是，周敦颐说"诚、神、几曰圣人"，使人误会这是圣人独有的智慧与德性，并非一般人所有，这样一来，难免使学者望而却步，把绝大多数人排斥在明心体道的德业之外。杨简认为，孔子经常告诫学者"毋意"，而周敦颐的这段话，犯了穿凿分裂之病，"裂几于彼，裂诚于此，于至一之中而强分裂之，殊为害道"（同上），究其思想根源，仍是主观臆断之所致。虽然南宋时期周敦颐的著作已盛行天下，但是，大多数人在读其书时未能慎思明辨，因此，杨简迫不得已，"指众人之所未晓者"，将其中存在的细微瑕疵指摘出来，为的是使世人不受误导，能够在正确的进路上明心体道，作圣成贤。

程颢（1032—1085年），字伯淳，世称明道先生。其弟程颐（1033—1077年），字正叔，世称伊川先生。兄弟二人之学，以天理为核心范畴，并称为"伊洛之学"（简称"洛学"），其中，程颐是程朱理学一派的真正奠基者。从外表上看，程颐曾说："吾之道盖与明道同。"② 实际上，二人的学术思想有着微妙的差别，程颢更加注重心性之学，而程颐则强调"理"作为人类社会的当然之则，具有更多的理性主义分析色彩。这一点，南宋理学家都有所发现，陆九渊曾说："元晦似伊川，钦夫似明道。伊川蔽固深，明道却通疏。"③ 关于二程兄弟的道行，杨简说："程明道至矣而偏"，④ "正

---

① 《慈湖遗书》卷15，《家记九·泛论学》，第849页。
② 《河南程氏遗书》附录，《伊川先生年谱》，载《二程集》，第346页。
③ 《陆九渊集》卷34，《语录上》，第413页。
④ 《慈湖遗书》卷18，《宋杨公伯明封志》，第912页。杨简说过："学者以知道为至"，这是此处"至"的内涵。参见《慈湖遗书》卷5，《蒋秉信墓铭》，第655页。

叔未明道"，① 合而言之，他对二程的品评是："伊川固出明道下，明道入德矣，而（伊川）尤不能无阻。"②

关于程颢之学，杨简经常发出赞同的语言。例如，他说：

（程）伯淳言："大人与天地合其德，日月合其明，非在外也。"斯言甚善。③

（程）伯淳言："惟神也，故不疾而速，不行而至，神无速，亦无至。"惟伯淳而后有此言。（同上）

不过，杨简认为程颢虽然得道，有时仍有偏颇之处。他举例说：

伯淳谓："颜子默识，曾子笃信。得圣人之道者，二人也。"此语亦有未安。谓二子得圣人之道诚然，然不当谓一人默识，一人笃信，信者必默识，默识者必信，自不当分裂。又不详考"日月至焉"者，非得道何以言至？所谓至者，必如颜子之不违仁，所谓不违仁者，必无思无为，寂然不动，感而遂通，动静一贯，方可言仁，方可言至。然则孔门得圣人之道者，亦不止二人而已。（同上）

程颢的确说过："颜子默识，曾子笃信。得圣人之道者，二人也。"④ 对此，杨简认为有不当之处，根据是"不当谓一人默识，一人笃信"，如果真的笃信，必然默识于心；如果默识于心，自然也会相信孔子之道，因此，不应该割裂对待颜子与曾子的道行，其实二人均为笃信默识之人。同时，程颢说孔子门下得道者仅此二人而已，这话就更偏颇了。颜子"三月不违仁"，固为难能可贵，但是，"其余日月至焉"的门徒，还是大有人在的。如果我们回顾一下本著第三章所阐述的杨简的工夫层次论，就会明白：只要觉悟本心，不动乎意，澄然昭然，这就是至道（得道）的表现。只是由于旧习难消之故，有的学者仅能终一日如此，有的学者能够终一月如此，过此期限，难免起故作意，破坏了内心虚明纯一的状态，只有颜回保持得最久，"三月不动乎意，故曰三月不违仁"。不过，即使是"日月至

---

① 《慈湖遗书》卷15，《家记九·泛论学》，第848页。
② 《慈湖遗书》卷13，《论〈大学〉〈中庸〉》，第825页。
③ 《慈湖遗书》卷15，《家记九·泛论学》，第847页。按：此页首出对程颢的评价时，称为"程伯淳"，以后省称"伯淳"。首称"程伯淳"，这样方符合对古人的称谓习惯。
④ 《河南程氏遗书》卷11，《明道先生语一》，载《二程集》，第119页。

焉者"，既然已体悟到人心先天原本的状态，都可以算是得道之人了，对此，杨简反问道："非得道何以言至？"可见，在孔子门下，"得圣人之道者，亦不止二人而已"。当然，杨简说过："未得道者，以得道为难；而已得道者，又以尽道为难也。"① 在孔子门下，能够像颜回这样保持"三月不违仁"状态的，仅此一人而已，因此，更加衬显出颜回的好学不倦与超卓诣境。

至于程颐，杨简虽然明确说"正叔未明道"②，但是，并没有对他一概否定。杨简坦承为何要力辟程颐之学，他说：

> 程（正叔）之笃行，亦岂易及？不可不敬也。但讲学不得不辨明耳。③

据史籍记载，程颐其人，性格严毅刚正，面对皇帝也敢直言规谏④。在生活上，"衣虽布素，冠襟必整；食虽简俭，蔬饭必洁"⑤，颇有"主敬"的风范。不过，其讲学著述运用理性主义的分析思维，将浑沦一体的"道"（仁）割裂分离，使得学者舍本逐末，陷于分殊。站在心学立场上，杨简对于程颐的很多思想观念不认同。如前所述，程颐十分推崇《大学》一书，而杨简对于《大学》所提倡的工夫论十分鄙夷，认为其"起故作意"，徒增烦琐支离之弊。又如：程颐以穷理释"格物"，杨简对此颇不以为然，他把格物释为"格有去义，格去其物耳"，并提出训诂的根据。除了这些根本性的理念差异之外，杨简对程颐惯于分殊、穿凿的毛病也提出了批评。这方面的例证很多，限于篇幅，笔者在此仅举二例。首先，程颐曾经和门人探讨忠恕之道，有一段对话——

> 或问："吾道一以贯之，而曰忠恕而已矣，则所谓一者即仁否？"
> 程正叔曰："然此一字当子细体认，一还多在忠上，多在恕上？"曰："多在恕上。"曰："不然。多在忠上。才忠便是一，恕即忠之用。"⑥

---

① 《慈湖遗书》卷11，《论〈论语〉下》，第803页。
② 《慈湖遗书》卷15，《家记九·泛论学》，第848页。
③ 《慈湖遗书》卷13，《论〈大学〉〈中庸〉》，第831页。
④ 详见《河南程氏遗书》附录，《伊川先生年谱》，载《二程集》，第342页。
⑤ 《宋元学案》卷15，《伊川学案上》，第591页。
⑥ 《慈湖遗书》卷10，第786页。原文见《二程遗书》卷23，《伊川先生语九》，362页。子细，通"仔细"。

程颐认为，孔子说"吾道一以贯之"，曾参解释为"忠恕"二字，而"忠恕"二字的侧重点应该在"忠"字上，有了"忠"才有"一"字可言，"恕即忠之用"。对于程颐的这段阐释，杨简非常反感，他说：

> 此论殊为蔽窒。既已谓之一矣，何多何少？体认两字，便见用意积力之状。孔子未尝教人体认，惟曰一以贯之，别无注脚。曾子曰忠恕，发明亦坦夷明白，不谓后世学者穿凿撰造至于此，其病甚著。①

杨简认为，程颐的这段话是极为蔽窒的见解。孔子既已说"一以贯之"，就不存在"何多何少"的问题，虽然曾子用"忠恕"二字来阐发孔子的思想，也十分简洁明白，并未曾说是忠多还是恕多。程颐教门人如此"体认"，体现出其"用意积力"的毛病，既是对浑沦一体的"道"的穿凿分裂，也是自家的凭空杜撰。平心而论，杨简对程颐的批评是有道理的。程颐其人，有着比较突出的理性主义分析思维，习惯于对古代典籍和先圣思想加以过细的分别，然而，过细的理性分析只会破坏人们对于"道"的整体性把握，其结果是"言益详，道益晦，析理益精，学益支离无本"②。到了南宋，这种治学理路传至朱熹，使得先圣之道演变成为更纯粹的章句训诂之学③，反而没有人去实地践履先圣之道了。究其始作俑者，程颐的"用意积力""穿凿撰造"，正是思想根源。用王阳明的话来讲——"弊之所从来，无亦言之太详、析之太精者之过欤！"④

又如，程颐对门人说："仁是性也，孝弟是用也。性中只有仁义礼智四者，几曾有孝弟来？"⑤对于这段话，杨简感慨地说：

> 异哉！正叔之蔽，一至于此。孝弟、仁义，名不同耳。强立藩篱，固守名意，陷溺于分裂之学，障塞圣人坦夷之道。⑥

显然，程颐认为"性中只有仁义礼智四者，几曾有孝弟来"的思想，

---

① 《慈湖遗书》卷10，《论〈论语〉上》，第786页。
② 王阳明语，参见《王阳明全集》卷7，《别湛甘泉序》，第230页。
③ 一般人以为宋儒是义理之学，汉唐之儒是章句训诂之学，事实上，朱熹一脉虽然阐述义理，章句训诂之习并不轻，试图将训诂与义理结合起来。与陆王心学一系相比，具有十分明显的章句训诂倾向。
④ 《王阳明全集》卷7，《别湛甘泉序》，第231页。
⑤ 《河南程氏遗书》卷18，《伊川先生语四》，载《二程集》，第183页。
⑥ 《慈湖遗书》卷15，《泛论学》，第848页。

确实有固守名言、不问实际的缺陷。如果只是因为孟子说过性中有"仁义礼智"四端，那么，董仲舒就不该加上一个"信"字，后世的"五常"之道也就无法成立了。对于人性的内涵，还是陆九渊看得明白，他说：

> 万物森然于方寸之间，满心而发，充塞宇宙，无非此理。孟子就四端上指示人，岂是人心只有这四端而已？①

同样，杨简从另一个角度来指出程颐的错误——"孝弟、仁义，名不同耳"，其价值取向是一致的，凭什么说人性之中只有仁义而没有孝悌呢？程颐之所以犯了这样的错误，根源还是在于他的过度化的理性主义分析思维，已经陷入"强立藩篱，固守名意"的泥淖之中。杨简曾说："人心即道，不必雕琢。"② 而程颐所犯，正是将人心穿凿分裂的毛病。如此穿凿分裂的思维方式，把圣人之学原本坦夷明白的道理反而蔽塞得没有了生气，也令后代学者不知所从，因此，杨简不得不发出感慨："异哉！正叔之蔽，一至于此！"

张载（1020—1077年），字子厚，因其久居陕西郿县横渠镇，世称横渠先生。张载于宋仁宗嘉祐二年（1066年）中进士，始登仕途。张载年轻时，听从名臣范仲淹劝告，认真读书，渐趋博学，声闻日广。然其为人，终身诚恳谦逊，不改勤勉好学之本色。据《宋史·道学一》记载：

> 尝坐虎皮讲《易》京师，听从者甚众。一夕，二程至，与论《易》，次日语人曰："比见二程，深明《易》道，吾所弗及，汝辈可师之。"撤坐辍讲。与二程语道学之要，涣然自信曰："吾道自足，何事旁求。"于是尽弃异学，淳如也。③

从这一记载可见，张载从无古代文人相轻、自是非彼的毛病，一见二程所讲易学水平高于自己，敢于勇撤皋比（指虎皮制的座椅），有"惟道是从"的求是精神。论辈分，张载要高于二程兄弟，据程颐所作的《明道先生行状》记载，宋神宗曾命程颢推荐人才，"先生所荐者数十人，而以父表弟张载暨弟颐为首。所上章疏，子侄不得窥其稿。"④ 由是可见二点：

---

① 《陆九渊集》卷34，《语录上》，第423页。
② 《慈湖遗书》卷11，《论〈论语〉下》，第813页。
③ 《宋史》卷427，《道学一》，第12723页。按：此卷包含北宋"五子"的本传。
④ 《河南程氏文集》卷11，《明道先生行状》，载《二程集》，第633页。

其一，程颢其人，坚持公义，举贤不避亲；其二，张载乃二程的"父表弟"，换句话说，也就是二程的表叔。虽然辈分高于二程，张载却从与他们的交谈中把握了"道学之要"，于是涣然自信曰："吾道自足，何事旁求。"从此，尽弃佛道异学，成为一代醇儒。即使成名之后，张载仍然不耻下问，向程颢求教，程颢也悉心指点，书信往来，无意中留下了一纸名篇《定性书》。① 作为一代名儒，张载的学术思想也被朱熹所吸纳，成为程朱理学思想理论的重要来源。不过，对于张载其人，杨简仍然有一些批评，概而言之，就是批评张载虽勤奋而不能免于无意，他说：

> 孔子曰："天下何思何虑？"横渠之书，深自病其定性未能不动，正以其学未免乎助长也，故孟子曰："天下之不助长者寡矣"。言心声也，其最着见者《芭蕉》诗，有"愿学新心"之句，此未悟本心之至善，而于心外求新心也。②

张载在信中坦承："定性未能不动，犹累于外物。"③ 对于张载的疑问，程颢开出的对治方法是："君子之学，莫若廓然而大公，物来而顺应"，又说："与其非外而是内，不若内外之两忘也。两忘则澄然无事矣。无事则定，定则明，明则尚何应物之为累哉？"④ 杨简没有直接评议程颢解答的正确与否，他认为，这恰恰说明张载的毛病在于"其学未免乎助长也"。按照杨简的心学理念，人心即道，凡事只要听从本心的支使，杜绝后天之意（如种种计较），自然就可以从容应对生活中的各种事务。从这个意义上讲，无所谓定性或不定性，因为想着"定性"二字，本身就是起意助长的念头；如果对本心真的能够自觉自信，那么，心态自然就会平常无碍，也就达到了孔子所说"天下何思何虑"⑤的境界。对比程颢和杨简的思想，我们发现，两人有着内在的一致性，都体现出心学家的思维方式，程颢根据张载的个性，从应用入手，告诉张载消释疑问的有效方法；而杨简的点评则显得坦率直接，即体以言用，没有丝毫的缴绕迂回。

张载还有一首咏芭蕉的诗，曰："芭蕉心尽展新枝，新卷新心暗已随。

---

① 《河南程氏文集》卷2，《答横渠张子厚先生书》，载《二程集》，第460页。此文又名《答横渠先生定性书》。
② 《慈湖遗书》卷15，《家记九·泛论学》，第849—850页。
③ 《河南程氏文集》卷2，《答横渠张子厚先生书》，载《二程集》，第460页。
④ 同上书，第461页。
⑤ 《周易译注》，《系辞下》第5章，第581页。

愿学新心养新德，旋随新叶展新枝。"① 这首诗借芭蕉的柔美姿态来比喻求学进德，体现出张载不断改造气质、更新自我的愿望。杨简认为，人心即道，只需要觉悟，而不需要改造、更新，此诗说明张载"未悟本心之至善"，总想不断更新其心，这是一种"心外求新心"的治学路径，难免捉摸影响，骑驴找驴。概而言之，"如横渠，乃揠苗助长之学也"②，张载虽然治学勤勉，却有心外求道、起意助长的倾向，并未找到正确的修道方法。在此，杨简不便明说的是，张载虽享盛名，但是，如果以这样的方式去教诲世人，却有贻误后生之嫌。

　　本节所述，是杨简对于历史上一些声誉崇高的经学大师或理学前辈的批评指摘。杨简的批评是从心学的思想立场出发，丝毫不留情面，因此，有些批评之语使得持不同学术理念的人们难以接受。不过，我们应该理解杨简发出这些批评指摘的思想动机。杨简生前已名闻天下，却不肯做好好先生，原因是他痛感学术不明，先圣之道被长期湮没，更不能通行于天下，他说："诸儒杂说芜论，所至如是，能知其非者有几？就有知其非者，又不得行其道于天下，而欲望复见三代之治，难矣。"③ 又说："诬言曲说，今学者靡然从之，道何由而明？人心何由而复于正？"（同上）这些话都体现出杨简对于大道不明、人心不正的忧患意识，因此，他才大胆地发出批评指摘之语，希望借此以倡明大道、救治人心。当然，由于"名同实异"之故，导致不同的话语系统之间不易衔接，杨简的某些批评未必符合那些先儒前辈的思想原意，因此，才会出现使人不能完全心服的现象。其次，杨简忽略了一点，由于学者根器不同，某些先儒前贤（如张载）的修道方法适用的是不同根器和个性基础的学者，因此，修道方法不可一概而论。杨简的"明心即道"的修道理念固然简易直截，但是，也不能因此否定了其他学派的修习模式。不过，这一问题直到明代中叶心学大盛之际，王阳明在阐述"四句教"的道理时才算基本澄清，算是得到了比较圆满的解决。

　　综观本章内容，主要是阐述杨简的经学思想。杨简治经之学的出发点，以"知吾心所自有之六经，则无所不一，无所不通"为根本原则，具有鲜明的心学特色，同时，他充分意识到"得圣言为证"的必要性，因此，一生潜心致力于经学研究，试图为心学思想找到更加充分的经典依

---

① 《张载集》，章锡琛点校，《文集佚存》，《杂诗·芭蕉》，中华书局1978年版，第369页。
② 《慈湖遗书》卷15，《家记九·泛论学》，第849页。
③ 《慈湖遗书》卷14，《论孟子、诸子》，第841页。

据。杨简一生治经、解经的成果非常丰硕,"平生多所著述,片言只字,无非发明大道",连清代的四库馆臣对其经学著作的考据、校订工夫都表示认可,称其"搜罗澄汰之功,亦未可没焉"。在此基础上,本章还择要介绍了杨简对于"五经"和"四书"的重新诠释,体现出杨简经学思想的独到之处和相关哲学理念的深邃内涵。最后,本章片断性地介绍了杨简对历史上某些名儒的点评之语,虽然杨简的点评是站在心学立场上的,但是,从不同的角度来看待历史人物,使得后人更加全面地认识历代思想家的成就与缺失,仍不失为一种有益的参考。总之,杨简精研儒家经典而不陷于迷信,他认为,"虽读孔子之言,奚可不精而思之,熟而复之?"他的经学观对于后人通过释经以明道的治学路径,具有一种解放思想的启发作用。

第七章 杨简思想的其他向度

本著至此,已经介绍了杨简的本体论、工夫论、政治哲学、教育哲学和经学思想。除了这些深邃、厚重的理论成果之外,杨简的思想体系中还有一些内容相对简单的问题同样值得探讨,故此,笔者专辟一章,将这些思想分节论述,各节之间没有必然的逻辑联系。其内容依次是:杨简的美学思想、杨简哲学与佛道思想的关联、杨简的生命智慧与生死观,这些都是杨简哲学思想的延展乃至深化。通过此章的探讨,我们能够体会到杨简思想中更多的富有启迪性的闪光点,同时也不难发现他的思想观念中不可避免的个人缺陷和历史缺陷。

第一节 杨简的美学思想

美学是哲学的一个分支。自从诞生以来,人类就已不自觉地开始了各种审美活动,久而久之,进入文明社会以后,更出现了专门以审美活动为研究对象的学术探索,这就是美学研究。虽然现代美学的理论体系来源于西方,但是,中国古代很多美学研究成果,其视角独特,意境超迈,思想价值依然值得今人借鉴,杨简的美学思想就是其中一例。杨简的美学思想,主要涉及论书法之美、论作文之道,以及论生活适意之美,散发着特殊的思想魅力。

一 论书法之美

杨简生平行事严谨、一丝不苟,这种生活态度也直接影响到他的书法品鉴观念。在杨简心目中,只有庄敬、中正、质朴、淳厚的字体才称得上是优秀的书法作品,除此之外都非正体。对于历史上一些著名的书法家,杨简从自己的书法鉴赏理念出发,品评其优劣美恶,揭示其缺失之根源。例如,对于人称"书圣"的东晋书法家王羲之,杨简做出了异乎世俗常情的评价。

王羲之（303—361年），字逸少，琅琊人（今山东省临沂市）。晋室南渡之后，主要居住在山阴（今浙江省绍兴市），曾出任右军将军、会稽内史等官职。由于年少时遭逢永嘉之乱，整个王氏家族由北南迁，因此，现在的临沂和绍兴都有王右军故里。王羲之自幼酷爱书法，中年后造诣已臻化境。在其传世书法作品中，以行书体《兰亭序》为代表作，被誉为历代"法帖之冠"。不过，历史学家一般认为，《兰亭序》的真迹传至王羲之的九世孙智永和尚时，便被唐太宗夺爱，唐太宗去世后，此帖真迹已被送入昭陵陪葬，因此，唐代之后流传的各种《兰亭序》碑帖都是临摹、仿照之作。东晋以来，王羲之的"书圣"地位已成为公认的事实，他堪称代表中国书法艺术的里程碑式的人物。

虽然王羲之的书法艺术获得众口一词的称赞，但是，杨简从自己的美学理念出发，对于其书法艺术提出了批评。他说：

> 世谓王逸少书为天下第一，吾谓逸少书，俗字尔。①

杨简的这一观点形成较早，在与陆九渊相游时期，就和陆九渊有过交流，陆九渊对他的观点"笑而无语"（同上）。然而，杨简的这一看法持续了终生，无论是与家人（如其子杨恪）还是与同僚（如天官汪达）的交往，都始终秉持这一观点。杨简之所以鄙薄王右军书法，首要原因在于——

> 逸少如倾国之色，丽则丽矣，而少庄敬中正之容，君子所不道，故字画惟方正古朴和平，近于隶。盖今之楷即隶之讹，隶者篆之变，篆极善，隶庶几，楷犹庶几，至于草，去古远矣，孔门之所恶。今世通行之书，不用篆隶，故予为楷而似隶，庶几乎三代庄敬中正之遗风不遂泯绝也。（同上；讹，变化）

在杨简的心目中，最上乘的书法乃是具有"庄敬中正之容"的作品，王羲之的作品虽然字体秀美，"如倾国之色"，但是，"丽则丽矣"，明显缺乏"庄敬中正之容"，非君子所应称道。由于杨简具有浓厚的复古主义

---

① 《慈湖遗书》卷3，《过庭书训》，第635页。按：此文是杨简对其子杨恪的训语，时在庆元二年（1196年）。

情怀，因此，他心中最美的书法，恰恰是先秦时期的钟鼎文，其次是隶书，再次是楷书，这些字体都体现着"庄敬中正之容"。在杨简看来，写字就应该一笔一画，以方正、古朴、和平为法，才能写出具有"庄敬中正之容"的好字来，如果违背了这一美学理念，刻意去追求书法的飘逸甚至肆意，那么，便是背离先圣之教，动摇了做人的根基。有鉴于此，他对私交甚好的吏部尚书汪达说：

> 小学家推尊王右军第一，某熟观谛玩，美则美矣，要无齐庄中正气象，无三代气象。然则今字画宜何从？古文（字）世莫晓。古文一变而为篆，篆一变而为隶，隶又变而为楷，至于楷不可复变矣。而世为楷者，其间亦或有飘逸放肆意态，今能去飘逸放肆意态，则正矣。①

其次，杨简认为，王羲之等人刻意追求书法形态的飘逸秀美，实际上也是"心外起意"的表现。他说："书者，六艺之一，古所不废，然非学者之所急，游之则可。"② 可是，"自正学不明，士大夫以放逸为事业。……汉晋而降，沉浸乎飘逸放肆渊海之中而不自知其非"。③ 对于这种风习，他反问道："孔门安得如许暇逸用力于字画也？"④ 杨简认为，任何书法，只要字体方正、古朴、和平（像古隶那样），就可以了，有什么必要去一味追求飘逸秀雅的姿态呢？从思想根源上讲，这不外乎是"心外起意"，结果是"益深益苦，去道愈远"。⑤ 值得注意的是，这一条原则不仅仅适用于书法，而且适用于作文之道。

关于书法之道，杨简晚年有一段详细的论述，集中体现了他关于书法艺术的美学观念，收录于《家记九》之中。他说：

> 书者，六艺之一，古所不废，然非学者之所急，游之则可。后世之为字画者异哉！皓首习之，秘术不露，此周孔事业耶？尝观钟鼎古文，如精金美玉，齐庄冕弁，使人起敬起爱，真三代时风度也。衰世所谓草圣者何哉？以放逸为奇，以变怪为妙，后世之俊杰，三代之罪人。王逸少独步一时，流芳千载，兰亭遗墨，秘藏昭陵，老师宿生，

---

① 《慈湖遗书》卷5，《跋汪尚书达古字碑刻》，第662页。
② 《慈湖遗书》卷15，《家记九·泛论学》，第853页。
③ 《慈湖遗书》卷5，《跋汪尚书达古字碑刻》，第662页。
④ 《慈湖遗书》卷3，《过庭书训》，第635页。
⑤ 《慈湖遗书》卷15，《家记九·论文》，第852页。

无敢拟议。虽则云然，有圣言在，"众好必察"，窃未所安。如妇人焉，清神丽色，雅服妙妆，美则美矣，而非公庭之所当言，非君子之所好乐。施之于晋宋以来则善，施之于三五之上则悖，何者？无淳古质厚之体也，无庄敬中正之容也。书，心画也。使逸少之书盛行而不少衰，则人心风俗终不返朴，终不可以庶几三代。吁，可念哉！①

在杨简的心目中，"三代风度"才是值得向往和效法的美学典范，他回忆道："尝观钟鼎古文，如精金美玉，齐庄冕弁，使人起敬起爱，真三代时风度也。"与之相比，后世书法"以放逸为奇，以变怪为妙"，虽然赢得世俗的赞誉，究其实质，真乃"三代之罪人"。王羲之的书法固然长期受到众人的推崇，但是，杨简以孔子的教诲为根据——"众恶之，必察焉；众好之，必察焉"（《论语·卫灵公》），细细品鉴王羲之的书法，内心总觉得缺少点什么。最终他发现，右军法帖"如妇人焉，清神丽色，雅服妙妆"，虽然字迹秀美，但是，"无淳古质厚之体也，无庄敬中正之容也"，这种晋宋以来为人称道的书法作品，明显有悖于先秦钟鼎古文的字体形态，因此，不算上乘。而且，杨简指出，书法乃是心画的表现，从中可以看出一个时代人心风俗的倾向，因此，杨简认为，"使逸少之书盛行而不少衰，则人心风俗终不返朴，终不可以庶几三代。吁，可念哉！"能够从书法作品中看出人心风俗的趋向，杨简也的确算是慧眼独具了。

根据这种以庄敬、中正、质朴、淳厚为正体的书法美学观念，杨简还扼要品评了历史上某些书法家的书帖的水平。他说：

> 欧阳正矣、和矣而不古，病在于不方而媚。虞、柳病与欧同而又弱。颜方正、庄敬、古质，善矣，所少者和尔。蔡与欧、虞、柳同。②

这里所涉的人物，分别指唐代书法家欧阳询（557—641年）、虞世南（558—638年）、柳公权（778—865年）、颜真卿（709—785年），以及北宋的书法家蔡襄（1012—1067年）。欧阳询、柳公权和颜真卿被誉为"楷书四大家"（另一人是元代的赵孟頫），虞世南在世时与欧阳询齐名。蔡襄在北宋是"苏、黄、米、蔡"四大家之一，其楷书浑厚端庄，自成一体。虽然他们在书法史上都享有盛誉，但是，在杨简看来，仍然各有欠

---

① 《慈湖遗书》卷15，《家记九·论文》，第853页。
② 《慈湖遗书》卷3，《过庭书训》，第635页。

缺，欧阳询的书法"正矣、和矣而不古"，"虞、柳病与欧同而又弱"，蔡襄之病与欧、虞、柳三人相同。至于颜真卿的楷书，"方正、庄敬、古质、善矣，所少者和尔"，仍然有所不足。需要指出，杨简之所以只品评以楷书著称的几位书法家，是因为在他心目中，楷书比较接近上古的篆书，如前所述——"古文一变而为篆，篆一变而为隶，隶又变而为楷，至于楷不可复变矣"。但凡写楷书，必须是一笔一画，不可随意连笔，这一点体现了书写者的心态和功力，就杨简本人而言，行事严谨不苟，"生平未尝作一草字"，①因此，在他眼中，只有欧、虞、颜、柳等人的书法尚值得品评，至于那些追求放逸、奇巧的行、草之类，有违上古文字风范，根本不值得一提。

由是可见，杨简的书法品鉴观念确实与众不同。除了书写功能之外，书法作为一种艺术形式，当然可以有多元化的价值取向，因此，无论是王羲之，还是欧虞颜柳等人，其书法艺术的造诣不是杨简一人的品鉴可以否定的。杨简为人严谨不苟，"生平未尝作一草字"，因此，他的书法品鉴观与历来流行的审美观念大相径庭。究其根源，是因为杨简具有浓郁的复古主义倾向，在他心目中，只有上古的钟鼎古文称得上精金美玉，只有庄敬、中正、古朴的篆、隶、楷书才是书法之正体，其余一切追求新奇、飘逸的书法形态均不入其"法眼"。诚然，如果真的按照杨简所言去品评书法作品，那么，中国的书法艺术就不可能呈现丰富多彩的面貌，也不可能再有任何发展变化，因此，杨简的书法品鉴思想只能作为某一维度的思想参考，而无法成为世人公认的评定标准。

二 论作文之道

中国自古是一个文学大国，尤其是唐宋时期，无论是八大家的散文，还是诗词创作，都呈现出活跃、繁荣的局面。在这种时代背景下，有的文人为了以文鸣世，努力钻研遣词造句的文字工夫，产生了各种各样的文论。对于那些刻意追求文字新奇的创作思想，杨简站在儒家"文以载道"的立场上，以先圣思想和经典之语为依据，进行了旗帜鲜明的批判。

杨简认为，文章是传递思想的载体，语言则是表达思想的工具，孔子用一句话就概括了正确的作文之道——子曰："辞达而已矣。"（《论语·卫

---

① （清）全祖望：《淳熙四先生祠堂碑文》，载《宋元学案》卷74，《慈湖学案》，第2480页。

灵公》）朱熹注释道："辞取达意而已，不以富丽为工。"① 应该承认，这种诠释贴切而简明。同时，孔子还讲过："巧言令色，鲜矣仁"（《论语·学而》），这句话表明了孔子对于专以华美言语为外饰之人的警惕，用在作文之道上，意指不能以华丽言辞来取代文章的实质内容。此外，在《古文尚书·毕命》中，周康王曾说："辞尚体要，不惟好异"，② 其意是说：言辞应当体现思想要点，而不要喜好标新立异。杨简把这些话奉为圭臬，并以此为据，尖锐地批判了包括杜甫、韩愈在内的许多文士，认为他们的作文之道存在严重的思想偏差。他说：

> 孔子谓"巧言鲜仁"，又谓"辞达而已矣"，而后世文士之为辞也异哉！琢切雕镂，无所不用其巧，曰"语不惊人死不休"，又曰"惟陈言之务去"。夫言惟其当而已矣，谬用其心，陷溺至此，欲其近道，岂不大难？③

> 孔子曰："辞达而已矣。"《书》曰"辞尚体要"而已。后世之为辞者大异，冥心苦思，炼意磨字，为丽服靓妆，为孤峰绝岸，为琼杯玉斝，为大羹元酒。夫子之文章不如是也，夫子之所以教诲其子弟亦不闻有是说也。④

杜甫和韩愈分别是唐代诗歌和散文创作的代表性人物，杨简以他们的思想言论为的榖，批判了那种刻意追求词句新奇的为文之道。杜甫曾说："为人性僻耽佳句，语不惊人死不休"（《江上值水势如海，聊短述》），⑤ 韩愈则说："惟陈言之务去，戛戛乎其难哉！"（《答李翊书》）⑥ 如果从文学作品贵在创新的角度立论，那么，这两句话是有道理的，但是，唐宋时代，许多文人渴望以文而名于世，在撰写诗文之时，刻意遣词炼句，追求新颖奇丽，结果将作文技巧推向极端，变成挖空心思的文字雕琢活动，这样一来，所作文章往往变成徒有华丽外饰而思想贫乏、苍白的作品。对此，杨简非常反感，他认为先圣之语讲得十分明白，"辞达而已矣""辞尚体要，不惟好异"，可是，后世有些文人，偏偏要"琢切雕镂，无所不用

---

① 《论语集注·卫灵公第十五》，载《四书章句集注》，第170页。
② 《尚书正义》卷19，《毕命》，载《十三经注疏》第1册，第521页。
③ 《慈湖遗书》卷15，《家记九·论文》，第852页。
④ 同上书，第853页。
⑤ 《杜甫全集校注》卷8，萧涤非主编，人民文学出版社2014年版，第2165页。
⑥ 《韩愈集》卷16，第211页。

其巧",甚至"冥心苦思,炼意磨字,为丽服靓妆,为孤峰绝岸,为琼杯玉斝,为大羹元酒",这明显违背了孔子所教诲弟子的为文之道。对于这种舞文弄墨的行为,杨简明确地表达了自己的态度,他说:

> 如尧之文章、孔子之文章,由道心而达,始可以言文章;若文士之言,止可谓之巧言,非文章。①

在杨简看来,"由道心而达"的文章,尽管文字简约、古朴,都不失为好文章;反之,许多文士的作品只不过是玩弄辞章的巧言而已,绝非合乎圣学之道的东西。不仅如此,杨简还进一步揭示了这些文士崇尚巧言、追求新奇的思想根源,并指明了这种舞文弄墨风气的危害所在,他说:

> 心外起意,益深益苦,去道愈远。是安知孔子曰"天下何思何虑"?是安知文王"不识不知,顺帝之则"?(同上)

如前所述,杨简的心性工夫论可以用一句话来概括:直心而往,不要心外起意。从表面上看,许多文士崇尚舞文弄墨的原因各不相同,但归结到一点,都是由于离心而起意之故。他们"冥心苦思,炼意磨字",把表达思想、抒发情感的诗文创作变成绞尽脑汁的劳心之事,结果是"益深益苦,去道愈远"。在杨简看来,这些人实在应该苦海回头,去学习一下孔子所说的"何思何虑"的教诲,去参悟一下文王"不识不知,顺帝之则"的纯白胸襟。

或许有人质疑:杨简在历史上并不以诗文而闻名,他是否有资格来评点古人的诗文创作?客观地讲,唐宋时代的科举考试不是考诗赋,就是考策论,作文之道是每个读书人都要过关的必修功课,杨简既然考中了进士,其作文水平自然就达到相当的水平。如果我们通读一遍《慈湖遗书》第六卷(杨简诗赋作品的集汇),就会发现杨简的文学创作水平甚高,并不亚于当世的其他文学名家,只不过杨简一生关注的是修道成圣之功,以及社会政治问题,并没有把过多的精力放在炼意磨字的文学创作上罢了。北宋司马光曾说,"史者儒之一端,文者儒之余事",② 这句话代表了中国古代士大夫的主流文学观,因此,我们不能因为杨简在文学史上不甚著名

---

① 《慈湖遗书》卷15,《家记九·论文》,第852页。
② 《文献通考》卷41,载《四库全书》,史部,第611册,第28页。

而忽略了他的卓有见地的作文之道。

那么，杨简心目中正确的文章之道是什么样的呢？简单地说，和他的书法审美观一脉相通。大凡一个人掌握了作文的基本技能之后，其文章之道的指导思想无非就是他头脑中的审美观而已。杨简曾说：

> 道二，正与不正而已矣。庄也，敬也，古也，朴也，善也，皆正之类也；不庄也，不敬也，不朴也，不古也，皆不正之类也。①

在杨简看来，好的文章应该具有庄敬、古朴的风貌，自然散发出善良本性的气息，这便是文章之正道；反之，文章不庄敬、不古朴，即使再讲究技巧，再会遣词炼句，都可能教唆后生误入歧途。他说：

> 无谓诗文之放逸非放于恶也；无谓字画之纵逸非流于不善也。商之木辂、周之麻冕，孔子独意向之，取其质也。（同上）

孔子生前曾向门人颜回谈起"为邦之道"，他说："行夏之时，乘殷之辂，服周之冕，乐则《韶舞》。放郑声，远佞人，郑声淫，佞人殆。"（《论语·卫灵公》）其中，商之辂，是指木质的大车，周之冕，是指麻木做的冠冕（比丝冕要俭省），无论是商辂还是麻冕，都是质地朴素的东西，孔子有鉴于东周以来的竞逐奢华之风，故以此为尚。杨简以"商之木辂、周之麻冕"为喻，阐明作文之道蕴含着相同的道理，不要追求新奇、放逸，应该保持庄敬、素朴的风貌，坚持引人向善的价值取向，这样才是儒者应该效法的正道。

三 生活适意之美

书法和文章只有在"进乎技"② 的基础上才有美感可言，不是人人都可以体会得到的，可是，在儒家先圣所崇尚的人生哲学中，蕴含着一种任何人都可以经常体会并受用的美感，那就是生活适意之美。值得注意的是，这种审美是以乐感的形式存在的，只是事后用理性思维去评判，才发现这也是一种审美的感受。美与乐相通，这也是中国古代美学观的一大特点，就像孔子说"仁者乐山，知者乐水"（《论语·雍也》）一样，这种乐

---

① 《慈湖遗书》卷15，《家记九·论文》，第854页。
② "进乎技"，指超过一般的技术水平，载《庄子集释》卷2上，《养生主第三》，第125页。

感恰恰来自审美活动，无论是否自觉，主体在审美过程中不由自主地产生了一种快乐的体验。

首先，我们来欣赏一首杨简所作的《登石鱼楼》的诗作——

> 楼栏倚碧空，绿树正摇风。我独来从容，笑歌于其中。微凉吹我衣，碧袂纱玲珑。诗成自长吟，宛转音和融。此意无人会，只许清风同。亦许空间云，悠然西又东；亦许林间禽，幽唶声无踪；亦许山间翁，笑语天机通。前山对我吟，突兀青重重。终日赓我歌，知音无謦宗。①

从表面上看，这首诗描绘的不过是杨简登楼远眺、心旷神怡的感受而已，没有什么特别之处，有的研究者可能把它归纳到古代士大夫的闲适哲学范畴中。然而，如果我们结合该诗的历史背景，就会发现杨简在日常生活中体会到的适意之美，实际上来自于他深邃的心性修养，乃是其道行有成的表现。如前所述，公元1195年，杨简遭受"庆元党禁"的打击，被迫回乡赋闲，时间长达十四年。换了其他人，心情必然郁闷不已，甚至愤世嫉俗。可是，对杨简而言，这种政治生涯的挫折丝毫不能动摇他对"本心即道"的觉解和自信。不久，应同乡沈文彪（号清遐居士）之邀，杨简来到石鱼山麓讲学，觉得此处山清水秀，他便建造了一栋石鱼楼（又称"石鱼竹房"），索性把家迁到这里。发愤著述之暇，杨简时常登楼眺望，发现乡间的生活、自然的风光实在令人心旷神怡，于是，他写出了自己的感受——"楼栏倚碧空，绿树正摇风。我独来从容，笑歌于其中"，正如孔子所谓"乐以忘忧"一样，在这种清新、自然的环境中，什么仕途的挫折、生活的烦恼，早都在青山绿水中消逝得无影无踪了。赋闲期间，杨简并不因为缺乏知音而忧郁，而是发出"此意无人会，只许清风同"的感叹，除了清风之外，白云、林禽、山翁，都是他审美的对象，在一片宁静和谐的心境中，他独自吟诵新成的诗作，自觉笑语与天机相通，好一派悠然气象。除了《登石鱼楼》外，在此期间，杨简还撰写了许多诗赋（如《广居赋》《咏春》等），前文已有介绍，此处不再赘言，读之都足以体会到杨简的生活适意之美。

这种生活适意之美，人人都可以体会到，不过，前提是主体要有足够的心性修养，因为这实际上是一种德性之乐。杨简说：

---

① 《慈湖遗书》卷6，《登石鱼楼》，第669页。按：引述部分为节选。

徒乐而非善，固非德性之乐；徒善而无乐，亦非德性之善。既嘉善又和乐，德性之光辉，自然而然，初非有意于为善，又为乐也。此惟有德者自知，而非章句儒所能识也。①

杨简认为"人心即道"，如果能够充分地认识到这一点，那么，德性先天固有光辉将自然显现，它既能使人心向善，又能使人心和悦，像手心手背一样，是同一事物两个方面的效用。在第二章"杨简的心学本体论"中，笔者论述了自得本心之乐的问题，这一点，正是中国古代圣贤心灵境界的奥妙所在。概而言之，凡是觉悟了本心即道的人，能够体会到一种天人合一状态下的愉悦和畅的精神快乐，这就是悟道后必然伴生的"受用"，杨简又称之为"天乐"（或"至乐"）。这种"天乐"乃人心先天固有，惟觉者可以自得，只是随着心性工夫的层次而有久暂之别，"常觉常明"者可以受用终身。杨简曾说：

人心即道，至乐中存。昏者失之，明者得之。②
乐以忘忧，乃有天乐。……人乐有尽，天乐无尽。③

由于第一章已详细论述了"天乐"的由来，笔者在此不再重复，只是从审美活动的角度再做一点分析。但凡觉悟本心之人，必然享受到这种"天乐"，进而在日常生活中呈现出恬静无欲、从容自得的状态，是为有其体必有其用；反之，如果一个人能够在生活中保持恬静无欲、从容自得的状态，有其用亦可通其体，也能够进而体会到天人合一、愉悦和畅的"天乐"。关键是一个人应当保持什么样的心态，即使在无意中偶然达到恬静无欲、从容自得的状态，也可能当下就感受到融融泄泄、愉悦和畅的"天乐"。这种"天乐"，只有笃实地从事心性修养的修道者才能有此受用，而非仅靠理性分析、言语推理可以获得真知，因此，杨简才说："此惟有德者自知，而非章句儒所能识也。"

本节所述，是杨简关于书法艺术、作文之道和生活适意之美的一些思想见解。由于杨简崇尚庄敬、中正、古朴、淳厚的字体，因此，他对于世俗称道的一些著名书法家的艺术作品都提出了批评。他不能理解艺术创作

---

① 《慈湖遗书》卷8，《论〈书〉〈诗〉》，第732页。
② 《慈湖遗书》卷15，《家记九·论文》，第854页。
③ 《慈湖遗书》卷11，《论〈论语〉下》，第803页。

的多元化价值追求，所以，这种批评未免失之偏颇。关于作文之道，杨简继承了孔子"辞达而已"的思想，反对追求新奇、怪异的巧言，因此，他对于很多著名文人的文学创作思想都予以尖锐的批判。究其实，这种批判仍是杨简所崇尚的庄敬、古朴的审美观在文章之道中的体现。至于日常生活，杨简告诉了世人有一种"天乐"或"至乐"。只要保持心性恬静无欲、处事通达从容，就能在生活中随时随地、经常性地体会到这种适意之美（乐），这是一种更有普适性的审美感受，比起书法艺术和作文之道来，更能直接体现一个儒者的真实道行。杨简用自己的生平践履告诉了后人：人心中本有"天乐"，只要觉悟到，心灵便可超脱各种烦恼和负累；能够长久体会这一"天乐"，便是明道的表现，亦即圣贤的境界。

第二节　慈湖心学与佛道思想的关联

宋代是一个佛道二教十分繁荣的时代，杨简在世之时，受到社会环境的影响，与佛道二教的人士有过不少交往，对于佛经道藏也十分熟悉。有些学人据此以为，杨简的心学完全是禅宗思想的翻版，事实真相究竟如何？杨简的哲学思想到底是什么性质归属？这是本节将分析解决的问题。

一　杨简与佛教人士的交往及思想异同

杨简出生并成长在浙东地区，无论是鄞县还是慈溪等地，都是佛教天台宗流行的地域。在宋代，由于禅教合流之故，浙东地区的很多高僧也是禅宗大德，如《五灯会元》记载的北宋禅师神照本如，就是慈溪人，他留下过一首著名的偈语——"处处逢归路，头头达故乡。本来现成事，何必待思量？"[①] 在这种地域性的文化氛围影响下，杨氏家族受到佛教思想的熏陶本是一件正常的事情。以杨简之父杨庭显为例，年轻时发愤学习，"书之盈室，著之累秩"[②]，其中包括很多佛教典籍也不为怪。不过，自从听杨简述说在陆九渊门下的开悟之后，"公果大然之，于是尽焚其所藏异教之书"（同上），归宗于儒家圣人之学。杨简一生，与佛门僧侣交往的事例也并不少见，当代有的学人仅凭文献中的只言片语，就认定杨简的哲学思想

---

① （宋）普济：《五灯会元》卷6，中华书局1984年版，第360页。
② 《陆九渊集》卷28，《杨承奉墓碣》，第326页。

来自佛教，这是值得商榷的。仅举一例以辨之：在明代居顶所著的《续传灯录》中，记载了南宋明州天童山天目禅师（俗姓阮，名文礼）弘法阐教的事迹，其对象包括了朱熹和杨简二人在内——

> 乾淳诸儒大阐道学，师与之游，直示以心法，不为世语徇悦也。朱晦庵问"毋不敬"，师叉手示之。杨慈湖问不欺之力。师答以偈曰："此力分明在不欺，不欺能有几人知。要明象兔全提句，看取升阶正笏时。"①

根据这则公案，有的学人以为"（杨简）曾问道明州天童山文礼禅师，与佛教因缘颇深"②。需要辨明的是，天童文礼禅师虽然向杨简阐说偈语，但是，杨简对此并没有什么反应（如果有"双明阁之悟"那样的明显感悟，《续传灯录》应该记载下来），在以后的漫长岁月中，杨简对于此事也没有丝毫的回忆，可见他与天童文礼机缘并不相契。而且，佛道二教的典籍中，为了体现自家的境界高深，往往会将一些儒家士大夫与佛门高僧的平常晤谈提升为请教开示，只凭佛家典籍的单方面记载，是不足以认定杨简师从禅宗高僧而成就自身道行的。如前文所述，尽管在形式上禅学与心学确有相通之处，但是，这不能成为心学来源于禅学的充分证据。事实上，心学的理论根源无非先秦儒家心性哲学的内在思想在宋明时代的重新焕发而已，倘若深究三昧，心学与禅学乃是异质的思想学说。对于杨简而言，他的哲学思想的源泉一方面来自多年苦心孤诣的探索，另一方面则受益于陆九渊的开示，内外因缘际会，瞬间开花结果。此后在政治生涯和日常生活中又经受千锤百炼，最终锻造出炉火纯青的圣贤人格。正如门人钱时所作的《行状》所述——"（先生）由天资醇实，浑然不杂，是故立志也刚，进学也勇，而行之也有力。既大省发，终身以之勉竟，无须臾微懈。且又克永厥寿，习久益熟，遂造纯明之盛。若先生，真所谓天民先觉者欤！"③

当然，杨简自从明心得道之后，没有废弃与高僧大德的交往，因有底气于胸中，他与一些高僧之间是一种平等交流、相互切磋的关系。有一篇

---

① （明）居顶：《续传灯录》卷36，载《新修大藏经》，河北省佛教协会2005年印行，第51册（No. 2077），第714页。
② 董顺德：《略述杨简的佛教因缘》，载《慈湖心舟——杨简学术研讨会论文集》，张伟主编，浙江大学出版社2012年版，第139页。
③ 《慈湖遗书》附录，《宝谟阁学士正奉大夫慈湖先生行状》，第941页。

《祭愿禅师文》的短文，堪称这方面的代表作，引述于下——

> 具位杨某，敬致一奠于圆寂毒果宗人愿禅师：接辞累累，洞见底蕴。妙蕴非蕴，斯蕴无尽。相与切磋，无如若何。浮云忽断，碧空无畔。①

根据这一表述，愿禅师是毒果一系②的嫡传，故称毒果宗人，在禅宗史上并不知名。不过，他和杨简之间的交谊却很深厚。杨简一方面说自己与愿禅师"接辞累累，洞见底蕴"，另一方面又说"相与切磋，无如若何"，前言带有谦虚的成分，后言表明了两人之间是平等交流、相互切磋的关系。杨简认为，自己与愿禅师的交往受益良多——"接辞累累，洞见底蕴；妙蕴非蕴，斯蕴无尽"，可谓深得禅宗心法了，因此，他对愿禅师的圆寂并不持以世俗之人的悲伤，而是用"浮云忽断，碧空无畔"来形容愿禅师肉体生命的终结，足见他自己所说"洞见底蕴"并非虚语。其实，杨简自从"双明阁之悟"后，早已明白"人有死生之殊，道无死生之异"③的奥秘，对于生死不二的道理看得十分清楚，因此，他对好友愿禅师的辞世只发出"浮云忽断，碧空无畔"的些许感叹。

除了与某些禅宗大德的平等交流外，杨简晚年还因为年高德迈、声闻天下之故，引来了一些佛门僧侣向他虚心地求教，于是，白衣人向缁衣人传法，蔚为中国文化史上的一道奇观。例如：杨简曾向佛门僧侣炳讲师（佛门中讲解经籍的高僧）讲述早年的"循理斋之悟"，引述于下——

> 某之行年二十有八也，居太学之循理斋。时首秋入夜，斋仆（未）以灯至，某坐于床，思先大夫尝有训曰："时复反观。"某方反观，忽觉空洞无内外，无际畔，三才万物，万化万事，幽明有无，通为一体，略无缝罅。畴昔意谓万象森罗，一理贯通而已，有象与理之分，有一与万之异，及反观后所见，元来某心体如此广大，天地有象有形有际畔，乃在某无际畔之中。《易》曰"范围天地"，《中庸》曰"发育万物"，灼然灼然，始信人人心量皆如此广大。④

---

① 《慈湖遗书》卷18，《祭愿禅师文》，第909页。
② 《增集续传灯录》目录记有"北禅毒果因禅师"，但有名无传，可见此一法脉不甚闻名。
③ 《慈湖遗书》卷18，《辞庙文》，第901页。
④ 《慈湖遗书》卷18，《炳讲师求训》，第898页。

杨简的这段回顾,实际上告诉了炳讲师一个真相——即使儒家士人,同样可以有禅门所说的"开悟"体验,况且,杨简的这段"开悟"正好是在夜坐反观的状态中出现的,与佛门的坐禅修行工夫十分接近。这样一来,打消了炳讲师心中以为儒家学者只会口头讲说、没有真实体悟的疑虑。接下来,杨简又进一步阐释自己早已胸有成竹的哲学思想,他说:

> 孔子曰"心之精神是谓圣",即达磨谓"从上诸佛,惟以心传心,即心是佛。除此心外,更无别佛"。汝问我即是汝心,我答汝即是我心,汝若无心,如何解问我?我若无心,如何解答汝?观此,益验(道)即日用平常之心,惟起意为不善用力,急改过,改即止,切毋他求,故子曰"改而止"。此心至妙,奚庸加损?日月星辰即是我,四时寒暑即是我,山川人物即是我,风雨霜露即是我,鸢飞鱼跃无非我,如人耳目鼻口手足之不同,而实一人。人心如此神妙,百姓自日用而不知。(同上)

在此,杨简将孔子"心之精神是谓圣"的训语与达磨"以心传心,即心是佛"的箴言相互贯通,表明了无论是儒者还是佛徒,所体悟的"道"归根结底都不过是那一颗日用平常之心而已,"此心至妙,奚庸加损"?只要依此心而行,便是遵道践德的正路。最后,杨简指出:人心至妙的道理,人人皆同,只是有悟与不悟之别而已,故说"人心如此神妙,百姓自日用而不知"。在这篇不过336字(不计标点)的短文中,杨简将自己的心学思想阐释得十分清晰,而且与禅宗哲理相贯通,使炳讲师明白人心即道、不起意即工夫的简明道理。其言语之简洁、内涵之丰富、思想之透彻,在宋明理学史上堪称名篇。

宋朝是一个对外开放的国度,因此,不仅有国内的僧侣与杨简相与往还,甚至还有外国僧人来向杨简求教。《慈湖遗书》中记载了一篇更为简短的训语,这是杨简向日本国僧俊芿指点心学的提要,引述于下——

> 日本俊芿律师请言于宋朝著庭杨子。杨子举圣人之言而告之曰:"心之精神是谓圣,此心虚明无体象,广大无际量,日用云为,虚灵变化,实不曾动,不曾静,不曾生,不曾死,而人谓之动,谓之静,谓之生,谓之死。昼夜常光明,起意则昏、则非。"①

---

① 《慈湖遗书》卷3,《日本国僧俊芿求书》,第638页。按:全文在此,就这么多字数。

这段话说的是，一位来自日本的和尚俊艿律师（解说戒律的僧人）向正担任秘书省著作郎（简称"著庭"）①的杨简请教心学要旨。杨简告诉他："心之精神是谓圣"。这颗心，虚明无象，广大无际，超越动静、生死等对立范畴，是本来现成、昼夜常明的，人们一旦起后天之意，有了偏倚和执着，就会迷失这颗宝贵的本心。杨简阐说"实不曾动，不曾静，不曾生，不曾死"，是在借用佛教哲学的思维方式来描述本心的特点，实际上，这就是"真如佛性"，只不过儒者发现后简称为"心"而已。杨简不愧为一位出色的教育家，这段话简洁明了，融通儒佛，可以视为他向佛门中人传授心学思想的教语典范。

诚如本著第二章所述——如果人们非要说"心学通禅"，那么，这不过是儒家心性哲学和佛教具有共同的发现而已。即使如此，也不能否认心学与佛学在阐述人类心灵共同的先天状态时既具有各自的侧重点，更具有微妙的差异性。无论是从内圣的角度还是从外王的角度来看，杨简的哲学体系始终是以儒家思想为本位，只是在形式上借鉴了一些禅学的理论成果，其思想观念完全持守在儒家的价值范围中。正因为如此，杨简才能够以其自觉自信的修行造诣，对于佛门信徒的一些思想误区展开尖锐的批判。例如，他说：

> 释徒多昏蔽，误读梵纲戒经，不礼拜君王父母，大悖逆，大坏人心，大败风俗。②

事实上，杨简对于佛教经籍非常熟悉，有过深入的研究和修行体证，对于佛教哲学的某些思想观念也持有略同的看法，但是，他的思想高度远远超出了一般的佛教信徒，因此，敢于明确地指出：很多佛教徒误读了梵纲戒经，没有正确理解佛陀传下来的真理，违背了基本的道德规范，"不礼拜君王父母"，结果是"大坏人心，大败风俗"。对于这种悖逆伦理的风习，杨简当然坚决反对。就杨简一生而言，他始终坚定地持守儒家思想本位，与佛门僧侣的交往只是出于探讨天人性命之奥妙的目的，从来没有出现根本信仰的动摇。

---

① 《宋史》卷164，《职官四》，第3873页，记曰："（秘书省）监掌古今经籍图书、国史实录、天文历数之事。"著作郎是属僚之一。
② 《慈湖遗书》卷11，《论〈论语〉下》，第810页。

二 杨简对道家（教）思想的领悟与点评

在中国古代，道家是一个笼统的称谓，既可指先秦的老庄学派，又可指后来的道教思想。作为一位博学的通儒，杨简对于道家思想亦颇有研究，因此，他对道家思想进行了一番点评，不乏引人深思之处。

（一）对先秦老庄的评价

本来，世俗观念习惯老庄并称，对此二人的评价基本一致。但是，在杨简那里，却是部分肯定老子，明显贬低庄子。

首先，杨简对于老子的基本评价是："老子之于道，殆入焉而未大通者也。"① 对于这一观点，杨简也展开过一些论述，例如：

> 今世所行老子之书，皆曰老聃之书也。简观老子书，深有疑焉，盖入乎道而犹有蔽焉者也。何以明之？曰："道可道，非常道；名可名，非常名。"又曰："我独怕兮其未兆。"呜呼！非入乎道者，断不及此。今人心逐逐不休，不能斯须止静，有能寂然不动乎意而久者乎？兆谓意起而象兆也；怕者，兢兢业业也，虽兢兢业业而非意也，孔子所谓用力于仁者。呜呼至矣！②

"道可道，非常道"一句，出自《老子》第一章；"我独怕兮其未兆"一句，出自《老子》第二十章，一般写作"我独泊兮其未兆，如婴儿之未孩"。对于后一句话，杨简根据自己的理解，做出独特的诠释。杨简认为，"兆谓意起而象兆也；怕者，兢兢业业也，虽兢兢业业而非意也"，也就是说，老子这句话中包含了与慈湖心学思想一致的工夫论。一个修道者兢兢业业地保任本心，而不妄起后天之意，这样方能如孔子所说"用力于仁者"一样，始终保持本心静虚纯明的先天状态。杨简认为，世俗之人缺的正是老子所说的这一点，"今人心逐逐不休，不能斯须止静，有能寂然不动乎意而久者乎？"如果懂得"我独怕兮其未兆"的修养工夫，那么，先天本心始终圆满自如，圣贤境界可立跻而致。关于"我独怕兮其未兆"的内涵，杨简多次地坚持自己的诠释，例如：

> 老子亦曰"我独怕兮其未兆"，未兆者，意未作，未有他之时也。

---

① 《慈湖遗书》卷14，《论孟子、诸子》，第838页。
② 《先圣大训》卷5，载《四库全书》，子部，第706册，第733页。

而老子曰"独怕"云者，战战兢兢，恐惧而非思虑也。①

老子曰："我独怕兮其未兆。"未兆者，念虑之未形也。学者求斯须思虑暂止不能，而老子能久持之。曾子战战兢兢，亦入此也。②

正是基于以上理解，杨简才敢断言："非入乎道者，断不及此"，因此，他认为老子是一位入道之人。不过，站在儒家的思想立场上，杨简仍然认为老子思想中存在许多"疵病大露"的地方。例如，老子曾说："夫礼者，忠信之薄而乱之首"（三十八章），对此，杨简绝对无法认同，他批评道——

彼老氏谓"礼为忠信之薄，乱之首"，则安能治天下国家？老氏窥本见根，不睹枝叶，不见宗庙之美、百官之富。习乎道家之学，未学乎《易》者也。③

在杨简的心目中，礼是治国的根本规范，无礼则诸事不行。他对于《大戴礼记》一书尤其重视，认为其中包含了许多治国的根本道理。老子将礼的社会价值一概否定，这是杨简所不能接受的。杨简认为，"老子不可谓无得于道，而犹有未尽焉尔"④，他如此贬低礼的作用，就像一个人只见到了大树之根，却看不到繁茂多姿的枝叶一样，或者说只见到了一堵高墙，却看不到院墙内宗庙房舍的富丽壮观⑤。杨简认为，老子传习的是道家之学，故有所偏蔽，如果他能够像孔子那样晚年学《易》而得其道，就不会说出这样的话了。

不过，由于《史记》《孔子家语》等典籍明明白白地记载着孔子向老子问礼的往事，老子本人又何以如此鄙薄礼的社会作用呢？对此，杨简采取了两种解释：其一，他做了如下的推测和分析——

孔子问礼于老聃，恐非《庄子》所谓老聃者，何以明之？（此二人）所言绝不类也。岂有与孔子议礼如此之详，而又以礼为乱之首

---

① 《杨氏易传》卷19，载《四库全书》，经部，第14册，第202页。
② 《慈湖遗书》卷9，《论春秋礼乐》，第738页。
③ 《杨氏易传》卷5，《履卦》，载《四库全书》，经部，第14册，第54页。
④ 《慈湖遗书》卷14，《论孟子、诸子》，第838页。
⑤ 此段语出《论语·子张第十九》，原是子贡形容孔子的话，他说："夫子之墙数仞，不得其门而入，不见宗庙之美，百官之富。得其门者或寡矣。"百官，指房舍。

也?《庄子》所言老聃,皆痛绝仁义。①

杨简的怀疑确有一定道理。按照《史记·孔子世家》记载:孔子年轻时曾在鲁昭公的资助下,前往东周洛邑学礼,求教的对象就是老子。归来后,孔子称赞老子说:"吾今日见老子,其犹龙邪!"② 由是可见,老子对周礼是相当熟悉的,并且未见其有何反感之言。对此,《孔子家语》一书还做了较长篇幅的演绎,成为《观周》一篇。可是,《庄子》一书中,记载的是"孔子行年五十有一而不闻道,乃南之沛见老聃"(《天运第十四》),③ 老子对他讲了许多鄙薄仁义礼乐的话,如:"仁义,先王之蘧庐也,止可以一宿而不可久处";④ 又如:"夫《六经》,先王之陈迹也,岂其所以迹哉!"⑤ 都是对儒家所崇尚的礼乐之教的否定。对此,杨简当然有理由怀疑:这两个老聃所说的话怎么差别如此之大?"岂有与孔子议礼如此之详,而又以礼为乱之首也?"而且,《庄子》一书"寓言十九,借外论之"⑥,经常是假托他人之口的发言,书中的孔子、老子等人的言论,都是庄子根据自己的设想而编造出来的,不可执为信史。此外,即使在《史记》中,司马迁也对老子其人做了几种猜测,如以老莱子、太史儋为传说中的老子,并说:"或曰非也,世莫知其然否。老子,隐君子也。"⑦ 根据上述分析,杨简推测"孔子问礼于老聃,恐非《庄子》所谓老聃者",确实有一定的道理。

其二,杨简明智地提出一个观点:"圣人无常师,师其是,不师其非也。"⑧ 即使老子说过鄙薄仁义之类的话,也不妨碍他曾经向孔子讲述过周礼的各种具体内容,孔子取的是他正确的理论,而不必在意其他不正确的东西。因此,孔子问礼于老聃、访乐于苌弘,学其一曲之长足矣,不必计较他们思想中某些不足的成分,唯其如此,才能博采众长,成就圣人的智慧和学识。有鉴于此,杨简时常重复这一观点,如:"孔子无常师,师其是,不师其非也。"⑨

---

① 《慈湖遗书》卷14,《论孟子、诸子》,第839页。
② 《史记》卷63,《老子韩非子列传》,第2240页。
③ 《庄子集释》卷5,《天运第十四》,第518页。
④ 同上书,第519页。
⑤ 同上书,第533页。
⑥ 《庄子集释》卷9,《寓言第二十七》,第940页。
⑦ 《史记》卷63,《老子韩非子列传》,第2142页。
⑧ 《慈湖遗书》卷14,《论孟子、诸子》,第844页。
⑨ 《先圣大训》卷5,载《四库全书》,子部,第706册,第733页。

总之，杨简认为"老子之于道，殆入焉而未大通者也"，他对老子思想的深入研究，对于自身的修道事业有着宝贵的借鉴作用。

至于先秦道家的另一位代表人物庄子，杨简对他的评价则十分低下。杨简认为"庄周之学浅矣"，① 又说："庄周陷溺乎虚无之学也，非圣人之大道也。"② 对于庄子的思想，杨简的批评并不算多，大概是认为庄子外道，不值得耗费过多的笔墨。不过，仍可摘其两例以观之，杨简说：

> （庄子）曰："仁义之端，是非之涂，樊然殽乱。"是又恶动好静、陷溺之巨病也。似广大而实小也，似高明而实卑也。③

在《齐物论》中，庄子曾说："仁义之端，是非之涂（通'途'），樊然淆乱，吾恶能知其辩（通'辨'）?"④ 杨简认为，庄子的这一说法混淆是非善恶，抹杀仁义礼乐的必要性，实际上源于他内心有恶动好静、陷溺于偏见不能自拔的严重毛病，才会发出这种混淆是非、消极处世的价值观念。庄子虽然很崇尚逍遥自在，但是，他的内心世界看似广大而实际微小，看似高明而实际卑下，与现实生活的潮流逆向而动，因此，不能成为士人效法的榜样。

又如：

> 庄子又曰："劳我以生，息我以死。"是又思虑之纷纷也，是又乐死而厌生也。乐死而厌生，与贪生而惧死同。桑户之歌曰："尔已反其真，而我犹为人。"以死为反真，以生为不反真，其梏于生死又如此。⑤

在《大宗师》中，庄子曾说："夫大块载我以形，劳我以生，佚我以老，息我以死。"⑥ 又记载了子桑户、孟子反、子琴张三人相与友，子桑户病逝后，孟子反、子琴张二人弹琴歌唱道："嗟来桑户乎！尔已反其真，

---

① 《杨氏易传》卷7，载《四库全书》，子部，第14册，第72页。
② 《慈湖遗书》卷7，《己易》，第691页。
③ 《慈湖遗书》卷14，《论孟子、诸子》，第838—839页。
④ 《庄子浅注》卷1，《齐物论第二》，第99页。
⑤ 《慈湖遗书》卷14，《论孟子、诸子》，第839页。
⑥ 《庄子集释》卷3，《大宗师第六》，第247页。

而我犹为人猗!"① 对此，杨简认为，庄子提倡的并不是生死一致的思想，而是一种乐死厌生的消极观念，这说明庄子实际上还是"梏于生死"的差别，没有看透生死不二的本质，因此，他的这些说法，"乐死而厌生，与贪生而惧死同"，不过是走向另一个极端而已。杨简认为，庄子种种阐述生死的言论，"岂若孔子之言曰'未知生，焉知死'，明乎生死之一也"，② 故此，他鄙薄庄子的生死观。

概而言之，在杨简心目中，"庄周寓言，陋语良多。……亦祖夫归无之学，而未大通者也"，③ 这就是他对庄子的基本评价。

（二）对道教内、外丹学的评价

道教产生于东汉时期，它糅合了先秦的老庄思想、神仙方术思想以及民间的巫术观念，以追求长生不老、得道成仙为目的，是一个内涵复杂、颇有特色的中国本土宗教。道教发展至唐宋时期，分化出许多流派，主要是两大系——符箓派和丹鼎派。符箓派主要是以画符念咒、祈禳消灾为务，世俗化程度较深，如龙虎山的天师道；丹鼎派则提倡修炼金丹，服食后可以成仙，其中，又分为外丹和内丹修炼两种。外丹修炼者真的筑起炉鼎，把采来的药物、原料加以烧熔化合，希望能够炼出传说中的长生金丹来，但是，历史事实证明，这种能够使人长生不死的金丹从来都不存在，在唐代，至少有四个皇帝死于服食金丹的慢性中毒。因此，五代以后，外丹法渐渐失去了影响力，很多道家人士认真地从事内丹修炼，希望由此得道成仙。用今天的眼光来看，内丹修炼其实就是一种道家范畴的古典高级气功修习模式，能否使人成仙固然值得商榷，但是，许多内丹修炼工夫深湛的道士由此获得长寿或健康倒是一个显然的事实。北宋时期，由于宋真宗封道教神仙九天司命天神赵玄朗为宋王室的始祖，因此，道教在宋代十分兴盛，各种修道有成的著名道士层出不穷，如南宗的张伯端（983—1082年），北宗的王喆（1113—1170年），都是内丹修炼颇有成就的道教高士。到了南宋，道教影响依然不衰，在这种社会氛围中，以杨简虚心好学的开放心态，自然有机会接触到一些道教的有道之士，于是，他也学习了内丹修炼心法，并有相当的成就。不过，杨简对这种跟从方外之士学习的内丹修炼秘而不宣，整个《慈湖遗书》中仅存一篇《内丹歌》可以验证他这方面的特殊经历和修炼成就。

---

① 《庄子集释》卷3，《大宗师第六》，第271页。
② 《慈湖遗书》卷14，《论孟子·诸子》，第839页。
③ 同上书，第838页。

首先，我们来看一下《内丹歌》一诗的全文——

> 某闻内丹不可见，不待施工自成炼。羲皇以上几春秋，何啻千千万万转。到今昼夜流光涌，金乌夜照广寒殿。余辉散发缀碧落，稀稠纷纠珠玉溅。冲气祥精腾太虚，舒卷飞浮态累变。映空晓景绿拖蓝，错绮晚凝红染茜。有时震响轰冥蒙，有时熠耀盘飞线。有时清润垂冰丝，有时忽舞琼花片。其间秀结成山川，密木繁林飞鸟虫鱼次第现。龙翔凤鸣宝藏兴，绌缊孕瑞生群英。四明之麓鄞之曲，育神含和备五福。中有祥光两派明，内虚外应无不烛。能听能言能往复，屈伸俯仰天然奇，不知手舞蹈与足。二十年前忽转移，蓦过慈川天宝山之西。翠微曲复烟霞深，变化游徙谁复知端倪。石鱼楼阁云气低，比年往往暂此栖。御风两渡浙河去，又寻归路从桃蹊。桃源深处无人识，纵复经从当面迷。天实秘此丹，所见惟童颜。暂时一语露一班，不直知音又复还。①

大凡道家内丹修炼的诗词，往往写得十分隐晦，杨简也不例外。如果没有相应的实践经验，即使知道一些丹道修炼的专业词汇，也不会真正懂得它的内涵。这首诗分为两个部分，第一部分从开头至"不知手舞蹈与足"，描述的是杨简在内丹修炼过程中的真实体验和"内视"的景象。大体而言，道家的内丹修炼基本方法是运用意念来调动体内元气，朝着修炼者所希望的方向流动、凝聚和升华。其修炼过程大致分为炼精化气、炼气化神、炼神还虚、练虚合道四个阶段，每个阶段都有不同的内视景象为证。从诗中描述来看，杨简对于内丹修炼入门很快，并且有了飞跃式的进步——达到"炼神还虚"的境界。诗中"冲气祥精腾太虚，舒卷飞浮态累变""能听能言能往复，屈伸俯仰天然奇"等语句，实际上描绘的都是元神展露、运化自如的表现，这就是修道者在"炼神还虚"层次必然伴生的体验和景象。一旦达到这种境界后，生命的自由度大大提高，体用不二，修道者自身也获得了"不知手舞蹈与足"的莫大快感。

从"二十年前忽转移"开始至结尾，为全诗的第二部分，写的是杨简回顾自己修炼丹道的历程。如第一章所述，杨简自中进士以后，食禄五十余载，在朝廷和地方担任实职期间，他忙于政务，忧国忧民，不可能有充

---

① 《慈湖遗书》卷6，《内丹歌》，第669页。按："暂时一语露一班，不直知音又复还"一句，班，通"斑"；值，通"值"，逢，碰到。

裕的时间去专门修炼丹道功法（丹道功法的确需要较长的时间专心去修炼），因此，杨简一生可以用来修炼丹道功法的时间主要有两段：其一，淳熙十五年（1188年）—绍熙三年（1192年），因父亲杨庭显去世，在此期间杨简在家丁忧，除了居家守孝外，还曾应史浩之邀前往鄞县的碧沚书院讲学。不过，这一时期，杨简惬意于碧沚书院的讲学活动，加之对其影响甚巨的老师陆九渊尚在世，因此，专门去修炼道家丹法的可能性不大。其二，庆元元年（1195年）—嘉定元年（1208年），杨简因受"庆元党禁"的影响，落职奉祠，回到家中。长达十四年的赋闲时间，使得杨简颇有时间结交道教中的高士，学习内丹修炼。而且，其师陆九渊于1193年已去世，因此，杨简行动上完全独立，不会受到儒家思想的束缚，可以自由地从事丹道修炼。从诗中隐晦的词句来看，杨简正是在奉祠生涯的初期，路过慈川天宝山时，遇见了道教高人，传授给他内丹修炼道法，回到石鱼楼中，勤加修习，果然深造自得，有景有验，达到"炼神还虚"的高境界。作为一种养生方法，杨简一直习炼内丹道法而不辍，也使得自己身体健硕、头脑清明。值得注意的是，杨简诗中所说"御风两渡浙河去，又寻归路从桃蹊"，指的是他两次起复。第一次是嘉泰四年（1204年），朝廷给予杨简"赐绯鱼袋，朝散郎，权发遣全州"① 的任命，于是，杨简西渡钱塘江，来到都城临安觐见。可是，因其上书直言，反对贸然出兵北伐，立即被权相韩侂胄罢免职务，改为主管建昌军仙都观，依然回家奉祠。第二次是嘉定元年（1208年），时为史弥远执政，杨简作为耆德旧臣得以起用，再次渡过钱塘江，先后在朝中和温州任职，仍然不受重用。嘉定七年（1214年）七十三岁的杨简被冠以"直宝谟阁（学士）主管成都府玉局观"② 之虚衔，终于离开政坛，告老还乡，有感于此，杨简写下"御风两渡浙河去，又寻归路从桃蹊"的诗句。返乡途中，他回忆起那位传授内丹道法的高人，萌生了再次探访这位世外高人、进一步求教请益的念头，于是，"又寻归路从桃蹊"便成为他的真诚愿望。大约在第二年（1215年），杨简再次前往天宝山中寻访那位传授自己内丹道法的高人，可惜的是，时过境迁，那位高人隐而不见，他只见到了一些年幼的道童（"天实秘此丹，所见惟童颜"）。杨简和他们聊起自己的内丹修炼体验，这些小道士也不甚明了，只是将师傅所传的片言只语讲给杨简听。无奈之下，杨简只好打道回府，发出了"暂时一语露一班，不直知音又复还"的感叹。这个时候，距离杨简当初

---

① 《慈湖遗书》附录，《宝谟阁学士正奉大夫慈湖先生行状》，第931页。
② 同上书，第940页。

学习内丹道法的时间已过去整整二十年了。

在中国的历史长河中，隐士文化是一个历时久远、耐人寻味的现象。从上古时期的巢由、许父开始，就有许多高人隐居在民间。道教形成之后，很多得道之士长年隐于山林之中，偶尔与世间交往，也是"神龙见首不见尾"，留下许多令人惊讶的神奇事迹。例如，明代心学大师王阳明，三十岁时因公务来到南方，游九华山，将道人蔡蓬头请至官衙，虚心请问。不仅如此，他还跋山涉水前往深山之中，向一位不知姓名的异人求教。史载：

> 闻地藏洞有异人，坐卧松毛，不火食，历岩险访之。正熟睡，先生坐傍抚其足。有顷醒，惊曰："路险何得至此！"因论最上乘曰："周濂溪、程明道是儒家两个好秀才。"后再至，其人已他移，故后有会心人远之叹。①

这位坐卧松毛的深山隐者，至今也没有留下真实的姓名，但是，他告诉了年轻的王阳明一个道理——"周濂溪、程明道是儒家两个好秀才"，属于最上乘的境界。这样的解答，无疑对于年轻时犹疑、徜徉于佛道思想之中的王阳明转向探索圣人之学的道路，起到了至关重要的作用。

除了王阳明之外，王门后学的许多俊杰也有巧遇异人的经历。例如，浙中王门的王龙溪（1498—1583 年）年轻时娶妻张氏，十年不育；后纳妾二人，仍然七八年不育，这在"不孝有三，无后为大"的封建社会里，实在是令人忧郁的事情。所幸的是，王龙溪在外游历，"偶授异人口诀，得其姻蕴生化之机"，② 回来如法实施，前后生下八九子，夭折者除外，"成而长者三人"（同上）。对王龙溪而言，巧遇异人，解决了生活中的一个重要问题。又如，罗近溪（1515—1588 年）年轻时立志修道，毕生好学不辍。"四十有六而授道于泰山丈人，七十而问心于武夷先生"，③ 无论是泰山丈人还是武夷先生，都不过是罗汝芳后来追忆时加上的名字而已，实际上，他们都是道行深邃的异人隐者。

根据王阳明、王龙溪和罗近溪三人的经历可以推知，杨简在"庆元党禁"的赋闲期间，很可能遇到了精通内丹修炼的道家高人，传授给他内丹

---

① 《王阳明全集》卷 33，《年谱一》，第 1351 页。
② 《王畿集》卷 20，《亡室纯懿张氏安人哀辞》，第 648 页。
③ （明）罗怀智：《罗明德公本传》，载《罗汝芳集》，第 832 页。

功法，多年习练，也颇有所得。当然，杨简的思想立场始终是儒家本位的，他在政坛上刚直不阿、忠言直谏的名声也传播很广，那位道家隐者也不会一无所闻。或许他觉得杨简思想的价值取向和自己并不一致，继续与之交往，难免干扰、破坏自己的清静生活，于是隐而不见。这样一来，杨简和这位高人失去了最后的联系，只能沿着固有的生命方向挺进，成为一位入世的大儒。

当然，对于外丹炼制，杨简与一切理性的思想家一样，采取排斥、疏远的态度。其师陆九渊曾告诫门人说："悦妄人之言，从事于丹砂、青芝、煅炉、山屐之间，冀蓬莱瑶池可至，则亦终苦身亡家，伶仃而后已……入妄人之说，以求长生不死之术，则恐蓬莱瑶池终不可至，而蕞尔之身将毙于煅炉、山屐之间矣。"① 在这一问题上，杨简和陆九渊的思想是一致的，他同样指出："若夫世传丹灶，乃修养家几于仙者炼丹之物，小道所为，非天地大瑞。"② 不过，杨简没有像陆九渊那样对丹道修炼一概持否定态度，如上所述，杨简对于内丹修炼有着亲身的实践和体证，而且达到十分精深的造诣，因此，他才能写出这样一首具体入微的《内丹歌》，或许，这正是杨简青出于蓝而胜于蓝的表现。

本节所述，是杨简哲学与佛道思想的关联。在宋代文化开放、三教融通的社会氛围中，杨简很自然地接触到一些佛道人物，因而对佛道典籍十分熟悉，对佛道的一些修行方法也有切身的实践和体证。客观地讲，这些佛道思想起到"他山之石，可以攻玉"的作用，淬炼了杨简的心学思想，在一定程度上促进了慈湖心学的理论深化。但是，杨简的一生始终坚定地持守儒家思想本位，与佛道人士的交往只是出于探讨天人性命之奥妙的目的，从来没有出现过信仰根基的动摇。而且，在深入理解佛道的相关理论之后，杨简更得以高屋建瓴的姿态去揭示佛道之弊端、弘扬儒门之正学，这对于宋明时代的理学思潮最终超越佛道思想而成为社会主流意识形态，具有积极有效的促进作用。

第三节 杨简的生命观与生死智慧

既然杨简的哲学思想能够融通三教，那么，儒释道三教所共同关心的

---

① 《陆九渊集》卷4，《与胡达材》（二），第57页。
② 《先圣大训》卷1，载《四库全书》，子部，第706册，第605页。

生命哲学（核心是生死智慧）等问题必然也会引起他的重视。这些思想成果凝结在一起，就构成了杨简的生命观与生死智慧。由于现存史料较少，因此，笔者在此只能做一番简论，以期揭示杨简相关思想的内涵与特色。

一 "人之所以为人者，以其神也"

人们常说，人的生命是灵与肉的结合，不过，在精神与肉体孰为生命主宰的问题上，却有着迥然不同的看法。杨简认为，"夫人之所以为人者，以其神也，神无形，无形故无限量。"① 过去，这一观点被视为唯心主义而长期遭到批判，现在由于时代思想解放的缘故，我们可以跳出唯物、唯心二元对立的固有圈子，来重新评价杨简这一思想的深刻内涵。诚然，如果从肉体生命的属性来看，人类和其他灵长类生物的基因构成没有很大的差别，但是，正因为人类具有一般哺乳动物所没有的高级精神系统，所以才能成为万物的灵长。其实到目前为止，单纯从现代分子生物学的角度来理解人类生命的内涵，可能永远也无法揭示其本质。如果换一个视角，从中国古代哲学的生命观来探索人类生命本质，就会得出大不相同的结论，杨简的生命观就是其中的代表之一。

如上所述，杨简认为，"夫人之所以为人者，以其神也，神无形，无形故无限量"，需要指出，杨简在此将人的生命主宰表述为"神"，在更多的时候，他直接表述为"心"，偶尔也称"精神""神心"。杨简具有和一般人相同的常识，即人的肉体生命是有生必有死的，但是，对于这个"神（心）"的本体，杨简认为它无生无灭，是一个永恒的客观存在。他说：

> 此心虚明无体象，广大无际量，日用云为，虚灵变化，实不曾动，不曾静，不曾生，不曾死，而人谓之动，谓之静，谓之生，谓之死。②
>
> 子曰："心之精神是谓圣。"精神虚明无体，未尝生，未尝死，人患不自觉耳。一日洞觉，则知死生之非二矣，则为不虚生矣。③

在杨简看来，人的精神系统是一个既无形无象又客观存在的本体，它

---

① 《慈湖遗书》卷10，《论〈论语〉上》，第781页。
② 《慈湖遗书》卷3，《日本国僧僧俊芿求书》，第638页。
③ 《慈湖遗书》卷10，《论〈论语〉上》，第784页。

"未尝生、未尝死",只是在聚散无常的肉体生命内部发挥着主宰作用。人们恐惧或者困惑于生命的生死现象,实际上,有生有灭的只是元气构成的肉体生命而已,就精神本体而言,它是无生无灭的,亦即"血气有聚散,精神无所生"①,既然无生,也就无灭可言,它是一个永恒的存在。如果有人能够明白这个道理,便是对生死的超越,即"一日洞觉,则知死生之非二矣"。

由于将肉体生命和精神生命做了区分,杨简提出自己对于生死问题的基本观点,明显超越了一般的世俗观念,他说:

> 死生之变,其与四时之错行,日月之代明何异?②
> 心之精神是谓圣,……人有死生之殊,道无死生之异。③

杨简认为,肉体生命的生成与消亡是自然界运行变化的必然过程,这和四季更替、昼夜转换没有区别,但是,对于人类而言,肉体生命虽然有生和死的差别,对于"道"而言,却没有这种生与死之异,杨简所谓"道",就是他经常阐述的"心之精神是谓圣",由于这一精神本体无生无灭,只要觉悟它,就可以生而成圣;只要觉悟它,就可以了脱生死。总之,倘能依照"人心即道"的原则去生活,不离心而起意,不妄作妄为,就可以顺道而行,完成自己的人生使命,成就自己的理想人格;也只有这样,此生才不算虚度。

根据自己"死生不二"的根本理念,杨简还对理学前贤或儒家经典中的某些言论的瑕疵提出了批评。例如,他说:

> (横渠)墓志有"精魄反原"之言。夫血气有聚散,精神无所生。孔子"心之精神是谓圣",神心无体,即本即原,死生一贯,何以反为?"原始反终",乃作《易·大传》者之言,非孔子也。④

公允地讲,张载的生死观与杨简差别其实不大,他以元气论为基础,论述了肉体生命的生死实质就是元气的聚散变迁而已。他说:

---

① 《慈湖遗书》卷15,《家记九·泛论学》,第850页。
② 《慈湖遗书》卷18,《奠冯氏妹辞》,第910页。
③ 《慈湖遗书》卷18,《辞庙文》,第901页。
④ 《慈湖遗书》卷15,《家记九·泛论学》,第850页。反,同"返"。

> 气之为物，散入无形，适得吾体，聚为有象，不失吾常。……聚亦吾体，散亦吾体，知死之不亡者，可与言性矣。①

不过，张载有时还借用《周易》的某些话语来佐证自己的生死观，杨简认为，正是这样，表明了张载的生死观达不到"究竟义"的水平。《周易·系辞上》中说："原始反终，故知死生之说。"② 在杨简看来，这不是一个对生死问题的透彻理解，乃作《易传》者之言，并非孔子之言论，而张载认可此语，还说"形聚为物，形溃反（返）原。反原者，其游魂为变与！"③ 杨简对此不以为然，他认为，"血气有聚散，精神无所生"，如果还说什么返原、不返原之类的话，说明张载对于人类精神本体存在状态的认识还很模糊，实际上，"神心无体，即本即原，死生一贯，何以反（返）为？"无生即无灭，无去即无来，人类的精神本体就是本原，已将生死连贯在一起，还谈得上什么返原、不返原呢？因此，张载的"精魄反原"之言，表明了他对于生命本质的认识还是不够彻底的。

总之，杨简的生命观可以用一句话来概括——"人之所以为人者，以其神也"，这就是人类的生命本质的内涵。在此基础上，虽然肉体生命有生有灭，人的精神本体"未尝生，未尝死"，换句话说，生死不二，生死一贯，这就是杨简的生死观。虽然这是一个典型的唯心主义命题，但是，客观地讲，正因为如此，他才将刚正不阿、临危不惧的凛然正气保持终生。

二 杨简及其学侣、门人的临终表现

本著第二章开篇曾述，中国古代哲学不是一个纯思辨的哲学形态，修习践履是中国古代哲学的基本要求。虽然"知行合一"的命题直到明代中叶才由王阳明正式提出，但是，就整个陆王心学一系而言，知行合一的原则事实上一直被奉为圭臬，正因为如此，杨简的生命观与生死智慧并不是口头上说说而已的，他的一生，忠实践履自己的生命观，直至此生的最后一刻。

在宋代，儒家开始重视士大夫的临终表现。在人的一生中，只有生死一刻不会有丝毫的做作，这是站在生命的此岸对于一个道学家心性修养工

---

① （宋）张载：《正蒙·太和篇第一》，载《张载集》，第7页。
② 《周易译注》，《系辞上》第4章，第535页。
③ （宋）张载：《正蒙·乾称篇第十七》，《张载集》，第66页。

夫的最好验证。令人欣慰的是，杨简及其学侣、门人中，有很多经受住了这种临终表现的考验，证明了他们的学问是知及仁守、知行合一的真工夫。以杨简本人为例，《行状》记载：宝庆二年（1226年）三月二十三日，杨简"薨于正寝，享年八十有六"。① 杨简的临终表现平静安宁，为时人所称道，《行状》记载："先生清明纯一，无生死异。属纩之夕，怡然如平常时"（同上）。这种临终表现，表明杨简内心确实秉持"道无死生之异"的理念，因此走得从容安详。

杨简一生门人、学侣甚多。在"甬上四先生"中，杨简寿命最长，其次是袁燮（1144—1224年）。和杨简一样，袁燮的人品节操正是平生所学的体现，在他去世后，杨简称赞他"处存没之变，怡然不乱"，② 又赞曰："（袁）和叔立朝光明，临终不乱，简不胜兴敬"（同上）。"临终不乱"四个字，表明了杨简本人对于挚友之临终表现的充分肯定。又如：杨简的长兄杨筹，虽然悟道较晚，但是，一旦觉悟之后，便超越了生死对立，杨简记曰：

> 伯兄讳筹，字伯明。晚而顿觉，不勉不思，云为变化。易箦之言曰："昔犹今，今犹昔，有能觉斯，随意而适。"於乎！斯岂庸众所能知？③

杨筹临终之时，能够说出"随意而适"的心里话，表明他已经了脱生死，这是心性修养工夫达到超悟境界的表现。又如：杨简在乐平时所收的弟子邹梦遇（字元祥），开悟之后，"色温言约，神定气和，……其处事一于义理不可夺"，④ 颇有君子风范。杨简记载了他的临终表现，说：

> 嘉定四年（1211年）春，赴礼闱，罢而疾作，不可来。归而略平，孟夏三日，命二子扶坐艮斋，自谓气虽微而神则嘉。时斋明，喜甚，哦曰："嘉木扶疏兮，鸟鸣关关。暑风舒徐兮，庭中间间。起视天宇兮，浩乎虚澄。"还中堂，与家人茗饮，罢，就寝而殁。（同上）

---

① 《慈湖遗书》附录，《宝谟阁学士正奉大夫慈湖先生行状》，第940页。
② （宋）杨简：《故龙图阁学士袁公墓志铭》，载《慈湖遗书补编》，载《四明丛书》，第12册，第6906页。
③ 《慈湖遗书》卷18，《宋杨公伯明封志》，第912页。
④ 《慈湖遗书》卷5，《邹元祥碣》，第657页。

邹元祥身罹重症，自知不可逆转，却能从容吟诗，以别世间。诗中丝毫不见悲凄感伤之情，足见其内心对于"生死不二"的奥妙确乎达到了自觉自信的水平。吟罢诗词后，还能和家人共同品茗，最后，在睡眠中安详地离去，这种心性工夫无疑已臻上乘境界。因此，杨简为其作铭文曰："人心至灵，自通自明。元祥无能有所增，唯不动乎意，不昏其本灵"（同上）。

再如：杨简的儿媳冯氏（长子杨恪之妻），受杨氏家学影响，默默自修，临终表现也达到了令人称赞的水平。杨简记曰：

> 恪之妻冯氏，名媛安，字婉正。孝友笃至，静专，无故不出户；衣服不事华侈，口不言财利；宽厚慈惠；知过能改，明白不藏衺。病久，常情不堪，婉正语其子（杨）垄曰："我虽病，实未尝病；生如死，死如生。"①

比起邹元祥突发疾病来，冯氏"病久，常情不堪"，她却一直淡然对待，更加显得难能可贵，非心地虚明、工夫纯熟者不足以达之。她的临终之语是"我虽病，实未尝病；生如死，死如生"，这种心态，充分体现出将生死一贯对待的通达理念，果然，不久之后，冯氏"安然而瞑，无一言"（同上）。对此，杨简颇为欣赏，他特意为冯氏作铭文曰：

> 呜呼冯氏，死生一致，至哉斯言！自古儒宗学子，不知其几千万，觉此者有几？不谓妇人而有此！②

综观杨简及其门人、学侣和家人的临终表现，我们不难确定，慈湖心学一派在生死观问题上，所持并非纸上空谈的理论，而是知及仁守、知行合一的真学问。事实上，宋代儒学对于生死问题和临终表现的关注仅仅是一个开始，文字记载还比较简略，到了明代阳明心学大盛之后，这方面的记载变得更加丰富而厚重，但是，那已经不属于本著的研究范围，故不多论。

本章所述，是关于杨简的某些相对独立而简单的学术思想的阐说，包括：杨简的美学思想、杨简哲学与佛道思想的关联、杨简的生命观与生死

---

① 《慈湖遗书》卷5，《冢妇墓铭》，第658页。
② 同上书，第659页。

智慧。我们同样可以从中获得很多宝贵的启示,例如:杨简对于书法、文章之道的一些独到见解,对于生活适意之美的深刻领悟;又如:杨简一生坚持儒家思想本位,从来没有出现根本信仰的动摇,与此同时,他对于佛道思想的理解亦深得其中三昧;又如:杨简的生命观和生死智慧认为,人的肉体生命有生有灭,精神本体却生死不二,耐人寻味的是,杨简以其"清明纯一"的临终表现,充分证明他的生死智慧是知及仁守、知行合一的真工夫。当然,通过此章,我们也不难发现杨简哲学中存在一些思想糟粕,例如,他怀有浓重的复古主义倾向,不懂得艺术的多元化价值追求。这些思想糟粕的存在,说明了任何一位思想家都可能具有历史和个人的局限性。我们对于古人思想的研究,应该秉承去其糟粕、存其精华的原则,这样方能发掘其中积极的思想元素,为校正现代社会人们的生命航向、完善人们的精神构成、抬升人们的生命境界,提供有益的思想指南。

第八章　慈湖心学的历史评价和时代意义

通过前七章的分析，我们比较全面地了解了杨简的生平行迹和哲学思想。至此，有的读者不禁要提出一个整体性的疑问：杨慈湖的哲学思想究竟有什么样的历史价值，在现实生活中又有什么样的时代意义呢？由于杨简的哲学思想在历史上本身就是一个争议颇多的对象，因此，要解答这个问题，我们不妨先来梳理一下宋明时期诸位先儒对于慈湖心学的评价，转换多个角度看问题，会有助于我们更好地理解一个学派的思想价值。其次，我们再来探讨一下杨简哲学思想与象山心学、阳明心学的异同，揭示慈湖心学在整个陆王心学发展进程中的地位和作用。最后，我们将要概括杨简哲学思想的历史地位和现代意义，旨在表明：慈湖心学不仅具有一般传统哲学所起到的历史作用，而且历久弥新，具有启迪思想、安顿心灵、教化众生等超越时代的现代社会价值。

第一节　宋代诸儒对于慈湖心学的评价

南宋自乾淳时期以后，思想学术趋于繁荣。理学、心学、文献之学、事功之学都曾兴旺一时，名儒辈出。慈湖心学是继象山之后心学发展的又一高峰，由于学术立场、基本理念的差异，因此，不同的人对于慈湖心学的评价迥然不同，但是，都足以反衬出慈湖心学在当时巨大的影响力。

一　杨简门人的评价

综观杨简的一生，自中进士之后，仕宦生涯长达五十五年，历经宋孝宗、光宗、宁宗和理宗四朝，但是，所居的部门多是闲曹冷署，担任的职务也多是幕僚散吏或宫观闲差，真正能够发挥自己所长的，不过是三年的知乐平县和二年的知温州的执政经历，因此，杨简虽有很出色的治事之长，但是，由于性格忠义耿介，在南宋朝廷苟且偷安和论资排辈的政治格

局中,始终不能真正得到施展抱负的机会。有鉴于此,《宋史》作者以叹惜的口吻说:

> 杨简之学,非世儒所能及,施诸有政,使人百世而不能忘。然虽享高年,不究于用,岂不重可惜也哉![1]

客观地讲,在南宋政治格局中,杨简的作为和事功是微小的,一生并未得志。然而,从另一方面看,杨简为人品行高洁、境界深邃、学行一致、忠直不阿,这才是他长期享有令名的原因所在。他的学行在当时已海内闻名,并获得很高的评价。例如:深得杨简真传的弟子袁甫[2]曾说:

> 先生自幼志圣人之学,久而融贯,益久而纯。平生践履无一瑕玷,处闺门如对大宾,在暗室如临上帝。年登耄耋,兢兢敬谨,未尝须臾放逸,此先生之实学也。凡先生之所言者,言此而已;学者之所以学先生者,学诸此而已。[3]

在这段话中,袁甫表明了杨简的学问是知及仁守、学行一致的真学问,而不是那种舞文弄墨的纸上之学。由于杨简"自幼志圣人之学",于此用功不已,"久而融贯,益久而纯",竟然达到"平生践履无一瑕玷"的境界。自古以来,对于任何儒者而言,恐怕没有比这样的评价更为崇高的了。

《行状》作者钱时对乃师杨简的评价也是中肯而全面的,他说:

> 盖由天资醇实,浑然不杂,是故立志也刚,进学也勇,而行之也有力。既大省发,终身以之勉竞,无须臾微懈,且又克永厥寿,习久益熟,遂造纯明之盛。若先生,真所谓天民先觉者欤![4]

"天民先觉者"一语,本是商代圣者伊尹的自我评价,语出《孟子·

---

[1] 《宋史》卷407,《杨简传》,第12299页。
[2] 袁甫,生卒年不详,"甬上四先生"之一的袁燮之子,嘉定七年进士第一,累官至权兵部尚书。
[3] 《蒙斋集》卷14,《乐平县慈湖先生书阁记》,载《四库全书》,集部,第1175册,第499页。
[4] 《慈湖遗书》附录,《宝谟阁学士正奉大夫慈湖先生行状》,第941页。

万章下》，而伊尹又被孟子称为"圣之任者"（同上），由是可见，在门人钱时的心目中，杨简其实就是一位达到"纯明之盛"境界的圣者。

二 朱子学派对于慈湖心学的评价

早在1188—1192年期间，杨简因丁忧在家，就已受大官僚史浩之邀来到鄞县的碧沚书院讲学，许多史氏家族的子弟都成为杨简的弟子。由于史浩本是致仕宰相，史氏家族的影响力在士大夫阶层中非同一般，因此，杨简凭讲学而声名鹊起。1195—1208年期间，杨简又因伪学逆党籍而落职奉祠，在家乡赋闲十四年之久，在此期间，他继续讲学，"馆四方学子于熙光咏春之间而启迪之"①，由是声望日隆。随着朱熹等大儒的纷纷谢世，杨简在儒林的地位已渐属耆老。1208—1214年，杨简在朝为官（其间担任过两年的温州知州），由于耿直敢言，无意中成为清流领袖，良好的口碑为他晚年的讲学活动更是奠定了雄厚的人脉基础。1214年，杨简告老还乡，"门人益亲，遐方僻峤、妇人孺子，亦知有所谓慈湖先生。岿然天地间，为斯文宗主；泰山乔岳，秋月独明也。"②直至1226年去世为止，杨简一生以讲学传道为己任，在讲学传道的过程中，他的心学思想也广为世人所知。由于学术理念异同等多种原因，杨简在世之时和去世之后，他的学术思想曾引起儒家学界的不同评价，有的评价甚高，有的完全是抨击，有的称赞其为人而不满其学说，这一众说纷纭的现象，很值得今人关注和研究。

首先，朱熹及其后学对于杨简的思想学术多有批评，这里面表现得最为激烈的当属陈淳。本来，在杨简中年时期，朱熹对于杨简、袁燮等陆门后学还是比较肯定的，他在给门人滕璘（字德粹）的信中说：

> 幸四明多贤士，可以从游，不惟可以咨决所疑，至于为学修身，亦皆可以取益。熹所识者，杨敬仲、吕子约，所闻者，沈国正、袁和叔，到彼皆可从游也。③

朱熹在这封信中，一气提到了"明州（甬上）四先生"中的三位，即杨简（字敬仲）、沈焕（字国正）、袁燮（字和叔），另外一人舒璘（字元质）则未提及。在这四人之中，沈焕生于1139年，卒于1191年，此时杨

---

① 《慈湖遗书》附录，《宝谟阁学士正奉大夫慈湖先生行状》，第941页。
② 同上书，第942页。
③ 《晦庵集》卷49，《答滕德粹》（十一），载《四库全书》，集部，第1144册，第458页。

简年龄恰为 50 周岁。由是可见，朱熹的这封信写于杨简中年之时，当时陆九渊依然在世，门下弟子尚未独立门户，因此，杨简等人在与朱熹的交往中，给他留下了很好的印象，他也由此鼓励自己的门人多与杨简等人交游，以从中取益。不过，随着以"明州四先生"为代表的浙东心学日渐兴旺，朱熹对于杨简的看法发生了变化，他把杨简和陆九渊一齐列入批评的对象，例如，他说：

> 从陆子静学，如杨敬仲辈，持守得亦好，若肯去穷理，须穷得分明。然它（通"他"）不肯读书，只任一己私见，有似个稊稗。今若不做培养工夫，便是五谷不熟，又不如稊稗也。①

> 次日又言："陆子静、杨敬仲有为己工夫，若肯穷理，当甚有可观，惜其不改也！"（同上）

朱熹对杨简的不满在于：虽然其人"持守亦好""有为己工夫"，但是，不肯去读书和穷理，只任一己私见，因此，成为那种品质还不如稊稗、不成熟的"五谷"。由此可见，朱熹一派批评陆九渊门下不读书、不穷理的论调已经出炉。过了若干年，朱熹已经辞世，而杨简、袁燮等心学人士的讲学活动正进行得风生水起、有声有色，因此，引起一些朱子门人的不满。其中，批判态度最激烈的当属陈淳（1159—1223 年），他批评心学说：

> 及来严陵山峡间，觉士风尤陋，全无向理义者。才有资质美、志于理义，便落在象山圈槛中……下而少年新进，遂多为薰染。其学大抵全用禅家意旨，使人终日默坐以求本心，更不读书穷理，而其所以为心者，又却错认人心，指为道心之妙。与孔孟殊宗，与周程立敌。平时亦颇苦行，亦以道学之名自标榜乡间，时官多推重之，殊无一人看得破者。②

> 区区在都城之久，颇觉两浙间年来象山之学甚旺。由其门人有杨、袁贵显，据要津唱之，不读书，不穷理，专做打坐工夫。求形体之运动知觉者，以为妙诀，大抵全用禅家宗旨，而外面却又假托圣人

---

① 《朱子语类》卷 124，第 2693 页。
② 《北溪大全集》卷 23，《与李公晦一》，载《四库全书》，集部，第 1168 册，第 683 页。

之言，牵就释意，以文盖之，实与孔孟殊宗，与周程立敌。慈湖才见伊川语，便怒形于色。朋徒至，私相尊号其祖师，以为真有得尧舜孔子千载不传之正统。①

单从内容上讲，陈淳对于杨简心学思想的批判并没有超出朱熹的范畴，无非是"不读书，不穷理，专做打坐工夫"之类，但是，他加上了一些语气相当激烈的言辞，如："与孔孟殊宗，与周程立敌"，"大抵全用禅家宗旨，而外面却又假托圣人之言"。这种批判口吻，分明是要将慈湖心学逐出圣人之学的门墙之外。陈淳的这种批判正确与否，笔者在前七章中已做了大量的辨析，此不赘言。不过，由此足以看出陈淳与朱熹的性格差异，朱熹对于陆九渊和杨简的批评是温和的，而陈淳则言辞激烈，显然有意气之争的倾向。难怪全祖望（1705—1755 年）在《北溪学案序录》中说："亦有操异同之见而失之过者。"②

在元明清时代，朱学长期占据官方意识形态的统治地位，因此，慈湖之学一度被冷落，对于杨简的评价也长期失于偏颇。尽管如此，由于杨简为人大义凛然、正直不阿，"平生践履无一瑕玷"，因此，到了清代中叶，清廷在编纂《四库全书》时，馆阁学士们对杨简做了这样的评价——

简则为象山弟子之冠，如朱门之有黄榦。又历官中外，政绩可观，在南宋为名臣，尤足以笼罩一世，故至于明季，其说大行。③

清廷这一官方评价还算比较客观，至少承认了杨简其人"在南宋为名臣"，而其学"足以笼罩一世"的社会影响，但是，对于杨简其人其学的深层内涵并无涉及。与此同时，学者全祖望在补修《宋元学案》时，对于杨简的评价则采取了折中的方式，他说："慈湖之言不可尽从，而行则可师。"④

三 南宋晚期其他儒者对杨简的评价

然而，同为朱学后人的真德秀⑤（1178—1235 年）却对杨简其人持一

---

① 《北溪大全集》卷 23，《与陈寺丞复一》，载《四库全书》，集部，第 1168 册，第 686 页。
② 《宋元学案》卷 68，《北溪学案》，第 2219 页。
③ 《钦定四库全书总目》，卷 3，载《四库全书》，第 1 册，第 81 页。注：这是清代学者在释《杨氏易传》二十卷时的按语。
④ 《宋元学案》卷 74，《慈湖学案录序》，第 2466 页。
⑤ 真德秀早年就学于朱熹门人詹体仁，可视为朱熹的再传弟子，事见《宋史》卷 393《詹体仁传》。

种公允的态度。真德秀不仅肯定了"先生之门，贤哲甚众"①的客观事实，而且对慈湖的思想学术予以正面的辨析，他说：

> 慈湖先生之道，学者所共尊。顾尝侧听诸公间，或不能无窃议者，谓泯心思、废持守、谈空妙、略事为也。今观正夫所录，有曰："无思甚妙，思之正亦甚妙"，又曰："徒思固不可为学，不思如何是学？"然则先生之学，其果泯心思耶？曰："学未纯熟，不可废守"；又曰："敬以守之，于意态未动之先，守定用力，自然光明"。先生之学，果废持守耶？至于言道，以本心为正；言德，以直心为主，则其为论至平实，既与谈空说妙者不同。而于当世之务，讨论区画，若指诸掌，又非脱略事为者也。是四者，既皆异乎所闻，至其为说有曰："成身莫如敬，《书》曰钦、曰敬、曰谨、曰克艰、曰孜孜、曰兢兢、曰勤恤，三五盛际，君以此命臣，臣以此戒君。盖灼知不敬，则此心易动，敬则此心不动。此心微动，百过随之，此心不动，常一常明"。呜呼，斯言至矣！②

真德秀的这段文字，是为杨简的弟子傅正夫所录的《慈湖训语》而作的题跋。在这篇题跋中，真德秀通过一系列的辨析，否定了许多士大夫以为慈湖之学"泯心思、废持守、谈空妙、略事为"的讹传，他还从程朱理学"主敬"的角度出发，表明杨简同样强调"敬"的工夫——"盖灼知不敬，则此心易动，敬则此心不动；此心微动，百过随之，此心不动，常一常明"。这样一来，杨简所说的"此心微动，百过随之；此心不动，常一常明"③与程朱理学的主敬工夫可以相互贯通衔接，于是，双方的思想分歧就此弥合、烟消云散了。

由于真德秀与杨简曾经同在秘书省任职，亲自感受过杨简圣贤气象的熏陶，对此，他由衷佩服杨简既从容和乐又清明高远的人格风范。在本著第四章"杨简的心学教育理论与实践"中，笔者论述了杨简对于真德秀的随缘点化，兹不赘述。只需补充说明一点，这种教诲的作用是正面的，它令真德秀感到："先生之于德秀，可谓爱之深而教之笃矣"。④真德秀虽然

---

① 真德秀：《文忠西山先生真公跋文元公行状后》，载《慈湖遗书》附录，第942页。
② 真德秀：《西山文集》卷35，《题跋·慈湖训语》，载《四库全书》，集部，第1174册，第550页。
③ 《慈湖遗书》卷8，《论〈书〉〈诗〉》，第718页。
④ 真德秀：《文忠西山先生真公跋文元公行状后》，载《慈湖遗书》附录，第942页。

没有拜杨简为师,但是,从杨简身上感受到了一种真儒的人格魅力。有鉴于此,清代全祖望在补修《宋元学案》时,把他列在《慈湖学案》中杨简的私淑弟子①之列。

在杨简去世之后,南宋晚期的许多名儒对于他的评价超出了朱陆之争的怪圈,直接肯定杨简的思想学术和人格风范,承认他在儒学发展史上的应有地位。例如,黄震(1213—1280年)曾说:

> 某乡之先贤有慈湖先生阁学杨公讳简,寿张先生侍郎张公讳虑,慈湖为时儒宗,寿张亦文行表表,皆先皇帝朝名法从,皆足垂示将来,法合立传。②

虽然这篇文章不是专为杨简一人而作,但是,黄震承认"杨简为时儒宗",说明了杨简的讲学传道活动在南宋中后期具有广泛的社会影响,具有一代儒宗的思想地位,因此,黄震主张为其立传表彰,以垂范来者。比黄震稍晚的儒者王应麟(1223—1296年)给予杨简更高的评价,他说:

> 东海之滨有太傅,曰慈湖先生文元杨公,立心以诚明笃敬为主,立言以孝弟忠信为本,躬行实践,仁熟道凝,清风肃然,闻者兴起,可谓百世之师矣。③

如果将这两个评价相比较,黄震只是阐明了"慈湖为时儒宗"这样一个历史事实,王应麟则全面赞扬了杨简的人品学问,并把他视为"百世之师",换句话说,肯定了杨简在儒家思想史上的圣贤和师尊地位。

虽然杨简在不同学派眼中的评价有所不同,但是,在明州本地,士大夫阶层一直把他视为乡贤名儒,在他的故居原址上扩建形成慈湖书院,以表达对这位耆老鸿儒的纪念。据元初宁波人黄翔龙记载:"先生没,邑大夫始祠于湖之滨,而未有讲习之地。先生之道,虽尊而未明。"④ 过了若干

---

① 《宋元学案》卷74,《慈湖学案》,第2507页。
② (宋)黄震:《黄氏日抄》卷74,《缴申慈湖寿张行实状》,载《四库全书》子部,第708册,第737页。
③ (宋)王应麟:《四明文献集》卷1,《慈湖书院记》,载《四库全书》,上海古籍出版社1989年版,集部,第1187册,第190页。
④ (元)袁桷:《延祐四明志》卷14,《重修慈湖书院本末记》,载《四库全书》,上海古籍出版社1989年版,史部,第491册,第566页。

年,"咸淳辛未,蒙川刘公黻来帅明(州),捐郡帑,得民地于僧寺之右,负山面湖,创精舍,肖象而祠之"(同上)。这段话说的是,宋度宗咸淳辛未(1271年),制置使刘黻来到明州,正式建起一座慈湖书院(又称"精舍"),供奉杨简的肖像加以祭祀,而且给予一定的财政支持,"咸淳壬申(1272年),拨余姚、定海没入官田以为奠飨之需"。① 对此,《宋史·杨简传》亦有记载:"咸淳间,制置使刘黻即其居作慈湖书院",② 可为佐证。不过,由于南宋很快灭亡,失去了官府的扶持,慈湖书院的兴废又经历了一番曲折。元初,至元乙酉(1285年),毗邻普济寺的僧人仗权贵之势,侵夺其地,毁坏祠像,书院诸生向官府控告。至元丁亥(1287年),按察副使真定人侍其君来到此地巡察,认为有重建慈湖书院的必要,"于是命前贡士曹君汉炎为之长,而堂录桂君应魁主其役"。③ 这一次重修慈湖书院历时五年,"复建于至元丁亥(1287年)春,越五年十二月成,岁在壬辰(1292年)三月"。④ 扩建后的慈湖书院,结构完整,规模广大,有屋宇七十二间,成为一处尊慕杨简而传其学的最佳场所。对此,生长于四明的王应麟记载道——

  去先生之世,若此其未远也;得心学之传,必将有人焉。济济多士,克广德心,凡我同志,懋敬哉!(同上)

当然,在宋元之际,与朱熹的闽学相比,慈湖心学始终是一个地域性的民间私学,传习者完全是出于个人的志向和爱好而为之,并没有什么功利可言。相比之下,从宋代晚期开始,由于朝廷的大力扶植,朱子学的地位不断上升,主要表现是:其书立于学官,其人追谥封号,而后从祀孔庙,渐渐成为准官学。到了元代,元仁宗延祐元年(1314年),朝廷恢复科举考试,考试的指定教材就是包括《四书集注》在内的程朱理学系列著作,于是,程朱理学登上了官方意识形态的至上"宝座"。此后,明代科举考试承袭并强化这一制度,更为加固了程朱理学的官学地位。在这种科举制度的格局下,一般的读书人为了获取功名利禄,埋头苦读程朱理学的

---

① 《延祐四明志》卷14,《慈湖书院》,载《四库全书》,史部,第491册,第563页。
② 《宋史》卷407,《杨简传》,第12292页。
③ (元)袁桷:《延祐四明志》卷14,《重修慈湖书院本末记》,载《四库全书》,史部,第491册,第567页。
④ (宋)王应麟:《重建慈湖书院记》,载《延祐四明志》卷14,载《四库全书》,史部,第491册,第566页。按:这是袁桷所撰的《延祐四明志》中收录的一篇文章。

各种著作，对于陆九渊、杨简创立的心学思想，并没有太多的人真正关注，于是，慈湖心学渐渐式微（但始终存在），成为与官方儒学相伴生的士人儒学，以独特的形式传承着儒家先圣的精神道脉。

第二节　明代中叶慈湖心学的复兴与社会评价

明朝初年，明太祖朱元璋一方面实行恢复经济、抚民生息的政策，另一方面极大地加固了君主专制和中央集权，表现在教育制度方面：洪武元年，朝廷下诏"改天下山长为训导，书院田皆令入官"，[①] 洪武五年，又下诏"革罢训导，弟子员归于邑学"（同上）。这种政令等于取消了民间私学的合法性，对于以书院形式存在的民间私学而言，是一个摧毁性的打击，慈湖书院亦不例外，"书院因以不治，而祀亦废"（同上）。在科举制度方面，不仅以程朱理学的著作为标准教材，而且确定八股文的规范文体，极大地钳制了读书人的思想自由。直至明代中叶，在长达百余年的时间里，整个知识界思想沉寂，"此一亦述朱，彼亦一述朱"，[②] 只会简单地重复程朱理学的思想内容。在这种社会环境中，无论是象山心学还是慈湖心学，都默默无闻，几乎为世人所忘却。

到了明代中叶，随着社会经济的发展和朝廷政局的变化，这种严酷的封建思想钳制氛围有了一些放松的迹象，因此，偏处岭南一隅的白沙心学率先兴起，继之，阳明心学成为宋代以来心学思想的集大成者，并且无意间启动了明代中后期的启蒙思潮。在心学大盛于明代中叶的社会环境中，人们很容易联想起与阳明心学思想宗旨十分接近的象山心学，同时，又联想起不仅思想接近而且地域毗邻的慈湖心学，于是，杨简所创立的慈湖心学又引起了思想界的重视，各种研究和讨论应运而生，颇为热闹。这其中，大致上分为肯定与否定两大类，究其实，仍是朱子学和阳明学在晚明时期的思想较量的延续。

一　明代中后期对慈湖心学的批评思想

明代中后期，随着慈湖心学的复兴，儒林之中对其产生许多批评之

[①] （清）曹秉仁等修：雍正《宁波府志》卷9，《学校四十九》，载《中国地方志集成·浙江府县志辑30》，上海书店出版社1993年版，第670页。
[②] 《明儒学案》卷10，《姚江学案》，第179页。

语。来源有二：一是朱子后学对于杨简思想的批判，二是心学内部保守派对于杨简思想的批评。由于涉及人物较多，我们分别论述之。

第一，关于朱子后学一系对于慈湖心学的批判，最为突出的莫过于被称为"朱学后劲"的罗钦顺（1465—1547年）了。罗钦顺著有《困知记》一书，其中包含了许多对慈湖心学的批判"名言"——

> 癸巳春，偶得《慈湖遗书》，阅之累日，有不胜其慨叹者。痛哉！禅学之误人也，一至此乎！慈湖顿悟之机，实自陆象山发之，其自言忽省此心之清明、忽省此心之无始末、忽省此心之无所不通，即释迦所谓自觉圣智境界也。书中千言万语，彻头彻尾，无非此个见解，而意气之横逸，辞说之猖狂，比之象山尤甚。……慈湖上自五经，旁及诸子，皆有论说，但与其所见合者，则以为是；与其所见不合者，虽明出于孔子，辄以为非孔子之言。而《大学》一书，工夫节次其详如此，顿悟之说更无隙可投，故其诋之尤力。至凡孔子之微言大训，又往往肆其邪说以乱之，刬实为虚，揉直作曲，多方牵合，一例安排，惟其偏见是就。务令学者改视易听，贪新忘旧，日渐月渍，以深入乎其心。其敢于侮圣言、叛圣经、贻误后学如此，不谓之圣门之罪人，不可也。世之君子曾未闻有能鸣鼓而攻之者，反从而为之役，果何见哉？①

癸巳春，指的是嘉靖十二年（1533年），当时，王阳明虽已辞世，但心学思潮已成气候，在知识分子中影响很大，与之相关的书籍也流传颇广。在这种背景下，罗钦顺偶得《慈湖遗书》，看了几天后，得出的印象却是："痛哉！禅学之误人也，一至此乎！"罗钦顺认为：杨简从陆九渊那里获得开悟，实质上与禅门的顿悟没有任何不同，因此，"即释迦所谓自觉圣智境界也"，而且，杨简在书中所言，"千言万语，彻头彻尾，无非此个见解，而意气之横逸，辞说之猖狂，比之象山尤甚"。总之，罗钦顺对于《慈湖遗书》极为反感，他认为，"其敢于侮圣言、叛圣经、贻误后学如此，不谓之圣门之罪人，不可也"。

有的学人曾经引用过罗钦顺的一段回顾之语，认为他曾开悟而谙通禅理，后来渐知其非，他对于慈湖心学的批判具有实践层面的充分依据，具

---

① （明）罗钦顺：《困知记·续录》卷下，载《四库全书》，上海古籍出版社1989年版，子部，第714册，第367—368页。

有很强的说服力。对此，我们不妨先来看看罗钦顺的原话——

> 愚自受学以来，知有圣贤之训而已，初不知所谓禅者何也。及官京师，偶逢一老僧，漫问"何由成佛"，渠亦漫举禅语为答，云"佛在庭前柏树子"。愚意其必有所谓，为之精思达旦，揽衣将起，则恍然而悟，不觉流汗通体。既而得禅家《证道歌》一编读之，如合符节，自以为至奇至妙，天下之理莫或加焉。后官南雍，则圣贤之书未尝一日去手，潜玩久之，渐觉就实，始知前所见者乃此心虚灵之妙，而非性之理也。①

对于没有修道体证的学人而言，既然无法区分杨简的"循理斋之悟"和"双明阁之悟"的层次高下，同理，也就无法辨明罗钦顺"恍然而悟"的层次与内涵。实际上，罗钦顺因听闻老僧"佛在庭前柏树子"的随意回答而获得的感悟，仅仅只是灵光乍现而已。罗钦顺原先从未领悟过禅意，偶听老僧之答，"为之精思达旦，揽衣将起，则恍然而悟，不觉流汗通体"，这种感悟固然也属难能可贵，但是，毕竟道行浅近，还处在"玩弄光景"的入门水平。尽管他用永嘉玄觉的《证道歌》自我验证，"如合符节，自以为至奇至妙"，然而，如果他敢于再寻找一位高僧加以印证，不出片刻，便会被难倒。事实上，无论儒释道，真正开悟之后本心朗现，不会再消失或退转，而罗钦顺的一时感悟，远未达到彻悟先天本心的境界，因此后来才自我否定。如果开悟真的是如此"廉价"，那么，自古以来得道成佛者必然车载斗量，一点也不稀奇了。反观历史，杨简的"双明阁之悟"经过多年的探索，王阳明的"龙场大悟"更是经受多年的磨炼，"开悟"二字绝对不能等同于灵光初现的片刻感悟，借用王阳明的一段话来形容——

> 某于此良知之说，从百死千难中得来，不得已与人一口说尽。只恐学者得之容易，把作一种光景玩弄，不实落用功，负此知耳。②

根据以上论述可知，我们不能把罗钦顺的某种"感悟"当成对先天本心的顿悟，他并不具备批判慈湖心学深厚的道行基础，因此，他对于慈湖

---

① 《困知记》卷下，载《四库全书》，子部，第714册，第306页。
② 《王阳明全集》卷34，《年谱二》，第1412页。

心学的严厉批判,只能看作站在朱子学立场上的一种对立态度,远不足以作为驳倒慈湖心学(乃至整个陆王心学)的实践依据和理论优势。

第二,至于心学内部对于慈湖心学的批判,则更加需要仔细甄别。众所周知,明代中叶以后,心学阵营有两大源流——白沙心学和阳明心学。首先,白沙心学的继承者是湛若水(1466—1560年),他与王阳明生前是好友,不过,二人晚年思想学术的分歧日见显现。究其原因,是因为湛若水不断修正原本融通三教、灵性飞扬的白沙心学,使之更加符合统治阶级的理论需要,其结果是:原先清新飘逸的白沙心学失去了圭角和灵气,变成了四平八稳的"八仙桌",变成了有气无味的"温开水",越喝越与程朱理学区分不出来。除了湛若水外,其后学许孚远、冯从吾等人皆沿此轨迹前行,最终使得甘泉心学难与阳明心学相匹敌,"孤行独诣,其传不远",① 被阳明心学所掀起的思想解放潮流所湮没。

不过,在汹涌起伏的思想大潮中,湛甘泉等人还是依持自己的见解,对于慈湖心学的再度兴起提出了严厉的批评。以湛甘泉为例,他对于慈湖心学的理论根据"心之精神是谓圣"进行了尖锐的批判,他说:

> 慈湖立命,全在"心之精神"一句,元非孔子之言,乃异教宗旨也。不起而为意,便是寂灭。……慈湖即以人性皆善,人皆可以为尧舜,是矣;却又以为特动乎意则昏,何耶?天道常运,人心常生,盖性者心之生理也,生理故活泼泼地,何尝不动?动则为意,但一寂一感,莫非实理,故性不分动静,理无动静故也。今以动意即非,是认尧舜人性是死硬的物矣,可谓知道、知性乎?②

如果回顾一下本著第二章所说的"语言分析是研究古代哲学的辅助手段"一段文字,我们就不难理解,杨简所说的意,与湛若水所说的意,其内涵所指并不相同。湛若水所说的意,是指"心动则为意",这也就是现在人们常说的意识,而杨简所说的意,指的是具有定向性、偏倚性和执着性的后天意虑,这种意虑一旦生起,必然破坏本心的完满自足状态,因此,在工夫论上,杨简主张"不起意"。由于名同实异之故,湛若水和杨简二人的话语系统无法贯通衔接,所以,湛若水的批评看似有条有理,实

---

① 《明史》卷282,《儒林传序》,第7222页。
② (明)湛若水:《杨子折衷》卷1,载《四库全书存目丛书》,齐鲁书社1997年版,子部,第7册,第141页。

际上不能真正令人心服。

无独有偶，湛若水的三传弟子①冯从吾（1556—1627年），对于慈湖心学的批判也十分严厉。他同样抓住"心之精神是谓圣"一语加以辨析——

> "心之精神是谓圣"，出《孔丛子》，而不载于《论语》，此后人假借之言，非孔子告子思语。此句却有病，不知心之精神是谓圣，果道心之精神耶？抑人心之精神耶？如果道心之精神也，则心之精神诚是圣；如是人心之精神也，则心之精神是谓狂，岂得概言圣哉？盖"精神"二字在好处固说得，在不好处亦说得，在吾儒固说得，在二氏亦说得，岂可不辨？孟子曰："心之所同然者何也？谓理也，义也。"以理义言心，才是道心；不以理义言心，便是人心。必曰"心之理义是谓圣"，方为无弊耳。②

冯从吾的这段批评之语，明显沿用了程朱理学的基本思路，将人之心体分为道心与人心，据此，他首先质疑道："不知心之精神是谓圣，果道心之精神耶？抑人心之精神耶？如果道心之精神也，则心之精神诚是圣；如是人心之精神也，则心之精神是谓狂，岂得概言圣哉？"然而，程朱理学关于"人心"与"道心"的二分法，早在宋代就已为时人所质疑，如陆九渊曾说："《书》云：'人心惟危，道心惟微'……心一也，人安有二心？自人而言，则曰惟危；自道而言，则曰惟微。"③其次，冯从吾有章句训诂之癖好，这一点与其师祖湛若水有些相似，王阳明曾批评湛若水的《学庸测》："语意务为简古，比之本文反更深晦，读者愈难寻求，此中不无亦有心病？"④冯从吾非要将一般意义上的"精神"二字深加剖析，分为"道心之精神"与"人心之精神"，这种二分法未免有胶柱鼓瑟之嫌。再次，冯从吾从经学考证的角度入手，认定"人之精神是谓圣"的说法"出自《孔丛子》，而不载于《论语》，此后人假借之言"，不是孔圣之言，这样一来，就等于取消了"心之精神是谓圣"一语的合法性。总之，冯从

---

① 其谱系是：湛若水—唐枢—许孚远—冯从吾。按：甘泉后学多有独立见解，并不固守师说，所以《明史》称其"孤行独诣，其传不远"。
② （明）冯从吾：《少墟集》卷12，载《四库全书》，上海古籍出版社1989年版，集部，第1293册，第202页。
③ 《陆九渊集》卷34，《语录上》，第396页。
④ 《王阳明全集》卷5，《答甘泉》，第202页。

吾和湛若水一样,对慈湖心学十分反感,体现出甘泉学派与程朱理学渐趋合流的思想倾向。

其次,在阳明心学内部,以黄绾为代表的一批在朝王学人士,也提出了对于慈湖心学的批评。黄绾(1480—1554年),字宗贤,年轻时是王阳明的朋友,因有感于其学行卓迈,于嘉靖元年壬午(1522年)纳贽称门人①。在阳明去世后,将其幼子王正亿收为自己的女婿,予以妥善保护,其人品值得肯定。不过,由于黄绾在王门中资历甚老又身居高位,晚年思想趋于保守。对于嘉靖时期浙东再度兴起的慈湖心学热,黄绾颇不以为然,他说:

> 慈湖之学,出于象山,象山则不纯禅,至慈湖,则纯禅矣。②

黄绾虽然没有像湛若水那样对慈湖心学展开连篇累牍的批判,但是,他使用的方法是:将慈湖心学定义为禅学,不属于儒家圣人之学的范畴,等于取消资格,逐出"赛场"。对于自己的做法,黄绾做了一定的说明——

> 盖因年来禅学之盛,将为天下国家之害。(某)尝痛辩之,(彼)皆援先儒为据,皆以朋友为难言,故于其根本所在,不得不深明之。世有君子,必知予之不得已也。③

黄绾所说的"皆以朋友为难言",应指以王龙溪为代表的一批浙中王门,肯定慈湖心学乃"儒者有用之学"而非禅学,因此,他决意不惜得罪同门友人,把自己的观点公之于众,以拯救禅风大盛之弊。不过,抛开理论争议的对错不谈,单从事实层面上看,由于王龙溪等人在当时以讲学而名声甚崇,黄绾的呼吁没有起到多大的收效,慈湖心学照样流行于浙东地区。

到了晚明时期,"心学殿军"刘宗周也对慈湖心学做出了评价。耐人寻味的是,刘宗周一方面肯定了慈湖心学"心之精神是谓圣"的核心思想,但是,又认为慈湖之学把象山心学导向了严重的偏差。他说:

---

① 《王阳明全集》卷33,《年谱一》,第1231页。
② (明)黄绾:《久庵日录》卷1,载《黄绾集》,张宏敏编校,卷34,上海古籍出版社2014年版,第661页。
③ 同上书,第658页。

> 夫古之圣贤往矣，而精神有旷百世而相感者，何也？语云："心之精神是谓圣"。夫惟心不朽，故圣人之精神与之俱不朽。君焉而圣者，此心也；相焉而圣者，此心也；师焉而圣者，此心也；为儒为诸子文章气节勋业之不一，其殊途而同归于道，此心也。在虞廷谓之"中"，在《周颂》谓之"敬"，在孔门谓之"仁"，在后儒谓之"极"、谓之"天理"、谓之"良知"，皆此心之精神，所谓生生不朽者也。①

在这段话中，刘宗周对于"心之精神是谓圣"一语持有肯定态度，他认为，无论世人怎样变换称谓，把人的先天本心称为"中""敬""仁""极""天理""良知"等等概念，实际上，都是此心之精神生生不息的表现，"夫惟心不朽，故圣人之精神与之俱不朽"，因此，"心之精神是谓圣"一语极有道理。不过，刘宗周认为慈湖心学的偏差也是不容忽视的，他说：

> 象山不差，差于慈湖；阳明不差，差于龙溪。②

虽然刘宗周十分崇敬王阳明，但对于浙中王门代表人物王龙溪的思想颇为不满，他曾斥责由龙溪开创的儒林学风"几何而不蹈佛氏之坑堑也哉！"③，与之相应，他对于南宋心学由象山至慈湖的转变也持相同的态度，认为正是由于嫡传弟子杨简的过错，导致象山心学走向禅学而不可回转。

在明代心学发展历程中，刘宗周虽然被视为殿军，但是，其思想实际上带有很强的理性主义思辨色彩，与王阳明的本体论和工夫论有着较大的差别（由于本著范围所限，在此不做论述），在实际道行上更是远不及陆象山与王阳明，由此缘故，他对于慈湖心学的认识同样存在着隔阂与误解，所以，他对杨简的批评之语不足以代表心学阵营对于慈湖心学的整体性评价。

二 明代中后期对慈湖心学的肯定思想

与朱子学和心学阵营中的保守派不同，明代中后期有一大批心学人士

---

① （明）刘宗周：《刘蕺山集》卷9，《辛复元先生集序》，载《四库全书》，上海古籍出版社1989年版，集部，第1294册，第465页。
② 《刘宗周全集》，吴光主编，《语类十四·会录》，浙江古籍出版社2012年版，第3册，第467页。
③ 《明儒学案》，《师说》，第8页。

对于慈湖心学予以肯定或赞扬，或者说直接继承并弘扬了慈湖心学的某些核心思想。其中，表现得最为突出的，是以王艮、颜钧为代表的泰州学派及其后裔。大体而言，他们出身社会底层，属于在野的王门后学，"其人多能以赤手搏龙蛇"①，具有比较解放甚至激进的价值观，因此，没有沾染上黄绾等在朝王学人物的中庸之气，反而容易接受与朱子学不同的思想理念。

首先，出身盐丁的王艮（心斋），亲炙于王阳明门下，最先提出了"满街都是圣人"的命题。据《传习录》记载：

> 一日，王汝止出游归，（阳明）先生问曰："游何见？"对曰："见满街人都是圣人。"先生曰："你看满街人是圣人，满街人倒看你是圣人在。"②

王艮之所以能够提出"满街都是圣人"的命题，除了自家的创见之外，我们不得不说它与杨简强调的"心之精神是谓圣"的命题有着天然的贯通性。因为"心之精神是谓圣"一语中的"心"指的是人人皆有的先天本心，既然任何人的先天本心都是作圣明道的内涵和基础，那么，王艮凭着自己的觉悟，看明了大街之上众多行人的内在本心，从而发出"满街都是圣人"的惊叹，这就不足为奇了。对此，王艮后来有亦很详细的解释，他说：

> 来谕谓"良知在人，信天然自足之性，不须人为立意做作"，足见知之真，信之笃，从此更不作疑念否？知此者谓之知道，闻此者谓之闻道，修此者谓之修道，安此者谓之圣也。此道在天地间遍满流行，无物不有，无时不然，原无古今之异，故曰"鸢飞戾天，鱼跃于渊"，言其上下察也。③

王艮对友人的阐述，实际上就是把杨简的"心之精神是谓圣"一语变成王阳明的"心之良知是谓圣"而已，说明任何人都有此先天本心，只要及时觉悟，善于保任，这就是知道与修道的表现；同样，能够安于本心而

---

① 《明儒学案》卷32，《泰州学案一》，第703页。
② 《王阳明全集》卷3，《语录三》，第132页。王艮，字汝止，号心斋。
③ 《王心斋全集》卷2，《答徐凤冈节推》，第49页。

不妄动，这就是圣人的境界，所以说"安此者谓之圣也"。从这个意义上讲，王艮所提出的"满街人是圣人"的命题，实际上就是"心之精神是谓圣"思想的自然延伸，正因为如此，王艮才成为明代儒学平民化的代表人物。

其次，王艮的门徒颜钧（1504—1596 年），出身民间，自学成才，而后受教于徐樾和王艮门庭。① 颜钧其人，更洗脱了理学家的气味，全身充满着"儒侠"的气象。他不太讲究经学根据，而是喜欢直接向世人阐说自己的思想主张。在他的讲学传道的内容中，也时常提起"心之精神是谓圣"一语，于是，形成了与南宋杨简所见略同的价值取向。例如，他说：

> 夫是心也，自帝秉御，渊浩天性，神莫精仁，以为人道，时适乎灵聪之明，为知格诚正之修，允端天下大本者也。……如此氤氲精神，以遂明哲圭宝之能；如此经纶大经，以彰莫显莫见、莫为莫致之成。成若生长收藏，止至覆帱中央，故曰："心之精神是谓圣。"②
> 心之精神是为圣，圣不可知之谓神，不知其然而然之谓莫，即是夫子五十知天命以后翊运精神成片之心印。③

颜钧的讲学风格有点喜欢故作玄虚深奥，当然不足取，但是，这两段话的基本宗旨十分明晰，那就是"心之精神是谓圣"。如果细论起来，颜钧未必认真研究过杨简的思想学说，然而，他能够与杨简得出非常接近的学术宗旨，这充分说明：道在人心，"原无古今之异"，即使古今二人不曾相见，亦无师承关系，但是，在学术思想上，却不难得出所见略同的一致结论。

与文化功底较为薄弱的颜钧有所不同，他的门人罗汝芳（1515—1588 年）是考中进士的硕儒名流，但是，罗汝芳同样高度肯定"心之精神是谓圣"的思想命题，这样一来，等于把慈湖心学引为同调。他说：

> 盖心之精神是谓圣，圣者，神明而不测者也。故善观天地之所以

---

① 颜钧年轻时出游四方，在北京遇见徐樾（字波石），师事三年，后来，徐樾又将其推荐给自己的老师王艮，颜钧得以亲炙于王心斋门下，因此，也可以算是王艮的门人。参见《颜钧集》，黄宣民点校，卷 2《自传》，中国社会科学出版社 1996 年版，第 25 页。
② 《颜钧集》卷 2，《辨精神莫能之义》，第 13 页。
③ 《颜钧集》卷 2，《辨性情神莫互丽之义》，第 13—14 页。

生化人物，人物之所以彻通天地，总然是此神灵以充周妙用，毫发也无间，瞬息也不遗，强名之曰心，而人物天地浑沦一体者也。①

在这段话中，罗汝芳等于把"心之精神是谓圣"一语的关键内涵重新阐释了一遍，他认为，"圣者，神明而不测者也"，之所以有这般神明不测的人物存在，其根据在于就在于人人皆有的先天本心，那么，这颗心的特征是怎样的呢？罗汝芳指出："此神灵以充周妙用，毫发也无间，瞬息也不遗，强名之曰心"，而且，这颗心不是孤立自存的，而是"人物天地浑沦一体者也"，总之，人类智慧之所以彻通天地，都是这颗神明不测的先天本心的妙用。

在讲学过程中，罗汝芳还和门人就"心之精神是谓圣"一语展开对话，明确表达与杨简完全一致的哲学思想，史载——

> 问："今时有志之士，多知收敛精神，至诘以所谓精神，则谓身之知觉运用是也，何如？"
> 罗子曰："心之精神是谓圣，此《礼经》夫子之训，而一言以尽天下之道者也。是故心以为之根，圣以为之果，而精之与神，则条达乎心根，而敷荣乎圣果，而为全株宝树者也。盖吾人此心，统天及地，贯古迄今，浑融于此身之中，而涵育于此身之外。其精莹灵明而映照莫掩者，谓之精；其妙应圆通而变化莫测者，谓之神。……古之欲明明德于天下者，其心既统贯天地古今以为心，则其精其神亦统贯天地古今以为精为神。"②

罗汝芳的这段话中，有一处古本刻印之误，即把"心之精神是谓圣"当成了《礼经》中的夫子之训，事实上，无论是《周礼》《仪礼》还是《礼记》，都没有这句话。这句话的真实出处，首先来自西汉儒者伏胜所著的《尚书大传》，其中有"子曰：'心之精神是谓圣'"③一语，其次是《孔丛子·记问第五》中的所谓孔子之言（前文已述，兹不赘言）。不过，这些细小讹误并不影响罗汝芳对"心之精神是谓圣"一语的精辟解析。罗汝芳的分析，使人们对于"心之精神"的理解超出了"身之知觉运用"的

---

① 《近溪子集》卷6，载《罗汝芳集》，第197页。
② 《近溪子集》卷3，载《罗汝芳集》，第73页。
③ 《尚书大传》卷2，载《四库全书》，经部，第68册，第405页。

肤浅水平，他形象地比喻道："心以为之根，圣以为之果，而精之与神，则条达乎心根，而敷荣乎圣果"，由此，一棵完整的"宝树"得以挺立起来。而且，罗汝芳强调，这种人类共同的先天本心"统天及地，贯古迄今"，具有超越时空的特性，亦即是一种天人合一的状态，正因为如此，它才能发挥出"心以为之根，圣以为之果"的神妙作用。

综观王艮、颜钧和罗汝芳关于"心之精神是谓圣"一语的阐发，我们不难发现，虽然他们并不曾提及杨简其人，但是，在思想上却有着惊人的一致，那就是对于"心之精神是谓圣"这一命题的充分肯定。而且，王艮由此还提出了"满街人是圣人"的命题，罗汝芳也提出了"捧茶童子是道"① 的命题，这些见解，都表明了虽然时代相去数百年，但是圣贤所见略同的客观事实。从这个意义上讲，泰州学派乃是慈湖心学不折不扣的同调之人。

由于地域关系，泰州学派继承并弘扬慈湖心学的思想，却不言及其人，这是可以理解的。对于浙中王门来讲，他们必须直接面对杨简其人与其学，因为余姚和慈溪是毗邻之邑，杨简的学术价值也正是因为阳明心学的兴起而重新被人们所认识。在对待慈湖心学的问题上，王阳明的两位弟子钱德洪（1496—1574年）和王龙溪（1498—1583年）都做出了自己的评价，与"四句教"的争议不同，他们对待慈湖心学的态度比较类似。钱德洪说：

> 德洪尝伏读先生遗书，乃窃叹先生之学直超上悟者乎！……先生赋质英粹，其平生不濡世纷，不染习陋，故一触其机，能洞彻心源如此。但其教人，已如此入，亦即如此示人，盖直指本心而欲超顿以入。根性利者则能亲体承接，若江河之沛决；其次资悟不齐，则阶级悬隔矣，闻其说而不入，往往疑其或近于禅。夫禅之说与先生之书具在，其私己同物之心，区然辨也。乃惟圣门详于下学而不竟其说，就人所至以俟其自化，故人人乐得所趋。而先生爱人过切，立言过尽，容或有之；然谓其学非性情而疑訾之，则吾性昭然，断断乎不可诬也。②

---

① 《近溪子集》卷2，载《罗汝芳集》，第44页。按：原文是"此捧茶童子，却是道也。"
② 《徐爱·钱德洪·董沄集》，钱明编校，《修复慈湖书院记》，凤凰出版社2007年版，第172页。

第八章　慈湖心学的历史评价和时代意义　401

　　由是可见，钱德洪认真地阅读过杨简的遗著，肯定了他是"洞彻心源"的圣者。同时，钱德洪对于杨简的教法也做出了辨析：杨简习惯于"己如此入，亦即如此示人"，属于直指本心的上乘之教，适合于根性慧利之人；但是，对于那些根器一般的学者而言，由于不得其门而入，便怀疑杨简之学属于禅学的变种。对此，钱德洪明确地指出："夫禅之说与先生之书具在，其私己同物之心，区然辨也"，这一点不容混淆。不过，钱德洪也委婉地表示：杨简的教人之法，对于"详于下学"的凡庸大众而言，确实有难以企及的高度，而且，"先生爱人过切，立言过尽，容或有之"，因此，容易引起世人的误解。但就总体而言，"先生之学，直超上悟"，属于儒家圣人之学，这一点"断断乎不可诬也"。

　　概括起来，钱德洪的评价肯定了慈湖心学的儒家思想属性，而且赞扬其"直超凡上悟""洞彻心源"的高卓境界。他对于杨简的批评只是在其教法上——"不起意"之教适合上乘根性，而忽略了中下乘之人，只看到"即本体便是工夫"，① 而不知"做工夫以求复本体"（同上）。这样一来，把许多有志从事于圣门之道的学者排斥在门墙之外，这是慈湖教法的缺陷所在。

　　与钱德洪相比，王龙溪对慈湖心学的理解更加深入，对于杨简的评价也更趋高端。他曾前往慈湖书院讲学，与当地士人当场探讨慈湖心学的若干问题。在论及慈湖心学的性质归属时，有这样一段对话——

　　　　冯子曰："或以慈湖之学为禅，何也？"先生曰："慈湖之学，得于象山，超然自悟本心，乃易简直截根源。说者因晦庵之有异同，遂哄然目之为禅。禅之学，外人伦，遗物理，名为神变无方，要之不可以治天下国家。象山之学，务立其大，周于伦物感应，荆门之政，几于三代，所谓儒者有用之学也。世儒溺于支离，反以易简为异学，特未之察耳。知象山，则知慈湖矣。"②

　　面对世人的质疑，王龙溪明确地告诉他们：慈湖之学从陆象山而来，"超然自悟本心"，境界高卓，方法易简，慈湖心学和象山心学一样，都是"儒者有用之学"，因为与占据正统地位的朱子学相异，因此，"世儒溺于

---

① 王龙溪语，载《王畿集》卷9，《答季彭山龙镜书》，第212页。"做工夫求复本体"也出自同页。
② 《王畿集》卷5，《慈湖精舍会语》，第114页。

支离，反以易简为异学，特未之察耳"。王龙溪的这段分析是很中肯的，陆九渊一生，以勤政爱民的"荆门之政"闻名于天下，杨简也与之类似，无论是知乐平，还是知温州，或者是立朝为官，都能够"周于伦物感应"，起到安民治世的作用，这岂是"外人伦，遗物理"的禅学可比的？如果仅仅因为治学方法烦琐与简易之别而生怀疑，这一点是不足为虑的。总之，慈湖之学属于儒家圣人之学。

其次，王龙溪对于杨简"不起意"的工夫论做了恰当的辨析，揭示其中的真实内涵，消除了世人的误解，他说：

> 知慈湖"不起意"之义，则知良知矣。意者本心自然之用，如水鉴之应物，变化云为，万物毕照，未尝有所动也。惟离心而起意则为妄。千万过恶，皆从意生。不起意，是塞其过恶之原，所谓防未萌之欲也。不起意，则本心自清自明，不假思为，虚灵变化之妙用，固自若也。①

如前所述，语言分析是研究中国古代哲学的辅助手段。王龙溪并没有像杨简那样一概否定"意"的价值，因为他所说的"意"，乃是"本心自然之用"，并不是杨简所指的那种具有定向性、偏倚性和执着性的后天意念。但是，王龙溪确实理解了杨简所说的"意"的内涵，那就是"离心而起意"的种种妄念，他同样肯定这一见解："惟离心而起意则为妄；千万过恶，皆从意生"，因此，他很赞同杨简所说的易简工夫——"不起意"。王龙溪认为，按照杨简的本来思想，"不起意，是塞其过恶之原，所谓防未萌之欲也"，凡事只要"直心而往"，根据先天本心的指引而行事，便能自动地合乎"天则"，也就是明道成德的表现。懂得了"不起意"，相当于"即本体便是工夫"，其积极的实践效果是——"不起意，则本心自清自明，不假思为，虚灵变化之妙用，固自若也。"

不过，王龙溪也指出，任何一种修习方法都是因人而异、"立教随时"②的"权法"，如果执以为定本而不善融通，那么，就会产生胶柱鼓瑟或者言之过当的负面作用，对待杨简的工夫论也是如此。他说：

---

① 《王畿集》卷5，《慈湖精舍会语》，第113页。
② 《王畿集》卷1，《天泉证道纪》，第1页。

慈湖立论，诚有过当处。其间精义亦自在，不以瑕瑜相掩，可也。①

正因为有了对于"权法"的辩证认识，王龙溪还教诲门人如何正确理解杨简的某些思想。有这样一段对话——

众中复举慈湖疑正心、清心、洗心皆非圣人之言，何也？先生曰："古人垂训，皆因病立方。世人之心，溺于旧习，不能无邪无浊无垢，故示之以正心、清心、洗心之方，使之服食，以去其病，病去则药除矣，所谓权法也。先师谓'慈湖已悟无声无臭之旨，未能忘见'，象山谓'予不说一，敬仲常说一'，此便是一障。苟不原古人垂训之意，一概欲与破调，则'不起意'三字亦为剩语矣。"②

由是可见，王龙溪并不赞同杨简一概否认儒家典籍中"正心""清心""洗心"乃圣人之言的看法。他认为，这些话语都是因病立方的"权法"，如果不明白"古人垂训之意"，一概加以否定、破除，那么，"不起意"三字本身也就成为多余的话了。因此，否认这些命题的意义，表明杨简不懂"权法"的价值，这一点或许恰好暴露出杨简思想的不足之处。

作为浙中王门的两位代表人物，钱德洪和王龙溪对于慈湖心学的看法，可以概括为大肯定而小批评。他们都阐明了慈湖心学绝非"外人伦、遗物理"的禅学，而是"直超上悟"的儒者有用之学。同时，钱德洪指出杨简"爱人过切，立言过尽"的瑕疵，王龙溪则指明其不懂"权法"的适用性。简而言之，二人的评价代表了明代中晚期肯定和推动慈湖心学的一种社会思潮。

除了泰州学派和浙中王门对于杨简的评价最具代表性之外，还有其他一些学者提出了对于慈湖心学的看法。仅以二例为证，例如，江右王门的后学邹元标（1551—1624年），为人仗义执言，不怕得罪权相张居正，是一个颇具独立思想性的儒者。不过，他对于慈湖心学却是钦佩有加，他说：

慈湖廓然朗彻，始于扇讼一提，当下直见本心，可谓勇往直前

---

① 《王畿集》卷10，《答洪觉山》，第263页。
② 《王畿集》卷5，《慈湖精舍会语》，第114页。

矣。至所阐师训，以"无意"该（通"赅"）之，非但有功象山，方且有功圣门。窃尝闻诸儒阐为学之要：有主静者，有居敬穷理者，有格物者。师之传弟，若手授密藏；弟之受师，若顿起沉痼。不知大道本无一物，师不得传之弟子，弟子不得受之师，一"无意"尽之矣。彼意立我成，我成而人已异，人已异而议论滋，无怪乎指先生为异端，而议者纷纷也。①

比起王龙溪来，邹元标完全不计较慈湖教法中的某些不足，直接肯定杨简"无意"（"不起意"）工夫论的积极作用。邹元标认为，"大道本无一物，师不得传之弟子，弟子不得受之师，一'无意'尽之矣"，比起理学各个门派主静、居敬、格物穷理等教法来，无意之教最为简易直截，"非但有功象山，方且有功圣门"。至于他人的纷纷议论，究其源头，仍然是"彼意立我成，我成而人已异，人已异而议论滋"的自然表现而已，因此，指摘慈湖心学为异端的看法，根本不足计较，由此可见邹元标对于杨简的钦佩之情。

又如，被道学家视为"狂者之尤"的李贽（1527—1602年），曾经师事泰州学派的嫡传王襞（1551—1587年），后来成为一个独立门户的思想家。他对当时的道学家（如耿定向）多有辛辣的嘲讽，但是，对于杨简却称赞备至，他说："慈湖于宋儒中，独为第一了手好汉。"② 如此高的评价，或许是出于对正统理学的反感，但也同时反映出李卓吾对杨简的衷心佩服。

本节至此，已分门别类介绍了明代中晚期思想界对于慈湖心学的正反面评价。类似的评语还有很多，由于内容大同小异，笔者无意一一列举，无谓地增加本著的字数。由上述关于慈湖心学的诸多评价可见，明朝中后期，随着心学思潮的大盛，慈湖心学再次成为读书人关注的焦点。如果慈湖心学在当时不具有广泛而重要的社会影响，那么，思想界也没必要对它做出如此多的各种评价。有鉴于此，清代四库馆臣做了一段客观性的评述——

> 简则为象山弟子之冠，如朱门之有黄幹。又历官中外，政绩可

---

① （明）邹元标：《愿学集》，卷8《书慈湖先生语略后》，载《四库全书》，上海古籍出版社1989年版，集部，第1294册，第289页。

② 《李贽文集》，张建业、刘幼生等编校，《焚书》卷4，《答澹然师》（五），社会科学文献出版社2000年版，第1册，第158页。

观，在南宋为名臣，尤足以笼罩一世，故至于明季，其说大行。①

值得一提的是，明代中叶，一些掌管教育而崇尚心学的官员利用手中的权力，重新刊刻《慈湖遗书》，为慈湖心学的再度兴起提供了现实的物质条件。例如，嘉靖初年，江西提学周广②重刻《慈湖遗书》十八卷（后再次刊印，增加了《续集》二卷），这种行为就像王阳明在巡抚江西期间重新刊刻《象山文集》③一样，都是借助官方的财力和物力来促进象山和慈湖二人学术思想的传播。这样一来，慈湖心学不仅在南宋后期有过"笼罩一世"的社会影响，到了明代中后期，"其说大行"，再次引起儒家思想界的广泛重视，促使广大读书人深思"圣人之道"的内涵与工夫进路，展现出令人难以抗拒的思想魅力。

第三节　慈湖心学与象山、阳明心学之比较

如何评价慈湖心学的历史意义，不能只做孤立地个案分析，而应将其放在整个陆王心学的体系中来看待，才有真正的历史感可言。因此，我们有必要纵向比较一下慈湖心学和象山心学、阳明心学的异同，以展现杨简的哲学思想在整个陆王心学的发展"血脉"中所处的地位和价值。

一　慈湖心学与象山心学之比较

陆九渊和杨简的师生关系之密切，这是人所共知的。不过，在《象山先生全集》中，提到杨简的地方并不多，这或许是编撰者陆持之④尊重仅比父亲小两岁的"名臣"杨简之故，并未过多收录杨简与陆九渊的交往事迹。在整个《陆九渊集》中，只有四处地方明确涉及了杨简本人。第一，卷5存有《与杨敬仲》的书信两封，内容甚短。第二，在卷35《语录下》中，有两处陆九渊的话语提到了杨简（敬仲），其一是"杨敬仲不

---

① 《钦定四库全书总目》卷3，载《四库全书》，第1册，第81页。按：此语是编者释《杨氏易传》之提要。
② 周广，字克之，昆山人。《明史》卷188有传，《四库全书》之《江西通志》卷58亦有传。
③ 《王阳明全集》卷34，《年谱二》，第1279页。
④ 陆持之（1171—?），字伯微，陆九渊的长子，《宋史》卷424有传。

可说他有禅,只是尚有习气未尽";① 其二是"我只是不说一,若说一,公便爱。……我不说一,杨敬仲说一。尝与敬仲说箴他"。② 这句话突兀而出,不知所指,其意不可强猜。第三,在卷36《年谱》中,则明确记载了杨简受陆九渊启发而获得的大悟("双明阁之悟"),并且记载了陆九渊对杨简的赞扬——"敬仲可谓一日千里"。③

虽然《象山先生全集》中记述杨简的文字并不多,但是,由于具有世所公认的"象山弟子之冠"的身份,杨简当仁不让地为陆九渊写下《象山先生行状》一文,并为《象山先生全集》作序。在《慈湖遗书》中,杨简每次提到陆九渊,都是自称门人,一生尊崇备至,对于这位恩师的情感十分真诚。有的当代学人出于学术研究的惯性思维模式,总是希望能够找出一些关于象山和慈湖心学相异的重要线索,于是费尽心思,甚至牵强附会地加以比较,得出象山和慈湖有异的某些观点,实际上,这些观点颇值得商榷。有鉴于此,笔者在此也将象山与慈湖心学进行一些比较,以揭示其中微妙的思想异同。

(一) 象山与慈湖心学之同

陆九渊是南宋心学的开创者,率先提出"心即理"的观点,他说:

> 盖心,一心也,理,一理也,至当归一,精义无二,此心此理,实不容有二。……仁即此心也,此理也。④

> 四端者,即此心也;天之所以与我者,即此心也。人皆有是心,心皆具是理,心即理也。……有所蒙蔽,有所移夺,有所陷溺,则此心为之不灵,此理为之不明,是谓不得其正。⑤

由此,"心即理"的观点横空出世,代表了象山乃至整个心学一系的思想旗帜。不过,在陆九渊生前,程朱理学的历史传承已经很久,影响范围甚广,对于陆九渊一人而言尚有压倒性优势,因此,他公开宣讲"心即理"的次数并不很多(《陆九渊集》中仅有这两处而已),倒是经常强调

---

① 《陆九渊集》卷35,《语录下》,第447页。
② 同上书,第459页。
③ 《陆九渊集》卷36,《年谱》,第488页。
④ 《陆九渊集》卷1,《与曾宅之》,第4页。
⑤ 《陆九渊集》卷11,《与李宰》,第149页。

"明实理，做实事"①之类的话。在陆九渊英年辞世之后，心学已成气候，以杨简为首的"明州四先生"可以大胆地宣讲"心即理"的思想命题。不过，为了避免和程朱理学核心范畴"理"字的重复，杨简一般不讲"心即理"之类的话，而是代之以"人心即道"的命题，实际上，这个命题与陆九渊"心即理"命题的思想宗旨完全相同。值得注意的是，在四库本《慈湖遗书》中，杨简明确讲到"人心即道"命题的地方共有 21 次，与之内容相近的表述更是不计其数。这是因为，有了陆九渊的发轫之功，杨简等人所处的话语环境已经大为宽松，因此，他们可以更加坦然地宣传"人心即道"的思想，不必再有所顾忌。例如，他说：

人心即道，故《书》曰"道心"。②

又说：

人心即道，不假外求，放逸慢易则失之。③

又说：

人心即道，是谓道心，无体无方，清明静一。……世名之曰心，而非实有可执可指之物也。言其无所不通而托喻于道，谓如道路之四通，人所共由，而非有可执可指之物也。④

类似的话语还有很多，兹不赘述。有时候，他也从工夫论的角度提出"明心即道"⑤的命题，表达与"心即理"思想一致的哲学理念。既然明白了"人心即道"的根本宗旨，因此，杨简经常省略"道"范畴，直接用"心"来表述自己对于真理的认识，并且希望学者能够领悟。例如，他说：

道非心外。此心自善，此心自神，此心自无所不通。心无实体，

---

① 《陆九渊集》卷34，《语录上》，第396页。
② 《慈湖遗书》卷3，《学者请书》二，第634页。
③ 《慈湖遗书》卷9，《论春秋礼乐》，第738页。
④ 《慈湖遗书》卷11，《论〈论语〉下》，第804页。
⑤ 《慈湖遗书》卷2，《著庭记》，第626页。按："舜曰道心，明心即道"一语，在《慈湖遗书》中出现过六次。

广大无际，日用万变，诚有变化无穷、不识不知之妙，而旧习尚熟，乘间而起，不无放逸。……孝弟忠信，乃此心之异名；力行学文，乃此心之妙用。①

当然，最为简洁而鲜明的一句话就是——"百圣所传，唯此一心"。②有的当代学人据此，称杨简为彻底的心一元论者和唯我论者③，实际上，这种划分并没有多大的意义，因为如果通读《慈湖遗书》，而不是简单撷取其中的片言只语，我们不难发现，杨简和陆九渊的本体论思想是完全一致的，只是在表述上略有差别而已。反观陆九渊年少时便说出的"宇宙便是吾心，吾心即是宇宙"，④ 单凭这一句话，是否也说明陆九渊是一个唯我论者呢？

（二） 慈湖与象山心学之异

杨简和陆九渊的哲学思想之差别，主要体现在心性工夫论上，当然，这不过是"大同"前提下的微小差异而已。陆九渊的工夫论，可以用"发明本心"一语来形容其入门途径，这是象山门人为了区别于朱子之学而做出的概括，⑤ 目的是彰显象山之学具有"先立乎其大"⑥ 的思想特色和"易简工夫"的实践优势。与象山心学相比，杨简的心性工夫论可以用"明心即道"来概括，实际上与陆九渊的"发明本心"的思想别无二致。不过，陆九渊在阐述心性工夫论的问题上，照顾到不同根器的学者的实际情况，围绕着"发明本心"这一主题，展开了多项的修养内容，包括：辨志、自立、改过迁善、存心养性，等等。与之相比，杨简则直取一路，以"不起意"为不二法门，更加简明直接，然而也忽略了许多中下乘根器之人。对此，我们不妨略作辨析——

首先，陆九渊很看重初学者的"立志"问题。陈刚（字正己）是其槐堂弟子之一，据《陆九渊集》记载："时陈正己自槐堂归，问先生所以教人者。陈正己曰：'首尾一月，先生谆谆只言辨志。'"⑦ 在陆九渊看来，

---

① 《慈湖遗书》卷8，《论〈书〉〈诗〉》，第718页。
② 《慈湖遗书》卷11，《论〈论语〉下》，第806页。按：这句话在整个《慈湖遗书》中只出现过一次。
③ 邢舒绪：《杨简与象山心学》，载《慈湖心舟——杨简学术研讨会论文集》，第279页。
④ 《陆九渊集》卷23，《杂说》，第273页。又见《陆九渊集》卷36，《年谱》，第483页。
⑤ 详见《陆九渊集》卷36，《年谱》，第491页。按：做出这一概括的是象山门人朱泰卿（字亨道），其事迹可见《宋元学案》卷77，《槐堂诸儒学案》，第2581页。
⑥ 《陆九渊集》卷34，《语录上》，第400页。
⑦ 《陆九渊集》卷36，《年谱》，第489页。

辨志问题的实质就是义利之辨。在陈正己之前,傅梦泉(字子渊)① 先行向陆九渊求教,归来后和陈正己有过一段对话——"傅子渊自此归其家,陈正己问之曰:'陆先生教人何先?'对曰:'辨志。'正己复问之曰:'何辨?'对曰:'义利之辨。'"② 关于辨志的重要性,陆九渊有过一段论述,他说:

> 大抵学者且当论志,不必遽论所到。所志之正不正,如二人居荆扬,一人闻南海之富象犀,其志欲往;一人闻京华之美风教,其志欲往。则他日之问途、启行、穷日之力者,所乡(向)已分于此时矣。③

由是可见,"辨志"是陆九渊对于"初及门者"十分强调的一项工夫,因为它决定了学者日后前进的目标和方向。在初学之始如果不重视辨志,若干年后就可能出现失之毫厘、谬之千里的巨大偏差。因此,淳熙八年(1181年),当朱熹邀请陆九渊前往白鹿洞书院讲学时,陆九渊摒弃了二人学术理念的差异,特地向诸生讲述《论语》中"君子喻于义,小人喻于利"一章,诸生颇受感动,"至有流涕者"④,朱熹也深以为然,将其讲义刻于石。

其次,陆九渊很强调自立精神,《陆九渊集》记载了这样一段话——

> 先生居象山,多告学者云:"汝耳自聪,目自明,事父自能孝,事兄自能弟,本无少缺,不必他求,在乎自立而已。"学者于此亦多兴起。⑤

又如,他对门人朱济道说:

> 请尊兄即今自立,正坐拱手,收拾精神,自作主宰。万物皆备于我,有何欠缺?当恻隐时自然恻隐,当羞恶时自然羞恶,当宽裕温柔

---

① 陈正己和傅子渊,均为象山弟子,其事迹可见《宋元学案》卷77,《槐堂诸儒学案》,第2570、2580页。
② 《陆九渊集》卷34,《语录上》,第398页。
③ 《陆九渊集》卷6,《与傅圣谟》,第78页。
④ 《陆九渊集》卷36,《年谱》,第492页。
⑤ 《陆九渊集》卷34,《语录上》,第408页。

时自然宽裕温柔,当发强刚毅时自然发强刚毅。①

他还特地强调:

  自立自重,不可随人脚跟,学人言语。②

  值得注意的是,陆九渊所强调的自立,是指在德性修养方面主体精神的自我挺立,他反对只知在故纸堆中"道问学"的治学模式,所以,当他听说朱熹分析彼此教化弟子各有长短时,明确地说:"观此,则是元晦欲去两短,合两长,然吾以为不可,既不知尊德性,焉有所谓道问学?"③
  再次,陆九渊把自我反省、改过迁善当作尊德性之教的入门途径。他和门人有过这样一段对话——或问:"先生之学,当来自何处入?"曰:"不过切己自反,改过迁善。"(同上)与之相比,杨简也提出"改过"的思想,但是细究起来,我们不难发现,陆九渊所言只是泛泛而谈,杨简所言却是直探过错产生的心理根源,并且道出了如何"改过"的具体而简明的方法。
  最后,陆九渊认可并继承了古代先圣所传下来的存心、养心等具体的修养方法,还把这些方法传授给门人。例如,他说:

  古人教人不过存心、养心、求放心。此心之良,人所固有,人惟不知保养而反戕贼放失之耳。苟知其如此,而防闲其戕贼放失之端,日夕保养灌溉,使之畅茂条达,……此乃为学之门,进德之地。④

  与陆九渊的教法相比,杨简的心性工夫论则更为简明扼要,一言以蔽之,"不起意"而已,除此之外,什么辨志、自立、存心、自反之类的修养工夫,都不必刻意强调。杨简认为,如果心中起意,必然产生种种过失;反之,只要消除意虑,过失也自然化解。对此,他有过许多阐述:

  人心至灵至神,虚明无体,如日如鉴,万物毕照,故日用平常不假思为,靡不中节,是为大道。微动意焉,为非为僻,始失其性。意

---

① 《陆九渊集》卷35,《语录上》,第455—456页。
② 同上书,第461页。
③ 《陆九渊集》卷34,《语录上》,第400页。
④ 《陆九渊集》卷5,《与舒西美》,第64页。

消则本清本明、神用变化之妙，固自若也。①

又如：

> 此心微动，百过随之；此心不动，常一常明。②

在修养工夫上，杨简当然也重视改过，与陆九渊不同的是，杨简更强调"改过即止，无庸他求"③，他认为，所有的过错都起源于内心的"意起我立，必固碍塞"④，只要把意虑消除，内心自然恢复自灵自明的状态，并不需要像《大学》《周易》等经典所说的正心、清心、洗心的工夫，他说：

> 孔子于是又曰"改而止"。有过则改，如有病则加之药，病去则药可止。人欲已尽，则用力可止。⑤
> 此心清明虚朗，断断乎无过失。过失皆起乎意，不动乎意，澄然虚明，过失何从而有？某深信此心之自清明，自无所不通，断断乎无俟乎复清之。于本虚本明无所不通之中，而起清之之意，千失万过，朋然而至矣，甚可畏也。某惧学者此心未明，又惑乎洗心、正心之论。⑥

杨简这种"改过即止，无庸他求"的思想，体现了他对于"人心即道"的高度自信，因为一旦意虑杂念消除，过失也随之化解，先天本心当下现成，自明自灵，自善自神，不再需要任何后天的雕琢工夫，因此，改过之后，应该纯任本心而行事，再无须其他的修养内容。

出于对以往经典中某些瑕疵的不满，杨简有时还大胆地否定包括孟子在内的一些儒家先哲的修养工夫论，例如，他说：

---

① 《慈湖遗书》卷3，《学者请书》，第634页。
② 《慈湖遗书》卷8，《论〈书〉〈诗〉》，第718页。
③ 《慈湖遗书》卷18，《翁诞之请书》，第899页。
④ 《慈湖遗书》卷3，《绝四记》，第637页。
⑤ 《慈湖遗书》卷13，《论〈大学〉〈中庸〉》，第832页。按："改而止"一语，语出《中庸》第十三章。
⑥ 《慈湖遗书》卷2，《永嘉郡学更堂亭名》，第622页。

> 性即心,心即道,道即圣,圣即睿。言其本谓之性,言其精神思虑谓之心,言其天下莫不共由于是谓之道,皆是物也。……孟子有存心养性之说,致学者多疑,惑心与性之为二,此亦孟子之疵。①

姑且不论杨简这一观点对错与否,由是可见,陆九渊有时还沿袭了一些古代先哲的工夫论思想,承认存心、养心等项工夫的价值,杨简则直以"不起意"为核心要旨,以"改而止"为修补方法,把其余一切枝枝节节的修养条目都予以摒弃,目的是让学者理解简易直截的心学工夫。

在南宋心学的发展过程中,杨简的心性工夫论,"即本体便是工夫"②,摒弃了其余一切烦琐缴绕的枝节问题,与陆九渊相对粗略、泛化的工夫论相比,无疑更加简明直截。如果是上乘根器之人,领悟了这一心性工夫论,自然可以"超凡上悟""洞彻心源"。然而,这一教法忽略了中下乘之人,只看到"即本体便是工夫",而不知"做工夫以求复本体",这样一来,难免使许多有志于圣学之道的学者望而却步,这确是慈湖心学不够灵活、圆融的局限所在。

二 慈湖心学与阳明心学之比较

王阳明是明代心学思想的集大成者,他所开创的明代中晚期心学思潮,影响甚广,蔚为大观。客观地讲,尽管二人的家乡余姚和慈溪为毗邻县份,王阳明在一生中并不怎么关注杨简其人。然而,在整个《王阳明全集》中,明确提到杨简其人的只有两处,第一处是给友人的书信,王阳明说:

> 承寄《慈湖文集》,客冗未能遍观。来喻欲摘其尤粹者再图翻刻,甚喜。但古人言论,自各有见,语脉牵连,互有发越。今欲就其中以己意删节之,似亦甚有不易。莫若尽存,以俟具眼者自加分别。③

这封书信作于正德十五年(1520年)农历闰八月,因信中提到"近得省城及南都诸公书报云,即月初十日圣驾北还,且去船头已发,不甚喜跃"。④ 根据清代张廷玉《明史》叙述:明武宗南巡北还之日确定为"(闰

---

① 《慈湖遗书》卷8,《论〈书〉〈诗〉》,第724页。
② 《王畿集》卷9,《答季彭山龙镜书》,第212页。
③ 《王阳明全集》卷27,《与顾惟贤》,第1100—1101页。
④ 同上书,第1100页。按:"即月"原作"即日",有误,据文义改。

八月）丁酉，发南京"，① 到了九月己巳，在清江浦（今江苏淮安）捕鱼作乐时，落水受惊，一病不起，至次年（1521年）三月十四日即驾崩。作这封信之前，王阳明已在赣州等地小范围地宣讲"致良知"之说，《传习录》中门人陈九川所记可以为证。不久之后，正德十六年（1521年）正月，王阳明正式在南昌的豫章书院面向诸生，宣讲致良知之教。众所周知，王阳明的心学思想形成于"龙场悟道"之际，时在正德三年（1508年）②，王阳明在写这封信时哲学思想早已成熟，可是，他竟然没有读过《慈湖文集》，还是朋友顾惟贤托人寄给他看的，而且，他在回信之际，坦言"客冗未能遍观"，由是可见，王阳明的心学思想形成，和杨简实在没有多大的关联。他们在某些思想上的一致性，乃是圣贤所见略同的巧合。

其次，在《传习录》第三卷中，王阳明提到了杨简其人，他说："杨慈湖不为无见，又着在无声无臭上见了。"③ 按照《传习录》的编撰顺序，我们知道这句话是王阳明晚年在越时所言。显然，此句带有批评的意味，但所指究竟为何？因其与前后文既不连贯，也无照应，实在不宜强猜。

通观《王阳明全集》，明确涉及杨简与慈湖心学的言语仅此两处而已，因此，后人没有必要枉费心思去搜索阳明心学与慈湖心学"可能"存在的师承学脉。然而，历史有时就是这么奇怪，陆九渊距离战国时期千余年，却能绍述亚圣孟子的思想，当门人詹阜民问他："先生之学亦有所受乎？"陆九渊答曰："因读《孟子》而自得之。"④ 同样，王阳明的哲学思想得自"龙场悟道"，却和杨简在许多地方有着惊人的一致。这一点，今人除了承认圣贤所见略同的巧合之外，还应深入进行具体的研究，本著也拟在此做一番探析——

（一）慈湖心学与阳明心学之同

如果细究起来，慈湖心学与阳明心学的相同或相近之处甚多，但是，限于本节篇幅之故，笔者在此只分析最重要的三点：第一，天人一体、人心即道的本体观；第二，"心之精神是谓圣"与"心之良知是谓圣"命题的高度相似性；第三，"非知非不知"的直觉主义认识论。

首先，杨简和王阳明都秉持天人一体的宇宙观，弘扬"主体即本体"的本体论思想。早在"循理斋之悟"时，杨简已经体悟到这样一种境象——

---

① 《明史》卷16，《武宗本纪》，第212页。
② 《王阳明全集》卷33，《年谱一》，第1354页。
③ 《王阳明全集》卷3，《语录三》，第131页。
④ 《陆九渊集》卷35，《语录下》，第471页。

某方反观,忽觉空洞无内外,无际畔,三才万物,万化万事,幽明有无,通为一体,略无缝罅。……及反观后所见,元来某心体如此广大,天地有象有形有际畔,乃在某无际畔之中。《易》曰"范围天地",《中庸》曰"发育万物",灼然灼然,始信人人心量皆如此广大。①

有了这种天人合一的"反观"修道体验,杨简领悟了"人心非气血,非形体,广大无际,变通无方"②的"形上"境界的奥妙,从此,杨简非常自信地提出"人心即天地之心"的本体论思想。他说:

　　天地之心即道,即易之道,即人之心,……言之不尽,究之莫穷。③
　　人心即天地之心。晦昧者以思虑为己之心,故纷纷扰扰,如云翳日,如尘积鉴。……好恶思虑不作,而本心无体,清明在躬。④

除了表述明确的言语之外,类似的言论还有很多,例如:

　　天地我之天地,变化我之变化,非他物也。私者裂之,私者自小也。⑤

又如:

　　天高地下,物生之中,十百千万,皆吾心耳,本无物也。⑥

又如:

　　此心至妙,奚庸加损?日月星辰即是我,四时寒暑即是我,山川人物即是我,风雨霜露即是我,鸢飞鱼跃无非我。如人耳目鼻口手足

---

① 《慈湖遗书》卷18《炳讲师求训》,第898页。
② 《慈湖遗书》卷2,《二陆先生祠记》,第620页。
③ 《慈湖遗书》卷7,《泛论易》,第699页。
④ 《杨氏易传》卷12,《家人》,载《四库全书》,经部,第14册,第134页。
⑤ 《慈湖遗书》卷7,《己易》,第687页。
⑥ 《慈湖遗书》卷10,《论〈论语〉上》,第784页。

之不同，而实一人。人心如此神妙，百姓自日用而不知。①

这些话，如果没有静坐反观的实践体验，一般人根本不知道它所说的究竟是什么，反而会以为杨简自大自狂，并给他扣上一顶"唯我论"的帽子。无独有偶，三百年后，经过"龙场悟道"的王阳明，得出了与杨简完全一致的见解，即认同天人万物一体、人心即天地之心。他说：

> 人者，天地之万物之心也，心者，天地万物之主也。心即天，言心则天地万物皆举之矣。②

> 夫人者，天地之心，天地万物，本吾一体者也。③

有的时候，为了让人明白人心在天地之间的关键性地位，王阳明还借用古代固有的元气论思想来加以阐述，他说：

> 盖天地万物与人原是一体，其发窍之最精处，是人心一点灵明。风、雨、露、雷、日、月、星、辰、禽、兽、草、木、山、川、土、石，与人原只一体。……只为同此一气，故能相通耳。④

由是可见，杨简与王阳明二人，在天人观上具有高度的一致性，都提出了天人一体、人心即道的本体论。如果借用西方哲学的术语来表述，这是一种"主体即本体"的本体论思想，其积极意义在于重视并弘扬人的主体精神，摆脱了中世纪宗教思想中神性至上等保守观念的束缚。从文献学的角度来看，人心即天地之心的思想早在秦汉之际的《礼记》中就已出现，《礼记·礼运第九》说："人者，天地之心，五行之端也。"⑤ 在此之后，虽然一些儒家学者也时常引用此语，但是，能够像陆九渊、杨简和王阳明这样通过静坐反观而有真实体悟的高人，实在少之又少，所以，王阳明曾经对门人说，"可知是体来与听讲不同"，⑥ 充分肯定了包括静坐反观

---

① 《慈湖遗书》卷18，《炳讲师求训》，第898页。
② 《王阳明全集》卷6，《答季明德》，第238页。
③ 《王阳明全集》卷2，《答聂文蔚》，第89页。
④ 《王阳明全集》卷3，《语录三》，第122页。
⑤ 《礼记正义》卷22，《礼运第九》，载《十三经注疏》，第3册，第3083页。
⑥ 《王阳明全集》卷3，《语录三》，第106页。

在内的修道实践工夫的重要性。

其次,"心之精神是谓圣"与"心之良知是谓圣"命题的高度相似性。如本著第四章所述,"心之精神是谓圣"一语是杨简的教育哲学的核心理念,也是他的"人心即道"本体论的人格化表述。在《慈湖遗书》中,"心之精神是谓圣"一语出现的次数共达53次,意思相近的表述还不算在内,由是可见杨简对于此命题的高度认同和重视程度。耐人寻味的是,虽然王阳明对于杨简的思想并不怎么关注,但是,却提出了格式一致、内涵相近的另一个命题——"心之良知是谓圣",如果细究《慈湖遗书》的有关内容,我们不难发现,在慈湖心学中,存在着"致良知"思想的萌芽,甚至在文字表述上都比较接近,这或许恰好说明,"圣贤所见略同",唯其如此,才会出现思想史上这种有趣的巧合。

杨简不仅经常说起"心之精神是谓圣"一语,而且对精神本体所固有的道德内涵做了一定的描述,他说:

> 此心之中,孝弟忠信、仁义礼智,万善毕备,惟所欲用,无非大道。①

这句话表明,人心之中具有先天的美德,"孝弟忠信、仁义礼智,万善毕备",只要善于应用,都是大道的呈现。此外,这种"万善毕备"的特性是人人同具的,只是有待后天的学习把它发掘出来,杨简说:

> 人咸有良性清明,未尝不在躬,人欲蔽之,如云翳日,是故不可无学。学非外求,人心自善,孩提皆知爱亲,及长皆知敬兄,不学而能,不虑而知。人心自仁,大道在我,无所不通。②

在这段话中,杨简明确提出"学非外求"的理念,究其根源,正是因为"人咸有良性清明,未尝不在躬",只是由于后天的各种意欲过于执着,先天清明至善的本性受到遮蔽,其自灵自明的神妙功能也发挥不出来了,因此,人们需要通过后天的学习将内心之大道重新找回来,一旦觉悟此心,那么,任何人的道德和智慧境界即与圣人无异。为此,杨简自信地说:

---

① 《慈湖遗书》卷14,《论孟子、诸子》,第843页。
② 《慈湖遗书》卷2,《乐平县学记》,第617页。

第八章　慈湖心学的历史评价和时代意义　417

良心人所具有也，尧舜与人同耳，圣人先觉我心之所同然耳。孔子曰："心之精神是谓圣"，孟子曰"仁，人心也"，仁圣之性，人所同有，昏而蔽之，如丧其灵，如尘积鉴。本明犹在，一日启之，光烛天地。①

在此，杨简以民间常用的"良心"一词代替自己惯用的"心"范畴，表达了一个明确的观点——"良心人所具有也，尧舜与人同耳，圣人先觉我心之所同然耳。"并且指出，即使在良心"昏而蔽之"的情况下，"本明犹在"，倘若有幸受到思想启发，良心的固有光芒依然将照耀天地之间。

在梳理了杨简的话语之后，我们再来看一下王阳明关于"心之良知是谓圣"的有关论述，其中，最有代表性的一段话是——

心之良知是谓圣。圣人之学，惟是致此良知而已。……愚不肖者，虽其蔽昧之极，良知又未尝不存也。苟能致之，即与圣人无异矣。此良知所以为圣愚之同具，而人皆可以为尧舜者，以此也。是故致良知之外无学矣。②

这封信写于嘉靖四年乙酉（1525 年），是王阳明晚年在越期间、思想与教法完全成熟之后的产物。与杨简的有关话语相对照，我们不难发现杨简和王阳明思想上高度的相似性。更为有趣的是，王阳明有时还从元气论的角度对良知的内涵进行诠释，结果恰恰印证了杨简的思想，他说：

夫良知一也，以其妙用而言谓之神，以其流行而言谓之气，以其凝聚而言谓之精，安可以形象方所求哉？③

精、气、神的概念本来是道家（及中医）对于元气范畴的一种细致化的区分，借用现代科学术语，大致而言：从物质角度可称为精，从能量角度可称为气，从信息传递的功能角度可称为神。在此，王阳明也借用了道家丹道修炼的这三个范畴，从不同的方面来描述良知的特性。他认为，良知本体可以从三个不同角度来看待——"以其妙用而言谓之神，以其流行

---

① 《慈湖遗书》卷 15，《家记九·泛论学》，第 853—854 页。
② 《王阳明全集》卷 8，《书魏师孟卷》，第 312 页。
③ 《王阳明全集》卷 2，《答陆原静书》，第 70 页。

而言谓之气,以其凝聚而言谓之精",如果撷取其中的精、神二语,那么,"心之精神"无非良知本体的物质基础和信息功能罢了,从这个意义上讲,"心之精神是谓圣"与"心之良知是谓圣"两个命题具有高度的一致性。当然,如果将阳明心学与慈湖心学相比,"致良知"思想无疑表述得更加清晰、透彻,而且适用于不同根性的学者。这一点可以从王阳明的大量话语中得到证明,例如,王阳明说:

> 是非之心,不虑而知,不学而能,所谓良知也。良知之在人心,无间于圣愚,天下古今之所同也。①

又如:

> 知善知恶是良知,为善去恶是格物。②

这些话语表明了良知是一种先验的知善知恶、知是知非的道德判断力,而且,人人具有,古今皆同。这样的诠释,一般人都容易理解。不过,良知范畴并未局限在伦理道德领域,我们来看一看王阳明对于一些道行较深、根性聪慧的门人所表述的良知,内涵又有所不同了。例如,他说:

> 良知即是未发之中,即是廓然大公,寂然不动之本体,人人之所同具者也;但不能不昏蔽于物欲,故须学以去其昏蔽。然于良知之本体,初不能有加损于毫末也。③

又如:

> 天命之性,粹然至善,其灵昭不昧者,此其至善之发现,是乃明德之本体,而即所谓良知也。④

又如:

---

① 《王阳明全集》卷2,《答聂文蔚》,第90页。
② 《王阳明全集》卷3,《语录三》,第133页。
③ 《王阳明全集》卷2,《答陆原静》(二),第71页。
④ 《王阳明全集》卷26,《大学问》,第1067页。

良知是天理之昭明灵觉处。故良知即是天理，思是良知之发用。①

通过这些话语，我们可以发现：良知其实又是天命之性、心之本体、未发之中，同时还是"天理之昭明灵觉处"，这就明显超出伦理道德的范围，具有"形上"之性。因此，王阳明的众多弟子中，有些门人对于良知的理解，终身停留在伦理道德的层面，有些门人则下学而上达，彻悟心体，直跻天道，对于人类生命构成的深层内涵有了超凡脱俗的理解和证悟。

对照了"心之精神是谓圣"与"心之良知是谓圣"两个命题之后，可以断定：慈湖心学和阳明心学在生命本体观上有着高度的一致性，两个命题实际上说的是同样的道理。相比之下，"心之精神是谓圣"一语显得比较含混，而"心之良知是谓圣"一语则显得更加清晰、透彻。王阳明曾经评价陆九渊的心学思想说："濂溪、明道之后，还是象山，只是粗些。"② 笔者认为，这个评价也可以适用于杨简本人，"心之精神是谓圣"一语，的确比王阳明的"致良知"之教稍逊一筹，而"致良知"三字作为学术宗旨，言简意赅，内蕴丰富，既可启迪、教化心智朴实之辈，又可适用于根性慧利之人，大以成大，小以成小，无愧于王阳明赋予它"圣门正法眼藏"③ 的称号，成为阳明心学的思想旗帜。

再次，非知非不知的直觉主义认识论。通过循理斋之悟和双明阁之悟，杨简对于"人心即道"的奥秘有了高度的自信，他也试图揭示人心之中所蕴含的奇妙认识功能，他发现：这种认识功能本质上是一种只有靠直觉体悟才能灵活把握的东西，表现为非知、非不知的"真知"。他说：

圣人之真无知，非智识之所到，非知不知所能尽，一言以蔽之曰"心"而已矣。此心非知、非不知。苟明此心，自然非知不知之所及，此之谓真无知。不得此心而求无知，则愈无知，愈多知，去却一重障，又有一重篱。不如休心无作，即心自是，妙更不可测度。④

这段话看似玄奥难解，实际上，只要有了静坐反观的真实体悟，就会明白这是一种超越理性思维水平的认识成果。这种直觉体悟的本心智慧，

---

① 《王阳明全集》卷2，《答欧阳崇一》，第81页。
② 《王阳明全集》卷3，《语录三》，第104页。
③ 《王阳明全集》卷2，《与邹谦之》（二），第200页。
④ 《慈湖遗书》卷11，《论〈论语〉上》，第807—808页。

如人饮水，冷暖自知，如果一定要用理性思维去把握，往往连痕迹都抓不住，因此，它的表现形态是无知的；但是，其中的妙用却如有源之水一样常出不竭，在生活中处处得以体现和运用，因此，我们又可以说它是有知的。对此，有真实体证的杨简加以概括道——"圣人之真无知，非智识之所到，非知不知所能尽，一言以蔽之曰'心'而已矣"。总之，先天本心的智慧功能"非知不知之所及"，因此，不必枉费心思去强猜硬索，"不如休心无作，即心自是"，本心的智慧功能自然呈现。如果常加推广应用，其中的妙处"更不可测度"。

有趣的是，王阳明经过多年的探索，最终提炼出"良知"二字作为"千古圣传之秘"。对于良知的智慧特性，他也有一番描述——

> 无知无不知，本体原是如此。譬如日未尝有心照物，而自无物不照。无照无不照，原是日的本体。良知本无知，今却要有知；本无不知，今却疑有不知，只是信不及耳！①

他又借用《中庸》里的术语来说明：

> 子思谓"如神"，谓"可以前知"，犹二而言之。……至诚则无知而无不知，不必言"可以前知"矣。②

王阳明认为，如果学者彻悟良知，就会发现它的智慧功能具有一种无知而无不知的特性，就像太阳"未尝有心照物，而自无物不照"一样。同样，如果彻悟良知，其实也就达到了"至诚"状态，自然具有"至诚如神"的神奇智慧，但是，不需要刻意预见什么东西，"圣人只是知几，遇变而通耳。良知无前后，只知得见在的几，便是一了百了"③，像子思这样崇尚"至诚之道，可以前知"（《中庸》第二十四章）的思想，实际上还是有一个利害之心在作怪。总之，王阳明认为，良知本体无知无不知。由是可见，尽管杨简和王阳明二人相去三百年，在揭示人的先天本心的直觉认识功能方面，的确有着惊人的一致性。

（二）慈湖心学与阳明心学之异

说到慈湖心学与阳明心学之异，其实和它与象山心学的差异是一样

---

① 《王阳明全集》卷3，《语录三》，第124页。
② 《王阳明全集》卷2，《答欧阳崇一》，第84页。
③ 《王阳明全集》卷3，《语录三》，第124页。

第八章　慈湖心学的历史评价和时代意义　421

的，都是在工夫论方面有着微妙的差别。如前所述，杨简以"人心即道"为本原，以"不起意"为工夫，单提一路，不问其余。这种心性工夫论，"即本体便是工夫"，简明直截，摒弃一切烦琐缴绕的枝节问题，适用于上乘根器之人。然而，这一修行方法忽略了为数众多的中下乘之人，只看到"即本体便是工夫"，而不知"做工夫以求复本体"，令许多学者畏葸不前、望而却步。相比之下，王阳明的心性工夫论既不失心学思想的简易直截的特性，又显得圆融广大、灵活多样。在提出"致良知"宗旨之后，王阳明曾有过一段论述——

良知明白，随你去静处体悟也好，随你去事上磨炼也好，良知本体原是无动无静的，此便是学问头脑。我这个话头自滁州到今，亦较（通"校"）过几番，只是致良知三字无病。①

根据这段论述，后人把"致良知"的工夫又分为"静处体悟"和"事上磨炼"两个可操作的方面。值得注意的是，无论是静处体悟还是事上磨炼，都是以良知为"学问头脑"，在主体心灵内部起着指引、点化的作用。以静处体悟为例，王阳明本人的龙场悟道，就是静处体悟的成功范例。由于这方面的体悟超出了人们普遍性的常规经验，难以理性化、逻辑化地阐述，他就在一些诗词中用形象性的比喻等方式来表达自己的体悟，例如：

悟后六经无一字，静余孤月湛虚明。从知归路多相忆，伐木山山春鸟鸣。②
莲花顶上老僧居，脚踏莲花不染泥。夜半花心吐明月，一颗悬空黍米珠。③

当然，最有名的还是这一首——

吾心自有光明月，千古团圆永无缺。山河大地拥情辉，赏心何必中秋节！④

---

① 《王阳明全集》卷3，《语录三》，第119页。
② 《王阳明全集》卷20，《送蔡希颜三首》（三），第807页。
③ 《王阳明全集》卷20，《登莲花峰》，第848页。
④ 《王阳明全集》卷20，《中秋》，第873页。

种种以"明月"比喻心之本体的修辞手法，都是对王阳明静处体悟的摹拟之言。关于这种修道方式的要领，王阳明仍以诗词来描述说：

> 静后方知群动妄，闲来还觉道心惊。①
> 闲来心地如空水，静后天机见隐微。②

由是可见，闲、静二字，乃是王阳明修道过程中长获受用的真实心得，当然，要做到闲和静，需要放得下很多身外之物和盘算计较，这本身就需要一个睿智清醒的头脑。除了静处体悟之外，王阳明还很注重事上磨炼，主张"学必操事而后实"，③《传习录》中记载了这样一段典型事例——

> 有一属官，因久听讲先生之学，曰："此学甚好。只是薄书讼狱繁难，不得为学。"先生闻之曰："我何尝教尔离了薄书讼狱，悬空去讲学？尔既有官司之事，便从官司的事上为学，才是真格物。如问一词讼，不可因其应对无状，起个怒心；不可因他言语圆转，生个喜心；不可恶其嘱托，加意治之；……薄书讼狱之间，无非实学；若离了事物为学，却是着空。"④

概而言之，王阳明的"致良知"之教善于将动静工夫结合起来，使得门人既有可操作性的工夫可做，又不会沉溺空虚、堕入枯槁，因为无论处于动静何种状态，都要以良知为"主脑"，有此"主脑"的启发和指引，修道之人自然会步步扎实，"各随分限所及"，⑤ 将"致良知"的工夫越做越好。

到了晚年，王阳明的道行已臻炉火纯青的境界，他传给门人钱德洪和王龙溪（字汝中）一首"四句教"。从表面看，这是一段似乎有些逻辑矛盾的话语："无善无恶是心之体，有善有恶是意之动，知善知恶是良知，为善去恶是格物。"⑥ 关于"四句教"的深刻内涵，王阳明阐释说：

---

① 《王阳明全集》卷19，《霁夜》，第791页。
② 《王阳明全集》卷20，《秋夜》，第867页。
③ 《王阳明全集》卷35，《年谱三》，第1418页。
④ 《王阳明全集》卷3，《语录三》，第107—108页。
⑤ 同上书，第109页。
⑥ 同上书，第133页。

> 我这里接人原有此二种。利根之人直从本源上悟入：人心本体原是明莹无滞的，原是个未发之中，利根之人一悟本体，即是工夫，人己内外，一齐俱透了。其次不免有习心在，本体受蔽，故且教在意念上实落为善去恶。工夫熟后，渣滓去得尽时，本体亦明尽了。汝中之见，是我这里接利根人的；德洪之见，是我这里为其次立法的。二君相取为用，则中人上下皆可引入于道。若各执一边，眼前便有失人，便于道体各有未尽。(同上)

王阳明的这段话，巧妙地化解了王龙溪和钱德洪的争执。原来，年轻时的王龙溪和钱德洪，个性特点各有呈现：王龙溪颖悟超迈，钱德洪朴实沉毅，无形中代表了两种不同根器的学者。因此，王阳明对于王龙溪这种一点就透的上根弟子，采取的教法正是"即本体便是工夫，易简直截，更无剩欠，顿悟之学也"，① 而对钱德洪这种"中根以下"的弟子，则"须用为善去恶工夫，随处对治，使之渐渐入悟"（同上）。而且，王阳明指出——

> 但吾人凡心未了，虽已得悟，不妨随时用渐修工夫。不如此，不足以超凡入圣，所谓上乘兼修中下也。……（汝中与德洪）若能互相取益，使吾教法上下皆通，始为善学耳。(同上)

客观地讲，王阳明在教化弟子上的成就比起南宋杨简来要大得多。慈湖心学虽然在南宋后期颇有影响，但毕竟限于浙东一带，而阳明心学的门徒之广，几乎遍及全国，使得黄宗羲在撰写《明儒学案》时，不得不按地域将王门划分为七大派，内容几乎占了全书的一半之多。究其原因，我们必须承认：王阳明的心性工夫论比起慈湖心学来，不仅同样明晰透彻，在教法上也更显得灵活多样、圆融广大，适合了不同根器的各类学者的个性和需要，因此，容易为更多的读书人所接受和实践，最终蔚为晚明社会思潮的一股巨大洪流。

综合本节所言，慈湖心学和象山心学、阳明心学之间，在思想宗旨上是根本一致的，在心性工夫论上则有着微妙的差别，属于大同小异的关系。这种微小的差异性，正是杨简修道实践的个性特色的体现，说明杨简

---

① 《王畿集》卷1，《天泉证道》，第2页。王阳明说："德洪资性沈毅，汝中资性明朗"，可为佐证。

绝非"揣摹依仿"之辈。如果放眼于整个陆王心学的发展历程来看，这种差别性其实无关紧要，相反，杨简的哲学思想和陆九渊、王阳明均有着惊人的一致性，这恰恰说明，只要是实地践履、"心上用过工夫"① 的儒者，都能够体悟人人皆有的先天本心，都能够领悟"人心即道"这一平凡而又深邃的思想真谛。

第四节　慈湖心学的历史与现实意义

杨简有着长寿的一生，宦海飘零五十余年，曲折坎坷，沉浮不定，但始终有一个明确的生命方向，那就是：以明道成圣为治学目标，以讲学传道为人生使命，在沿此方向前进的过程中，他构建起一套博大精深的哲学体系。那么，杨简的哲学思想究竟有什么历史和现实意义呢？对于当代社会来说，究竟有哪些值得借鉴的东西呢？这是本著结尾需要总结的问题。

一　心学思潮发扬光大的中间环节

本著开篇曾引述思想史家黄宗羲的一句话："象山之后不能无慈湖，阳明之后不能无龙溪。"② 虽然黄宗羲对于慈湖心学颇有微词，但是，这句话道出了慈湖心学与象山心学之间的密切关联。客观地讲，虽然陆九渊（1139—1193 年）是公认的南宋心学的开创者③，但是，他仅仅活了五十四岁，一生主要在金溪故里的槐堂和贵溪的象山精舍讲学，后来，虽然仕至荆门知军，但荆门本身处于南宋版图的北方"次边"之地，距离南宋的政治、经济和文化中心较远，因此，其社会影响实际上相对有限。真正将心学发扬光大的是以杨简为代表的"明州四先生"。四人之中，除了沈焕（1139—1191 年）早逝之外，舒璘、袁燮和杨简均在南宋思想界、教育界有所作为，声誉甚隆。例如：舒璘在任徽州教授时，曾被宰相留正称为"当今第一教官"④。又如：袁燮（1144—1224 年）中进士后，曾任太学正，后任国子祭酒，这是一个掌管教育的高级职务，袁燮恪尽职守，"延

---

① 《王阳明全集》卷 3，《语录三》，第 104 页。
② 《明儒学案》卷 12，《浙中王门学案二》，第 240 页。
③ 南宋的心学前驱还有王苹、张九成等人，但是，其思想学术未成气候，故非象山不足以称为开创者。
④ 《宋元学案》卷 76，《广平定川学案》，第 2545 页。

见诸生，必迪以反躬切己，忠信笃实为道本"，① 在袁燮的直接教诲下，"闻者竦然有得，士气益振"（同上）。当然，"明州四先生"中，影响最大的还是杨简，他虽然多年担任闲曹散官，但是，无论在朝在野，都秉持"政教合一"的理念，始终讲学不辍，加之所处地域一直在浙东地区，靠近南宋的政治、经济和文化中心临安，因此，获得了举世瞩目的社会影响。到了晚年，"门人益亲，遐方僻峤、妇人孺子，亦知有所谓慈湖先生。岿然天地间，为斯文宗主；泰山乔岳，秋月独明也"。② 由于陆九渊开创的象山心学本身已经打下一定的社会基础，在"庆元党禁"解除之后，杨简等人获得了更为宽松的话语环境，因此，才能够将心学思想发扬光大，成为南宋后期与程朱理学等思潮颉颃的重要学派。

当然，杨简能够将心学思想发扬光大，并不仅仅是因为所处地域、话语环境等关系，关键因素还是在于他深造自得，形成了一套平易而深邃的思想体系。这一点，同门袁燮有一段中肯的评价，他说：

> 自象山既殁之后，而自得之学始大兴于慈湖。其初虽有得于象山，而日用其力，超然独见，开明人心，大有功于后学。③

诚然，杨简的学问不是那种"揣摹依仿、求之文义"④ 的章句之儒可比的。他年轻时好学不倦，力行实践，经过了"循理斋之悟"和"双明阁之悟"后，彻悟"本心即道"的奥妙，在此基础上，终于构建起自己的哲学体系，这是真正的"自得之学"。简而言之，杨简的心学思想可以用一句话来概括其要旨："人心即道"是其本体论宗旨，而"不起意为宗"则是其工夫论内涵。如此简洁明了的哲学命题中，实际上包含了意蕴无穷的思想内容。

如前所述，杨简所说的人心，并不是指一般的人体器官，他明确指出，"人心非血气，非形体，精神广大无际畔"，⑤ 换句话说，这颗人心实际是指人的精神本体。而且，杨简指出，"天下同然者谓之心"，⑥ 也就是说，他所谓的人心具有普适性的价值内涵，正是在这一基础上，杨简才敢

---

① 《宋元学案》卷75，《絜斋学案》，第2526页。
② 《慈湖遗书》附录，《宝谟阁学士正奉大夫慈湖先生行状》，第942页。
③ 《絜斋集》卷7，《书赠傅正夫》，载《四库全书》，集部，第1157册，第86页。
④ 《王阳明全集》卷3，《语录三》，第104—105页。按：这本是王阳明的话。
⑤ 《慈湖遗书》卷5，《吴学讲义》，第661页。
⑥ 《慈湖遗书》卷10，《论〈论语〉上》，第786页。

于明确地宣称"人心即道，是谓道心……言其无所不通而托喻于道，谓如道路之四通，人所共由，而非有可执可指之物也"①。如果用现代话语方式来表述，杨简所说的人心，其实就是人类心灵共同的先天本体，具有普适性、公正性、无着性等特点，是人类生命的"真我"或"大我"所在。与之相对，人类在后天生活中，会不自觉地产生各种"意"，这是属于"小我"性质的思想感情，具有定向性、偏倚性和执着性等特点，在此基础上，还会进一步滋生出各种无止境的欲望来，简而言之，意是欲之源。针对"意"的潜在危害性，杨简提出以"不起意"为工夫，实际上就是要保任自己的先天本心，不让后天的各种意欲去障蔽或伤害它。唐宋时期，李翱曾经提出"复性灭情"的修养论，程朱理学则提出"存天理、灭人欲"的道德主张，其思想虽不无见地，但是，紧张了性情关系和理欲关系。比起唐代李翱的"情"范畴、程朱理学的"欲"范畴，杨简对"意"的发掘无疑达到了一个更深的层次。它表明，凡是具有定向性、偏倚性和执着性等特点的后天意念，都可能成为障蔽本心的因素，因此，不如"休心无作，即心自是"②，时时听从本心的召唤和指引，自然可以保任自善、自明、自灵、自神的先天本心。当人们依此简易方式自我修养，便能够真正体会到自得本心的快乐，杨简曾说："人心即道，至乐中存；昏者失之，明者得之。"③ 这种"至乐"，又称为"天乐"，不是依靠索取外在事物而获得的，而是人心天然自有的愉悦感，杨简对此描述说："静虚纯明，如天地日月，融融和乐，无始无终；如春风和气。此唯知者知之，仁者安之。"④

杨简的心性工夫论，绝对称得上"简易直截"四字，比起陆九渊来更进一步，把"易简工夫终久大"的理念发展到了极致。加之天假高寿，他通过多年孜孜不倦的讲学传道，终于使得心学思潮在南宋后期取得令人瞩目的思想成就，远远超过陆九渊在象山精舍时的规模、范围和社会影响。正是在这个意义上，黄宗羲才从客观层面承认："象山之后不能无慈湖。"

在"人心即道"的基础上，杨简又大力宣讲"心之精神是谓圣"的思想命题，把成就圣贤人格作为儒家学者追求的理想目标。这一思想无意中启迪了后人，到了明代中叶，王阳明提出"心之良知是谓圣"的命题，同样以明道成圣为治学目标，与杨简的思想可谓不谋而合，颇有异曲同工之

---

① 《慈湖遗书》卷11，《论〈论语〉下》，第804页。
② 同上书，第808页。
③ 《慈湖遗书》卷15，《家记九·论文》，第854页。
④ 《慈湖遗书》卷10，《论〈论语〉上》，第781页。

妙。在阳明心学兴起之后，慈湖心学再次成为儒家士人关注的对象，尤其是浙中王门、泰州王门，都在不同程度上继承了慈湖心学的思想宗旨，将慈湖心学的固有精神再度传播、弘扬。关于"心之精神是谓圣"和"心之良知是谓圣"两个命题的一致性，笔者无意在此重复论述，仅撷取二人的两首诗作加以对比，便可一目了然。杨简在《偶作》（共十九首）的第一篇写道——

此道原来即是心，人人抛却去求深。不知求却翻成外，若是吾心底用寻？①

无独有偶，王阳明在《咏良知示诸生四首》中写道：

人人自有定盘针，万化根源总在心。却笑从前颠倒见，枝枝叶叶外头寻。②

显而易见，两首诗的内在精神何其相似！从南宋中叶到明朝中期，中间相隔三百余年，杨简和王阳明之间并无遥远的师承关系，却有着令人惊讶的所见略同，这正是"天下同然者谓之心"的充分表现。

在确认了"人心即道"的基础上，杨简还构建起一套"以心解经"的别有特色的经学体系。关于经学的来源和标准，杨简告诉世人："知吾心所自有之六经，则无所不一，无所不通。"③ 同时，他还教人如何阅读儒家经典："要当会圣贤之意，不可执圣贤之言。"④ 又说："虽读孔子之言，奚可不精而思之，熟而复之？"⑤ 所言深刻而辩证，反对盲从盲信。当然，杨简也充分认识到在讲学传道的过程中以经为据的必要性，因此，他长年埋头整理、考订经典古籍，形成颇具特色的慈湖经学体系。值得注意的是，杨简"平生多所著述，片言只字，无非发明大道"，⑥ 这是他与一般章句训诂之儒根本不同的地方。杨简治经的学术成果颇为丰硕，对此，清代四库馆臣给出了一个比较中肯的评价——

---

① 《慈湖遗书》卷6，《偶作》之一，第672页。
② 《王阳明全集》卷20，《咏良知四首示诸生》之三，第870页。
③ 《慈湖遗书》卷1，《诗解序》，第608页。
④ 《慈湖遗书》卷10，《论〈论语〉上》，第790页。
⑤ 《慈湖遗书》卷15，《家记九·泛论学》，第845页。
⑥ 《慈湖遗书》附录，《宝谟阁学士正奉大夫慈湖先生行状》，第942页。

简出陆九渊之门，故所注多牵合圣言，抒发心学。然秦汉以来，百家诡诞之谈，往往依托孔子，简能刊削伪妄，归于纯正，异同舛互，亦多所厘订，其搜罗澄汰之功，亦未可没焉。①

总之，杨简的治经之学超越了陆九渊的局限性，开辟了经学研究的新路径，使得慈湖心学在儒者阶层中更加受到欢迎。

综上所述，从陆九渊到王阳明，心学思潮几经兴衰起伏，终至大行天下，其间，除了陆、王两位开创者外，还有像杨简这样的思想家在理论构建和讲学传道方面做出了重要的贡献，因此，心学思潮才能蔚为大观。从这个意义上讲，慈湖心学是整个心学思潮发展过程中不可忽略的中间环节。

二 古今"清官循吏"的人格楷模

如果要在历朝历代列举出一些堪称"民族脊梁"式的人物来，那么，在南宋中期，杨简可以无愧地居于忠良干臣的行列之中。杨简长寿的一生，虽然坎坷曲折，而且并不甚得志，但是，他的品行、节操却始终如一。概而言之：不畏强权、正气凛然；忧国忧民、忠直敢言；廉洁奉公、体恤苍生，用这些话来形容杨简的品格都不为过。无论是古代，还是在今天，杨简的人格风范都堪称"清官循吏"的楷模。对此，门人袁甫的一段评价最为精辟——

先生自幼志圣人之学，久而融贯，益久而纯。平生践履无一瑕玷，处闺门如对大宾，在暗室如临上帝。年登耄耋，兢兢敬谨，未尝须臾放逸，此先生之实学也。凡先生之所言者，言此而已；学者之所以学先生者，学诸此而已。②

平心而论，杨简长寿而曲折的一生，的确当得起"平生践履无一瑕玷"的评价。在此，我们不妨简要回顾一下——

宋宁宗庆元元年（1195 年），杨简担任国子博士，恰逢外戚韩侂胄谗害右相赵汝愚。本来，国子祭酒李祥上书为赵汝愚鸣冤，杨简要求在奏章

---

① 《钦定四库全书简明目录》卷9，载《四库全书》，第 6 册，第 156 页。
② 《蒙斋集》卷 14，《乐平县慈湖先生书阁记》，载《四库全书》，集部，第 1175 册，第 499 页。

中署上自己的名字，被李祥婉拒。为伸张正义，杨简抱着"拼一死耳"[①]的决心，单独上书，慷慨陈词，他在奏章中说："臣为祭酒属，日（以）义训诸生，若见利忘义，畏害忘义，臣耻之。"（同上）结果，他被韩侂胄打入五十九人的"伪学逆党籍"中，由此落职奉祠，回乡赋闲长达十四年之久。对于残酷的政治迫害，杨简毫不介意，忠义之性丝毫未改。嘉泰四年（1204年），朝廷有条件地放宽党禁，任命杨简"赐绯鱼袋，朝散郎，权发遣全州"（同上），在此情况下，杨简丝毫不领奸相韩侂胄的人情，反而上书直言，反对贸然北伐金国（结果和他预料的完全一样）。这一举动再次触怒韩侂胄，立即把杨简打发回家，继续奉祠赋闲。面对韩侂胄这样的强权人物，杨简从来没想过自己的出处进退，而是以道义为先、国是为重，用实际行动为先圣"义以为上"的古训做出最好的诠释。开禧三年（1207年），史弥远掌权，本来，杨简和史氏家族之间有着深厚的交谊，很多史氏子弟是他的门人。可是，杨简并没有因为和史家的世交之谊而攀龙附凤，他仍然保持独立人格，屡屡上书，公正言事，因此，遭到奸相史弥远的忌恨，除了外放温州的两年外，大多时间担任散官闲职，始终被排斥在朝廷的权力核心圈之外。虽然杨简经世济民的理想和才干远未得以施展，但是，他不畏强权，忧国忧民、忠直敢言，一身凛然正气，在士林留下了很好的口碑，民间亦尊称其人为"江南杨夫子"[②]，这种坚持信仰的人格精神，无疑是一代忠良干臣的典范。

杨简的忠直敢言，并不是出于一时的激愤，而是发自内心的忧国忧民。他在嘉定元年（1208年）重登政坛之后，已过花甲之年，本可以仗着已有的资历和功劳，安逸地待在朝廷享受高位，但是，他"三入修门，四经陛对"[③]，只要有一机会，就把自己对于国事的深思熟虑和盘托出，所言忠直剀切，完全把个人的进退得失置于身外。例如，他曾向皇帝宋宁宗反映民生困苦的社会实情，又揭露官场贪污腐化、徇私舞弊的内幕，并且警告："民怨吏，卒怨官，遂怨及朝廷。臣大惧中外积怨之久，一夫吠呼，从之者如归市。"[④] 正是因为屡屡发出忠直剀切的意见，杨简不仅受到奸相史弥远的排斥，而且渐渐被宋宁宗疏远。然而，杨简这种忧国忧民的儒者情怀，却终身不改，直至辞世为止。

杨简曾经两次担任地方官员，1192—1194年担任江西乐平知县，

---

① 《慈湖遗书》附录，《宝谟阁学士正奉大夫慈湖先生行状》，第931页。
② 同上书，第933页。
③ 同上书，第939—940页。
④ 同上书，第938页。

1210—1212年担任温州知州。在这两次地方官的任上，杨简鞠躬尽瘁，恪尽职守，不仅为百姓解决了许多民生问题，而且注重教化，颇见成效，体现出儒家政教合一的思想特色。当然，在今天看来，杨简担任地方官最难得的地方在于他廉洁奉公、体恤百姓的道德品格。在温州期间，杨简在生活上从不搞特殊化，史载："食用甚菲，设厨生埃。先生语家人曰：'吾儒素为天子任抚字，敢以郡为乐羞？（以）赤子膏血自肥乎？'"① 对于一个年过七旬的知州而言，为他专设的小厨房闲置得蒙上了灰尘，可见，杨简在生活上从不追求享受，而且，他把某些官员贪图享乐的行为视为"以赤子膏血自肥"，这种廉洁奉公的品质，放在任何时代，都是难能可贵的。此外，杨简还利用手中的权力，千方百计地为百姓纾解困苦。在乐平期间，他积极地投入抗旱救灾的工作，收到了"岁虽饥，不害"② 的效果。在温州期间，杨简的权力较以往更大了一些，为百姓所做的事情就更多了。例如，他上奏朝廷，把原先年年进贡、民不堪苛扰的柑香等"土物名品"悉数削去，减轻当地百姓的经济负担。又如：他强令拆除当地豪绅所盖的"僦屋"，使得河道畅通，百姓呼之为"杨公河"。又如：他下令罢除当地娼妓的妓籍，废除官府以"设法"卖酒导淫的做法，端正了社会风气。种种兴利除弊的作为，使得温州一地"豪侈顿消，兼并衰止，闾巷雍睦，无忿争声诸色"，③ 出现了有似于"三代之风"的治世局面。温州百姓对杨简爱戴之至，呼之为"阿翁"，据《行状》记载："军民怀恋有父母慈，家家肖像祀之，愿阿翁寿。"④ 当嘉定五年（1212年）杨简离任时，"去之日，老稚累累，争扶拥缘道，曰：'我阿翁去矣，将奈何？'倾城出，尽哭"⑤。即使在今天，一个官员在任时为百姓所祀，离任时倾城相送，也几乎难以想象。这种为官境界，称为古今清官循吏的楷模，丝毫不为过分。

当然，杨简的政治哲学中包含着浓烈的复古主义倾向，他把恢复"唐虞三代之治"作为自己的政治理想，并说："曩宰乐平，后守东嘉，略行己志，颇有验效，于是益信其可行。"⑥ 他在《论治务》一文中提出了"择贤久任中外之官""罢科举而行乡举里选""限民田以渐复井田"等诸多政治主张，虽然不无见地，但是，更多地带有空想成分，客观地讲，与

---

① 《慈湖遗书》附录，《宝谟阁学士正奉大夫慈湖先生行状》，第937页。字，养育。
② 《慈湖先生年谱》卷1，载《四明丛书》，第12册，第6935页。
③ 《慈湖遗书》附录，《宝谟阁学士正奉大夫慈湖先生行状》，第937页。
④ 同上书，第937—938页。
⑤ 同上书，第938页。
⑥ 《慈湖遗书》卷16，《论治务》，第865页。

社会历史发展的实际进程相脱离，并不可取。不过，作为一个封建时代的思想家，杨简本质上区别于那些一味贪恋权势、追名逐利的"假道学"，他以真诚恻怛的一元化人格指引自己走过五十余年的政治生涯，成为一个清官循吏、忠良干臣，连《宋史》作者亦称赞："杨简之学，非世儒所能及，施诸有政，使人百世而不能忘。"① 这种人格风范，利国益民，感化众生，彪炳日月，亘古长青，始终为后人所景仰。

三　洞彻人心的性命之学

儒学是一个庞大博杂的思想体系，其中包含了心性之学、经世之学，还有经学、实学，等等，与之相应，儒家先圣所传的典籍也如汗牛充栋般地丰富。在这种情况下，杨简却以深邃的洞察力发出了质问——

> 诵先圣之言者满天下，领先圣之旨者有几？②

众所周知，宋明时期整个心学的价值在于从一个新的层面阐发了先圣语焉不详的心性之学。所谓心性之学，如果用现代话语来阐释，实际上就是一种生命哲学（古称"性命之学"），传递的是洞彻人心的生命智慧。就杨简而言，他以自身的践履和实证，洞彻"本心即道"的奥秘，领悟了先圣所言的仁与知的内涵，远远超越了一般章句之儒的水平。杨简告诉门人——

> 先圣曰："知及之，仁不能守之，虽得之，必失之。"知者觉之始，仁者觉之纯。不觉不足以言知。……精一而后可以言仁。（同上）

在此，杨简以"觉"字诠释知与仁，别开生面，体现出洞彻人心的生命智慧。心学与一般章句训诂之儒的区别，就在于注重修习和笃实践履，从而获得对天人之际和人心本体的真实觉悟。杨简多次指出：

> 人心即道，觉则为得，得非外得。③
> 觉者自觉，觉非外取，即日用平常实直之心。④

---

① 《宋史》卷407，《杨简列传》，第12299页。
② 《慈湖遗书》卷2，《愤乐记》，第628页。
③ 《杨氏易传》卷7，《蛊卦》，载《四库全书》，经部，第14册，第78页。
④ 《慈湖遗书》卷4，《谒宣圣文》，第640页。

诚然，觉悟不是凭空而得的，必须经过多年的真修实践。杨简自幼勤奋好学，为之不厌，经过"循理斋之悟"和"双明阁之悟"等数次跃进之后，才明确得出"人心即道"的终极认识，在此基础上，又重申"心之精神是谓圣"的古训，他的觉悟，与那种以虚见自矜的态度有着本质的不同。正因为如此，杨简才能既循循善诱又颇有底气地告诉门人——

  圣人先觉我心之同然耳。……仁圣之性，人所同有，昏而蔽之，如丧其灵，如尘积鉴。本明犹在，一日启之，光烛天地。①

在慈湖心学的生命智慧中，一个不容忽视的深层内涵就在于它对生死问题的洞察。针对人们常有的生死困惑，杨简指出——

  子曰："心之精神是谓圣。"精神虚明无体，未尝生，未尝死，人患不自觉耳。一日洞觉，则知死生之非二矣，则为不虚生矣。②
  死生之变，其与四时之错行，日月之代明何异？③

杨简告诉世人，人的肉体生命有生有灭，精神本体却生死不二，人们固然应该珍惜生命，但也不必畏惧死亡，这就是杨简的生死智慧。同时，杨简通过自己"清明纯一，无生死异"④的临终表现，证明了他的生死智慧绝非纸上空谈，而是知及仁守、知行合一的真工夫。

杨简之所以形成上述的生死智慧，是因为他有一个现代人难以企及的思想高度，那就是发现并立足于"天人一体"的"大我"生命观，从而使人们对于生命内涵的理解突破了"小我"的局限性，从一个更高的维度来审视人类生命的深层内涵。杨简常说："三才一气，三才一体。"⑤又说："天人一道也。"⑥ 人的生命并不是宇宙中孤零零的偶然现象，而是一种"天人一道"总规律支配下的特殊进化历程。其实，整个心学都在告诉人们这样一个道理：通过修德进学，可以明道成圣，从而成就一个生命的"大我"，正是从这个意义上讲，陆九渊才敢于说："宇宙内事乃己份内事，

---

① 《慈湖遗书》卷 15，《家记九·泛论学》，第 853—854 页。
② 《慈湖遗书》卷 10，《论〈论语〉上》，第 784 页。
③ 《慈湖遗书》卷 18，《奠冯氏妹辞》，第 910 页。
④ 《慈湖遗书》附录，《宝谟阁学士正奉大夫慈湖先生行状》，第 940 页。
⑤ 《杨氏易传》卷 9，《复卦·释象传》，载《四库全书》，经部，第 14 册，第 97 页。
⑥ 《慈湖遗书》卷 14，《论孟子·诸子》，第 839 页。

己份内事乃宇宙内事。"① 同样的道理，慈湖心学的根本目的，也是揭示天人一体的"大我"存在，告诉人们在世俗的生活方式之外，还有另外一种更加充实、快乐而且有意义的活法。

杨简的生命智慧，除了来源于先秦儒家固有的生命观以外，还汲取了释道二教的有关理论。如前所述，杨简精于丹道修炼，也深谙佛学禅理，因此，他的生命智慧堪称融通三教的性命之学。当然，杨简一生始终坚定持守儒家思想本位，与佛道人士的交往只是出于探讨天人性命之学的目的，从未出现根本信仰的动摇。正因为有了这种开放包容的胸怀，杨简才得以超越一般儒者和佛道人士，以高屋建瓴的姿态，来阐述自己的性命之学。

在领悟了洞彻人心、参透生死的生命智慧后，杨简便能够以己之昭昭，使人昭昭，积极地从事传播心学的讲学活动。在他的启迪和影响下，许多门人也获得了开悟，体会到"人心即道"的生命奥妙。杨简晚年，不无欣慰地总结："学者多觉近二百，事体大胜于以前。学徒转相启告又未已，大道行乎讵非天？"② 有趣的是，一些门人的开悟体验，超出了世俗的常规经验，如王子庸"见阳辉而觉"，③ 叶元吉"闻鼓声而觉"，④ 种种奇妙，不一而足。除了点化外来门人，杨简还秉持儒学"齐家"为先的理念，在自己的家族中传播心学思想，促进许多族人走上修学道路，甚至也开悟得道，升华了自我人格，其中，包括他的兄长、侄子、外甥和儿媳等为数不少的人。杨简这种传承家学、构建儒者家风的作为，实际上是他的生命智慧的拓展，借用明代王阳明的话来讲，就是"致吾心良知之天理于事事物物，则事事物物皆得其理矣。"⑤ 杨简的讲学活动，正是通过推广自己的良知，使更多的人觉悟本心，省发良知，最终明道成圣。

总之，杨简的性命之学，体现出一种洞彻人心、参透生死的生命智慧，其作用在于：使人们学会安顿自我的心灵，找到并确立自家生命的精神支柱和行动指南。先圣孔子曾说："古之学者为己，今之学者为人"（《论语·宪问》），无疑，杨简的性命之学就是这样一种"真切为己"的学问，是任何时代都非常需要的，即使在今天，尽管社会生活形态发生很大的变化，它仍然能给予人们反思生命本质和价值、如何走好人生之路等

---

① 《陆九渊集》卷36，《年谱》，第483页。
② 《慈湖遗书》卷6，《慈溪金沙冈歌》，第681页。
③ 《慈湖遗书》卷2，《王子庸请书》（一），第615页。
④ 《慈湖遗书》卷5，《叶元吉请志妣张氏墓》，第659—660页。
⑤ 《王阳明全集》卷2，《答顾东桥书》，第51页。

等宝贵的思想启示。

四　道德人文主义和民族文化精神的传承

如果说杨简的性命之学过于深邃，非一般人所能领略，那么，杨简哲学思想中所蕴含的丰富的道德人文主义精神，则应当是人人可知、可学的了。从某种意义上讲，慈湖心学乃至整个心学一脉，实质上都是在宣扬一种道德人文主义，换一个角度来看，这种道德人文主义也就是中国文化基本精神（亦即"民族精神"）的重要内涵之一。这种道德人文主义精神，在面向成熟的现代化市场经济转型的二十一世纪初期，尤其显得稀缺而珍贵，因此，是我们今天研究包括慈湖心学在内的优秀传统文化所必须大力弘扬的内容。

杨简的哲学思想虽然有些地方玄奥难懂，但是，其道德人文主义价值取向是再简明不过了。笔者仅举两例，权作回顾——

首先，慈湖心学秉持坚定的性善论思想，对人性向善的可能性予以充分的肯定和真诚的期待。如前所述，杨简一贯直面社会现实问题，他大胆地向皇帝陈述民间疾苦，揭露官场贪污腐败的现象。虽然看到了这么多假、恶、丑的社会弊端，但是，杨简根据自己的所悟，依然坚定地相信人心之中潜在着善良、灵明的先天本性，并以此启迪世人觉悟。他常说：

> 道心大同，人自区别。人心自善，人心自灵，人心自明，人心即神，人心即道。……圣贤非有余，愚鄙非不足。①
> 此心之中，孝弟忠信、仁义礼智，万善毕备，惟所欲用，无非大道。其见于事亲则谓之孝；见于从兄则谓之弟；见于事君则谓之忠；见于朋友则谓之信；居家而见于夫妇则谓倡随；居乡而见于长幼则为有序。②

在杨简看来，人心是一个"万善毕备"的美德和智慧的宝库，任何人都是如此，只是有悟与不悟之别罢了。除了各种各样的先天美德，人心还潜在地具有自动辨明善恶是非的道德判断力。杨简说：

---

① 《慈湖遗书》卷2，《二陆先生祠记》，第620页。
② 《慈湖遗书》卷14，《论孟子、诸子》，第843页。

此心之明，无所不照，昭明如鉴，不假致察，美恶自明，洪纤自辨。①

正因为"人心自备众德"，②因此，只要勇于发掘，笃实践履，善于觉悟，任何人都可以发现自己内心中潜藏的大道，从而达到明道成圣的最终目的。杨简认为，作为一个笃信先圣之道的儒者，自己的毕生使命就是要做好这项"先知觉后知，先觉觉后觉"（《孟子·万章上》）的教化活动，为此，他一生勉力而为，百折不挠，直至生命的最后一刻。对于现代人而言，无论是否认同杨简的性善论，我们都不得不承认，这种坚信性善论与崇尚教化的价值观念，具有崇高的精神境界，传承着中国古代人文主义教育的思想传统。

其次，在丰富多彩的道德人文主义思想宝库中，杨简特别强调"忠信即道"的品德修养，这一点，对于当今处于市场经济转型期的国人而言，显得尤为紧要。杨简以惯有的简洁话语来诠释忠信的内涵——"不欺不妄曰忠信"，③"忠信"二字，看似简单，却是做人的基本准则。杨简素来鄙视那种"舍浅而求深，离近而求远"的烦琐支离的治学模式，他认为，先圣孔子既然有"主忠信"（《论语·学而第一》）的古训，就说明了"忠信"二字的重要性，因此，后人应该老老实实地领会和秉承先圣的教诲，以忠信为道。他说：

忠信之心即道心，即仁义礼智之心，即不勉而中、不思而得之心。通乎一，万事毕，差之毫厘，谬以千里。④

忠信之为德也，至矣乎！忠信之心，人皆有之。……忠信乃大道之异名，而人不悟也。⑤

诚然，如果一个人在日常生活中连"忠信"二字都做不到，还能指望他做好别的什么事情吗？在今天，我们生活中不乏这样的人物，他们成天抱怨现实社会的各种弊端，却忘记了自己应该恪尽职守、做好自己本职工作；他们经常为不得志而愤世嫉俗，却忽略了自己在生活中本该履行的道

---

① 《慈湖遗书》卷2，《王子庸请书》（二），第616页。
② 《慈湖遗书》卷10，《论〈论语〉上》，第772页。
③ 《慈湖遗书》卷3，《学者请书》，第634页。
④ 《慈湖遗书》卷7，《己易》，第693页。
⑤ 《慈湖遗书》卷18，《书表轴》，第899页。

德义务。这种人其实就是不能忠于职守和本分的人。同样，在向现代化市场经济转型的今天，一些企业和商人昧着良心，把各种有害人们健康的物质搀进供人食用的商品之中，地沟油、塑化剂、苏丹红……过去闻所未闻的东西竟然成为消费者被迫摄入的食品成分。这些纵任假冒伪劣商品混迹、横行于市场之中的丑恶行径，不仅严重地损害了本国消费者的健康和权益，而且极大地败坏了中国商品在国际市场上的声誉。这种黑心的企业和商人，缺的就是一个"信"字。面对这种犯罪行为，加强法制监管固然是一种必要的治理手段，但是，任何时代的法律体制都难免有漏洞，如果要想标本兼治，那么，教导人们懂得诚信为人的重要性，从而自觉地不再做这种损德之事，不失为一条可以兼顾的有益途径。在这种情况下，优秀传统文化的教育和熏陶就显得非常必要。其实，在我们的传统文化观念中，义与利并不是完全对立的，很多著名的老字号，如同仁堂、内联陞、瑞蚨祥等，之所以能够传承几百年而屹立不倒，靠的就是货真价实的诚信品质。由是可见，"信"字在中国传统文化中并不只是说说而已，而是一直有人在笃实践履，并且从中获得了良性循环的效益。即使对个人而言，"忠信之心即道心"，就是告诉我们应该如何为人处世，做好这一点，便是"堂堂正正做个人"① 的具体内涵。

　　慈湖心学中道德人文精神的具体内容还有很多，兹不赘述。反观目前的社会现实生活，虽然改革开放一方面极大地促进了社会生产力的发展，社会财富以前所未有的惊人速度获得增长，另一方面，人们在思想道德领域中的混乱与惶惑现象也着实令人触目惊心！在 20 世纪 80 年代之前，中国社会曾经存在一套旧有的普适性的信仰体系，由于社会发展的转向和突变，原有的信仰体系迅速瓦解了，人们的精神世界事实上出现了严重的混乱，由此造成的违法乱纪的行为已不必讳言，种种道德滑坡甚至价值沦丧的现象更是层出不穷，甚至令人匪夷所思。与之相应的是，社会上出现了各种光怪陆离的思想理论，为假恶丑的行径进行辩护甚至炫耀，虽然多元化的价值观念并存未必就是一件坏事，然而，种种非道德主义的思想理论的泛滥，更是助长了各种假恶丑现象的蔓延，加剧了人们精神世界的混乱与惶惑。不过，冷静地分析一下，在五花八门的各种思想观念中，最为突出的仍然是重商主义、拜金主义、享乐主义这些东西，一言以蔽之，庸俗而堕落的"唯物主义"。这些思想观念的一个通病，就是把生命内涵看得

---

① 《陆九渊集》卷 35，《语录下》，第 447 页。原文是："若某则不识一个字，亦须还我堂堂地做个人。"

十分肤浅,以为人生的意义不过是追名逐利、纵欲享乐而已,因此,什么道德观念都被置之脑后,什么触犯法律的事情都敢"尝试"。面对这种情况,加强法制建设、严惩各种违法犯罪行为固然刻不容缓,同时,我们也应该反思一下:是否可以批判地继承、妥善地利用中国传统文化的某些思想资源,通过真诚地教化,使一些人重新发现蒙蔽已久的良知本心,从而改弦更张,自觉地做一个遵纪守法、乐于向善的公民。由此,包括慈湖心学在内的中国传统文化都可以纳入我们的视野之中,成为构建现代社会精神文明的有益的"源头活水"。虽然汲取这些优秀的传统文化并不能直接促进经济总量的增长,但是,它培养的是一种符合新世纪需要的现代公民素质,本质上是一种促进国家和社会健康发展的"软实力"。

从广义文化传承的角度来看,慈湖心学不是孤立存在的,它是整个宋明时代心学思潮的一个重要环节,而整个心学思潮又是儒家人文精神在宋明时代的重新焕发。回顾历史的进程,从先秦的百家争鸣时期开始,中国传统文化的基本精神已大体形成,其中,儒家思想是中国文化基本精神的重要组成部分。经过汉代"罢黜百家、独尊儒术"的制度改革,儒家思想在吸收诸子学说的许多营养成分之后,成为民族精神和文化血脉的主要承载者。作为儒家思想的继承者,杨简奋斗不息的一生也等于在自觉弘扬中国文化的基本精神,从这个意义上讲,他毕生从事的讲学活动,传承的就是中华民族的民族精神和文化血脉,慈湖心学中的道德人文主义精神,实际上就是中国文化的精神慧命的体现。慈湖心学从诞生至今已有八百多年,它好像一叶扁舟,随着历史洪流的波澜跌宕而起伏不定,然而,它的内在精神却始终不曾被湮没,这是因为,慈湖心学揭示了人性本质的深层奥秘,道出了人类社会共同的精神需要,因此,在社会文明不断发展变化的过程中,总是起着鉴往知来、烛照前路的思想启迪作用。

附录　年谱简述

1. 宋高宗绍兴十一年（1141年）辛酉正月二日，杨简出生在浙江鄞县的一个儒者家庭。其父杨庭显（字时发），其母臧氏。

2. 绍兴三十一年（1161年），金军南侵，杨庭显率家避难到慈溪县，定居在该邑，从此慈溪（今宁波市江北区慈城镇）成为杨简故里。

3. 绍兴三十一年（1161年），二十一岁。杨简入临安太学读书。

4. 宋孝宗乾道四年（1168年），二十八岁。杨简在太学循理斋，静坐反观，有"三才万物，通为一体"之悟，史称"循理斋之悟"。

5. 乾道五年（1169年），二十九岁。考中进士，授官富阳县主簿。

6. 乾道八年（1172年）三月二十一日，三十二岁。陆九渊返回江西，途经富阳。杨简有本心之问，陆九渊以"扇讼"为喻开示，大悟，史称"双明阁之悟"。

7. 淳熙元年（1174年）春，三十四岁。母臧氏去世，杨简回家丁忧。

8. 淳熙三年（1176年），三十六岁。杨简结束丁忧，被任命为绍兴府司理，主管讼狱，刚直不阿。

9. 淳熙十一年（1184年），四十四岁。杨简被任命为浙西安抚司干办公事（简称"浙西抚干"），驻地在临安，与在朝任职的陆九渊有交游。

10. 淳熙十五年（1188年），四十八岁。杨简被任命为浙江嵊县知县。以其杨庭显病故，再次回家丁忧，没有前往嵊县任职。守制期间，应致仕丞相史浩之邀，前往碧沚别墅讲学，由此在士林中声名鹊起。

11. 宋光宗绍熙三年（1192年），五十二岁。杨简被任命为江西乐平知县，闰二月朔日到任办公。

12. 绍熙五年（1194年），五十四岁。杨简被调任国子博士。离邑之日，父老百姓相送至境外，不忍离，泣别。

13. 宋宁宗庆元元年（1195年），五十五岁。因上书为赵汝愚辩冤，被韩侂胄打入伪学逆党籍，落职奉祠，主管台州崇道观。返乡赋闲长达十四年。筑室德润湖上，更名慈湖。嘉泰年间，又建石鱼竹房，专心著述讲学。

14. 嘉泰四年（1204年），六十四岁。朝廷任命杨简为"朝散郎，权发遣全州"，到临安受职，"将陛辞"之际，上书反对贸然伐金，被韩侂胄再次饬令奉祠，主管建昌军仙都观，继续回乡赋闲。

15. 嘉定元年（1208年），六十八岁。杨简重返政坛，被任命为秘书郎，转任朝请郎，又迁秘书省著作佐郎、兼权兵部郎官。

16. 嘉定二年（1209年），六十九岁。兼任吏部考功郎官，又兼礼部郎官。不久，被任命为著作郎，迁将作少监，并兼职如旧。

17. 嘉定三年（1210年），七十岁。君臣轮对，杨简向宋宁宗面陈己见。令其兼国史院编修官，兼实录院检讨官。杨简以"面对所陈，久未施行"，请求外放，被任命为温州知州，任期二年。至温州后，颇有善政。

18. 嘉定五年（1212年），七十二岁。被调任驾部员外郎。离任之际，温州百姓送别，倾城而出，呼为阿翁。返回临安后，改任工部员外郎。此后，屡上表章计十余次，"告老丐祠"，朝廷皆不允。

19. 嘉定六年（1213年），七十三岁。上书复谏国事，宋宁宗已厌倦杨简的忠直进言，改任其为军器监兼工部郎官，又转为朝奉大夫。不久，又改任将作监（主管工程）、兼国史编修官、兼实录院检讨官。

20. 嘉定七年（1214年），七十四岁。两院进《御集实录》，忤逆宋宁宗，杨简被免去国史编修官及实录院检讨官的职务，降为朝散大夫。同年轮对之后，力求致仕，"极言当去之义"，终于被任命为"直宝谟阁主管成都府玉局观"，从此告别政坛，返乡养老。此后朝廷屡有封诰，均为虚衔。

21. 宋理宗宝庆元年（1225年），八十五岁。朝廷赐封杨简为朝议大夫、慈溪开国男（爵），食邑三百户，仍为虚衔。

22. 宝庆二年（1226年），八十六岁。朝廷赐授杨简为宝谟阁学士、太中大夫，准允致仕。三月二十三日，杨简逝世，临终表现"清明纯一，无生死异；属纩之夕，怡然如平常时"。朝廷闻奏，追赠正奉大夫。

参考文献

一　古典文献、诸子文集

（春秋）左丘明原著，（晋）杜预注：《春秋左传正义》卷3，载（清）阮元校刻《十三经注疏》（嘉庆刊本）第4册，中华书局2009年版。

（汉）班固：《汉书》，中华书局1962年版。

（汉）戴德：《大戴礼记》（《四库全书》本），上海古籍出版社1989年版。

（汉）董仲舒：《董仲舒集》，袁长江等编注，学苑出版社2003年版。

（汉）孔安国传、（唐）孔颖达疏：《尚书正义》，载（清）阮元校刻《十三经注疏》（嘉庆刊本）第1册，中华书局2009年版。

（汉）毛亨传，郑玄笺，（唐）孔颖达疏：《毛诗正义》，载（清）阮元校刻《十三经注疏》（嘉庆刊本）第1册，中华书局2009年版。

（汉）司马迁：《史记》，中华书局1959年版。

（汉）郑玄注、（唐）孔颖达疏：《礼记正义》，载（清）阮元校刻：《十三经注疏》（嘉庆刊本）第3册，中华书局2009年版。

旧题（汉）孔鲋撰：《孔丛子》，上海古籍出版社1990年版。

《老子　庄子》，章行点校，上海古籍出版社1995年版。

《乐平县志》（乾隆三十八年刊本）。

《乐平县志》（同治九年刊本）。

（明）陈献章：《陈献章集》，孙通海点校，中华书局1987年版。

（明）冯从吾：《少墟集》（《四库全书》本），上海古籍出版社1989年版。

（明）黄绾：《黄绾集》，张宏敏编校，上海古籍出版社2014年版。

（明）李贽：《李贽文集》，张建业主编，社会科学文献出版社2000年版。

（明）刘宗周：《刘宗周全集》，吴光主编，浙江古籍出版社2012年版。

（明）罗汝芳：《罗汝芳集》，方祖猷等编校，凤凰出版社2007年版。

（明）钱德洪等：《徐爱·钱德洪·董沄集》，钱明编校，凤凰出版社2007年版。

（明）王襞：《新镌王东厓先生遗集二卷》（《四库全书存目丛书》本），齐鲁书社1997年版。

（明）王艮：《王心斋全集》，陈祝生主编，江苏教育出版社2001年版（内附：《明儒王一庵先生遗集》《明儒王东厓先生遗集》）。

（明）王畿：《王畿集》，吴震编校，凤凰出版社2007年版。

（明）王守仁：《王阳明全集》，吴光等编校，上海古籍出版社2011年版。

（明）颜钧：《颜钧集》，黄宣民点校，中国社会科学出版社1996年版。

（南朝宋）范晔：《后汉书》，中华书局1965年版。

（清）曹秉仁等修：《雍正宁波府志》，载《中国地方志集成·浙江府县志辑30》，上海书店出版社1993年版。

（清）冯可镛、叶意深编：《慈湖先生年谱》（《四明丛书》本），广陵书社2006年版。

（清）冯可镛、叶意深编：《慈湖先生年谱》，毋自欺斋校本（古籍善本，无页码）。

（清）郭庆藩集释：《庄子集释》，王孝鱼点校，中华书局2012年第3版。

（清）黄宗羲：《明儒学案》，沈芝盈点校，中华书局1985年版。

（清）黄宗羲原著，全祖望补修：《宋元学案》，中华书局1986年版。

（清）全祖望：《鲒埼集外编》（《续修四库全书》本），上海古籍出版社2003年版。

（清）张廷玉等：《明史》，中华书局1974年版。

（宋）陈淳：《北溪大全集》（《四库全书》本），上海古籍出版社1989年版。

（宋）程颢、程颐：《二程集》，王孝鱼点校，中华书局2004年第2版。

（宋）程颢、程颐：《二程遗书》，潘富恩导读，上海古籍出版社2000年版。

（宋）陆九渊：《陆九渊集》，钟哲点校，中华书局1980年版。

（宋）沈焕：《定川遗书》（《四明丛书》本），广陵书社2006年版。

（宋）舒璘：《舒文靖公集》（《四库全书》本），上海古籍出版社1989年版。

（宋）杨简：《慈湖诗传》（《四库全书》本），上海古籍出版社1989年版。

（宋）杨简：《慈湖遗书》（《四库全书》本），上海古籍出版社1989年版。

（宋）杨简：《慈湖遗书》（《四明丛书》本），广陵书社2006年版。
（宋）杨简：《五诰解》（《四库全书》本），上海古籍出版社1989年版。
（宋）杨简：《先圣大训》（《四库全书》本），上海古籍出版社1989年版。
（宋）杨简：《杨简全集》（全十册），董平点校，浙江大学出版社2015年版。
（宋）杨简：《杨氏易传》（《四库全书》本），上海古籍出版社1989年版。
（宋）袁燮：《絜斋集》（《四库全书》本），上海古籍出版社1989年版。
（宋）张载：《张载集》，章锡琛点校，中华书局1978年版。
（宋）张载：《张子正蒙》，汤勤福导读，上海古籍出版社2000年版。
（宋）周敦颐：《周敦颐集》，陈克明点校，中华书局2009年第2版。
（宋）周敦颐：《周子通书》，徐洪兴导读，上海古籍出版社2000年版。
（宋）朱熹：《四书章句集注》（新编诸子集成本），中华书局2012年版。
（宋）朱熹：《朱子全书》，朱杰人、严佐之、刘永翔主编，上海古籍出版社、安徽教育出版社2002年版。
（宋）朱熹：《朱子语类》，杨绳其、周娴君点校，岳麓书社1997年版。
（唐）慧能：《坛经校释》，郭朋校释，中华书局1983年版。
汪晫编校：《子思子全书》，上海古籍出版社1990年版。
王盛元译注：《孔子家语译注》，上海三联书店2012年版。
（元）脱脱等：《宋史》（全四十册），中华书局1977年版。
（战国）庄周：《庄子浅注》，曹础基校注，中华书局1982年版。
《中国哲学史教学资料选辑》，北京大学哲学系中国哲学史教研室选注，中华书局1981年版。
《周易译注》，黄寿祺、张善文译注，上海古籍出版社1989年版。

二　近人研究著作

陈来：《宋明理学》，华东师范大学出版社2004年版。
陈来：《有无之境——王阳明哲学的精神》，北京大学出版社2006年版。
陈来：《朱子哲学研究》，华东师范大学出版社2000年版。
邓志峰：《王学与晚明师道复兴运动》，社会科学出版社2004年版。
范立舟、於剑山：《南宋"甬上四先生"研究》，人民出版社2014年版。
冯天瑜等著：《中华文化史》，上海人民出版社1990年版。
冯友兰：《新知言》，北京大学出版社2014年版。

冯友兰:《中国哲学简史》,赵复三译,中华书局 2015 年版。
李承贵:《大家精要·杨简》,云南教育出版社 2011 年版。
刘宗贤:《陆王心学研究》,山东人民出版社 1997 年版。
蒙培元:《心灵超越与境界》,人民出版社 1998 年版。
潘富恩、徐洪兴主编:《中国理学》(一至四册),东方出版中心 2002 年版。
潘起造:《甬上宋明心学史》,宁波出版社 2010 年版。
钱明:《阳明学的形成与发展》,江苏古籍出版社 2002 年版。
钱明:《浙中王学研究》,中国人民大学出版社 2009 年版。
翁绍军:《心学思潮》,载尹继佐、周山主编《中国学术思潮史》卷六,上海社会科学院出版社 2006 年版。
吴震:《罗汝芳评传》,南京大学出版社 2005 年版。
吴震:《阳明后学研究》,上海世纪出版集团、上海人民出版社 2003 年版。
杨天石:《泰州学派》,中华书局 1980 年版。
张立文:《宋明理学研究》,中国人民大学出版社 1985 年版。
张念诚:《杨简心学、经学问题的义理考察》,台北:花木兰文化出版社 2010 年版。
张实龙:《杨简研究》,浙江大学出版社 2012 年版。
张伟等:《慈湖心舟——杨简学术研讨会论文集》,浙江大学出版社 2012 年版。
张伟主编:《浙东思想家评传》,海洋出版社 2009 年版。
张学智:《明代哲学史》,北京大学出版社 2000 年版。
赵伟:《陆九渊门人》,中国社会科学出版社 2009 年版。
郑晓江、李承贵:《杨简》(世界哲学家丛书;傅伟勋、韦政通主编),台北:东大图书公司 1996 年版。

三 近人研究论文

蔡方鹿:《杨简的心学思想及在心学史上的地位》,《中共宁波市委党校学报》2004 年第 4 期。
蔡方鹿、叶俊:《杨简对陆九渊心学的超越》,《哲学研究》2015 年第 7 期。
陈碧强:《从"意"概念的二重性看杨简的"不起意"学说》,《哲学分析》2017 年第 4 期。

陈碧强：《试论杨慈湖对道家的批判——以本体论、工夫论和境界论为中心》，《理论界》2015 年第 10 期。

陈立胜：《如何守护良知？——陆王心学工夫中"自力"与"他力"辩证》，《哲学研究》2017 年第 10 期。

陈良中：《杨简〈尚书〉学研究》，《孔子研究》2014 年第 5 期。

陈群：《论杨简一本的易哲学》，《社会科学论坛》2015 年第 8 期。

程刚：《〈慈湖诗传〉的"以〈易〉释〈诗〉"》，《河北师范大学学报》（哲学社会科学版）2016 年第 5 期。

董平、隋金波：《圣人境界的通达之路——杨慈湖〈绝四记〉释论》，《中国哲学史》2011 年第 2 期。

范立舟：《论甬上四先生的存养工夫》，《杭州师范大学学报》（社会科学版）2014 年第 4 期。

何静：《杨简心学新论》，《社会科学研究》2013 年第 5 期。

胡栋材：《"觉"：杨慈湖对心学的创造性解释》，《中州学刊》2014 年第 6 期。

姜广辉、禹菲：《心学的理论逻辑与经学方法——以陆九渊、杨简、王阳明为例》，《哲学研究》2017 年第 2 期。

姜海军：《杨简的经学诠释及其思想》，《阳明学刊》第八辑（2016 年 6 月版）。

姜颖：《论杨简心学易的建构性特征》，《中州学刊》2015 年第 11 期。

李承贵：《杨简"心政"理念与实践》，《浙江社会科学》2014 年第 5 期。

李卓：《杨简杂禅辨正》，《中国哲学史》2013 年第 3 期。

刘聪：《杨简与明代王学》，《孔子研究》2013 年第 3 期。

刘玉敏：《杨简思想渊源探析》，《宁波大学学报》（人文科学版）2011 年第 1 期。

牛磊：《试论阳明学士人对杨慈湖"不起意"之说的评析——以王畿与黄绾、季本的争论为中心》，《中共宁波市委党校学报》2019 年第 2 期。

隋金波：《禅抑或儒：杨慈湖"是禅"辨析》，《求索》2014 年第 5 期。

隋金波：《杨慈湖思想中的"觉"及其成圣意涵》，《哲学研究》2017 年第 4 期。

隋金波：《以"心"行政——杨慈湖的政务活动及政治主张》，《温州大学学报》（社会科学版）2014 年第 4 期。

孙齐鲁：《陆象山与杨慈湖师弟关系辨证》，《现代哲学》2010 年第 2 期。

唐明贵：《杨简论〈论语〉的心学特色》，《王学研究》第九辑（2018年12月版）。

王金凤：《略论阳明心学与陆九渊、杨简之关系》，《贵阳学院学报》（社会科学版）2013年第1期。

王心竹：《浅析杨简心本论思想》，《湖南大学学报》（社会科学版）2005年第4期。

徐建勇：《杨简心学工夫的展开》，《中国哲学史》2014年第3期。

杨月清：《己易心性：杨慈湖易哲学的心学建构》，《周易研究》2013年第6期。

叶文举：《从心学内涵看杨简废〈序〉的思想成因》，《安徽师范大学学报》（人文社会科学版）2015年第4期。

叶文举：《杨简〈诗经〉研究的心学特色》，《孔子研究》2009年第2期。

于雯霞：《文辩哲思，三位一体——杨简心学体系及传播的示例论证》，《宁波大学学报》（人文科学版）2017年第6期。

曾昭凡：《杨简心本论阐释》，《孔子研究》2008年第6期。

张实龙：《慈湖先生本心论发微》，《浙江学刊》2011年第3期。

张实龙：《杨慈湖的圣贤意识及其实践意义》，《哲学动态》2011年第3期。

赵灿鹏：《心之精神是谓圣：杨慈湖心学宗旨疏解》，《孔子研究》2013年第2期。

赵灿鹏：《杨慈湖与南宋后期的儒学格局》，《湖南大学学报》（社会科学版）2009年第4期。

周广友：《杨简"己易"思想的哲学阐释》，《孔子研究》2018年第5期。

朱晓鹏：《杨简心学的形成及其浙学精神的体现》，《中共宁波市委党校学报》2014年第4期。

后　　记

　　我在中国人民大学读博期间，大约从学校图书馆复印了一百本书，其中，最为珍视的是《慈湖遗书》，这本书收藏于《文渊阁四库全书》影印本的第1156册，共有340页，全书印制相当精美，浏览之初便爱不释手（后来发现，其他的《四库全书》版本不过是这套影印本的翻版而已，册数、页码都完全相同）。由于这是馆藏书籍，不能外借，想复印也只能在校图书馆里面复印，而且只能单面复印。本来，校图书馆的复印费就是外面打印店的四倍，加上只能单面复印，这样就意味着八倍于外面打印店的价格。犹豫一番之后，仍然下决心把它复印了，再到外面的打印店装好封面。一晃眼过去十几年，或者精读，或者浏览，从人大复印的一百本书籍基本上看完了，其中，读得最为细致的，无疑是这套《慈湖遗书》。这是一套没有现代标点符号的古籍，对我而言，完整地阅读整部没有句读的古籍，这还是第一次。读完这套《慈湖遗书》后，我真切地感受到，唐宋之后，古文的写作手法已经十分成熟，以散文为主，适当加入韵文，语辞精练，流畅雅致，阅读这样的书籍其实一种高级的精神享受。

　　准确地讲，《慈湖遗书》我读了四遍，并且做了大量的笔记。为什么我对这本书读得如此细致？原因在于：早在很多年前阅读各种版本的《中国哲学史》时，就看到了陆九渊在富阳县双明阁上借扇讼之例点化杨简的公案，但是，翻过很多书籍资料，并没有哪本书真正讲清了杨简大悟的内容和缘由，这是促使我想搞清心学之悟的底蕴的最初动因。这些年来，我一直从事陆王心学的研究和修习，不仅有了一般理论知识的积累，也有了一些真实的实践体悟，才知道"道在心中"这句话并不是随便说说的。毕业之后，我回到原工作单位，又在图书馆里找出《杨氏易传》《慈湖诗传》《先圣大训》等杨简的原著，都通读了一遍，发现其实只要把《慈湖遗书》里的思想精髓吃透，其他的书籍只需当作参考足矣。在进一步拓展性地阅读当代学人研究慈湖心学的各种论著时，我惊讶地发现，有些人对于慈湖心学的误解竟然如此之深，即使是个别肯定慈湖心学的，也往往是隔靴搔痒，其实未入门墙之内。于是，我萌生了重新撰写一部研究慈湖心学的学术专著的想法，从搜集资料到出版成书，至少耗费了五个年头。概而言之，拙著阐明了这样一个基本理念：中国古代哲学中的心性之学并不是纯粹的思辨之学，更不同于重在训诂考据的经籍之学，要想真正搞清它的内涵，汲取它的思想营养，必须切实掌握心学自身的研习方法，那就是通过修习践履和直觉体悟，辅之以对文献资料的学问思辨、语言分析等手段，这样才能真正领会心学的精神，唯其如此，研究者方能实得其受用，成为一生取之不竭的精神财富。当然，修习践履的方法有多途，杨简的"不起意"工夫论属于"即本体以为工夫"的上乘之法，一般人不易理解，这并不要紧。只要笃实修习践履，无论是"静处体悟"还是"事上磨炼"，时间长了，总会有"触处逢源"的一天，到那时，任何修习方法都不过是登岸之后的舟楫工具，都不过是善巧方便的"权法"。

有人说"兴趣是最好的导师"，这一点笔者深有体会。正是出于对陆王心学的兴趣和天人性命之道的追求，我才立志从事这方面的研究，用一位好友的话说，"毕业都这么多年了，还把自己当博士生一样看待，一直用功，不肯停歇"。坦白地讲，在评到教授职称之前，笔者做学问也是有实际功利追求的，但在此之后，确实是出于发自内心的志趣，故而乐此不疲，借用古人的话自拟，这也许是真正的"为己之学"。在这种研究学问的过程中，我真切地感到自己的气质在发生变化，多了几分踏实和厚重，少了一些浮躁和浅薄，做学问的甘苦，我真有橄榄含在嘴中却说不出味道来的感受。回首这些年的辛劳，总算庆幸没有虚度光阴，为弘扬优秀的传统文化而尽一份自己的心力，让世人多了解一点心学的原本面貌，也许这就是我的人生使命和意义所在。

一件事情的促成总是离不开各种因缘际会，的确应该怀有感恩之心。首先，我要感谢那些至今不知姓名的国家社科基金评委，他们不仅认可了拙著的价值，而且提出了许多有益的建议。在立项通知书送达之时，五个匿名评委的意见书也同时交到我的手上。多达六页的意见和建议堪称翔实，让我知道了自己的初稿好在哪里，不足在哪里，以后我再从事相关研究时，就能够以此为参考，扬长补短了。其次，本课题是经过第二次申报才获批的，在第二次申报之前，我请我的同门、好友数人帮忙审订拙稿，他们都提出了中肯和有建设性的意见。其中，华东师范大学的宋锡同博士的意见最为剀切，指导价值也最突出，我照着他的建议进行了大幅度的删节和修改，令拙著精练、完善了许多。再次，有的朋友在搜集学术资料方面给予了重要的帮助。一位杭州的友人三次前往浙江图书馆，帮我查找并复印《四明丛书》中的《慈湖遗书》等原著资料,她住在杭州下沙一带,离省图书馆大约有三十公里远,当时还没有全程通地铁,然而,她不厌其烦地帮我查找资料。当我收到她寄来的厚厚的邮包时,心里真的很感动。最后,还要感谢中国社会科学出版社责任编辑孙萍博士的大力帮助,无论是作为出版单位推荐课题立项,还是作为责任编辑审校、完善拙著,都付出了大量的心血。

在此,我都要向这些指点、帮助过我的老师和朋友真诚地说声"谢谢"!

如今拙著即将付梓,回想曾经站在慈湖岸边欣赏明媚春光,静观水中游鱼的场景,心中不禁吟诵起杨简的诗句:"便将天作一张纸,难画慈湖二月春。"诚然,心学的深邃意境是难以描绘的,但是有心者终可领略其美妙蕴奥,笔者所起的作用,不过是将"杏坛无限难传意,付与凭栏寓目人"。